분열의 시대
어떻게 극복할 것인가

분열의 시대, 어떻게 극복할 것인가?

—

2022년 3월 9일 초판 1쇄 발행

—

지은이 피터 T. 콜먼
옮긴이 안종희
펴낸이 고영성
책임편집 윤충희

—

펴낸곳 (주)상상스퀘어
출판등록 2021년 4월 29일
주소 경기도 성남시 분당구 성남대로 52, 그랜드프라자 604호
전화 번호 070-8666-3322
팩스 번호 02-6499-3031
이메일 publication@sangsangsquare.com

—

값 18,900원
ISBN 979-11-975493-5-9(03340)
이 책의 저작권은 저자와의 독점 계약에 따라 (주)상상스퀘어에 있으므로
무단 복제, 수정, 배포 행위를 금합니다.

—

· 잘못 만들어진 책은 구입하신 서점에서 교환해 드립니다.

혐오와 갈등을 증폭하는
정치적 양극화로부터 벗어나는 방법

분열의 시대
어떻게 극복할 것인가

THE WAY OUT

피터 T. 콜먼 지음

안종희 옮김

상상스퀘어

저자 역자 소개

저자   **피터 T. 콜먼**

컬럼비아대학교 심리학과 교육학 교수다. 이곳에서 그는 사범 대학과 지구 연구소Earth Institute의 직책을 함께 맡고 있으며 두 연구센 터의 책임자다. 또한 《갈등을 조정하는 법Making Conflict Work》(2014), 《5 퍼센트The Five Percent》(2011), 그 외 다수의 책을 썼다.

역자   **안종희**

서울대학교 지리학과와 환경대학원, 장로회신학대학원을 졸업 하고 바른번역 아카데미를 수료한 후 전문 번역가로 활동하고 있 다. 옮긴 책으로는 《과학, 인간의 신비를 재발견하다》, 《피터 드러 커의 산업사회의 미래》, 《도시는 왜 불평등한가》, 《2019 부의 대절 벽》, 《스탠퍼드 인문학 공부》, 《삶을 위한 신학》, 《내 인생을 완성하 는 것들》, 《선택 설계자들》, 《성장 이후의 삶》 등이 있다.

이 책에 대한 찬사

나는 미국 의사당 난입 사건 이후에 이 놀라운 책을 읽었다. 그 당시 수많은 미국인이 질문했다. '어쩌다가 이 지경이 되었지, 이제 어떻게 해야 하지?' 피터 T. 콜먼은 갈등 해결 분야의 세계 최고 전문가 중 한 사람이다. 이 책은 우리에게 정말로 분열을 극복할 방법을 보여주는 2020년대 최고의 필독서다. 이 책은 비단 정치뿐만 아니라 우리의 가정, 조직, 지역사회를 분열시키는 모든 갈등을 완화하거나 해결하길 원하는 사람들에게 매우 유익할 것이다.

조너선 하이트Jonathan Haidt, 아마존, 뉴욕 타임스 베스트셀러 《바른 마음》의 저자

정치적 양극화는 우리 시대의 가장 큰 문제 중 하나다. 콜먼의 탁월한 연구는 이 문제의 해결책으로, 저녁 식탁에서 벌어진 언쟁을 해결하거나 분열된 지역사회를 연결하는 방법을 제시하고 있다. 이 책은 갈등의 원인을 바라보는 당신의 사고방식을 바꾸고, 나아가 새로운 해결책을 찾을 수 있는 눈을 열어줄 것이다. 《분열의 시대, 어떻게 극복할 것인가》는 과학적 통찰, 실천적 안내 지침, 현실적인 희망을 훌륭하게 통합하여 제시하고 있다.

애덤 그랜트Adam Grant, 뉴욕 타임스 베스트셀러 《싱크 어게인》의 저자

콜먼의 《분열의 시대, 어떻게 극복할 것인가》는 어려운 시기에 새 희망을 제시한다. 저자는 사람들과 지역 사회가 심각하게 분열된 갈등에서 벗어나는 방법을 오랫동안 연구해왔다. 그는 평화 건설에 관한 경험적 연구에서 비롯된 통찰과 힘든 삶에서 얻은 이야기를 엮어 미국인이 정치적 양극화라는 정신 질환에서 벗어날 새로운 규칙과 길잡이를 제시한다.

반 존스Van Jones, CNN 정치 칼럼 기고가, 반 존스 쇼와 리뎀션 프로젝트의 진행자

이것은 모든 사람이 찾던 책이다. 정치적 갈등과 분열로 빚어진 이 혼란에서 벗어나는 출구 말이다. 콜먼은 그 출구를 찾는 방법을 말해 준다. 그 방법을 찾으려면 이 책을 읽어라.

티모시 쉬라이버Timothy Shriver, 유나이트의 공동 설립자, 국제스페셜올림픽 의장

콜먼은 전 세계 갈등의 특성에 관해 깊이 읽고, 연구하고, 조사했다. 이 책에서 그는 정치적으로 양극화된 미국의 환경을 매우 세련된 시각으로 바라보는 눈을 가르쳐 준다. 이 책은 정치적 양극화를 해결하는 사고방식에 관한 입문서이다. 학문적이면서도 공감할 수 있고, 창의적이면서도 심층적으로 탐구하고, 야심 차면서도 일상적인 미국인의 실제 경험에 기반을 둔다. 이 책은 미국의 미래를 걱정하는 모든 사람의 필독서다.

애비게일 디즈니Abigail Disney, 에미상 수상 다큐멘터리 영화 제작자, 활동가, 포크 필름 공동 설립자

피터 T. 콜먼의 《분열의 시대, 어떻게 극복할 것인가》는 역작이다. 매우 재미있고 읽기 쉽다. 매사추세츠주 워터타운 거리의 흥미로운 사례, 북아일랜드의 협상 테이블에 관한 이야기는 미국인이 정치적으로 양극화된 국가 상황을 이해하는 데 그리고 이를 극복하는 데 도움을 주는 사고방식과 통찰로 가득차 있다. 《분열의 시대, 어떻게 극복할 것인가》는 더 완벽한 연합을 위한 로드맵이다.

샤밀 이드리스Shamil Idriss, 서치 포 커먼 그라운드의 최고 경영자

《분열의 시대, 어떻게 극복할 것인가》는 현재 미국 상황에서 정치적 양극화가 어떤 피해를 주고 있는지, 어떤 역기능을 일으키고 있는지 가장 포괄적이면서도 간결하게 이해할 수 있게 해 준다. 저자의 실제 경험에 바탕을 둔 명료한 증거와 열린 상상력은 갈등 역동에 대처하는 데 도움을 준다. 이는 더 건강한 교류를 가능하게 하고, 나아가 민주주의를 다시 살릴 기회를 준다. 이 책은 뛰어난 통찰과 자세한 설명이 담겨 있으며, 정치적 양극화에 관해 내가 읽은 책 중에서 가장 과학적이고 실천적인 안내서다. 콜먼의 《분열의 시대, 어떻게 극복할 것인가》보다 시의적절하고 주목할 만한 책은 없을 것이다.

존 폴 레더락John Paul Lederach, 《도덕적 상상력》의 저자

콜먼은 《분열의 시대, 어떻게 극복할 것인가》에서 모든 사람이 마음속에 품고 있는 결정적으로 중요한 주제를 다룬다. 그 주제는 바로 정책 논쟁보다 집단 본능에 기반을 둔 독특한 정치적 양극화의

발생이다. 우리는 상대편과 의견이 다를 뿐만 아니라 그들의 관점이 위험하고 국가에 진정한 위협이 된다고 확신한다. 콜먼은 이러한 과도한 정치적 양극화의 뿌리에 관한 새로운 시각을 생생하고, 이해하기 쉽게 제시할 뿐 아니라, 이 수렁에서 빠져나갈 자세한 지도를 제공한다.

대니얼 세이Daniel M. Shea, 《왜 투표하는가?Why Vote?》의 저자

이 책의 위대한 가치는 정치적 이슈에 관한 논쟁이 사람들의 가치관과 우선순위의 차이에서 비롯된다는 점을 알리고, 감정적 충동이 다른 사람들과의 효과적인 대화를 가로막고 있는 상황에서 우리가 추구할 수 있는 긍정적인 접근법을 제시하는 데 있다. 따라서 이 책은 갈등 해결 실무자들이 널리 읽고 이용해야 할 필독서다.

프로세스 노스PROCESS NORTH

로마가 불탈 때

긴장감이 날이 갈수록 고조되고 있는 미국의 불쾌한 현실에 관한 새로운 소식들이 끝없이 업데이트되는 동안, 노트북 앞에 앉아 양극화를 해소하는 방안에 대한 학문적인 의견을 밝히는 것이 중요하면서도, 한편으론 부질없다는 느낌이 든다. 초창기 출생주의, 벵가지, 브렉시트로 촉발됐던 양극화 현상은 시간이 흐르면서 러시아의 미국 선거 해킹, 뮬러 특검팀의 수사, 트럼프 탄핵으로 비화됐다. 우리 가족은 이런 서구 민주주의의 위기 속에서 가장 가까운 친구의 외아들(당시 27세)을 잃었고, 곧이어 코로나19 바이러스가 발생했다(미국은 2월에 발생했다). 전 세계가 사회·경제적으로 셧다운됐고, 비무장 흑인이 경찰에게 살해되면서 미국에서는 유례를 찾아볼 수 없을 정도의 시민 소요 사태가 벌어졌다.

　나는 전율했고, 우리는 불안했다. 나는 혼란 속에서 이 책을 썼다. 이 책이 권력을 얻기 위해 인간의 분열적인 성향을 이용하는 약탈적 폭군, 인종차별주의자, 여성혐오주의자, 무정부주의자, 다른 유형의 극단주의자와 기회주의자를 없애지는 못할 것이다. 이런 병리 현상은 전 세계에 악영향을 미치고, 거의 유행병처럼 급속하게 확산된다. 하지만 미국 정치계와 언론계에 몸담고 있는 많은 사람이 이 세력들을 움직이는 방법을 배웠다. 나는 미국 민주주의의 본래 비전, 즉 낙관주의, 평등주의, 공정성 등이 실현되도록 이런 현상에 맞서 적극적으로 싸울 준비가 돼 있다. 하지만 유감스럽게도 이 책은 싸움에 이기는 방법에 관한 것이 아니다.

이 책에는 현재 미국이 통과하고 있는 길고 암울한 터널에서 빠져나올 수 있는 방법이 담겨 있다. 나는 생계를 유지하기 어려운 저소득 노동자의 가정에서 태어났다. 시카고에서 태어난 어머니와 형제자매와 나는 내가 열 살 때 그곳의 위험한 상황(아버지는 술을 마시고, 도박을 하고, 폭력적인 사람들에게 빚을 졌다)에서 벗어나 아이오와로 이사했다. 그후 나는 한부모 가정에서 자랐다. 어머니는 일을 하다 쓰러질 정도로 돈을 벌었지만, 상황은 결코 나아지지 않았다. 나는 가계에 보탬이 되기 위해 일을 하기 시작했다. 나는 힘든 시기를 헤쳐 나가기 위해 50가지 이상의 직업을 가졌고, 그중 대부분은 하찮은 허드렛일이었다.

내가 고등학생일 때 비록 가난한 학생들에게 근로의 기회를 제공하는 '근로 장학생'에서 탈락하긴 했지만, 결국 주립대학에 진학했고, 뉴욕으로 이주해 마침내 박사학위를 받았다. 지금은 어퍼 웨스트 사이드Upper West Side에 살면서 컬럼비아대학에서 평화 및 갈등 연구 분야 교수로 일하고 있다.

이 모든 것은 내가 모든 미국인, 즉 도시에 사는 사람들과 시골에 사는 사람들, 가난한 사람들과 부유한 사람들, 진보적인 사람들과 보수적인 사람들, 그 모두와 연결돼 있다는 의미다. 한편, 다른 면도 있다. 나는 도널드 트럼프의 팬이 아니다. 나는 그에게서 저열한 분열주의를 느낀다. 사실과 진실과 과학에 대한 경시, 뿌리 깊은 이기심과 무모함은 대통령에게 위험하다. 하지만 나는 일부 사람들이 그를 민족의 영웅으로 생각하는 이유를 이해하기 때문에, 단호한 트럼프 반대자는 물론 트럼프 지지자도 옹호한다. 나는 트럼프 반대자들이 왜 그렇게 됐는지를 이해한다. 나 역시 화가 나기 때문이다.

북미 인디언 체로키 부족의 장로에 관한 오래된 이야기가 있다. 그는 손자에게 삶에 대해 가르치면서 다음과 같이 말했다.

"싸움은 네 안에서 일어난단다. 네 안에는 두 마리 늑대가 치열하게 싸우고 있지. 한 마리 늑대는 두려움, 분노, 시기, 탐욕, 오만, 이기적 자아를 나타내고, 다른 늑대는 기쁨, 평화, 사랑, 희망, 친절, 너그러움, 믿음을 나타낸단다. 네 안에서 벌어지고 있는 싸움과 똑같은 싸움이 다른 사람에게서도 일어나고 있어."

손자는 잠시 생각하고는 이렇게 물었다.

"어느 늑대가 이길까요?"

늙은 장로는 대답했다.

"네가 먹이를 주는 늑대가 이기지."

오늘날 나는 격노하고 두려워하면서 오만한 늑대에게 많은 먹이를 주고 있다. 나는 정치적 분열 상황에서 상대편 지도자를 격렬하고 집요하게 경멸하고, 또한 그의 추종자들을 보면 당황스러워한다. 내가 옳다는 확신과 혐오에 계속 빠진다. 여기에는 강박성, 중독성, 전염성이 존재한다. 우리 안의 폭력적인 늑대는 상대편의 포악한 늑대와 죽을 때까지 싸운다. 결과가 어찌 되든 상관없다! 그러는 동안 우리의 친절하고, 관대하며, 희망이 가득한 늑대는 두들겨 맞고 쇠약해져 밧줄에 묶여 떨고 있다. 이 책은 우리의 이 불쌍한 늑대를 다시 살려내려는 시도다.

100년 전, 20세기 위대한 무명의 영웅인 메리 파커 폴릿Mary Parker Follett은 미국에서 폭력적인 노동 투쟁과 억압적인 경영 방식을 없애기 위한 비전을 제시하면서 나와 똑같은 시도를 했다. 폴릿은 미국의 직업적인 사회사업가로, 사업, 산업 관계, 경영에 관한 예언자적 에세이를 썼다. 그녀는 1900년대 초 노사 간의 적대감을 줄이는 관점을 제시했는데, 이는 적대자를 제압하기 위해 위협, 강압, 통제를 거칠게 사용하는 방법을 신뢰했던 일반적인 관점과 근본적으로 달랐다. 그 당시의 경영 철학은 이른바 'X 이론'(노동자는 기본적으로 게으르고, 무책임하며 탐욕스럽기 때문에 강하게 통제해야 한다는 신념)에 바탕을 두고 있었다.[1] 또한 경영진의 노무 관리와 노동조합의 전략에는 강압적이고 '힘을 행사하는' 방식이 널리 퍼져 있었다. 그녀는 다음과 같은 대안을 제시했다.

> 내가 보기에 힘은 보통 힘을 이용한 지배를 의미합니다. 어떤 사람이나 집단이 힘으로 다른 사람과 집단을 억누르는 것입니다. 강압적인 힘이 아니라 함께 행사하는 힘, 즉 공유하는 힘으로 힘의 개념을 발전시킬 수 있습니다. …(중략)… 강압적인 힘은 세상을 향한 저주이지만, 함께 행사하는 힘은 모든 인간 영혼을 풍성하게 하고 발전시킵니다.[2]

폴릿의 관점으로 볼 때 산업계에서 과도한 통제를 줄이고 투쟁을 막는 가장 효과적인 방법은 모든 관계자를 위해 함께 행사하는 힘과 통합적인 해결책을 촉진하는 개념, 역량, 조건을 만들어 통제와 투쟁의 타당성을 없애는 것이다. 예를 들어, 그녀는 노동자와 경영진이 파괴적이고 극단적으로 싸워 지역 사회의 생존에 큰 위협이 되었을 때, 중립적인 사람들에게 호소하고, 노사 양측이 서로의 조건을 개선하기 위해 협력하도록 권유했다. 비록 수십 년이라는 세월이 흘렀지만, 폴릿의 비전은 큰 변화를 일으켰다. 참여적인 리더십, 포용적인 경영 방식, 건설적인 갈등 해결, 기업 내 노동자에 대한 권한 부여 및 팀워크와 관련된 운동이 널리 퍼졌고, 이에 따라 오늘날 우리의 삶이 풍성해졌다.

나의 목적도 이와 비슷하다. 나는 파괴적인 정치 세력과 성향에 맞서는 싸움이 앞으로도 계속 돼야 한다고 생각한다. 하지만 지금은 디스토피아적 투쟁에서 벗어나는 대안을 제시하고 싶다. 이는 충분히 희망적이고, 매력적이며, 전투적인 방법이 더는 소용없도록 만들어 줄 것이다. 우리가 생존하려면 두 마리의 늑대가 모두 필요할지 모르지만, 우리의 인간성, 품위, 공동체 의식, 연대 의식은 더 친절한 늑대를 키우는 데 달려 있다.

최근의 사건들은 또다시 인간 정신의 엄청난 가능성, 지구상에서 살아가는 생명의 취약함과 인생의 덧없음을 일깨워 줬다. 또한 세계를 더 정의롭고 관대한 곳으로 만들기 위해 할 수 있는 모든 것에 나의 에너지를 다시 집중하게 만들었다. 나는 이 책이 분열의 시대를 극복하는 더 나은 출구를 발견하는 데 도움이 되길 진심으로 바란다.

차례

1

THE WAY OUT

서론

미국의 위기와 기회

이 책은 다음과 같은 긴급한 질문을 다룬다. 우리가 분열된 사회에서 당파 세력 간의 집요한 경멸로부터 벗어나 가장 급박한 문제를 해결하기 위해서는 무엇을 해야 할까?

곤경에 빠진 도시

매사추세츠주 보스턴도 파괴적인 갈등에서 예외가 아니다. 이 도시의 역사를 간단히 살펴보자. 보스턴은 1630년에 처음 세워진 후, 1670년대에 발생한 필립 왕 전쟁('1차 인디언 전쟁'이라고도 한다)에서 중요한 역할을 했다. 이는 북미 원주민 알곤킨 부족이 급격히 확장하는 뉴잉글랜드 식민지 정착민에 대항해 벌인 투쟁으로, 미국 역사상 가장 피비린내 나는 전쟁으로 여겨진다.[1] 보스턴은 1770년대 미국 독립

危機
危机

〈그림 1.1〉 이 단어는 '위기'를 나타내는 한자어로, '**임박한 위험**'을 뜻한다. 하지만 이 단어는 **위험과 기회**라는 의미가 합쳐진 것으로 종종 오해받기도 한다. 어떤 의미이든, 오늘날 우리의 상황을 묘사하기에 적절하다. 우리가 지금 겪고 있는 중대한 위기는 우리를 분열하며 침몰시킬 수 있고, 아직 가보지 않은 길을 선택해 더 희망찬 방향으로 나아가는 기회를 제공할 수도 있다. 이 기회를 잡는 방법을 아는 것이 관건이다.

전쟁의 시발점이 된 보스턴 차 사건과 보스턴 포위전의 주요 무대였다.

그 후 1840년대 보스턴은 반가톨릭, 반이민 정책을 주장하는 노우낫씽Know Nothing 운동의 본거지가 됐다. 이 운동은 비밀결사체로 시작됐지만, 나중에는 극우 반이민 정당으로 발전했다. 1970년대 보스턴은 학교에서 인종차별을 막기 위해 연방 법원의 명령으로 10년 이상 학생들의 강제 버스 통학을 시행했으며, 이에 따라 오랜 기간 항의 시위와 폭동이 발생했다. 근래에는 미국 프로미식축구 뉴잉글랜드 패트리어츠팀의 빌 벨리칙 감독의 악명 높은 1차 스파이게이트 사건(2007년 패트리어츠가 상대팀의 작전을 비디오카메라로 염탐한 사건-옮긴이), 2차 스파이게이트 사건(2019년), 디플레이트 게이트 논란(2015년 패트리어츠가 콜츠와의 경기에서 지나치게 공기압이 낮은 공을 사용했다는 논란-옮긴이)이 있었다.[2] 달리 말하면, 보스턴은 매우 극단적인 갈등을 '끌어당기는 도시'다.*

예를 들어 보스턴이 아끼는 레드삭스 야구팀을 둘러싼 최근의 긴장을 생각해 보자. 2018년 보스턴 레드삭스는 117년을 자랑하는

---

* 갈등을 끌어당기는 도시들은 마치 강력한 태도, 습관, 중독처럼 우리를 끌어들여 변화에 반복적으로 저항하는 패턴을 보인다.

전설적인 구단 역사에서 최강팀으로 평가됐고, 한 시즌에 기록적인 108승을 달성하고, 챔피언 디비전에서 뉴욕 양키스를 3승 1패로 완파한 후* 로스앤젤레스 다저스를 상대로 4승 1패로 완승을 거두며 월드시리즈에서 우승했다. 그들은 정말 무시무시한 팀이었다.

하지만 그 후 뭔가 잘못됐다. 레드삭스는 힘들게 최고의 선수들을 어렵게 확보했는데도 다음 시즌에서 도저히 믿을 수 없을 정도로 부진했고, 플레이오프에도 진출하지 못했다. 팬과 야구 전문가들은 크게 당황했다. 그때까지 팀 연봉 총액이 2억 3,600만 달러에 달하는 최고의 팀이 어떻게 그렇게 갑자기 곤경에 빠질 수 있을까? 2019년 시즌에 대한 반성과 사후 분석으로 많은 견해가 제시됐지만, 그중 한 가지 원인이 뚜렷하게 부각됐다.

2018년 5월, 월드시리즈 우승 후 도널드 트럼프 대통령이 레드삭스팀을 백악관으로 초대했다. 그런데 푸에르토리코 출신이었던 알렉스 코라 감독과 몇몇 유색인종 선수들을 비롯한 15명의 선수와 코치들이 이 초대를 거부했다.[3] 이에 대해 《보스턴 헤럴드》 스포츠 칼럼니스트 스티브 버클리는 다음과 같이 트윗했다.

"알렉스 코라는 대통령을 만나러 가지 않을 것이라는 신문 보도를 확인해 줬다. 따라서 기본적으로 백악관에 갈 사람들은 화이트삭스가 될 것이다."

레드삭스의 에이스 투수 데이비드 프라이스가 대통령의 초청을 거부하고, 버클리가 트위터에 올린 내용을 그의 180만 팔로워에게

---

* 솔직하게 고백하면, 나는 시카고 컵스의 골수팬인 동시에 뉴욕 양키스의 유혹에 넘어간 사람이다. 따라서 나의 표현은 중립적이지 않다.

리트윗하자 많은 사람의 관심이 집중됐다.

이와 비슷한 긴장이 스포츠팀에서 발생한 것은 2016년 미국 국가 연주 중 쿼터백 콜린 케퍼닉이 보여 준 항의 행동에 대통령 후보였던 트럼프가 "다른 나라를 찾아보라."라며 경멸적인 태도를 취한 이후부터였다.⁴ 2017~2019년 미국의 주요 프로 스포츠와 대학 스포츠에서 우승한 25개 팀 중 11개 팀만이 트럼프 대통령의 백악관 초대에 응했다. 미국인의 50퍼센트 이상이 '우승팀들이 대통령의 초대에 응했어야 한다.'라고 생각했는데도 말이다.⁵ 코라 감독과 레드삭스 경영진은 선수들의 불참 결정이 개인적인 선택이며, 실제 경기에는 영향을 미치지 않을 것이라고 말했다. 하지만 몇몇 사람들은 '흑인의 생명도 중요하다Black Lives Matter'라는 운동과 이민에 관한 트럼프의 입장에 불만을 표했다. 레드삭스가 2019 시즌에 심각한 부진에 빠지게 된 것은 이러한 긴장 탓이다.

2020년 6월, 경찰이 저지른 비무장 흑인 살인사건에 대한 반발로 인종차별 항의 시위가 또다시 미국을 휩쓸자 더 많은 사건이 폭로됐다. 이전에 다른 팀에서도 뛰었던 전 외야수 토리 헌터는 레드삭스 홈구장 펜웨이 파크에서 경기할 때 겪었던 일에 관한 성명을 발표했다. 그는 보스턴 팬에게 '검둥이'라는 단어를 계속 외치는 식의 인종차별적 비난으로 종종 괴롭힘을 당했다고 말했다.

레드삭스 경영진은 곧장 이에 대한 성명을 발표했다. "토리 헌터의 말은 사실입니다. 여러분이 직접 들어본 적이 없다고 해서 그의 말을 의심한다면, 우리의 말을 믿어도 좋습니다. 이러한 일은 실제로 있었습니다."⁶

미국의 대표적인 여가 수단인 프로 스포츠 구단에서 터져 나온 이런 놀라운 성명은 레드삭스 클럽 회관을 갈라놓은 인종적·문화적·정치적 분열의 근원이 트럼프와 선수들을 넘어 훨씬 더 깊은 곳에 존재한다는 사실을 보여 줬다. 이런 분열은 사회, 문화, 국민 속에 매우 깊숙이 존재한다.

나는 보스턴을 비난하려는 게 아니다. 사실, 미국 전역에서 분열적 갈등의 온상이었던 수백 개의 다른 도시를 언급할 수도 있다. 다만 보스턴이 위치한 서퍽 카운티가 최근 정치적 편견 순위에서 미국 전역의 3,000개 카운티 중 선두라는 점을 지적하고자 한다. 이는 이 지역이 인종차별 문제 이외에도 정치적 편견이 최고 수준이라는 것을 보여 준다.[7]

⟩ 나쁜 뉴스

많은 기사에 따르면 오늘날 미국은 역사상 가장 심각하게 양극화돼 있다. 과거에도 힘든 일들은 있었다. 건국 시기에는 주 정부와 연방 정부의 권한 배분 싸움이 있었고, 이어서 남북전쟁, 민권 운동, 베트남 전쟁, 워터게이트까지 다양한 위기가 있었다. 하지만 그 양상이 지금과 같지는 않았다. 지금의 양상은 더 길고, 더 심각하고, 더 복잡하며, 다른 시기보다 미국과 세계 질서의 미래에 더 큰 위협이 될 수 있다. 우리는 점점 심해지는 정치적·문화적·지리적 양극화 추세에 50년 이상 사로잡혀 있다. 이런 양극화는 우리의 가족, 우정, 동

네, 직장, 지역 사회에 이전에 본 적이 없을 정도로 엄청난 피해를 줄 수 있다.[8]

개인적 차원에서, 많은 사람이 정치적 분열 상황에 따라 상대편 사람들을 훨씬 더 차갑게 대하고, 두려워하며, 경멸하는 감정을 느낀다.[9] 오늘날 이런 감정들은 우리가 직원을 고용하거나, 데이트를 하거나, 결혼을 하거나, 한가한 시간에 함께 놀 사람을 선택할 때도 영향을 미치고 있다.[10]

우리의 **인식**에도 큰 문제가 발생했다. 오늘날 민주당원과 공화당원 들은 상대 정치 세력에 속한 사람들이 실제보다 약 두 배 정도 더 극단적인 시각을 갖고 있다고 생각한다.[11] 신문, 소셜 미디어, 라디오 토크쇼, 지방 뉴스를 포함한 대중매체를 더 많이 소비할수록 우리의 관점은 현실과 더 멀어진다. 이를테면, 보건, 이민, 총기 규제처럼 우리를 분열시키는 이슈의 세부 내용에 **주의**를 덜 기울이고, 정당 지도자들의 말을 맹목적으로 따른다.[12]

워싱턴의 의회 지도자들은 법안 투표에서 유례가 없을 정도로 거의 완전히 상반된 입장을 보인다. 한 정당의 의원들이 입장을 바꿔 다른 정당이 제안한 법안을 지지하는 경우는 점점 드문 광경이 됐다. 다른 정당 의원들을 공개적으로 경멸하고, 조소하며, 비난하는 일이 그 어느 때보다 자주 벌어진다.[13] 그 결과는 교착 상태, 기능 불능, 국가적 쇠퇴다. 《뉴욕 타임스》는 2019년 대통령 연두 교서의 특징을 다음과 같이 표현했다.

"두 정당 간의 격렬한 적대감이 반영된 연설 내용은 전반적으로 미국의 실제 상황을 보여 줬다. 미국은 분열되고, 쉽게 분노하며, 고통스러울 정도로 작동할 수 없게 된 상태다."**14**

　이는 트럼프 대통령에 관한 내용이 아니다. 또한 그에게만 해당하는 내용도 아니다. 트럼프 대통령과 관련된 현재의 격렬한 분열 양상은 1960년대 말부터 시작된 미국 사회의 오랜 흐름을 보여 주는 것일 뿐이다. 달리 말하면, 현재의 정치 위기는 지리적·문화적 분열이 확대된 토양에서 자라난 것으로, 어느 한 정치가의 탓이라기보다 훨씬 더 뿌리 깊고 오래된 흐름에서 비롯된 것이다. 이런 흐름이 만든 조건들이 분열적인 대통령을 탄생시켰다. 이는 현재의 행정부를 뛰어넘어 우리가 걱정해야 할 근본적인 흐름이다. 물론 트럼프는 분열과 경멸의 불길에 연료를 붓고 부채질했지만, 대통령은 잠시 있다가 사라진다. 하지만 이런 뿌리 깊은 패턴은 차츰 더 복잡해지고, 중대한 영향력을 미치며, 다루기 힘들어지고 있다. 오늘날 분열은 **국가적 정신질환**에 가까워지고 있는 것 같다. 예를 들면, 양측은 근본적으로 다른 현실을 경험하고 있다. 〈그림 1.2〉에 나타난 두 현실이 익숙한가? 하나의 현실은 합리적이고, 다른 하나는 완전히 미친 것 같은가? 그런가? 하지만 어느 쪽이 어느 쪽인지 구분할 수 있는가?

　저녁에 MSNBC와 폭스 뉴스FOX NEWS 방송을 이리저리 돌려가며 시청해 보면 이런 말들을 쉽게 들을 수 있을 것이다. 선 해니티와 러시 림보는 한쪽 표현을 말하고, 레이첼 매도와 스티븐 콜베어는 다른 쪽 표현을 말한다. 아니면 다른 팀에 속한 친구나 이웃 사람, 친척과 시간을 보내도 똑같은 일이 벌어진다. 동일한 사람의 행동을 완전히 다르게 설명한다.

　나는 심리학자로서 정신질환이라는 단어가 강한 표현이라는 것

미국팀 A는 트럼프를 다음과 같이 평가한다	미국팀 B는 트럼프를 다음과 같이 평가한다
• 반지성적-반과학적 • 과도한 소비주의적 자본주의자 • 뚱뚱한 대식가 • 유지비가 많이 드는 외모 • 폭력적이고 처벌적 • 미디어 중독 • 경제적으로 합리적-목적이 수단을 정당화함 • 민족중심주의적 • 사회적 지위에 집착하는 • 자연에서 단절된 • 부정직-비도덕적-범죄적 • 정실 인사 • 충실하지 않은 • 이기적이며 희생할 줄 모르며 무정한 외톨이 • 과도하게 경쟁적-오직 승리뿐 • 충동적이고 반사적 • 마키아벨리적-독재적 • 특권적, 탐욕적, 자격을 중시 • 적대, 비난, 논쟁을 이용한 괴롭힘 • 분열적 • 비열한 • 취약한 자기도취자-정서적으로 빈곤한 • 여성혐오주의자, 인종차별주의자, 외국인 공포 성향, 국수주의자	• 훌륭한 직감과 영리함을 타고난-누가 과학이 필요한가? • 성공한, 부유한, 행복한 • 건강한 식성 • 열심히 일하는 • 강력한 리더 • 박식하고 호기심이 많은 소통자 • 실제적이고 실용적인 • 미국 우선주의 • 야심차고 강한 • 세련되고 도회적인 • 유연한 정치인 • 가정적인 남자 • 어리석은 짓을 용납하지 않는 • 직감을 따르는 • 영리한 리더 • 자수성가한 사람 • 공격적인 싸움꾼 • 도덕적인 선악 구분이 명료한 • 신중하고 조심스러운 • 민감하고 배려하는 • 그렇지 않은 사람이 있는가?

〈그림 1.2〉 미국인의 정신질환

을 알고 있다. 미국 국립보건원은 **정신질환**을 다음과 같이 설명한다.

정신질환은 현실과 단절된 정신 상태를 설명하는 용어다. 정신

질환이 있는 사람의 생각과 인식은 혼란스러우며, **현실과 비현실**을 구분하기가 어렵다. 정신질환의 증상으로는 망상(거짓 신념), 환각(다른 사람들이 보거나 듣지 못하는 것을 보거나 듣는 것)이 있다. 정신질환 증세가 있는 사람은 우울, 불안, 수면 문제, 사회적 위축, 동기 부족, 전반적인 정신 기능 장애를 겪을 수 있다.[15]

정신질환자들은 불안, 우울, 불면, 사회적 위축, 정신 기능 장애 등에 시달리고, 현실이나 진실을 제대로 파악하지 못한다. 오늘날 내가 아는 많은 미국인의 상태와 비슷한 것 같다! 정신질환을 앓고 있는 국가에서 사는 것이 재미있을진 모르지만, 평행선을 그리면서 갈등하는 현실 인식을 가진 사람들이 가정이나 지역 사회에 함께 살면 심각한 문제가 발생한다. 적어도 서로 소통하고, 함께 일하고, 현실적인 문제를 해결하는 것이 점차 불가능해진다. 우리의 분열은 가장 1차적인 문제다. 이는 우리의 문제 해결 능력을 저해한다. 그 결과 우리는 국가의 우선순위에 관한 합의조차 할 수 없다. 미국인들은 최상위 부자들에 대한 세금 인상(75퍼센트의 초당적 지지), 유급 육아 휴직 보장(67퍼센트), 초고속통신망 중립성 규칙(83퍼센트), 총기 구매 시 신원 조사(90퍼센트), 메디케어가 낮은 약품 가격을 협상할 수 있는 권한 요구(92퍼센트)와 같은 이슈에 관해 합의할 때도 절대 다수가 원하는 것을 제공할 수 있을 정도로 충분히 협력하지 못한다!

이는 매우 건강하지 못한 상태다. 오늘날 미국의 미래는 미국인의 83퍼센트에게 '스트레스의 중요한 원인'[16]이 되고 있다. 이는 역대 가장 높은 수준으로 만성적인 건강 문제를 일으킬 가능성을 높이고 있다.[17] 미국정신의학회의 2019년 공식 여론 조사에 따르면, 성인의 32퍼센트가 이전 연도보다 불안감을 느낀다고 응답했으며,[18] 약 4,000만 명의 미국 성인이 불안 장애를 겪고 있다.[19] 2017년 1,730만 명의 미국 성인이 적어도 한 번은 심각한 우울 증상을 경험했고,[20] 사춘기 청소년들 중 중간 또는 심각한 수준의 우울증을 경험한 비율이 2007년 23.2퍼센트에서 2018년 41.1퍼센트로 늘어났다.[21] 이는 자살률에 영향을 미쳐 1999~2018년 사이에 35퍼센트나 증가했다.[22] 2020년 미국인의 72퍼센트가 "자신이 기억하기에 지금의 미국이 역사상 최저점"[23]이라고 말했다. 유권자들에게 2020년 대통령 선거 패배를 상상해 보라고 질문하자 민주당원의 22퍼센트, 공화당원의 21퍼센트가 "당파적 폭력을 정당화할 수 있다."라고 대답했다. 미국은 지금 매우 건강하지 못한 상태다.[24]

오늘날 미국에서 볼 수 있는 분열과 불안의 증가는 프랑스, 독일, 영국, 이탈리아, 헝가리, 오스트리아, 스웨덴, 폴란드, 브라질, 터키, 인도, 필리핀을 비롯한 많은 민주주의 국가에서 발생하는 세계적인 추세인 것처럼 보인다. 일부 사람들은 좌파-우파 당파주의와 민주주의-독재의 역기능이 폭넓게 나타나는 이 시기의 특징을 '역사적 위기'라고 설명한다. 〈모어 인 커먼More in Common〉 운동 단체의 공동 설립자인 팀 딕슨은 2019년 세계경제포럼에서 연설할 때 지금의 시기를 다음과 같이 요약했다.

2020년대에 들어서면서 근대 민주주의와 다원적 사회가 역사적
인 위기를 맞고 있다는 증거가 늘어나고 있습니다. 전 세계의 정

치 제도는 심각한 붕괴를 동시에 경험하고 있으며, 깜짝 놀랄 정도로 양극화와 당파주의가 심화되고 있습니다. …(중략)… 이에 따라 다원적인 사회는 회복력이 떨어지고, 사회 문제에 취약해져서 정치적 교착 상태, 급속한 인구 구성 변화, 경제 침체, 기후 변화, 과학 기술의 변화, 국가 안보 위협과 같은 일반적인 21세기의 위기를 극복하기 어려워졌습니다.[25]

바로 이런 배경 속에서 보스턴 레드삭스와 같은 야구팀, 당신이 속한 지역 사회, 가족들이 분열돼 있다.

희망을 품어야 하는 이유

다행스럽게도 학자들은 이처럼 오래되고, 극단적이며, 바뀌지 않는 갈등을 수십 년 동안 연구해 왔다. 분열적 갈등을 **없애는 방법**에 관한 연구에 따르면, 전투적인 집단이 싸움을 중단하고 차이를 해결할 대안을 마련하려면 다음과 같은 세 가지 조건이 필요하다.[26]

첫 번째 조건은 **불안정**이다. 다른 집단, 즉 우리가 대부분 한 번도 만나 본 적이 없지만 국가에 해를 끼치려 한다고 생각하는 이들에게 경멸을 느끼고 모욕적인 행동을 하는 것이 매우 정상적인 것으로 기대되고 권장될 때, 이런 상황을 제대로 바꾸려면 지진 같은 커다란 충격이 필요하다. 지역 사회의 충격은 심각한 경제적 고통, 역기능적이거나 물의를 빚는 리더들, 불안을 유발하는 폭력적인 사건과 같이 내부적 원인에서 비롯되거나, 자연재해 혹은 새로운 리더의 급진적인 등장과 같이 외부적인 원인에 따라 발생할 수 있다. 확고한 규범이 바뀌려면 그 심층 구조, 즉 기본적으로 가장 근본적인 의사 결정 과정을 정하는 가정, 가치, 인센티브 등을 해체하고 다시 설정해야 한다.[27] 이런 변화에 관한 연구에 따르면, 흔히 집단 간 뿌리 깊은 분열을 끝내고[28] 지속적이고 근본적으로 바뀌려면[29] 중대한 충격은 충분조건이 아니라 필수조건이다.

이런 측면에서 볼 때 엉망인 지금의 미국 상황은 오히려 다행스럽다. 오늘날 우리는 매우 불안정한 충격들 속에 살고 있다. 근본적으로 비정통적인 특성을 보이는 트럼프 대통령, 극심한 팬데믹 상황, 그에 따른 기본적인 사회적·경제적 토대의 붕괴, 인종적 불의와 관련된 국가적·국제적 항의 시위 재발 등을 불안정이라고 부르자. 이는 대형 지진, 쓰나미, 극심한 산불, 전염병이 지역 사회를 연이어 덮친 것과 비슷하다. 지금으로선 이런 사건들이 어떤 영향을 미칠지 정확히 알 수 없지만, 적어도 우리를 매우 불안하게 만들 것이다.

오랜 분열을 끝내는 두 번째와 세 번째 조건은 타이밍과 관련이 있다. 물론 싸움을 끝내고 다른 행동 방식을 생각하기에 더 좋은 때와 더 나쁜 때가 있다. 가장 좋은 때는 다른 두 가지 조건이 충족됐을 경우다. 이를테면, **교착 상태**가 발생해 집단들이 **서로에게 상처를 주고**, 아울러 **양쪽 모두 좋은 기회**가 있다고 인식할 때다.[30] 서로 피해를 주는 교착 상태가 발생하면 갈등 중인 논쟁자들(우리의 경우는 공화당팀, 민주당팀, 독립적인 '학습자들')은 자신들이 만성적인 교착 상태에 빠져 있고, 어느 한쪽이 일방적으로 '승리'할 가능성이 없다(달리 말하면 교착 상태)고 인식한다. 또한 고통, 후회, 두려움을 충분히 겪었기 때문에 다른 출구를 찾고 싶어진다. 다른 한편으로 상대편의 논쟁자들도 똑같이 두려움을 느끼고 해결책을 찾길 원한다고 믿는 것도 중요하다. 이런 상황은 **서로** 고통스럽기 때문에 양측 모두 정말 끔찍하다고 느껴야 한다.

다행스럽게도 대부분의 미국인이 현재 상황이 비참하다고 느낀다. 2016년 대통령 선거 이후 수행된 연구에 따르면, 분열된 양측에 속해 있는 온건한 미국인의 67퍼센트(연구자들은 이들을 '기진한 다수'라고 부른다)가 역기능적 상태에 진절머리가 났고, 경멸스러운 양극화 상태를 싫어하며, 다시 함께 대화하고 타협하고 일할 방법을 찾길 간절히 원했다.[31] 같은 연구진에 따르면, 2018년 중간 선거 이후 미국인의 86퍼센트가 정치적 분열에 극도로 지쳤고, 더 큰 폭력으로 이어지지 않을까 걱정했으며, 89퍼센트는 두 정당이 타협점을 찾아야 한다고 말했다. 이 집단은 양극단 중 어느 한 집단이 아니라 정치적으로 중립적인 '숨은 세력'을 대변한다. 그런데도 **우울한 중립적인 다수 집단**이 증가한 것은 변화를 위한 견고한 토대가 된다. 이는 전체 인구 중 상당수가 해결책을 찾아 극적으로 바뀌 나가는 일에 열린 태도를 갖고 있다는 것을 암시한다.

적대적인 수렁에서 빠져나오려면 세 번째 조건도 필요하다. 세 번째 조건은 논쟁의 당사자들이 좋은 극복 기회가 있다고 느끼기 시작해야 한다는 것이다. 달리 말하면 이들은 수렁에서 벗어나 진로를 바꾸고 체면을 손상당하거나 너무 많이 희생하지 않으면서 계속 살아갈 수 있는 출구가 있다고 여겨야 한다. 이 책은 출구, 즉 이를 위한 극복 방법을 제시한다. 이 출구가 어떻게 생겼는지 알아보기 위해 갈등을 유발하는 도시, 보스턴으로 떠나보자.

〉 불안한 성지, 〉 보스턴

보스턴은 미국에서 가장 가톨릭 교인이 많은 도시(전체 인구의 약 36퍼센트) 중 하나이다. 이곳은 19세기 말부터 낙태 찬성 진영과 반대 진영이 오랫동안 심각한 적대감을 보이며 싸웠다. 낙태를 둘러싼 문제들은 매우 민감하며 개인적이었고, 이는 수십 년 동안 젠더, 계층, 종교계 정치, 낙태에 관한 연방법과 주법 간의 줄다리기에 연결되어 있었다. 그 결과 각 진영은 서로를 경멸하고 공개적으로 비난했다.

1980년대와 1990년대 보스턴은 낙태를 둘러싼 긴장이 정점에 달했다. 대규모 조직을 갖춘 낙태 반대 진영은 매일 낙태 클리닉 앞에서 항의 시위를 벌였다. 그들은 포스터 크기의 끔찍한 낙태아 사진을 흔들고, 병원 입구에서 무릎을 꿇고 큰 소리로 기도하거나 병원으로 들어가는 여자들을 비난했다. 낙태 찬성 진영은 10년 전 로 대 웨이드^{Roe v. Wade} 판결로 강화된 여성의 선택권에 대한 확고한 입장을 갖고 주말마다 반대 시위를 개최했다. 요즘은 자원봉사자들이 병원으로 들어가려는 여성들을 양옆에서 '호위'해 항의자들의 공격을 막아 준다.

1994년 12월 30일 아침, 조용한 보스턴 외곽 지역인 브루클린에서 이런 광경이 펼쳐졌다. 온통 검은색 옷을 입은 존 C. 살비 3세가 바깥에서 시위 중이던 낙태 반대론자들의 곁을 지나 플랜디드 페어 런트후드 클리닉으로 들어갔다. 그곳에서 그는 계획적으로 25세의 접수원 새넌 로니를 총으로 죽이고, 다른 세 명을 다치게 했다. 그후 차를 타고 비컨가의 프리텀 헬스 서비스 클리닉으로 간 다음 직사 거리에서 다시 자원봉사자인 38세의 린네 니콜스에게 열 차례 총격을 가하면서 다음과 같이 말했다.

"이건 네가 자초한 거야. 너는 묵주 기도를 드려야 해."[32]

하루가 끝날 무렵, 두 명의 여성이 사망하고 다섯 명의 여성이 중상을 당했다. 총격과 체포, 살인범에 대한 판결이 있은 후 클리닉의 보안이 더 엄중해졌고, 가톨릭교회는 반대 시위 중지를 요구했다. 하지만 이 사건이 낙태를 둘러싼 근본적인 긴장을 해소하는 데 많은 영향을 미치진 않았다. 브루클린 사람들은 심리적으로 큰 충격을 받았고, 낙태 찬성 진영도 엄청난 충격과 두려움을 느꼈으며, 낙태 반대 진영은 소름이 끼칠 정도로 놀라고 수치심을 느꼈다. 이런 긴장 상황에 관한 공식적인 대응책이 12일 후에 발표됐다. 매사추세츠주지사 윌리엄 F. 웰드와 보스턴 대교구의 추기경 버나드 로는 양 진영 간의 '공동' 토론을 요청했다.

토론 요청이 전부였다. 그렇다면 수십 년 동안의 경멸, 싸움, 비난 이후 이 문제를 둘러싼 증오와 폭력을 막기 위해 실제로 무엇을 할 수 있을까? 이는 꿈쩍도 하지 않는 거대한 문제와 같았다.

그런데 6년 후 매우 놀랄 만한 일이 나타났다. 2001년 1월 28일, 6명의 지역 리더가 공동명의로 《보스턴 글로브》에 〈적과의 대화〉라는 제목의 글을 기고했다. 저자들은 그들이 몇 년 동안 비공개적으로 진행한 특별한 프로세스를 설명했다. 이들은 여섯 명의 여성으로, 낙태 문제의 최일선에서 수십 년 동안 싸워온 활동가들이었다. 그들은 변호사, 목사, 약사, 기업 이사회 의장 겸 최고 경영자, 두 명의 비영리단체 이사들이었다. 세 명은 낙태 반대 측 리더, 세 명은 낙태 찬성 측 리더였다.

그들의 글은 끔찍한 여정을 간략하게 소개했다. 브루클린 총격 사건 이후 더 잔인한 폭력을 막기 위해 모였지만, 그들은 상대방을 서로 두려워하고 혐오했다. 양 진영의 리더들은 직접 만난 적 없이 미디어를 통해서만 서로 알 뿐이었고, 적대자의 모든 움직임을 막고 대응하는 데 오랫동안 헌신해 왔다. 로라 차신, 수전 포드지바, 케임브리지의 공개 대화 프로젝트가 조용히 이 여섯 명의 여자들에게 연락해 비공개 대화를 위한 만남을 고려해 보라고 요청했다. 그들은 대체로 두려움과 혐오의 반응을 보였다. 그런데도 그들은 만남에 동의했다. 그들은 적과의 만남을 선택했다.

처음에는 과정이 매우 힘들었다. 첫 만남을 갖기 전 낙태 반대 진영은 근처 프렌들리 레스토랑에서 만나 자신들의 죄(악한 여자들과 함께 앉는 죄)에 대한 용서와 보호를 위해 함께 기도했다. 여섯 명의 여자들은 매사추세츠주 워터타운에 있는 사방이 막힌 작은 사무실에서 직접 만났다.

전문적인 갈등 해결 촉진자였던 로라와 수전은 대화를 위한 초석을 마련했다. 안전, 비밀, 신중, 대화 방법에 관한 명확하고 정중한 기본 규칙을 정했다. 서로를 정중하게 대한다는 초기 합의에도 불구하고 그들은 종종 분노했다. 참석자들은 상대방을 멸시하고 비난하려는 본능과 계속 싸워야 했고, 분노와 정의감이 함께 치밀어오르는 것을 느꼈다. 하지만 매번 그들은 힘겹게 이겨나갔다.

그들은 처음 한 달 동안 네 차례에 걸쳐 만나고, 만날 때마다 4시간 동안 대화를 나누기로 합의했다. 네 번째 만남 후 폭력에 관한 두려움에도 불구하고 그들은 총격 사건 1주년 기념식까지 회의를 연장하기로 합의했다. 그 후 보안상의 이유로 회의 장소를 바꿔야 했지만, 회의를 더 연장하기로 했다. 그들은 프로세스에 대해 다른 사람에게 말하지 않고 모두 합해 5년 6개월 동안 몰래 만났다. 처음에는 대화가 별로 유익하지 못했고, 개인의 안전과 직업적인 위치로 인한 우려도 있었지만, 결국 그들은 함께 일하는 법을 배웠다.[33]

이 대화는 다음과 같은 몇 가지 놀라운 결과를 낳았다. 첫째, 고통스러웠지만 점차 건설적인 방향으로 진행된 수년간의 대화 이후, 상대방의 개인적인 삶, 용기, 성실에 대해 배우고 지역 사회에서 더 이상의 폭력을 막기 위해 협력하게 됐음에도 불구하고, **이들은 낙태 문제에 대해 훨씬 더 양극화됐다.** 그렇다. 역설적이게도 분노를 유발하는 표현을 피하고, 이슈에 대한 개인적인 감정만 정확하게 말하는 것에 동의함으로써 참가자들은 자신의 원칙에 대해 더 많이 알게 되었고, 자신의 원래 입장을 더 깊이 확신하게 됐다. 그들은 다음과 같이 썼다.

"두려움으로 가득한 첫 만남 이후 우리는 역설을 경험했다. 우리는 모두 품위와 존경심을 갖고 서로를 대하는 법을 배웠지만, 낙태에 관한 각자의 입장은 더 확고해졌다. …(중략)… 우리는 낙태에 관한 입장 차이가 좁힐 수 없는 두 세계관이라는 사실을 깨달았다."[34]

둘째, 깊은 도덕적, 이념적 차이에도 불구하고 **여성 참석자들의 관계는 훨씬 더 가까워졌다.** 참석자 중 한 사람은 수년 후 2011년 공개 포럼에서 다음과 같이 말했다.

오늘 우리의 이야기를 듣고 알겠지만, 매우 고통스러운 순간도 대화의 일부였다는 점은 전달되지 않은 것 같습니다. 우리는 5년 동안 열정적이고 격렬하게 토론을 벌였고, 낙태 문제에 관한 견해 차이를 더 깊이 이해하려고 노력했습니다. …(중략)… 고통스러웠고, 상처 받았으며, 힘든 순간들도 있었습니다. 그런 순간을 이겨냈다는 것 때문에 때론 놀라기도 했습니다. "음, 우리가 만남을 이렇게 오랫동안 유지했구나."라고 느꼈던 기억이 납니다. 이 과정에서 우리의 관계에 뭔가 새로운 일이 일어났습니다. 우리도 모르는 사이에 서로 조금씩 사랑하게 된 것입니다.[35]

25년이 지난 지금까지도 이 그룹은 가끔 만나, 슬플 때는 서로 위로하고, 기쁜 일이 있을 때는 축하해 준다. 최근 이런 일이 어떻게 가능한지에 관한 질문을 받았을 때 수전 포드지바는 다음과 같이 짧막하게 대답했다.

"우리는 차이점보다 공통점이 훨씬 더 많습니다."

셋째, 이들은 **"낙태에 관한 입장에 담긴 복잡성, 상충 관계, 모순점에 대해 많은 것을 배웠다."**라고 밝혔다. 한 참석자는 다음과 같은 점을 깨달았다고 말했다.

우리는 자기편의 어두운 부분을 절대 말하지 않습니다. 사람들은 우리와 같은 정치운동을 할 때 군중을 더 많이 동원해야 한다고 강조하고, 사람들의 행동을 부추기기 위해 상황을 최대한 극단적인 용어로 묘사합니다. 우리는 의구심이나 모호한 것에 대해서는 말하지 않습니다. 깊은 대화로 낙태 문제에 관한 관점을 나누는 일은 정말 소중했습니다.

이 대화를 통해 제시된 과제들과 이들이 나눈 깊은 관계를 통해 그들은 자신들이 이전에 신경 쓰지 않았던 부분에까지 마음을 열었다. 이는 궁극적으로 그들의 생각과 감정의 폭을 넓히고, 그들의 주장에 다가서는 방법을 바꿨다.

마지막으로, **여섯 명의 지역 사회 리더들의 근본적인 변화는 낙태 논쟁의 전반적인 분위기에 영향을 미친 것 같았다.**[36] 《보스턴 글로브》에 기사가 발표된 다음 날, 그들은 주요 방송사에서 온 취재기자와 사진기자들이 공개 기자회견장에 가득 찬 것을 보고 깜짝 놀랐다. 도처에서 방송 출연 요청, 대학 강연 초청이 들어왔고, 감사함을 표하거나 지지를 보내는 이메일이 쏟아졌다. 어떤 사람은 매우 개인적인 심정을 나눴다. "여러분이 용기를 내 그런 일을 한 것과 같이 나도 어머니께 우리의 차이점에 대해 확실히 말할 수 있습니다." 그들이 감수한 위험, 인내심, 지역 사회 내에서 그들의 위치를 고려할 때 이 여성 그룹의 회의 공개 결정은 큰 반향을 불러일으켰다. 기사가 발표된 지 몇 년 후 다른 언론이 다음과 같이 말했다.

"이 대화로 인해 분노 표출이 감소했다. 이는 낙태 논쟁의 추한 모습을 역사의 뒤편으로 사라지게 만드는 데 도움이 됐을 것이다."[37]

낙태 논쟁은 미국에서 계속 이어졌지만, 보스턴 지역 사회에서 논쟁의 폭력성과 독설은 대부분 진정됐다. 즉, 이들은 이 해묵은 갈등의 가장 위험한 국면에서 빠져나오는 출구를 만들었던 것이다.

﹥ 출구

보스턴의 낙태 갈등을 둘러싼 긴장과 각 사건들은 최근 미국의 정치적 양극화 상황과 매우 비슷하며, 출구에 대한 몇 가지 암시를 제공한다. 열성적인 지지자들로 이뤄진 두 진영 간의 갈등이 수십 년 동안 지속됨으로써 갈등의 뿌리는 깊어지고, 긴장은 점점 고조되었다. 이로 인해 갈등을 해결하기 힘든 것처럼 보인다는 점도 비슷하다. 갈등을 완화하는 확실한 방법은 없다. 그 이유는 주로 이 특별한 퍼즐의 조각이 너무 많아 과열됐기 때문이다. 개인의 종교적 신념, 윤리적 판단, 법적 문제, 의학적 문제, 과학의 발전, 정치, 분노의 수사학, 우정과 적, 비밀과 수치와 같은 요소들이 결합해 회피하기 힘든 위험한 상황이 만들어진다. 병원 총격 사건과 같은 비극적 폭력

조차도 수년 후 여성 리더들의 대화 프로세스가 공개되기 전까지 근본적인 긴장 해소에 유의미한 영향을 거의 주지 못한 것 같았다. 갈등을 해결하려면 중대한 변화가 필요하다. 신중하고 의도적이고 잘 조율된 프로세스가 필요하며, 용기 있고 영향력 있는 지역 사회 리더들이 프로세스에 참여해 오랫동안 인내심을 발휘해야 한다.

하지만 이외에도 이런 혁신적인 만남의 결과가 영향력 있는 방송사를 통해 더 넓은 지역으로 전파돼 사회적 차원의 변화에 영향을 미쳐야 한다. 여성 리더들이 낙태 문제에 관한 이념적 차이를 거의 해소하지 못했는데도 그들의 관계는 완전히 바뀌었다. 또한 자기 입장에 포함된 딜레마에 관한 이해가 높아졌고, 지역 사회의 폭력을 막는 데 기여했으며, 두 운동 단체의 전반적인 분위기에 영향을 미치는 과격한 표현과 경멸을 완화했다.

보스턴 사례에서 얻을 수 있는 것 중 많은 내용이 매우 고질적이고 분열적인 다른 갈등 사례에 관한 연구에서도 그대로 확인됐다.[38] 이런 갈등은 대개 무척 복잡하고 변덕스러운 원인들이 많이 얽혀 있다. 또한 갈등을 해결하기 위해 잘 계획하더라도 반응이 없거나, 흔히 몇 년 후 (폭력과 같은) 사회 시스템의 중대한 충격에 이상하게 반응한다. 그래서 갈등은 오랫동안 별다른 변화가 없다가 모든 것이 갑자기 바뀌는 것처럼 보인다. 갈등이 완벽하게 바뀌려면 다양한 차원에서 리더(특히 지역에 기반을 둔 리더)와 시민들이 합심해 추가적인 폭력, 양극화, 파괴적인 사건의 발생 가능성을 낮추고, 한편으로 서로 싸우는 집단들 간의 더 긍정적이고 사회친화적인 언어를 사용하며, 활동을 늘리기 위해 노력해야 한다.

물론 우리가 지금 경험하는 국가적 차원의 파괴적인 양극화 추세는 1990년대 보스턴 사례보다 훨씬 더 빠져나오기 힘들다. 오늘날 학계와 대중매체가 분열의 다층적 원인에 관해 계속 논의하거나 분석하곤 있지만, 분열에 대한 이해는 대체로 빈약하다.

이 책의 한 가지 전제는 이러한 분열 패턴에 관해 이야기할 때 보통 언급되는 각각의 원인들, 즉 뇌 신경에 깊이 뿌리박힌 집단 중심주의적 성향, 공화당 대 민주당의 도덕적 차이, 급격히 확산되는 고독감, 과학 기술과 문화의 급속한 변화, 선정적인 미디어, 주요 인터넷 플랫폼 기업의 사업 모델, 분열적인 정치 지도자들, 외부 개입 등이 현재 위기의 진정한 원인이 아니라는 것이다. 실은 이 모든 것이 전부 이러한 분열 패턴의 원인이다. 현재의 분열에 나타나는 고질적인 추세들은 어느 한 가지 원인이 아니라 다양한 원인으로 발생하며, 이런 원인들이 서로 결합하고 자극해 상황을 바꾸기 어렵게 한다. 달리 말하면, 이런 문제의 표면적인 특징과 이로 인한 동기의 이면을 보고 근본적인 역학 구조를 더 잘 이해해야 한다.

오늘날 우리는 강하고 복잡하며 변화에 저항하는 이런 유형의 패턴을 매우 잘 알고 있다. 물리학자를 비롯한 다양한 과학자들은 오랫동안 물질 세계와 인간 사회의 많은 영역에서 이런 유형의 역학을 연구했다. 예를 들어, 변화에 저항하는 암세포의 특성, 소셜 미디어의 혐오 발언 확산, 도시에서 발생하는 고질적인 폭력 패턴, 국가 간의 장기적인 분쟁이 있다. 과학자들은 이를 '**어트랙터**attractor'라고 부른다.

어트랙터는 간단히 말하면 오랫동안 변화를 거부하는 어떤 것(예를 들어 태도, 부부 관계, 투표 행태, 집단 간 긴장)을 관찰할 때 나타나는 패턴이다. 이런 패턴은 서로 복잡하게 영향을 주고 강화하는 여러 다양한 요소로 이뤄진다. 이것들은 강한 소용돌이나 대혼란처럼 우리를 이런 패턴으로 몰아가는 역학 구조를 갖는다. 즉, 우리를 끌어들인다. 우리가 사로잡힌 오래된 습관, 중독, 학대 관계를 떠올려보라. 이것들은 탈출 불가능하다고 느끼는 해로운 사고, 감정, 행동 패턴으로 우리를 반복적으로 몰아간다. 요즘은 다른 무엇보다 강력한 '우리 대 그들' 패턴에 엄청나게 사로잡혀 있다.

어트랙터가 보여 주는 현상은 병리적 형태의 양극화를 이해하고 해결하는 데 강력한 시사점을 제공하며, 이것이 이 책의 초점이다. 어트랙터는 함께 작동하는 다양한 요소에 따라 만들어지지만, 갈등에서 벗어날 수 있는 다양한 출구도 제시한다. 물론 어디를 살펴봐야 할지 모른다면 출구를 찾기 어렵다.

이 책을 읽으면 당신은 어디를 봐야 할지 알게 될 것이다. 최신 연구가 제시하는 새로운 통찰은 언뜻 보기에 변하지 않을 것 같은 문제가 어떻게 바뀔 수 있는지 분명히 보여 준다. 당신에게 제안하는 실천 내용, 즉 행동, 기술, 역량은 지금 시기를 가장 효과적으로 헤쳐 나가는 데 도움을 줄 것이다. 아울러 미국을 더 기능적으로 만들기 위해 **지역 사회의 집단과 조직**에서 무엇을 살펴봐야 할 것인지도 제시할 것이다. 우리는 하루빨리 국가적 집단 정신질환에서 벗어나야 한다.

2

THE WAY OUT

미국이 진퇴양난에
빠진 이유

적대적 경쟁 사업
모델의 확산

얼마 전 나는 소셜 미디어에서 급증하는 혐오 발언과 양극화와 관련해 뉴욕에서 열리는 '임시' 회의에 (트위터를 통해) 초대받았다. 이 회의는 대중적인 커뮤니티 운동 단체의 설립자 중 한 사람이 주최했다. 회의 규모는 작았지만, 주요 소셜 미디어 플랫폼의 뛰어난 리더들(그렇다, 그들이다), 몇몇 첨단 기술 저널리스트, 소수의 깡마른 학자들이 참석했다. 눈보라가 치는 점심때쯤 우리는 패션 구역Fashion District에 마련된 임시 회의장에서 만났다. 우연히도 그날 《뉴욕 타임스》는 러시아 첩보원들이 2016년 미국 대통령 선거를 흔들기 위해 페이스북 플랫폼을 무기로 활용해 혐오를 조장하고 분열의 씨앗을 뿌린 것에 관해 페이스북의 마크 저커버그와 셰릴 샌드버그가 보인 '지연, 부인, 회피'의 리더십을 1면 기사로 실어 신랄하게 비판했다.[1]

페이스북 설립자 중 한 사람이자 현임원(남자가 아니다)도 그 회의에 참석했다. 나는 큰 호기심을 갖고 회의에 집중했다.

회의는 의장이 화이트보드에 "건전한 가상 사회를 만들려면 소셜 미디어에서 어떤 유형의 토론이 이뤄져야 하는가?"라고 쓰면서 시작됐다. 나는 이 회의실에서 소셜 미디어에 관해 말할 자격이 가장 부족한 사람이라는 것을 고려하면서 "음, 그것은 당신이 말하는 대화가 무슨 의미인지에 따라 달라집니다."라고 말했다. 돌 같은 침묵이 흐르자 나는 대화 과정에 실제로 무엇이 필요한지에 대해 오해가 널리 퍼져 있다고 설명했다. 이런 언어를 사용하는 사람들은 대부분 논쟁, 비판 또는 적대적인 대립 형태를 떠올린다. 이런 형태의 대화는 설득력과 영향력을 행사해 논쟁에서 이기려는 폐쇄적인 의사소통 과정이다. 실제로 대화는 완전히 적대적이다. 개방되고 반성적인 태도로 말하고, 듣고, 배우고, 발견하는 과정은 대체로 우리에게 익숙하지 않다. 이런 대화는 퀘이커 회의나 알코올중독자갱생회에서 볼 수 있는 것과 비슷하다.

다시 긴 침묵이 이어진 후 페이스북 공동 설립자가 말했다.

"오. 그래요. 대화가 그런 것이라면 사람들이 대화할 수 있는 온라인 공간은 어디에도 없을 겁니다. 줌Zoom을 제외하면 말이죠. 그런 곳은 없습니다."

모두 동의하는 것 같았다. 이 문제를 분명히 짚고 넘어가자. 온라인 소셜 미디어는 점차 우리의 일차적인 의사소통 채널이 되고 있다. 오락, 뉴스, 정보의 원천이며, 요즘에 의견이 다른 사람과 가장 쉽게 만날 수 있는 공간이기도 하다. 온라인 소셜 미디어는 주로 논쟁, 비판, 경쟁, 사회적 비교, 경쟁의 장소가 됐다. 온라인은 반성적인 경청, 상호 이해를 증진하는 공간을 거의 제공하지 않는다. 달리 말하면, 주요 소셜 미디어 플랫폼들이 기반을 둔 근본적인 알고리즘은 사람들을 적극적으로 대립하게 만든다.

물론 이는 한편으로는 타당하다. 예를 들어 페이스북의 전설적인 (그러나 논란이 되는) 설립 이야기를 생각해 보자. 2003년 약 170센티미터의 19세 청년이자 하버드대 2학년이었던 마크 저커버그는 여자친구에게 차인 후 자기 방으로 가서 친구들과 함께 맥주를 마시고 '페이스매시Facemash'라는 사이트를 만든다. 이 사이트는 이용자들이 동료 하버드대생들의 사진을 비교하면서 누가 더 '인기가 많은지'를 선택하는 곳이다. 처음 4시간 만에 450명이 방문해 사진 조회 수가 22,000회를 기록했다. 사이트 이용자가 급증하자 하버드대의 IT 시스템이 일시적으로 다운됐다. 이러한 의도적인 중독성, 보복심, 배타심, 사회적 경쟁심이 2004년 설립된 페이스북의 기본적인 바탕이다. 오늘날 주요 플랫폼 중 하나인 페이스북은 전 세계적으로 이용자가 약 24억 명에 달한다(지구의 인구는 75억 명에 불과하다).

오늘날 페이스북이 내세우는 사명은 '사람들이 커뮤니티를 구축하고 세상을 더 가깝게 만드는 힘을 제공하는 것'이다. 하지만 어떤 종류의 커뮤니티를 만든다는 것일까? 정치적 이익[2]을 얻거나 집단 학살(미얀마[3]나 남수단[4]처럼)을 조장하기 위해 의도적으로 무기화한 사례를 무시한다고 하더라도, 근본적으로 경쟁과 사회적 비교에 바탕을 둔 커뮤니티가 '건전한 가상 사회'를 증진하는 데 필요할까? 플랫폼의 중독적 속성과 유례가 없을 정도의 성공을 고려할 때 페이스북의 리더들이 자사의 기본적인 사업 모델을 변경할 마음이 없다는 사실은 당연하지 않을까? 다른 플랫폼들도 당연히 페이스북의 발자취를 의심 없이 따르지 않을까?

점차 분열이 가속화되고, 기기 의존도가 높아지는 사회에서 이런 상황이 무슨 의미를 갖는지 잠깐 생각해 보자. 내 동료는 최근 첨단 기술과 테러에 관해 발표하면서 다음과 같이 말했다.

"소셜 미디어, 양극화, 폭력의 관계는 탄소와 기후 변화의 관계와 같습니다."[5] 이를테면 반응 속도를 높이는 일종의 가속 인자라는 것이다.

이는 우리가 직면하고 있는 유일한 문제가 아니다. 많은 단체가 점차 소셜 미디어 영역을 넘어 서로 합세함으로써 상대 세력을 적대하게 만들고 미국을 분열시키고 있다. 그중 일부 단체들은 자기 중심, 개인 간 경쟁, 남보다 우위에 서기와 같은 풍토를 만들고 있다. 어떤 단체들은 이런 분위기를 바탕으로 집단 사이의 도덕적 경계선을 흐린다. 선과 악, 옳음과 그름, 우리 대 그들 …(중략)… 어떤 단체는 노골적으로 특정 타 집단을 명백한 위협으로 묘사한다. 더 나아가 타 집단에 속한 사람을 죄악시하고 비인간화하기도 하며, 그들을 완전히 배제하거나 없애야 한다고 주장한다. 그 결과 사회는 긴장이 더 높아지고 불건전해지며 분열된다.

2장에서는 오늘날 우리의 분열 문화를 부추기는 많은 단체 중 일부를 살펴본다. 먼저 주요 주제인 양극화를 간단히 살펴보면서 양극화란 무엇이고, 인간이 양극화의 유혹에 쉽게 빠지는 이유가 무엇인지 알아본다. 그다음 양극화에 관한 수십 년 동안의 연구가 현재 패턴의 원인으로 언급하는 내용을 요약하고, 이 연구자들의 주장이 일면 타당하지만 대부분 틀린 이유를 설명한다. 이런 내용을 바탕으로 이 책의 주요 초점인 어트랙터라는 개념을 소개한다. 아울러 어트랙터가 어떻게 현재 상황을 이해하고, 탈출구를 찾을 수 있는 더 정확하고 유용한 방법을 제공하는지 설명한다.

〉 양극화의 매력

1940년, 독일 나치 군대가 파리를 점령했다. 4년 후 프랑스 철학자 장폴 사르트르가 《더 애틀랜틱》에 짧은 글을 기고했다. 그의 글은 양극화의 깊고 실질적인 원인 중 하나인 도덕적 확신을 언뜻 보여 준다.

> 독일군의 지배 아래에 있을 때만큼 우리가 더 자유로웠던 적이 없었다. 우리는 모든 권리를 상실했고, 무엇보다 말할 권리를 잃었다. 독일군은 매일 면전에서 우리를 모욕했고, 우리는 입을 다물어야 했다. 그들은 우리를 **집단적으로**(노동자, 유대인, 정치범) 추방했다. 벽, 신문, 화면 등 어디에서나 우리는 억압자들이 우리에게 보여 주길 원하는 추하고 무미건조한 모습을 봤다. 그리고 이 모든 것 때문에 우리는 자유로웠다.[6]

이 에세이의 주요 논지는 최악의 환경에서도 인간의 자유 의지와 연대의 해방하는 힘을 보여 주는 것이다. 또한 명확한 선과 악의 세계에 사는 것이 한편으론 모종의 해방감과 더 나아가 안도감까지 느끼게 한다는 점을 보여 준다. 난잡하거나 흐릿한 영역도 없고, 어떤 혼란도 없으며, 타협할 필요도 없다. 확실성과 확고한 입장에 대한 의식만 있을 뿐이다. 우리는 선하고, 상대는 악하다. 그것이 전부다. 따라서 우리의 목적은 단순하다. 모두 함께 굳게 서서 싸우고 항상 상대에게 저항하는 것이다. 보스턴의 리더들은 낙태 운동의 목적을 분명히 함으로써 이와 비슷한 매력을 만들어냈다. 오늘날 많은 '공화당원과 민주당원'이 이런 매력을 느끼고 있다. 세계를 선과 악으로 나누는 것은 심각한 위협, 불안, 불확실성의 조건에서 특히 필요하며 우리에게 안도감을 준다. 요즘처럼 삶이 두렵고, 혼란스러우며, 예측 불가능할 때는 더욱더 그렇다.

심리학자들은 **일관성의 원칙**이라는 측면에서 이러한 도덕적 확실성이 필요하다고 봤다. 이는 심리학과 행동경제학의 많은 연구에서 발견한 매우 탄탄한 결론이다. 사람들은 삶에서 일관성을 추구한다. 이를테면 생각, 느낌, 행동하는 방식, 소중하게 여기는 것, 인간관계에서 일관성을 추구한다.[7] 공개적으로 자신과 모순되게 행동하거나(변덕스러운 행동), 중요한 가치에 반대되는 방식으로 행동하거나(적들과 함께 어울리는 행동), 우리가 경멸하는 대상과 친하게 지내는 사람들에게 우정을 베풀거나(어떻게 그럴 수 있지?), 우리가 소중하게 여기는 정체성 집단의 기본적인 신념에 도전하면(친구들, 《뉴욕 타임스》 역시 매우 편향돼 있군[8]) 보통 나쁘다고 여겨진다. 이와 같은 비일관성과 모순은 옳지 않은 것으로 여겨진다. 삶이 특히 긴장되고, 예측할 수 없고, 위험할 때, 우리는 일관성과 확실성을 더 간절히 추구한다. 오늘날처럼 더 위협적인 시기에 우리가 도덕적 확실성에서 안도감과 위로를 찾는 것은 바로 이 때문이다.

제2차 세계대전 당시 나치가 점령한 프랑스에서 프랑스 국민에게 위협은 객관적인 현실이었다. 하지만 오늘날 미국에서의 위협은 대부분 정치적 도구다. 우리는 타인에 대한 위협을 이용한다. "그들은 당신의 총을 뺏으려고 합니다!", "그들은 당신의 SUV 차량을 노리고 있어요!" 많은 미디어, 정치 지도자, 지역과 소셜 미디어의 친구와 지인들이 이런 이야기들을 우리와 아이들에게 들려 주며, 그 결과 점점 더 상대편에게서 멀어지고 경멸감을 느끼게 한다. 물론 우리의 생명과 자유와 행복에 대한 실제적인 위협은 따로 있지만, 위협을 인위적으로 조장하는 일은 오늘날 번창하는 산업이다. 실제적인 위협과 조장된 위협의 영향은 대체로 비슷하다. 이런 위협들은 '그들'에게 두려움과 혐오감을 느끼게 하고, '우리'에게는 안전과 안도감을 느끼게 한다. 이와 아울러 그들과 우리 사이의 거리를 최대한 멀어지게 한다.

그렇다면 양극화란 무엇일까?

양극화polarization는 사람마다 다른 의미로 사용하기 때문에 정의하기가 어렵다.[9] 양극화는 일찍이 1600년대 과학자들이 빛, 방사선, 자력이 특정 방향으로 움직이는 현상을 설명하는 용어였다. 보통 하나의 극 방향으로만 움직이고, 다른 극에서는 멀어진다. 처음에 과학자들은 양극화를 탁구 경기와 비슷하게 빈 공간에서 하나의 물체와 다른 물체 사이에 작용하는 두 가지 힘의 결과로 이해했다. 하지만 1800년대 한스 C. 외르스테드와 마이클 패러데이는 전자기력에 대한 일련의 실험을 통해 이런 기본적인 관점에 이의를 제기했다. 그들은 상반된 자극들 사이에 텅 빈 공간이 아니라 **자극을 끌어당기고 밀어내는 복잡한 역장**field of forces이 존재한다는 것을 증명했다〈그림 2.1〉. 환상적이지 않은가? 잠시 이 이미지를 머릿속에 담아 두기 바란다.

양극화는 정치학에서 오래전부터 정치적 사고방식이 나뉘어 이념적 극단으로 치우치는 현상을 의미했다. 앞서 언급한 보스턴의 낙태 찬성 진영과 낙태 반대 진영처럼 말이다. 그러나 최근 들어 학자들은 다양한 측면의 양극화된 사고방식을 구분하기 시작했다. 이를테면, 적대적인 집단의 구성원들이 상대 집단의 구성원들에게 부정적인 감정을 갖는 성향을 일컫는 **감정적 양극화**와 중요한 문제에 대해

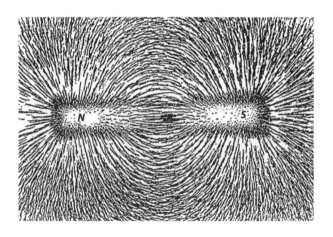

〈그림 2.1〉 자기 양극화

양극화된 사고방식을 보이는 **이념적 양극화**가 그것이다.[10] 보스턴의 여성 리더 그룹은 대화를 통해 이 두 가지를 서서히 분리했고, 결국 그들의 감정과 이념적 신념은 분리됐다는 점을 상기하기 바란다.

정치적 양극화는 감정적 양극화나 이념적 양극화와는 약간 다르다. 이는 개인들이 특정 이슈나 정책, 사람에 대해 갖는 입장이 해당 이슈나 사람에 대한 이해보다 특정 정당이나 이데올로기(예를 들어, 진보 또는 보수)에 대한 공감에 따라 영향받을 가능성이 더 큰 경우를 말한다. 정치적 양극화는 타 집단에 대한 높은 적대감, 공격성, 심각한 갈등과 관련 있는 것으로 밝혀지고 있다. 또한 좀 더 적극적인 정치 참여와도 관련이 있다.[11]

최근 들어 학자들은 **인지적 양극화**를 연구하기 시작했다. 이는 미국인들이 어떤 문제에 관하여 반대 정당의 태도라고 믿는 것과 실제 반대 정당의 태도 사이에 있는 차이를 다루는 것이다. 최근 연구에 따르면, 대부분의 미국인들은 다른 정당의 구성원들이 실제보다 약 두 배 더 많이 자신이 속한 정당을 비인간화하고, 혐오하며, 반대한다고 믿는다.[12] 오늘날 많은 미국인이 위의 모든 양극화를 함께 보여준다.

물론 정치적 양극화가 반드시 나쁜 것은 아니다. 실제로 이념적 양극화는 오래전부터 건전한 양당 시스템에 기반을 둔 민주주의의 기능적 측면으로 여겨졌다.[13] 한 연구에 따르면, 특정 조건에서 이념적 차이가 양극화될수록 집단 내의 의사 결정 수준이 더 높아질 수 있다.[14] 하지만 정치적 차이가 극단적이고, 만성적이며, 점차 편협해지면 보통 유해하고 병리적으로 바뀐다.

오늘날 몇 가지 우려되는 미국의 트렌드

요즘 양극화에 관한 많은 책과 글이 발표되고 있어 미국 사회의 다양한 분열상에 대해서는 자세히 언급하지 않을 것이다.[15]

다만 몇 가지 중요한 점을 강조하고 싶다.

첫째, 우리가 수십 년 동안 점증하는 양극화 추세 속에 있다는 점을 이해하는 것이 매우 중요하다. 〈그림 2.2〉는 1879~2015년 미국 의회(상원과 하원)의 투표 패턴을 보여 준다.[16] 그래프의 선이 낮을수록 법안 투표에서 양당이 더 많이 협력 및 타협하고, 선이 높을수록 양극화가 더 심해진다.

이 자료에 따르면, 오늘날 미국 의회의 양극화 수준은 남북전쟁

〈그림 2.2〉 1879~2015년 정당 양극화: 시간에 따른 분열과 양당주의의 정도

이 끝난 후인 1800년대 말과 거의 비슷하다. 1920년대 초 정당 간 분리가 현저하게 감소했는데, 이에 따라 수십 년 동안 더 기능적인 양당정치의 문이 열렸다. 하지만 1979년 무렵부터 법안 투표에서 양극화가 꾸준히 증가해 오늘날 더 격렬하고 분노하며 역기능적인 상황을 계속 만들어내고 있다.

이런 추세는 비단 정치 엘리트들 사이에서만 뚜렷하게 나타나는 것이 아니다. 미국 선거 연구American National Election Studies, ANES 자료를 활용한 연구에 따르면, 1970년대 이후부터 미국 대중의 이념적 양극화 역시 급격히 증가했다.[17] 이 연구의 저자들은 민주당원, 공화당원, 공화당이 승리한 주의 유권자와 민주당이 승리한 주의 유권자, 종교인 유권자와 비종교인 유권자의 관점이 각각 상당히 다르다고 밝혔다. 이런 차이는 소수 집단의 활동가뿐만 아니라 대규모 일반 대중에게도 나타난다. 가장 심각한 차이는 제일 관심이 많고, 많은 정보를 갖고 있으며, 참여적인 시민들에게서 나타난다. 따라서 메인 스트리트와 케이 스트리트(워싱턴 DC 로비스트의 본거지)는 상당히 오랜 기간 이런 추세와 일치했다.

반면 오늘날 워싱턴 DC에서 보는 교착 상태에도 불구하고 미국 사람들이 최근 수십 년 동안 정당(민주당-공화당)이나 이념적(진보-보수) 성향의 측면에서 더 양극화되지 않았다는 점은 흥미롭다. 퓨Pew 연구센터와 ANES의 여론조사는 양극화 추세가 약 70년 동안 대체로 정체되거나 약간 감소했다는 것을 보여 준다.[18]

이상하지 않은가? 이는 우리가 지금 경험하고 있는 분열이, **이런** 집단의 분열과 반드시 더 강하게 일치하지는 않는다는 점을 암시한다. 설령 그렇다 해도 우리가 언급했던 공화당 대 민주당 이야기보다 더 미묘하고 복잡하다는 의미다.[19] 이는 이 집단들 내의 하위 그룹(예를 들어 친트럼프 보수주의자와 반트럼프 보수주의자)이 오늘날 점차 중요해지고 있다는 것을 강하게 암시한다.

둘째, 미국 대중에 관한 자료는 오늘날 미국이 더 많이 분열됐다는 것을 나타내는 특별히 우려되는 두 가지 방식을 보여 준다. 이를테면, 우리는 미국의 정치 지형을 더 단순하고, 이분법적이며, 분파적으로 **느끼고 사고한다.** 미국인들은 감정적인 측면에서 과거 수십 년 전과 비교할 때 정치적 적대 집단에 대해 더 차갑고 경멸스러운 감정을 느끼고, 같은 집단에 속한 사람들에 대해서는 훨씬 더 따뜻하고 충성스러운 감정을 느낀다.[20] 예를 들어, 반대 정당에 '매우 비우호적인 관점'을 가진 사람들의 비율이 1994년 이후 두 배 이상 더 많아졌다. 우리의 최근 연구에 따르면, 민주당원과 공화당원의 대다수(약 80퍼센트)는 상대 당원이 자기 당원보다 '더 비도덕적이고, 부정직하며, 편협하다.'라고 본다. 따라서 많은 사람이 훨씬 더 높은 수준의 실질적인 양극화를 경험하고 있다.[21]

상대 당원에 대한 깊은 경멸로 **부정적인 당파심**이 우세해진다. 이런 상황 속에서 미국인들은 주로 자기 당을 공개적으로 지지하기 위해서가 아니라 상대 당을 반대하기 위해 모인다.[22] 물론 이는 정치 운동의 일반적인 전술이긴 하지만, 연단에 선 후보자들은 이를 이용해 유권자들을 끌어모은다. 요즘 당원들이 자기 당 리더의 정책이나 행동에 관해 관심이 덜한 이유는 그들의 진짜 관심사가 상대 당원이 제기하는 많은 위협이기 때문이다. 타 집단의 위협은 심각한 동기를 유발할 수 있으며[23](특히 공격적이고 과장된 정치운동과 함께), 이런 상황에서 매우 큰 결함을 가진 후보자와 정당조차도 두 악마 중 덜 나쁜 쪽으로 간주된다.

마지막으로 이 자료는 미국이 직면한 주요 도전 과제에 대한 우리의 이해가 훨씬 더 피상적이고, 단순해지고 있다는 점을 보여 준다. 퓨 연구센터의 '이념적 일관성 척도'는 정부의 낭비와 효율성, 동성애, 복지정책, 환경규제에 대한 견해를 포함하여 10개의 양극화된 이슈에 대한 유권자들의 태도가 (두 정당 내부와 두 정당 간에) 얼마나 일관성 있게 나타나는지를 평가한다. 퓨 센터는 1994년 이후 주요 두 정당 내부와 두 집단 사이에 이 열 가지 이슈의 상관관계를 추적했다. 연구 자료는 민주당원과 공화당원의 차이(그리고 각 정당 내부에서 열 가지 이슈에 대한 태도의 수렴 정도)가 지난 20년 동안 현저하게 증가했다는 것을 보여 준다. 이는 개인으로서 우리가 이슈들의 세부 내용에 훨씬 덜 주의를 기울이고, 그 대신 이 문제에 관한 정당의 노선을 신뢰하고 추종한다는 것을 암시한다.[24] 물론, 그다지 멀지 않은 과거에는 많은 사람이 세계를 바라보는 관점이 더 미묘한 차이를 보이던 시절도 있었다. 예를 들어, 국가재정에는 보수적이면서도, 사회문제에 대해서는 진보적인 시각을 가진 사람들, 또는 그 반대인 사람들이 있었다.

그러나 지금은 상대 당원이나 우리 세계가 직면하고 있는 많은 도전 과제에 관한 정확한 정보를 알기 위해 시간과 에너지를 훨씬 덜 투자하고 있다. 그 대신 소속 집단의 견해를 따르는 방식으로 생각하고 느낀다. 우리는 더 복잡한 세계에 관한 정확한 정보를 얻기 위해서가 아니라, 소속 집단에게서 **소속감**과 위안을 얻기 위해 더 많은 에너지를 사용한다. 심리학적으로 볼 때 정확한 정보를 얻고자 하는 욕구와 집단을 통해 소속감을 얻고자 하는 욕구는 종종 인간이 적절하게 다루어야 할 경쟁적인 행동 동기들이다(때로는 화합을 위해 집단 내의 문제를 무시하기도 하고, 때로는 그렇지 않기도 하다).[25] 오늘날 소속 욕구는 정확한 사실에 대한 요구보다 확실히 더 강력하다. 스탠퍼드 대학교의 정치학자 매튜 겐츠코우는 최근 미국의 정치 지형을 다음과 같이 요약했다.

> 증거를 종합하면 양극화가 실제적이고 심각한 현상이라는 것이 분명한 것 같다. 미국인들은 예전보다 이슈에 대한 견해 차이가 더 클 수도 있고, 그렇지 않을 수도 있다. 하지만 분명한 점은 그들의 정치적 분열이 점점 인신공격적이며, 여러 측면에서 이것이 더 악화될 수 있다는 것이다. 우리는 건강보험제도를 개혁하는 최선의 방안에 대해 점잖은 태도로 논쟁하지 않는다. 상대편 사람들이 미국을 파괴하려고 하기 때문에 무슨 수를 써서라도 막아야 한다고 믿는다.[26]

그의 말은 1944년 나치가 점령한 파리의 도덕적 확신에 관해 느꼈던 사르트르의 정서와 비슷하다.

지속적인
양극화 패턴

왜 이런 진퇴양난에 빠졌을까? 수십 년 동안 지속적으로 빨라진 분열 패턴의 주요 원인은 무엇일까? 양극화에 관한 기존 연구들은 이에 대해 매우 다양한 이론을 제시한다. 기본적이고 개인적인 차원의 요인과 성향에서부터 폭넓고 거시적인 차원의 정책과 구조에 이르기까지 다양하다. 〈그림 2.3〉은 일부 요인을 간략하게 보여 준다.

이는 적절한 과학적 증거가 뒷받침된 합리적인 이론들이다. 일부 이론은 위협에 대한 공화당원과 민주당원의 생물학적 두뇌 감수성 차이와 그 중요성을 주장하면서 보수주의자들이 위험 인식에 더 민감하게 반응한다고 말한다.[27] 다른 이론들은 도덕적 우선순위(예를 들어 어떤 연구는 '보수주의자들은 충성, 권위, 순수성의 가치, 진보주의자들은 배려와 공정의 가치를 각각 중요시한다.'라고 밝힌다[28]), 권위주의, 사회적 지배 성향과 같은 성격적 차이가 당파적 선호를 유발한다고 주장한다.[29] 지역 사회 차원의 요인을 강조하는 이론도 있다. 예를 들어, 희소한 일자리에 대한 경쟁, 불평등한 교육 기회, 인구 구성의 변화와 같은 요인이 포함된다. 더 나아가 우리의 경쟁적이고 역기능적인 정치 프로세스, 인종차별주의와 성차별주의 유산, 경제적 불평등 증가, 탈규제 자본주의에서 비롯된 과도한 경쟁 압력을 강조하기도 한다. 소수의 이론은 심지어 국경을 넘어 외국 열강이 우리의 내부 분열을 꾀하고 있다고 주장한다.

물론 때에 따라 정도는 다르겠지만, 나름 모두 일리가 있다. 통계학적으로 말하면, 각 요인들은 연구에 따라 양극화 변수를 부분적으

미시적 차원의 요인	거시적 차원의 요인
• 진화적으로 두뇌에 새겨진 위협 민감도의 당파적 차이	• 양당제와 승자독식의 정치제도
• 타 집단에 대한 단순화된 이미지에 따른 편도체(공포) 자극	• 부정적인 정치운동과 통치의 결과
	• 타 집단과의 접촉, 소통에 대한 집단 내부의 제재
• 정치적 의사결정에서 '열정적' 감정의 역할	• 유권자 억압 활동
• 인간의 민족중심적 성향과 당파적인 심리 작용	• 분열된 교육제도(부유층과 빈곤층)의 실패
• 당파 간 결혼과 가족 형성의 감소	• 급증하는 불평등
• 타 집단에 대한 부정적인 반감의 사회화	• 역사적 불의와 지역 사회 내의 민족집단 간 균열
• 기본적인 선택적 인지 편향과 확증 편향	
• 권위주의, 권위에 대한 복종과 관련된 당파적 견해 차이	• 정치적 충격에 따른 불안(1960년대 이후)
• 단순명료하고 일관성을 추구하려는 인지 욕구와 추론 동기에 관한 당파적 차이	• 시민연합(Citizens United)의 결성과 정치자금
• 진보주의자와 보수주의자 간의 도덕 가치 우선순위 차이	• 깅그리치의 의회 소통 구조(접촉) 재설정
• 경제적 합리성 대 사회적 합리성에 관한 우선순위	• 정치적 게리맨더링
• 극단적·참여적인 당파주의자들의 인지적 경직성	• 기성 정치인에 대한 온건한 후보자의 '도전'
• 외롭고 소외된 미국인의 증가	• 정치 지도자들의 의도적인 공포 조작
• 집단의 정체성이 인식에 미치는 힘	• 경쟁적이고, 규범이 없는 익명의 인터넷
• 집단 규범에 순응하는 성향	• 과도하게 경쟁적인 자본주의 사업 모델
• 당파적 차이의 중요성 확대와 그에 대한 심사숙고	• 외부의 행위자, 인터넷 괴물의 간섭
• 타 집단에 불만을 전가하는 성향	• 미디어 선정주의를 부추기는 이익 동기
• 높은 인식이 요구되는 상황에서 고정관념 의존	• 위협 인식을 증가시키는 24시간 뉴스 사이클
• 가족 개념의 위기와 지역 사회의 파편화	• 우리를 선호 집단으로 분류시키는 인터넷 알고리즘
• 상대편과의 접촉 감소	
• 희소자원(일자리)과 권력을 얻기 위한 경쟁	• 제도의 공정성에 대한 신뢰 상실
• 정부의 역기능과 정체 상태에 대한 불만	• 사이버 보안 위협과 자료 공유의 증가
• 생활을 위협하는 기술 진보	• 부유한 엘리트들의 고립 증가
• 과도한 정보량의 증가	• 급격한 인구 구성 변화와 다수 인구집단 변화
• 변화 속도의 증가=불확실성과 불안!	• 자연적·사회적 위협(테러)의 현저한 증가
	• 해로운 남성성을 중시하는 문화

〈그림 2.3〉 정치 분열의 미시적 요인과 거시적 요인

로 설명하기도 하고, 그렇지 않기도 하다.

그럼에도 불구하고 나는 이런 요인들이 50년 이상 점점 더 악화되는 분열 패턴을 설명할 수 있다는 전제에 동의하지 않는다.

학자들과 전문가들 또한 종종 **단일하고 독립적인 이론 오류**[30]의 희생양이 된다. 우리는 수년에 걸쳐 어떤 문제의 중요 원인을 연구하거나 그에 관한 책을 쓴 후 한 가지 중요한 요인을 과대평가하고 있다는 것을 발견했다. 다음의 예를 살펴보자.

"우리의 핵심적인 문제는 농촌 지역의 보수 집단과 도시 지역의 진보 집단 간의 도덕적 가치관 차이입니다."

"아닙니다. 정치적 책략, 게리맨더링, 의도적인 억압과 유권자 조작 때문입니다."

"절대 아닙니다. 우리의 문제는 공화당원과 민주당원의 위협 민감도 차이에 따른 완전히 다른 세계관 때문입니다! 우리의 뉴런에 문제가 있어요."

"이봐요. 급속히 확산한 깊은 고독과 집단에 소속하려는 간절한 욕구 때문입니다!"

"아니에요! 대중매체를 움직이는 돈 때문입니다. 폭스, MSNBC와 소셜 미디어를 보세요. 그들은 상식을 포기한 대가로 돈과 클릭을 추구합니다."

"확실히 남자들 때문입니다. 우리의 정치 시스템은 유해한 남성성에 바탕을 두고 있습니다. 그리고 과도하게 경쟁적이고 지배 중심적인 남성 우월주의(워싱턴 기념비를 보라)가 그런 정치 시스템을 부추기고 있어요."

"아뇨. 부모들의 잘못입니다. 그들은 자녀를 모든 것에 위협을 느끼는 권위주의적인 아이 또는 모든 것을 불만스럽게 여기는 예민한 진보주의자로 키웠습니다!"

"문제는 명확해요. 로봇 때문입니다. 로봇과 인공지능이 우리의 일자리와 의사 결정권을 빼앗고 있어요. 그런데도 아무도 관심을 두지 않아요. 이것이 우리를 미칠 정도로 불안하게 만들고 있어요. 이런 것들이 도래하고 있고, 막을 수 없다는 걸 알기 때문이죠. 그래서 우리는 비난할 대상을 찾게 된 거예요."

모두 좋은 지적이다. 하지만 오해하지 말기 바란다. 나는 이 모든 요인을 똑같이 여기지 않는다. 분명히 이런 요인 중 일부는 다른 요인보다 우리를 분열시키는 더 깊고 핵심적인 역할을 한다. 최근에 양극화 요인과 관련해 발표된 동료평가 논문과 메타 분석(통계적 요약)을 조사해 어느 요인이 더 중요한지 살펴봤다.[31] 이 연구 결과를 통해 가장 강력하고 유일한 요인을 최종적으로 확인하진 못했지만, 사람, 집단, 사회라는 세 가지 이야기를 알게 됐다.

1. **사람 이야기: 인간은 매우 감정적이고 자존감을 추구하지만, 인식 측면에서 매우 빈약하다.**

   인간의 인식능력은 다른 종에 비해 상당히 높은 수준이지만, 한계가 있다. 첫째, 우리는 근본적으로 정보를 감정적인 방식으로 처리한다. 고도로 합리적이라 생각하는 경우조차도 정치적 이슈에 대해 말하거나 생각할 때 우리 뇌의 감정 중추가 활성화된다. 둘째, 우리는 위협에 매우 민감하며 인지한 위협에 엄청난 주의를 기울인다. 우리는 일관성을 유지하기 위해 기존 신념과 가치를 확증해 주는 정보를 받아들이는 것을 더 좋아하며, 그렇게 함으로써 개인과 집단의 자존감을 높인다. 우리는 존중받는 집단에 소속되기를 좋아한다. 셋째, 우리는 손쉬운 인식 방법을 많이 갖고 있는데, 지나치게 단순한 방법으로 서로를 범주화해 두뇌가 인식하는 데 필요한 자원을 줄이려고 한다. 권위주의, 사회적 지배 성향과 같은 성격적 요인들의 차이 역시 소속 집단의 우월성을 우선시하게 만든다. 마지막으로 핵심적인 도덕적 가치의 우선순위가 다를 경우 우리는 소속 집단을 의롭다고 여기고 다른 집단과 분열한다. 이 모든 것이 결합하면 사람들의 의견이 나뉘고, '우리 대 그들'로 갈라지기 쉽다.

2. 집단 이야기: 인간은 선호 집단을 빠르게 형성하고, 집단은 일치와 극단을 지향하는 경향이 있다.

우리는 (자존감을 높이기 위해) 소속 집단을 선호하는 경향이 있으며, 이런 경향의 한 측면은 타 집단을 싫어하고 차별하는 것이다. 심지어 '동전 던지기'나 '항아리 안의 젤리빈 숫자 맞추기'로 집단을 나눠도 곧바로 소속 집단을 선호하는 경향을 보인다. 시간이 흐르면서 소속 집단은 사고나 행동 측면에서 서로 순응하고 일치하게 된다. 우리는 소속 집단의 인정에 관심이 많다. 그리고 신입회원의 선별, 사회화, 제재를 이용해 집단을 유지한다. 또한 소속 집단의 견해와 일치하는 정보를 공유할 가능성이 더 크고, 이 과정에서 더 극단적인 태도를 지니게 된다. 다른 집단에 비해 소속 집단이 당연히 누려야 할 것을 누리지 못한다고 여기는 소속 집단의 상대적인 박탈감 역시 타 집단과 싸우게 만드는 중요한 동기가 된다. 리더와 외부인들이 이런 지렛대를 이용하면 비교적 쉽게 분열을 조장하고, 분열과 제압을 이용해 권력을 얻을 수 있다.

3. 사회 이야기: 사회 규범과 사회 구조의 차이가 중요하며, 이 때문에 시간이 흐르면서 적대감이 쌓인다.

인간은 자신과 비슷한 사람들과 어울리고, 다른 사람들과는 멀어지는 경향이 있다. 이를 '동종 선호'라고 한다. 이런 동종 선호를 반영해 지역 사회의 물리적·사회적 안전과 경제 구조가 만들어진다. 더 넓은 사회 차원에서는 보편적으로 위계적 집단 구조를 지향하는 경향을 보이며, 특정 집단(특히 남성)이 흔히 최상층으로 올라가 지배하고, 그런 구조를 필사적으로 유지한다. 이런 경향들은 위협을 인지하기 어려운 상황일 때 더욱 강화된다. 이런 구조에서 우리의 위치(상층부 또는 하층부)는 관심사, 정체성, 접근할 수 있는 자원과 정보에 영향을 미친다. 집단들이 서로 고립되고 경쟁적인 구조와 규범을 지니고 있으면 본질적으로 양극화가 발생한다. 여기에 권력 투쟁과 중요한 자원을 획득하기 위한 싸움이 추가되면 양극화할 가능성이 훨씬 더 높아진다. 흔히 이런 분열을 둘러싼 부정적인 감정은 시간이 흐르면서 누적되고,

집단 투쟁의 불안한 조건이 조성된다.

달리 말하면, 현재의 지속적인 분열 추세는 단순히 어느 하나의 원인 때문이 아니다. 그보다는 매우 다양한 개인, 지역 사회, 거시적 차원의 성향과 영향들이 복잡하고 점진적인 방식으로 서로 영향을 미치면서 **악순환 구조**를 만든 결과다. 이는 학자와 정책입안자들을 비롯한 대부분의 사람들이 문제를 생각하고 연구하는 방식이 아니지만, 다수의 더 심각한 문제들의 본질이다.

〉 악순환, 태풍, 〉 슈퍼 태풍

다음은 악순환에 관한 간단한 설명이다. 이를테면, 2016년 당신은 대통령선거에 출마한 도널드 트럼프나 힐러리 클린턴 중 한 사람을 약간 더 선호했다. 당신은 뉴스를 접하거나 트위터를 볼 때, 자신이

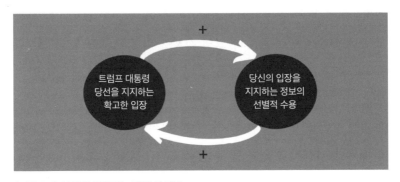

〈그림 2.4〉 분열을 심화하는 강화 사이클

좋아하는 후보자에 대한 감정을 강화하거나(〈그림 2.4〉), 당신의 감정과 상반되는 정보를 무시하는(비일관성을 싫어한다는 점을 기억하라) 방식으로 정보를 처리하는 경향을 보였을 것이다.

심리학자들은 이런 과정을 **'확증 편향'**이라고 하며, 이는 의도적인 추론 방식이다. 우리는 새로운 정보를 중립적으로 처리하지 않고, 기존 세계관에 부합하는 방식으로 이해하려고 한다. 모두 그렇다. 기존 입장과 딱 맞는 정보를 더 많이 수용하면 원래의 관점이 강화될 것이다. 원래 관점이 더 강화될수록 계속 그렇게 할 가능성이 더 높아지고, 결국 점점 더 자신의 선호가 뒷받침된다. 위 그림은 처음의 입장이 정보 처리에 영향을 미쳐 기존 입장을 강화하는 것을 보여 주는 매우 단순한 **강화 피드백 고리**이다. 이 시나리오는 더 심하게 양극화된 태도가 기존의 견해나 편향된 정보 처리 못지않게 시간 경과에 따라 서로를 강화하는 방식 때문이라는 것을 보여 준다.

물론 악순환은 계속 될 수 있다(〈그림 2.5〉). 예를 들어 당신이 트럼프 대통령을 강력하게 지지한다면 '미국인 대학살'이라는 그의 철학에 동의했을 것이다. 이 철학은 미국이 수많은 내외부의 위협과 부패로부터 계속 공격받았다고 여기게 한다. 당신이 트럼프를 강하게 반대한다면, 당신은 그와 그의 정책을 미국의 생존에 중대한 위협으로 봤을 것이다. 어느 쪽이든, 미국의 미래에 대해 매우 불안해지고, 이런 불안이 증가할수록 미국에서 일어난 사건에 관한 뉴스와 정보를 찾고 열심히 들을 가능성이 훨씬 더 높아질 것이다. 하지만 대체로 자신의 관점과 일치하는(따라서 더 위안이 되는) 자료를 선택하고 선호할 것이다. 미국의 24시간 뉴스 방송을 고려하면 자신

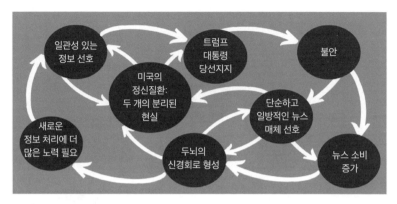

〈그림 2.5〉 현실과 점점 더 많이 분리되는 악순환

이 선호하는 언론매체가 제공하는 일방적인 뉴스를 더 자주 접할 것이다.

일관된 정보에 노출되는 빈도가 더 높아지면, 결국 두뇌의 신경 회로가 재편되고, 문제에 대한 모순된 관점을 처리하고 이해하기가 힘들어지며, 더 많은 노력이 필요해진다. 이렇게 되면 당신은 뉴스 채널을 바꾸거나 트위터의 다른 집단에 속한 사람을 팔로우할 가능성이 줄어든다. 그 결과 원래의 정보원에 더 많이 노출되고, 불안은 더 증가하며, 현실과의 분리가 가속화된다. 이것이 바로 미국인의 정신질환이다.

하지만 이것이 전부는 아니다. 이런 악순환은 대부분의 머릿속에서 일어나고 있다. 이는 집단의 사회화 과정, 동질적인 소셜 네트워크, 인터넷 분류 알고리즘, 소셜 미디어의 폭발적 증가, 혐오를 정치적 무기로 이용하는 미디어 그리고 〈그림 2.6〉에서 보는 것과 같이 이른바 '**악성 태풍**'이라 불리는 다양한 힘들을 포함한 정보 흐름의

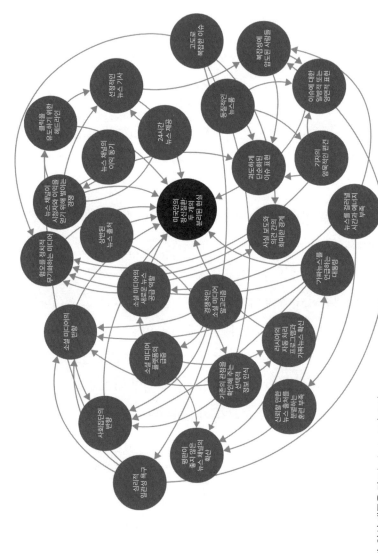

<그림 2.6> 악성 태풍을 만드는 뉴스 소비 요인

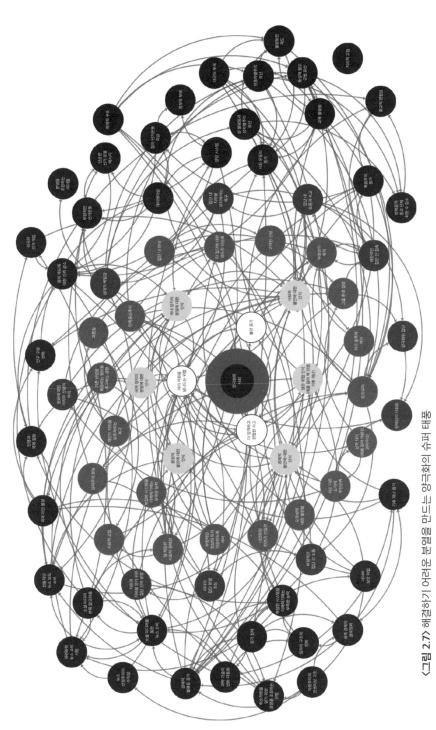

〈그림 2.7〉 해결하기 어려운 문제를 만드는 양극화의 슈퍼 태풍

여러 측면과 관련된 다양한 피드백 사이클에 따라 뒷받침된다. 단순히 이런 여러 사이클의 배치 구조만 파악해도 양극화를 만드는 다양한 힘이 서로 어떻게 결합해 우리의 분열 패턴을 더욱 강하고, 복잡하며, 요지부동으로 만드는지 알 수 있다.

이런 사이클들은 정보의 흐름과 처리 과정 속의 편견을 보여 줄 뿐이다. 이런 악성 태풍들은 개인적·지역적·국가적·국제적 차원에서 서로 다른 경제적·정치적·문화적·심리적 요인들의 영향을 받을 수 있다. 이런 요인들은 해결이 불가능한 **양극화의 슈퍼 태풍**을 만들 수 있다(《그림 2.7》).

이런 요인들을 결합하면 상대편을 혐오하고 경멸하면서 자기편에 사랑과 충성을 바치는 유해하고 병적인 패턴에 쉽게 빠지는 위험한 환경이 조성된다.

1800년대 외르스테드와 패러데이가 실험으로 확인한 전자기의 극성 이미지를 떠올려보자. 그들이 우리에게 말하려고 했던 것은 바로 '문제가 복잡하다는 것'이다.

오늘날 상호 작용하는 시스템의 복잡한 속성을 강조한다고 해서 이런 문제들이 모두 동일한 영향력을 미친다는 뜻은 아니다. 분열 요인 중 일부, 예를 들어 미국의 깊은 인종차별주의 상황에서 특정 인종을 공격하는 정치인의 행동, 분열의 견제 장치 역할을 할 수 있는 주류 미디어(네 번째 계층인 언론계)에 관한 전반적인 비난과 권위 실추, 정치적 적대자에 대한 폭력 선동, 엄정한 과학적 발견이 정치적으로 불편한 경우 취할 수 있는 무시와 폄하는 큰 해를 끼칠 뿐만 아니라 다수의 국민에게 깊은 불쾌감을 주고 뿌리 깊은 분개와 격분을 유발한다.

이런 요인과 또 다른 요인들은 집단 간의 적대감과 양극화에 직접적인 영향을 미칠 수 있다. 하지만 이런 **직접적인** 영향에도 불구하고 이것들은 대부분 여러 힘으로 구성된 하나의 시스템 안에서 작동하며, 그 결과 점점 더 다루기 힘들게 된다. 따라서 이는 하나의 시스템으로 이해하고 다루어야 한다. 달리 말하면, 한 번에 하나의 문제에 주의를 기울이는 방식으로 다양한 문제로 엉켜 있는 이러한 시스템에 접근하려는 시도는 문제의 일부만 건드리는 것이다. 이것이 바로 우리가 교착 상태에 빠진 이유다.

〉구름 문제들

지난 세기에 가장 영향력이 컸던 과학철학자 칼 포퍼Karl Popper는 1965년 어느 강의[32]에서 과학자들(이 사안의 경우 모든 사람)에게 문제를 비유적으로 생각하는 방식이 중요하다고 주장했다. 아울러 그는 두 가지 다른 문제 유형 간의 중요한 차이를 제안했다. 예를 들면, 시계 문제와 구름 문제다(〈그림 2.8〉). **시계 문제**는 이를테면 '매우 신뢰할 만한 진자시계와 같은' 것으로, 기계적이고, 파악 가능하고, 통제 가능하며, 예측 가능한 속성을 지닌 문제들이다. 이런 문제들은 분해해 분석한 후, 즉 구성 요소로 분리해 정확하게 측정하고 연구해 문제의 근원을 밝힐 수 있다. 그리고 다시 고쳐서 재조립하면 본래대로 작동하게 할 수 있다.

시계 문제 ——————————————————————————— 구름 문제

뉴턴 혁명(1687년)에 바탕을 둔 관점으로, 모든 물리적 사건은 물리 법칙으로 설명할 수 있다는 '물리적 결정론'을 낳았다.

시계 문제는 기계적이고, 파악 가능하고, 통제 가능하며, 예측 가능한 속성을 지닌다.

모든 구름 문제는 사실상 시계 문제다. 단지 우리가 그 배후의 법칙을 모르기 때문에 구름 문제로 보일 뿐이다.

시계는 분해해 분석할 수 있다. 구성 요소로 분리하고, 정확히 측정하고 연구해 문제의 본질을 밝힐 수 있다. 그런 다음 다시 수선해 결합하면 본래의 기능대로 작동시킬 수 있다.

구름 문제는 문제 해결 방법으로 해결할 수 있다.

1965년

구름 문제와 시계 문제

칼 포퍼의 제안

양자이론(1920년대)에 바탕을 둔 관점으로, '모든 물리적 사건이 사전에 절대적으로 정확하게 결정되지 않는다.'라는 물리적 비결정론을 낳았다.

구름 문제는 각다귀 또는 기체 형태의 구름 덩어리와 같은 것으로, 매우 불규칙하고, 무질서하며, 통제 불가능하고, 예측 불가능한 속성을 지닌다.

모든 시계 문제는 사실상 구름 문제다. 무작위성과 우연은 모든 것에 영향을 미치는데, 이를 '불확정성의 원리'라고 한다.

구름 문제가 복잡하다고 생각하는 이유는 이런 문제의 많은 측면이 시간이 흐름에 따라 예측 불가능한 방식으로 상호 작용해 불규칙한 행태와 결과를 보이기 때문이다.

구름 문제는 표준적인 문제 해결 방식으로 대응할 수 없으며, 따라서 다른 방법이 필요하다.

자동차	포탄	계절의 변화	동물	각다귀 떼	폭우의 물방울

태양계 　　파도 　　식물 　　인간 　　기체 형태의 구름

〈그림 2.8〉 시계 문제와 구름 문제

일반적으로 자동차, 제트 엔진, 컴퓨터, 교통 및 도시계획의 문제는 시계 문제로 분류할 수 있다. 다른 극단에는 **구름 문제**가 있다. 이는 고도로 불규칙하고, 무질서하며, 예측 불가능한 속성을 지닌 과제들이다. 포퍼는 폭풍우의 물방울, 개별적인 기체 분자, 각다귀(모

양은 모기와 비슷하나, 크기는 더 큰 각다귓과의 곤충을 통틀어 이르는 말-편집자) 떼와 같은 과학적인 현상을 구름 문제로 분류했다. 또한 근절되지 않는 부패, 빈곤, 차별, 노숙, 폭력, 정치적 양극화와 같은 인간의 문제도 이에 포함된다. 이런 문제는 단순히 복잡한 것만이 아니다. 이런 문제를 **복잡하다고** 생각하는 이유는 이런 문제의 많은 측면이 시간 경과에 따라 예측 불가능한 방식으로 영향을 미치고 불규칙한 행태를 보이기 때문에, 기존에 입증된 일반적인 해결책이나 문제 해결 노력으로는 대응할 수 없기 때문이다. 결국 이런 문제를 해결하려는 선의의 노력은 유의미한 결과를 낳지 못하고, 당장은 문제가 사라지지만 결국 재발해 더욱 악화된다.

포퍼는 "인류 역사상 최초로 성공한 과학이론이자 가장 위대한 과학 혁명을 유발한 뉴턴 역학의 획기적인 성공 덕분에 1686년 무렵 시계가 과학계의 유일한 비유 체계가 됐다."라고 주장했다. 뉴턴의 이론은 단순한 몇 가지 자연법칙이 행성, 조류, 포탄의 운동처럼 매우 복잡한 문제를 설명할 수 있다는 것을 보여 줬다. 이 이론은 뉴턴의 발견 이래 바뀌지 않았고, 이론의 탁월한 예측력 덕분에 당시에는 물론, 오늘날 많은 과학자에게 모든 과학의 문제가 궁극적으로 측정, 예측, 통제 가능하다는 희망과 열망을 갖게 했다.

과학자들이 우리의 가장 잘 알려져 있고 체계적인 문제 해결자라는 것을 고려하면, 시계 비유는 문제를 생각하고 해결하는 방식의 기준이 된다. 뉴턴 혁명은 **물리적 결정론**(모든 물리적 사건은 궁극적으로 물리 법칙으로 설명할 수 있다는 신념)의 시대를 열었으며, 오늘날에도 여전히 살아 있다. 물리적 결정론은 우리와 물리적·사회적 세계에 대한 완전한 통제 사이에 놓인 유일한 문제가 현재의 무지상태뿐이며, 이는 과학적 연구로 극복할 수 있다고 주장한다. 포퍼는 이런 신념을 "설령 가장 짙은 구름일지라도 모든 구름은 시계다."라는 말로 표현했다.

하지만 물리적 결정론과 시계적 사고방식은 1920년대 물리학에서 양자 이론이 처음 제시되면서 심각한 도전을 받아 과학계에서 그 위치가 격하됐다. 오늘날 현대 물리학의 이론적 기초인 양자 이론은 물질과 에너지의 속성과 행태를 원자와 아원자 수준에서 설명한다. 이런 차원에서는 거의 모든 것이 구름과 같다. 계속 변화하기 때문에 정밀한 측정이 불가능하다. 포퍼는 다음과 같이 말했다.

"이는 세계를 구름과 시계가 상호 결합한 시스템으로 만든다. 따라서 최고의 시계도 분자 구조 차원에서는 어느 정도 구름 속성을 보인다."

이런 발전을 통해 물리적 세계의 사건은 '극히 미세한 차원에서 볼 때 절대적인 정확성으로 사전에 모두 결정되지는 않는다.'라는 이른바 **'물리적 비결정론'**의 시대가 시작됐다. 이는 사실상 모든 구름 문제가 시계 문제라는 생각이 틀렸음을 보여 줬다. 물리적 비결정론이 모든 시계가 사실상 구름이라고 주장하는 이유는 무작위성과 우연이 모든 것에 영향을 미치기 때문이다. 이를 **'불확정성의 원리'**라고 한다.

그럼에도 불구하고 모든 구름은 시계라는 가정, 즉 모든 복잡한 문제는 구성 요소로 분해해 해결할 수 있다는 가정은 오늘날에도 널리 퍼져 있으며, 문제 해결 관점의 기초가 돼 직접적인 영향을 미치고 있다. 포퍼는 다음과 같이 말했다.

"새로운 양자 이론이 승리하고 수많은 물리학자가 비결정론으로 입장을 바꿨는데도, 인간이 기계라는 드 라메트리(프랑스의 의학자이자 철학자, 계몽 시대의 대표적인 유물론자다 - 편집자)의 관점은 요즘도 물리학자, 생물학자, 철학자들 사이에서 인간이 컴퓨터라는 형태로 이전보다 더 각광받고 있다."

오늘날과 같은 스마트폰 시대에 과학 기술과 공학을 숭배하는 일반적인 경향이 바로 이에 대한 증거다. 아이작 아시모프에서 스티븐 호킹, 일론 머스크에 이르는 많은 사람이 기술 우상화의 끔찍한 결과에 대해 경고했는데도 많은 이들이 여전히 시계 가정을 강하게 고수하고 있다. 이런 태도는 문제, 변화, 미래를 생각하는 방식에 영향을 미친다. 과학에 관한 주류적 이해는 점점 더 복잡하고 비선형적인 세상에서 우리의 두뇌가 만들어내는 오류를 강화한다.

결론적으로 포퍼는 대부분의 문제가 구름과 시계 사이의 어디쯤에 해당하며, 더 복잡하고 가변적인 문제는 구름에 더 가깝다고 생각했다.

"오직 구름만이 존재하며 구름 농도가 매우 다양할 뿐이다."

그러나 그는 미래를 내다보는 두 가지를 강조했다.

첫째, 시계와 비슷한 문제나 구름과 같은 문제에 접근할 때 각각의 속성에 맞는 다른 전략을 사용해야 하며, 이때는 아주 신중해야 한다고 경고했다. 달리 말하면, 시계 작업을 할 때는 시계용 도구, 구름 작업을 할 때는 구름용 도구를 사용해야 한다.

둘째, 우리의 세계가 일반적으로 부정확하고 모호하다는 점을 고려할 때 구름 문제에 대한 해결책을 비판적으로 바라보면서 불가피한 오류를 찾고 수정해야 한다고 주장했다. 그는 물리학자 존 아치볼드 휠러의 말을 인용해 다음과 같이 말했다.

"우리의 과제는 최대한 빠르게 실수하는 것이다."

이 과제는 의식적으로 비판적인 태도를 지속함으로써 해결된다. 포퍼는 다음과 같은 결론을 내렸다.

"나는 이것이 이제까지 제시된 가장 높은 수준의 합리적 태도 또는 합리성이라고 믿는다."

오늘날 우리의 삶에서 점점 더 많이 직면하고 있는 양극화된 갈등이 구름 문제라면, 한두 가지의 기술적 해결책, 공화당원과 민주당원을 모아 대화를 나누게 하거나 입법으로 게리맨더링을 막는 것 등을 이용해 직접적으로 이 문제를 '해결'할 수 있다는 사고는 스크루드라이버를 이용해 흐린 날을 맑게 만들 수 있다고 생각하는 것과 비슷하다. 이런 해결법은 우리가 바라는 변화를 만들기에 아주 부적절하고 불충분하다. 우리는 대부분 시계 도구에 훨씬 더 익숙하고 편안하다. 본래의 상태로 되돌리는 식의 사고 방식과 직선적 변화 과정은 통제할 수 없는 것처럼 보이는 문제를 통제하고 있다는 느낌을 갖게 한다. 다만 구름 도구에 관해 같은 수준의 익숙함과 편안함을 느끼지 못할 뿐이다.

그러나 열쇠는 여기에 있다. 양극화를 둘러싼 당면 과제는 우리 삶에서 직면하는 대부분의 갈등과 다른 부류에 속한다는 점을 인정하는 것이 첫 단계다. 이런 사실을 인정하면 이런 유형의 문제에 다른 방식으로 접근할 수 있다. 인플루엔자와 백혈병의 치료 방법이

다른 것처럼 말이다. 두 질병의 처음 증상은 비슷하지만, 근본적인 치료법은 다르다.

⟩ 대대적인 붕괴

우리가 복잡하고 모호한 문제를 선명하고 단순하게 만들려는 두 번째 이유는 복잡한 것을 참지 못하기 때문이다. 우리의 깊은 일관성 욕구를 고려할 때 사람들은 복잡한 것을 매우 싫어한다.[33] 우리는 대부분 양극화라는 슈퍼 태풍과 같은 문제 상황과 이미지를 압도적이고, 불안하며, 위협적인 것으로 여긴다. 이런 문제에 대해 뭔가를 하는 것은 고사하고 그것을 이해하는 것조차 불가능하다고 여긴다. 결국, 우리는 이에 관한 방어 기제로 자신도 모르게 문제를 허겁지겁 단순화하곤 한다.

수십 년의 연구가 이를 뒷받침한다. 인지 및 감정 처리에 관한 수백 건의 연구에 따르면, 사람들은 대개 고도로 복잡하고 부담스러운 환경에 처했을 때 압도당하고 무너진다. 우리의 인지 처리 과정이 감당할 수 있는 **인지적 복잡성**(문제의 다양한 측면을 바라볼 수 있는 능력)은 상당히 낮고, **인지적 경직성**(이분법적인 흑백 사고)은 더 높다. 따라서 우리의 **인지적 종결 욕구**(모호성을 싫어하고 명확하고 편리한 해결책을 바란다)는 더 크고, 더 단기적으로 생각하기 시작한다(결국 우리의 행동에 대한 **미래의 결과를 고려하지 않는다**).[34] 이 때문에 우리의 생각이 협소해진다.

우리의 **감정적 복잡성** 역시 저하된다. 우리는 타인에 대한 불만과 감사처럼 모순된 감정을 수용할 수 있는 능력을 상실해 더 불안해하고, 이는 더 독단적인 세계관을 갖게 되며, 더는 아웃사이더를 인정할 수 없게 된다.[35] 따라서 대체로 우리의 감정은 더 협소해진다.

우리는 사회적으로도 붕괴한다. 우리는 일반적으로 힘든 요구가 많은 상황에서 더욱더 **갈라지고**, 더 작은 범위의 사람들만 신뢰하고, 더 작은 하위 집단으로 쪼개지며, 결국 우리 주변에는 공정한 대우를 받을 만한 자격이 있다고 생각하는 사람들만 남게 된다. 뚜렷하게 구분된 당파적·인종적 정체성이 나타나 부정적인 당파적 영향의 기초가 된다.[36] 또한 더 지배적이고 독재적이며, 호전적인 리더들을 선호하고, 타 집단을 고정 관념을 갖고 바라보며 그들에게 책임을 전가하고 비난하는 경향이 나타나고 있다.[37] 국가적 차원의 연구에 따르면, 자연재해나 외부 공격에 노출된 거칠고 위협적인 환경에서 발전한 사회는 일반적으로 유대관계가 긴밀한 문화를 발전시킨다. 이를테면 내부의 일치를 강조하고, 규칙에 얽매이며, 일탈행위를 가혹하게 처벌하는 경향이 있다.[38]

요약하면, 우리는 매우 복잡하고 가변적인 문제에 부딪혔을 때 더 불안하고 더 단순하게 사고하고 더 나쁜 의사 결정을 내린다. 또 신뢰하는 사람이 줄어들고, 호전적인 리더와 친밀한 동료를 선호하게 되면서 싸움을 준비한다. 이는 지난 수년 동안의 퓨 여론조사에서 많이 볼 수 있었다.

우리의 연구에 따르면, 이런 **복잡성의 붕괴**가 다루기 힘든 갈등을 더욱더 촉진한다.[39] 뉴욕과 독일에 있는 어려운 대화 연구소는 20년 동안 복잡하고 도덕적으로 양극화된 이슈, 예를 들어 낙태, 대학 캠퍼스의 자유로운 발언 대 혐오 발언, 도널드 트럼프 등에 관한 상반된 관점을 가진 사람들에 대해 연구했다. 이 연구는 실험 참가자들이 서로 만나지 않고 인지, 감정, 행동 측면에서 더 단순해지면, 분노에 휩싸인 채 교착 상태에 빠지고, 그 결과 미래에 상대방과 함께 일하기를 거부한다는 것을 보여 줬다. 이는 우리 연구에서 특히 핵심적인 발견이었다.

이를테면 복잡한 문제에 일차원적으로 접근하면 점점 더 다루기 어려운 갈등이 유발되거나, 다루기 어려운 갈등으로 이어진다. 어느 시점이 되면 이런 과도한 단순화, 확실성, 경멸 과정은 사람들이나 집단 내부와 그들 사이에서 스스로 조직화되고, 그것을 바꾸려는 외부의 시도에 귀를 기울이지 않게 된다. 이렇게 되면 다루기 힘든 어트랙터가 될 가능성이 더 높아진다.

구름 문제가 어트랙터가 되는 과정

모든 구름 문제가 우리를 끌어들여 변화에 저항하게 만드는 **어트랙터**가 되진 않는다. 각다귀 떼나 가스 분자들은, 보기에는 매혹적으로 보일지 모르지만, 반드시 어트랙터 패턴과 일치하지는 않는다. 복잡한 인간 집단의 경우도 이와 마찬가지다. 햇볕이 좋은 날 뉴욕 센트럴파크의 커다란 잔디밭에 많은 사람이 나와 있는 것을 볼 수 있다. 하지만 그들 중 대다수는 각자 자신의 일(저글링, 일광욕, 낮잠, 소풍, 대마초 피우기)을 하고 있기 때문에 특정한 패턴을 형성하지 않는다. 그들은 각다귀와 상당히 비슷해 보인다. 우리는 이를 '느슨하게 연결된 시스템'이라고 부른다.

어트랙터는 구름과 같은 역학관계, 즉 많은 구성 요소가 더 긴밀하게 연결되고 배치됐을 때 발생한다. 이는 태풍의 다양한 요소(저기압, 해수면의 따뜻한 온도, 습도 높은 바다 공기, 가벼운 서쪽의 열대 바람, 뇌우 활동, 태풍의 순환, 태풍 경로에 육지가 드문 상태 등)가 시간의 경과에 따라 상호 작용해 거대한 태풍을 만드는 것과 같다. 또는 결혼에 영향을 미칠 수 있는 많은 요인(불친절한 제스처, 화나게 만드는 습관, 무분별한 행동, 악의적인 시댁 가족들, 시기하는 친구들)이 결합해 부부를 정서적으로 멀어지게 하고, 결국 서로 사랑이 식었음을 확인하게 되는 것과 비슷하다. 다양한 요인이 일관된 방식으로 서로 강화하면서 만들어지는 패턴을 바꾸기 어려운 이유는 이런 요인들이 어트랙터 패턴을 만들고, 그런 요인들이 바뀌는 방식에 관한 법칙도 계속 바뀌기 때문이다. 어트랙터는 우리에게 가장 익숙한 표준 인과 법칙보다 훨씬 더 다양한 법칙에 따라 작동한다. 이런 법칙을 이해하는 것이 언뜻 보기에 변할 것 같지 않은 패턴을 바꾸는 열쇠다.

3장에서는 우리가 어트랙터라고 부르는 것의 배경을 좀 더 말하겠다. 예를 들어, 어트랙터란 무엇이고, 어디에서 발생하며, 우리가 어떻게 그것에 사로잡히는지를 언급한다. 그다음 어트랙터를 어떻게 바꿀 수 있는지, 어트랙터 배후에 존재하는 낯선 법칙을 이해하는 것이 이런 변화를 더 잘 다루고 이용하는 데 어떤 도움을 주는지 설명한다.

3

THE WAY OUT

갈등을 유발하는
어트랙터

초기에는 서로 관련 없는 다양한 신념, 태도, 행동 성향, 규범, 상
징이 갈등을 둘러싸고 결합해 강력하고 유해한 어트랙터 역동이 만
들어진다면 어떻게 될까? 어쨌든, 이런 일은 일어난다.

아브라함*의 깊은 틈새로 떨어지다

2019년 나를 비롯한 국제 평화 및 갈등 분야의 고위급 활동가들이 독
일에서 개최된 학술회의에 참석했다. 그런데 이 회의의 결말이 상당
히 놀라웠다. 이 회의의 목적은 평화 프로세스에 관한 정책 학술지

---

* 　창세기에 따르면, 아브라함은 가나안 땅에서 새로운 민족을 만들어 주겠다는 하나님의 부름을 듣고
　　고향 메소포타미아 지역을 떠났다. 가나안은 오늘날 이스라엘, 서안 지구, 가자, 요르단을 포함하는
　　레반트 남부지역, 시리아와 레바논의 남부지역에 해당한다.

특별호에 실을 새로운 아이디어를 공유하는 것이었다. 상당히 표준적이고 학문적인 내용이었다. 초대된 사람들은 전 유엔 특사들, 외교관들, 싱크 탱크 소속 정책 입안자들, 교수들이었다. 우리의 과제는 점점 더 혼란스럽고 복잡해지는 중동 지역의 문제들과 국제단체가 제시하는 상당히 정체되고 비효과적인 평화 접근 방법 사이에 생겨난 '적절성의 차이'에 관한 글을 쓰는 것이었다. 나는 이 주제에 흥미를 느꼈지만, 며칠 동안 별다른 일없이 커피와 빵을 먹으면서 일반적인 비판과 해결책을 제시하는 장황한 연설이 있을 것으로 예상했다. 회의는 대부분 예상대로였다. 하지만 마지막날 오후는 달랐다.

그날의 회의 일정은 참석자들이 각자 자신의 논문을 발표한 후 회의를 주재하는 고위 인사 중 한 사람이 우리의 연구를 비평하는 것이었다. 마지막날 마지막 회의 시간에 매우 경험 많은 이스라엘 협상전문가이자 회의 공동의장이 논문을 발표했다. 그의 논문은 훌륭했다. 약간 추상적이고 난해하긴 했지만, 불쾌하거나 특이한 점은 없었다.

그 후 비평자로 나선 전 네덜란드 대사가 그 논문에 관한 의견을 제시했다. 그는 다음과 같이 말하기 시작했다.

"이슈의 초점이 특별히 중동 문제이고, 또 이스라엘 출신 논문 발표자가 공동편집자가 될 것이라는 점을 고려할 때 정밀한 추가 검토가 필요할 것으로 보입니다."

그가 말을 끝내기도 전에 공동의장인 이스라엘 사람이 손을 높이 들고 큰 소리로 물었다.

"잠시만요! 지금 뭐라고 하셨죠?"

회의장은 순식간에 긴장감에 휩싸였다. 네덜란드 대사는 잠시 멈춘 후 방금 한 말을 조용히 다시 말했다.

이스라엘 사람은 날카롭게 대꾸했다.

"그런데 정확히 무슨 뜻이냐고요."

대사는 어리둥절한 표정으로 약간 말을 더듬거리며 자신이 한 말을 분명히 전달하려고 노력했다.

"저의 제안은 논문의 초점을 고려할 때. …(후략)…"

이스라엘 사람이 갑자기 불쑥 끼어들었다.

"나는 내 전문 영역에서 이런 식으로 취급받은 적이 **결코 없습니다**. 이 분야에서 수십 년간 일하면서 어떤 사람도 내가 어떤 식으로든 편향됐거나 공정하지 않다고 말한 적이 **한 번도** 없었습니다."

대사는 대답했다.

"그렇게 말하지 않았습니다."

공동의장이 회의장을 둘러보면서 다른 사람들의 지지를 구했다.

"정확히 그렇게 말했다고요! 정확히. 그렇죠?"

우리는 계속 가만히 있었다.

대사가 계속 말했다.

"나는 문제를 제기했을 뿐입니다."

공동의장이 소리쳤다.

"당신의 말뜻을 알아요! 무슨 말인지 정확히 압니다. 나는 사과를 요구하는 겁니다! 사과하지 않으면 난 이 회의를 계속 진행할 수 없습니다!"

이때 다른 공동의장인 이 분야의 저명한 학자가 큰 소리로 말했다.

"이제 됐어요. 이런 바보 같은 짓은 그만해요."

네덜란드 사람이 외쳤다.

"내가 한 말에 절대 사과하지 않을 겁니다. 당신에게 편견이 있다고 말하지 않았어요. 그러니 사과하지 않을 겁니다."

그러자 이스라엘 사람은 회의장을 떠나려고 준비하는 것처럼 보란 듯이 테이블 위의 소지품을 싸기 시작했다.

그 후 상황이 정말 흥미진진해졌다. 회의장은 세계적인 평화 운동가들로 가득했다. 가장 위험하고 다루기 힘든 분쟁을 중재하는 일을 도왔던 특사와 중재자들이었다. 퀘이커 회의와 비슷하게, 이제 고위인사들이 한 번에 한 사람씩 나서서 상황을 진정시키고 해법을 찾기 위해 말하기 시작했다. 재능과 기술, 기교의 전시장 같았다. 각 사람은 대화에 끼어들어 고려해야 할 새로운 질문, 벌어진 상황을 바라보는 새로운 시각, 동료 간의 협력 관계와 전문성, 논쟁자들이 받아들일 수 있는 제안을 위한 새로운 아이디어를 제시했다(나는 '이 상황을 녹음할 수 있다면 얼마나 좋을까?'라고 생각했다!). 이 모든 시도는 두 논쟁자 중 어느 쪽에도 그다지 영향을 미치지 못했고, 두 사람의 격렬한 태도는 여전했다. 어떤 사람이 일정대로 회의를 계속 진행하자고 제안하자 이스라엘 사람은 더 시끄럽고 빨리 짐을 싸는 행동으로 응수했다.

나는 25년 이상 평화 및 갈등 연구 분야에서 학자이자 중재자로 활동했고, 이처럼 특정 주제에 관하여 의견을 발표하는 지루하고 예측 가능한 회의에 수도 없이 참석했다는 점을 강조해야겠다. 나는 이처럼 분노를 표출하면서 회의장을 떠나는 경우를 결코 본 적이 없었다. 한 가지 약간 지독한 아이러니는 한 시간 전 참석자 중 한 사람이 민족 정체성이 중동 지역 갈등의 교착 상태에 미치는 영향에 관한 탁월한 논문을 발표했다는 것이다. 그리고 지금 우리는 그런 사태를 맞이했고, 어찌할 바를 몰랐다. 놀라운 일이었다. 사태를 해결하기 위한 우리의 의욕적인 시도는 아무런 소용이 없었다.

물론 이 갈등의 핵심은 회의장에서 갖춰야 할 예의나 전문성에 대한 존중에 관한 것이 아니었다. 무심코 일어난 일이긴 하지만, 유감스럽게도 이스라엘-팔레스타인 분쟁의 금기 사항을 건드린 것이었다. 두 사람의 논쟁은 우리 모두를 100년 이상 끌어온 수렁에 빠뜨렸다. 회의장의 정중한 학문적 분위기, 노련한 평화 활동가들이 시도한 수많은 선의의 노력, 논쟁자들의 격분이 자기 직업에 미칠 영향에도 불구하고 근본적인 갈등을 유발하는 환경이 만들어내는 유혹을 이길 수 없었다.

이스라엘 협상가와 네덜란드 대사 둘 다 결국 회의장을 뛰쳐나갔다. 그 이스라엘 공동편집자는 급기야 그 프로젝트에서 사임했고 학술 단체와 연락을 끊었다(매우 중대한 결정이었다). 이것이 어트랙터에 내재된 힘이다. 어떤 어트랙터는 가장 잘 알려진 갈등 해결 전략보다 크고 강하다.

원시 바다와 같은 어트랙터

어트랙터의 개념은 두 세계에서 거의 동시에 탄생했다. 이론적으로는 심리학, 방법론적으로는 복잡성 과학 분야에서 제시됐다. 개념적으로는 1930년대 **위상 심리학**을 발전시킨 뛰어난 젊은 학자인 쿠르트 레빈Kurt Lewin의 연구를 바탕으로 한 게슈탈트 심리학에서 비롯됐다. 위상 심리학은 인간의 동기부여와 행동을 심리적 환경에 따라 우리가 경험하는 가능성과 제약의 결과로 설명하려고 했다.[1] 복잡성 과학은 응용수학의 한 분야로, 수학과 미분방정식을 이용해 시계열 자료의 패턴을 추적해 시각화하면서 어트랙터를 확인했다. 복잡성 과학은 약간 모호하지만 카오스 이론, 일반체제 이론, 동적 시스템 이론, 사이버네틱스가 결합되면서 시작됐다.[2] 오늘날 이 분야는 복잡한 시스템에 관한 학제적 연구를 중심으로 체계화돼 있다. 슈퍼 태풍과 같은 양극화 문제처럼 복잡하고 모호한 시스템은 많은 요소가 상호 작용하며, 따라서 매우 동적이고 다차원적이며 예측 불가능하다.

어트랙터의 탄생

구름처럼 매우 다양한 요소로 구성된 집단, 예를 들어 다양한 신념, 태도, 선호를 지닌 사람들로 이뤄진 집단이 서로 영향을 받고 맞춰가면서 일관된 방향으로 바뀔 때 어트랙터가 생긴다. 이는 퓨 여론 조사에서 오늘날 두 정당의 이념적 일관성이 현저하게 증가했다는 조사 결과를 보면 정확히 확인할 수 있다. 열 가지 다양한 이슈에 대한 의견은 두 가지 단순한 집단적 사고방식으로 수렴하며, 이런 사고방식은 아주 매력적이고, 속박하며, 변화를 거부한다.

　어트랙터는 시간이 흐르면서 어떤 시스템(예를 들어 두뇌, 신체, 관계, 집단, 지역 사회, 국가, 은하계)에 형성되고 굳어져 변화에 저항하는 패턴이다. 가족 관계에서 나타나는 형제간의 상대적 안정성이나 수십 년간 변화를 위한 선의의 노력에도 불구하고, 밀워키, 필라델피아, 애틀랜타, 버펄로, 뉴욕을 사로잡고 있는 고착된 인종 분리를 생각해 보라. 아니면 지난 50년 동안 미국 의회에서 민주당원과 공화당원의 고질적인 반대투표 패턴을 생각해 보라.[3] 이와 같이 강하고 오래된 패턴은 변화를 거부한다.

　엄밀히 말하면, 어트랙터는 '시스템이 시간 경과에 따라 만들어내는 상태나 패턴이자 시스템이 불안정할 경우에 되돌아가려는 상태나 패턴'[4]이다. 이러한 사고, 감정, 행동, 사회적 집단형성의 패턴은 이런 패턴에 영향을 미치는 복잡하고 수많은 요소의 상호 작용으로 만들어진다. 어트랙터가 대체로 변화를 거부하는 성향을 보이는 이유는 패턴이 다수의 요소에 따라 결정되기 때문이다. 이 요소들은 서로 연결돼 있으며 서로를 강화한다. 그리고 패턴 전체가 여전히 안정적일 때도 요소들은 항상 바뀌고 변화한다. 달리 말하면, 형제자매, 도시, 상원의원들의 어트랙터 패턴의 **안정성과 영속성**은 어떤 한 가지 요소가 아니라 시스템을 구성하는 많은 요소가 다양한 영향을 미치는 **역동적인 흐름**에 따라 결정된다.

　어트랙터는 어디에나 있다. 어트랙터 역동은 우리의 일상적인 삶 속에서 변화에 저항하는 완강한 태도(예를 들어, 오래된 진보적·자유주의적 사고방식), 습관(중독, 엄격한 운동요법), 관계 패턴(돌봄 관계와 학대 관계),

지역 사회 내의 차별, 빈곤, 질병, 폭력, 복지 등과 같은 만성적인 패턴으로 나타난다.

학계에서 어트랙터는 점차 패턴을 형성하는 폭넓은 범위의 복잡한 프로세스를 설명하고 예측하는 방향으로 발전해왔다. 예를 들어 생물학의 줄기세포 분화, 신경과학의 병리적 뇌파, 제2차 세계대전 중 국제적 정치동맹, 은하수보다 수천 배 더 크다고 보고된 우주의 거대 인력체로 알려진 중력 이상Gravitational Anomaly 등이 있다.[5] 사회과학자들은 어트랙터 관점을 적용해 우리의 자아 개념이나 사회적 판단의 패턴이 얼마나 안정적인지부터 부부 관계의 지속적인 행복, 사회에서의 여론 등락, 정치적 변화에 이르기까지 모든 것을 연구해 왔다.[6] 지난 20년 동안 나와 동료연구자들은 개인, 집단, 지역사회, 국가의 갈등 관계와 평화 관계에 관한 장기적인 패턴을 이해하고 다루기 위해 어트랙터 모델을 이용했다.[7]

어트랙터는 좋은 것도, 나쁜 것도 아니다. 이는 단순한 사실일 뿐이다. 어트랙터는 우리 삶에 견고하고, 건강하며, 기능적인 패턴을 만들 수도 있고(예를 들어, 일과 생활이 조화를 이루는 것), 비참하고 해로운 패턴(필사적이고 기진맥진하게 만드는 일 중독)이나 중립적이고 평범한 패턴(그다지 심각하지 않고 견딜만 하다고 느끼는 노동 단계)을 만들 수도 있다.

학자들은 대부분 에너지가 어트랙터 역동의 핵심이라고 본다. 모든 물리적·사회적 시스템은 사용할 수 있는 한정된 에너지를 갖고 있다.* 사회 체계에서 우리가 주의를 기울이는 것, 정보를 처리하는

---

* 근본적인 물리 법칙의 핵심 가정으로, 에너지 보존 법칙을 말한다. 물리학자들은 이 법칙을 우주 전체로 일반화할 수 있다고 본다.

방식, 감정을 느끼는 방식, 상황의 변화에 대한 대응 여부는 우리의 에너지 자원에 영향을 주고받는다. 어트랙터가 우리를 사로잡는 중요한 이유 중 하나는 어트랙터가 **저에너지 상태**이기 때문이다. 우리는 항상 삶에서 보다 쉬운 길을 추구한다. 어트랙터는 낮은 에너지를 요구하기 때문에 우리는 이처럼 훨씬 더 쉬운 상태에 빠지고, 그 상태에 머물 가능성이 더 높아진다. 그래서 사람들은 식단이나 운동 요법을 바꾸거나, 해로운 가족관계나 파괴적인 노동 패턴에서 벗어나기가 무척 어렵다. 깊이 고착된 패턴이나 습관을 바꾸는 데 필요한 에너지를 동원하기도 쉽지 않다. 특히 갈등 상황에서 불안이 증가하면(탈진할 수 있다), 위안과 친숙함을 선호하고, 갈등 유발 패턴에 쉽게 빠진다. 이와 아울러 특별히 복잡한 갈등 상황에 빠질 경우 어트랙터는 두 가지 기본적인 심리적 동기를 충족시킨다.

첫째, **어트랙터는 우리에게 갈등에 관련된 일관된 이해를 제공한다.** 예를 들면 소속 집단(보통 좋다)과 타 집단(거의 대부분 나쁘다)의 특성, 적대적인 정당과의 관계 속성, 갈등의 역사, 각 정당이 내놓는 주장의 합리성을 들 수 있다. 오늘날의 미국처럼 심하게 분열된 현실에 직면하고 있을 때는 이와 같은 명료한 이해가 필수적이라 느낄 수 있다.

둘째, **어트랙터는 안정적인 행동 발판을 제공한다.** 이를 이용하면 갈등 중인 논쟁자들은 상대방이 주도한 환경 변화나 행동에 단호하게 대응할 수 있다. 보스턴 대화의 리더 중 한 사람은 다음과 같이 말했다.

"사람들은 우리와 같은 정치운동을 할 때 군중을 더 많이 동원해야 한다고 강조하고, 사람들의 행동을 부추기기 위해 최대한 극단적인 용어로 상황을 묘사합니다."

특히 논쟁자들이 진이 빠질 정도로 복잡한 갈등에 빠져 있을 때 명료한 이해와 목적은 아주 중요하다.

어트랙터 지역에서 일어나는 갈등

어트랙터가 갈등에 영향을 미치는 방식을 알아보려면 우리의 과거 경험이 우리 삶의 심리적 지형을 어떻게 형성하는지 그려보면 된다. 친구, 가족, 직장 동료, 어느 정도 낯선 사람 등 다른 사람들을 만날 때 우리는 심리적 지형을 형성한다.[8] 심리적 지형 중 어떤 곳은 쉽고 평화롭게 지나갈 수 있고(우호적인 관계를 위한 어트랙터는 많고, 부정적인 관계를 위한 어트랙터는 적다), 어떤 곳은 지나가기 힘들고 위험하다.

〈그림 3.1〉은 두 가지 어트랙터 A(매우 좋은), B(나쁜)가 있는 간단한 지형을 보여 준다. 두 계곡은 다른 어트랙터를 나타낸다. A는 더 긍정적인 역동을 경험할 가능성, B는 더 파괴적인 갈등을 경험할 가능성을 나타낸다. 공은 시스템의 현재 상태, 즉 지금 당장 일어나고 있는 일(현재 약간 부정적이지만 곧 더 악화될 가능성이 있다)을 나타낸다. 중력(또는 에너지 최소화)의 영향 때문에 공은 언덕 아래로 굴러떨어져 계곡의 바닥에서 멈출 것이다.

모든 어트랙터는 두 가지의 기본적인 특성, 곧 폭과 깊이를 갖는다. 각 계곡의 **폭**은 어트랙터의 범위를 나타낸다. 이는 어트랙터의

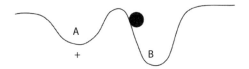

〈그림 3.1〉 두 어트랙터가 있는 단순한 지형(A=긍정적인 관계, B=부정적인 관계)

기반이 될 상황의 범위가 된다. 폭이 넓은 어트랙터는 어트랙터와 관련 없거나 전혀 다른 정보와 사건을 포함하고 있는 폭넓은 상황을 '끌어당긴다'(예를 들어 상대팀이 보여 준 단순하고 우호적인 제스처를 자신의 방어태세를 늦추기 위한 술책으로 바라본다). 진행 중인 논쟁에서 비롯된 적대감이 일상적인 삶의 영역으로 점차 확대할 때 갈등 어트랙터가 확장된다("가게 주인이 분명히 트럼프 혐오자이기 때문에 그곳에서 아이스크림을 사지 않을 겁니다").[9]

이와 반대로, 폭이 좁은 어트랙터는 우리를 좁은 범위의 상황으로 '끌어들여' 특정 조건들 안으로 제한시킨다("형이 이민에 대해 이상한 견해를 제기할 때만 논쟁할 뿐 그 이외에는 사이가 좋다"). 어트랙터 A가 끌어당기는 범위는 어트랙터 B보다 약간 더 넓다.

어트랙터의 **깊이**는 변화에 저항하는 강도를 나타낸다. 외부의 강력한 힘으로 사람들이나 집단을 흔든다 해도 깊은(강한) 어트랙터에서 빠져나오게 하기는 어렵다. 나이가 지긋한 친척이 폭스 뉴스나 MSNBC 방송에 출연한 독선적인 유명 논평가에게서 벗어날 것으로 기대하기가 얼마나 어려운지 생각해 보라. 그들은 너무 깊이 빠져 있다. 하지만 얕은 어트랙터의 경우 상대적으로 작은 힘만 있어도 그곳에서 쉽게 벗어날 수 있다. 어트랙터 B는 어트랙터 A보다 더 깊기 때문에, 외부의 힘으로는 그곳에서 빠져나오기가 어렵다.

구체적인 예로, 미국의 한 상원의원이 보내는 하루를 생각해 보자. 상원의원은 매일 일터로 가서 당파적인 관계를 유발하는 어트랙터 지형을 지나가야 한다(〈그림 3.2〉). 그녀의 일은 그녀의 정당 내부와 양당 사이에서 이 지형을 최대한 효과적으로 지나 지역구 유권자와 국가와 직업 경력을 위해 주어진 과제를 마무리하는 것이다. 그녀가 특정한 날에 마주치는 특별한 지형은 오랜 시간 동안 형성된 것이며, 그녀가 공직에 선출되기 전에 만들어진 것이다. 그날의 지형은 상원의 역사적 규범과 절차, 현재 정치적 분위기, 그녀와 다른 의원들의 개인적 관계, 그녀의 재임 기간, 지위, 성, 인종, 성격, 재능, 그날의 주된 업무, 그 이외 다른 요소와 같은 힘들이 결합해 형성됐다. 어떤 힘들이 작용하든 이것이 오늘 그녀가 일을 수행하기 위해 반드시 헤쳐 나가야 하거나 변화를 추구해야 하는 지형이다.

상원의원 앞에 놓인 갈등 지형에는 다양한 언덕과 계곡이 있다. 물리적 지형과 마찬가지로, 오르막보다는 내리막을 걷기가 훨씬 더

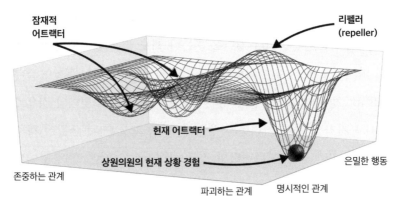

〈그림 3.2〉 미국 상원의 당파적 관계를 유발하는 어트랙터 지형

쉽다. 따라서 상원의원은 내리막 쪽으로 움직여 가장 인접한 계곡 바닥으로 가서 편안히 않고 싶은 마음이 훨씬 더 클 것이다. 이 계곡들을 **어트랙터**라고 부르는 이유는 우리가 쉽게 빠져들어 머물고 싶은 패턴이기 때문이다. 계곡은 상원의원이 오랜 시간 발전시켜 온 더 강력하고, 자동적이며, 인센티브가 주어진 습관, 규범, 사고방식, 행동 요령을 나타낸다. 그녀는 하루 내내 대체로 계곡 쪽으로 들어갈 것이다. 즉, 동료 의원이나 주변 환경에 자동적으로 반응할 것이다. 계곡이 더 넓고 깊을수록 그녀가 계곡으로 내려가 머물 가능성이 더 크다. 이는 지조가 굳은 보수적인 상원의원이 매일 복도에서 진보적인 기자를 만났을 때 대체로 어떤 반응을 보일지, 진보적인 상원의원이 복도 반대편에 앉은 호전적인 다수당 대표에게 의사당 안에서 공개적으로 질책을 받을 때 어떻게 반응할지를 생각할 때 예상할 수 있는 모습이다. 시간이 지나면서 이런 패턴은 논쟁적이고 깊은 갈등 계곡(어트랙터)이 될 것이다. 하지만 상원의 규범 때문에 이런 어트랙터들은 그림에서 보듯이 은밀하거나 수동 공격적인 특성을 보일 것이다.*

물론, 우리의 상원의원은(대부분 그렇듯이) 직장에서 그녀를 끌어당기는 하나 이상의 갈등 어트랙터를 갖고 있을 것이다. 이를 '**다중안정성**multistability'이라고 한다. 어떤 어트랙터는 업무 공간에서, 예를

---

* 어트랙터들이 저에너지 상태라는 점을 다시 한번 강조한다. 이는 우리가 상대적으로 어트랙터로 떨어져 그곳에 머물기 쉽고, 그곳에서 빠져나오거나 유의미한 수준으로 바꾸기가 훨씬 더 어렵다는 뜻이다. 심지어 힘들거나 해로운 상태라고 해도 말이다. 대부분의 핵가족에서 성인 형제들 간에 이미 형성된 역학관계, 설령 해로운 관계라고 해도 이를 바꾸기가 얼마나 어려운지 생각해 보라. 관계를 바꾸려면 결연한 에너지, 의지, 인내, 지지, 때로는 심각한 충격이 필요하다.

들어 같은 당 소속 의원과 법안에 대해 논쟁을 벌일 때나 우호적인 관계를 맺어온 상대당 소속 의원과 논쟁을 벌일 때(그렇다. 소수이긴 하지만 존재한다) 따뜻하고 존경할 만한 사고, 감정, 행동이 될 수 있다. 다른 어트랙터는 더 적대적이고, 격노하고, 논쟁적인 경험과 관계(예를 들어, 다수당 리더와의 극심하고 부정적인 패턴) 또는 밋밋하고 중립적인 만남(이를테면 상호 교류나 오랜 경험을 나누지 않은 의원들과의 만남)이 될 수 있다. 이런 어트랙터들이 모여 매우 다른 경험과 반응, 만남 등 다양한 가능성을 만들어낸다. 물론 특정 어트랙터 계곡이 더 넓고 깊을수록 더 긍정적이거나, 중립적이거나, 부정적인 속성에 상관없이 그녀가 사건에 반응하는 방식을 결정할 가능성이 더 높다.

이는 매우 중요한 점이다. 대체로 다양한 개인적·직업적 상황에서 자신에게 영향을 미치는 하나 이상의 갈등 어트랙터를 갖고 있다는 사실은 벌어지는 논쟁에 매우 다양한 방식으로 반응할 가능성이 높다는 뜻이다. 이는 갈등 행동의 결과가 성격에 의해 좌우된다는 대부분의 결정론적 설명 방식과 상반된다. 아울러 이는 우리가 똑같은 사람에 대해 어떤 날은 심술궂고, 어떤 날은 더 우호적인 모습을 보인다는 사실을 설명해 준다. 또 어떤 날은 논쟁하는 상대에 따라 두 가지 패턴 사이를 오락가락하는 것처럼 보인다. 하나의 어트랙터(긍정적, 부정적 또는 중립적)에 사로잡힐 때, 지금 우리의 경험과 반응을 만들어내는 어트랙터는 언제나 우리의 **현재 어트랙터**라고 말할 수 있다. 결정적으로 중요한 점은 한 어트랙터의 계곡에 더 오래 머물수록 우리의 패턴 경험이 강화되기 때문에 그 어트랙터가 더 깊고, 강하게 되는 경향이 있다는 것이다.

하지만 다른 어트랙터 역시 여전히 존재하며, 언제든지 우리의 생각, 감정, 행동을 장악할 수 있다. 이런 어트랙터를 '**잠재적 어트랙터**'라고 하며, 상황이 바뀌면 우리의 경험을 장악할 수 있다. 때때로 우리는 작은 말이나 사건 때문에 아주 다른 어트랙터에 빠질 수 있고, 이에 따라 매우 다른 경험과 반응을 나타낼 수 있다. 이것이 바로 독일에서 개최된 평화 회의 마지막 시간에 벌어진 일이다. 우리는 강력한 잠재적 어트랙터에 빠졌다. 이러한 지킬과 하이드 시나리오는 현재의 갈등상태가 우리의 지형에서 두 어트랙터 사이의 급변점 근처에 있을 때 발생할 가능성이 크다. 이는 전쟁을 시작하고 싶은 전쟁광들이 긴장된 휴전상태에 있을 때나 오랜 싸움에 지친 형제들 사이의 갈등이 사라지고 재미있고 평화로운 수다로 바뀔 때 나타난다. 이런 변화가 종종 극적인 이유는 질적으로 다른 두 어트랙터 사이를 오가기 때문이다. 하지만 한 이트랙터에서 다른 어트랙터로 이동하는 것이 **잠재적 어트랙터가 없어졌다는 뜻이 아니라는 것**을 반드시 기억해야 한다. 지금으로선 잠복 상태일 뿐이다. 조건이 바뀌면 잠재적 어트랙터는 다시 나타날 수 있다. 따라서 우리의 삶에서 통과해야 할 근본적인 지형의 특정한 배치 상태(궁극적으로는 영향)와 각 어트랙터의 상대적인 힘과 중력을 이해하는 것이 매우 중요하다. 근본적인 지형들은 미래 관계에 대한 우리의 잠재적 성향, 옵션, 시나리오를 나타낸다.

갈등 지형에는 또 다른 중요한 특징이 있다. 바로 '**리펠러**^{Repllers}'다. 이는 어트랙터의 반대다. 우리의 지형은 보통 삶에서 아직 가보지 않은 언덕으로 둘러싸여 있다. 이런 언덕의 봉우리를 '리펠러'라고 하는 이유는 이 봉우리에 접근할 경우가 아주 드물고, 가더라도 너무 많은 에너지가 소요되므로 그곳에 오래 머물지 못하기 때문이다. 리펠러는 너무 힘들어 도달할 수 없거나 너무 불안정해 계속 머물 수 없는 지역을 말한다. 우리는 봉우리에서 벗어나 언덕 아래로 내려와 머물기 쉽고 안정된 지역으로 이동한다. 리펠러는 다양한 사회·문화적 금기나 극단적인 정서적·행동적 반응에 해당하며, 따라서 목격할 가능성이 매우 낮다(예를 들어 상원의원이 의회의 공개석상에서 저주를 퍼붓고 격정에 차서 소리를 지르며 난동을 부리거나 주먹다짐을 할 가능성은 없거나 매우 낮다). 이는 특정 환경에서 경험과 반응의 한계를 벗어난 행동이다. 즉, 상상할 수 없는 일이다(물론 이것도 바뀔 수 있다). 또한 우리의 상호 관계가 제 궤도를 벗어나기 시작하면 진로 수정의 중요한 출발점이 될 수도 있다.

〉 매우 까다로운 지형

어트랙터 지형은 어떻게 다루기 힘든 양극화로 이어질까? 이는 아주 간단하게 이뤄진다.

　사고 실험을 해 보자. 이전에 한 번도 만난 적이 없는 사람에게 식당에 들어가 당신 옆 의자에 앉으라고 말한다. 그가 자리에 앉으면서 팔을 벌리다가 당신의 팔에 살짝 닿는다(〈그림 3.3〉). 사소한 일이다. 당신은 이런 상황에 매우 다양하게 반응할 수 있다. 이 시점에서 당신은 다양한 선택지를 갖고 있다. 레스토랑에서 만난 낯선 사람에 대한 당신의 갈등 지형은 거의 형성되지 않았기 때문이다. 물론 당신은 자신의 성격 특성, 분위기, 기질, 현재의 피로도 등을 이 만남에 지니고 가지만, 상황 자체는 표준적인 식당 예절 이외 다른 제약 조건을 당신에게 거의 부과하지 않는다.

이런 상황이 당신에게 사소한 짜증을 일으키는 경우는 특별히 그가 팔을 당신 팔에 계속 붙이고 모른 체하는 것 같을 때다. 그곳에 앉아서 당신은 그가 왜 그러는지 궁금해지기 시작한다.

당신의 생각은 최초의 성가신 행동에 집중하기 시작한다. 속으로 당신이 그에 대해 알게 된 다른 것과 연결하기 시작한다. 예를 들어 그가 입은 옷(값비싼 줄무늬 정장), 그가 웨이터를 대하는 태도(좋지

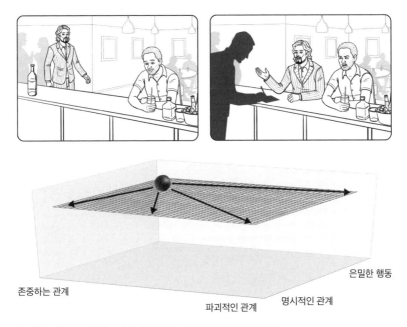

존중하는 관계　　　　　　　　　　　　　　은밀한 행동

파괴적인 관계　　명시적인 관계

〈그림 3.3〉 식당에 있는 당신에게 아직 형성되지 않은 갈등 지형

않다), 그가 주문하는 음식과(달걀 오믈렛과 씨를 뺀 착즙 주스), 그의 팔이 아직도 당신 팔에 닿아 있는 사실을 연결한다. 당신의 생각과 감정에 가벼운 패턴(계곡)이 형성되기 시작하고, 그에 대한 부정적인 생각과 감정이 서로 강화되기 시작한다(〈그림 3.4〉). 그 결과 부정적인 판단은 더 예민해지고, 그에 관한 느낌이 점차 하나로 모아지면서 처음 느낀 짜증이 커지게 된다. 달리 말하면, 그에 대한 당신의 경험 패턴이 단순해지는 것이다. 그는 나쁜 자식이다!

결국 당신은 몸짓, 한숨 소리, 숨길 수 없는 표정을 통해 불만을 나타낸다. 이런 표현은 그 사람에게도 부정적인 반응을 유발한다. 이 순간 당신과 비싼 옷을 입은 사람 안에 존재하는 초기 갈등 시스

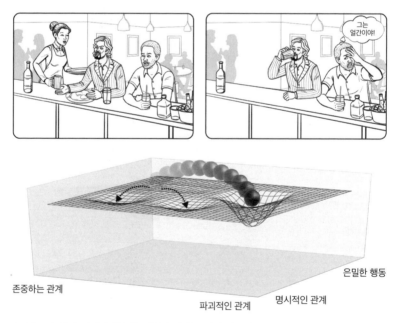

〈**그림 3.4**〉 낯선 사람의 행동을 관찰한 결과 풍경에 원한이 생긴다.

템이 상대방을 서로 강화하고, 두 사람 사이에 긍정적인 상호 교류가 이뤄질 가능성을 줄인다. 두 사람은 아직 말 한마디 건네지 않았는 데도 당신의 상호 갈등 지형이 형성되면서 부정적인 상호 교류(《그림 3.5》)를 유발하는 어트랙터가 커진다. 두 사람의 생각, 감정, 행동이 갈등 구조 안에서 처리되고, 이것이 개인적인 교류에 영향을 미친다.

다행스럽게도, 때마침 당신은 양복을 입은 사람이 최근에 이곳으로 이사를 왔다는 사실을 알게 된다. 그는 당신이 좋아하는 식당에 자주 들르기 시작한다. 그가 서툴고 거만한 행동을 계속하자 당신은 그에 대한 혐오감을 더욱더 공공연하게 나타낸다. 두 사람은

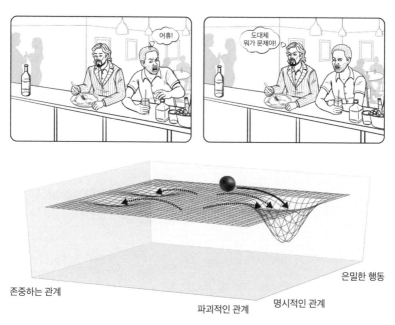

〈그림 3.5〉 두 사람 사이에 부정적인 어트랙터가 형성돼 강화된다.

자기편을 얻기 위해 다른 사람들(친구, 웨이트리스, 관리자, 다른 단골손님 등)을 설득하게 되고, 갈등은 집단 차원으로 확대된다. 결국 이러한 갈등은 집단 내부의 대화를 이용해 지속된다(각 집단의 연대감은 대부분 공동의 적대감에서 비롯된다. 〈그림 3.6〉을 확인해 보라).

이제 갈등 어트랙터가 확대되고 갈등 상황은 점점 지속된다. 설령 한쪽이 이런 긴장 상황이 힘들어 벗어나려고 해도 다른 쪽이 지속할 수도 있다. 갈등이 지속되고 확대되면서 두 집단 구성원 간의 적대감은 더 공공연해진다. 갈등은 이제 레스토랑·지역 사회 분위기에 깊숙이 스며든다. 그에 따라 적대적인 두 집단이 긍정적으로 교류할 가능성은 더 낮아진다. 처음에는 일상적인 교류였던 일이

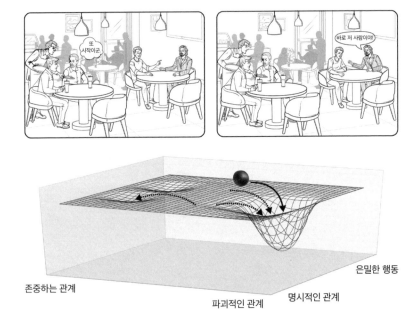

〈그림 3.6〉 각 집단이 두 사람을 강화하면 부정성이 확대되고 갈등 해결이 어려워진다.

이제 중요한 의미를 갖게 된다. 어느 시점에 이르면, 긴장을 영구화하는 많은 사람, 불만, 사건이 누적돼 갈등을 무시하거나 해소하려는 노력이 소용없게 된다. 이제 갈등이 고착돼 해결하기 매우 힘들어진다.

식당 갈등이 지속되면 집단 구성원의 정체성에 영향을 미칠 수 있다(나는 당신의 친구이기 때문에 그의 친구가 아니다!). 또한 의미 있고 중요한 다른 정체성 갈등, 예를 들어 정치, 인종, 종교, 계층, 성적 지향 집단을 둘러싼 긴장과 관련되면 갈등 지형은 한층 더 깊고 넓어질 수 있다.

달리 말하면, 당신이 충성스러운 공화당원(또는 기독교인이거나 폭스뉴스 시청자)이거나 그가 열성적인 민주당원(또는 무슬림이거나 《더 네이션The Nation》 잡지의 팬)이라면, 각 집단에서 갈등에 대한 역할과 영향력이 크게 늘어난다(〈그림 3.7〉). 이 단계에서 갈등은 사회의 문화·정치적 역학 관계에 더 깊이 뿌리내리게 되고, 갈등을 유지하거나 확산시키기 위한 새로운 수단을 얻게 된다. 지역 사회에 속한 사람들은 이제 집단 갈등에 대해 어느 한쪽 입장을 채택할 가능성이 높아진다. 고급 양복을 입은 사람과 그의 지지자들을 한 번도 만난 적이 없는 사람들조차도, 그들과 긍정적이거나 중립적인 관계를 맺을 가능성이 사라진다. 갈등은 이런 식으로 집단 사회화 과정을 통해 전달되기 시작한다.

건강한 지역 사회가 제대로 기능하는 데 필요한 다양한 활동은 주로 일차원적 갈등 구조를 중심으로 이뤄진다. 뮤지컬 《웨스트 사이드 스토리》의 샤크파와 제트파, 서안 지구에 사는 팔레스타인 난

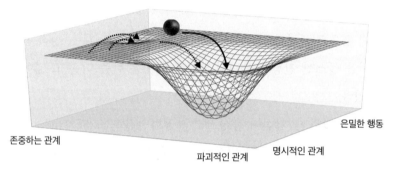

존중하는 관계

은밀한 행동

파괴적인 관계　　명시적인 관계

〈그림 3.7〉 폭풍이 거세지면서 양측의 지분과 투자가 늘어난다.

민과 정착민처럼 갈등은 점점 더 많은 사회적·경제적·정치적 활동
을 사로잡는다. 어디서 먹고, 누구와 데이트하고, 누구를 신뢰할지
등 다양한 활동을 갈등 관계 속에서 하나의 이슈로만 바라보게 한다
(익숙하게 들리는가?). 건강한 지역 사회에서 볼 수 있는 풍부함과 다차
원성은 깊은 갈등 구조 속에 함몰되고, 사실상 서로 간의 긍정적인
교류 기회가 사라진다. 이제 갈등 지형은 〈그림 3.8〉과 비슷해진다.

　이런 상태에서는 사실상 모든 집단 간 만남이 파괴적인 갈등으
로 이어질 가능성이 있다. 왜 그럴까? 세 가지 이유가 있다. 첫째, 이
런 지형에서는 다음에 어떤 일이 일어난다 해도, 심지어 상대 진영
의 우발적인 사건이나 일상적인 제스처 조차도 파괴적 관계로 이끄

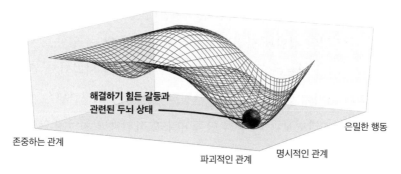

〈그림 3.8〉 긍정성의 부재가 자칫하면 다루기 힘든 갈등으로 이어질 수 있다.

는 힘이 강력해 상황을 악화할 가능성이 있다.

둘째, 이 시점에서 갈등 어트랙터 역동은 **프랙털**fractal **구조**, 즉 많은 차원에서 반복적인 형태를 가지고 있는 구조이다.[10] 이는 우리의 뇌 구조에 각인된 단순하고 위협적인 '우리 대 그들' 패턴이 우리 자신, 집단 내부, 타 집단의 심리적 경험(사고, 감정, 태도) 패턴과 거의 비슷하다는 의미이다. 이런 패턴은 소속 집단 내부나 집단 사이에 일어나는 사회적 상호 교류의 규범적 구조와 일치하고, 지역 사회 리더의 수사적 표현과 분위기에도 거의 그대로 나타난다. 또한 우리 자신, 집단, 지역 사회 내부에 동일한 패턴을 강화하는 더 넓은 문화적 상징, 기념행사, 메시지에도 그대로 반영돼 있다. 어떤 측면에서 보더라도 '우리 대 그들' 형태의 적대감과 분열이라는 단순한 패턴이 계속해서 나타난다. 이런 것들이 깊은 어트랙터 구조의 다양한 구성 요소다.

셋째, **부정적 성향의 힘**power of negativity은 엄청나다. 지난 수십 년 동안의 심리학 연구로 밝혀진 확실한 연구 결과 중 하나는 '나쁜 것이 좋은 것보다 강하다.'라는 점이다.[11] 이를테면, 부정적인 경험과 사건은 긍정적인 경험과 사건보다 우리에게 훨씬 더 큰 영향을 미친다. 부정적인 정보는 긍정적인 정보보다 확실하게 처리되고, 훨씬 더 오래 기억에 남는다. 그래서 부정적인 인상과 고정관념은 좋은 인상과 고정관념보다 더 빨리 만들어지고, 사실과 일치하지 않아도 잘 바뀌지 않는다. 이로 인해 타 집단의 위협과 정치적 역학 관계에 관한 부정적인 당파주의는 대중을 움직이는 힘이 있다. 다른 정당의 혐오스러움과 악함은 그들의 실제 모습으로 간주된다. 특히 정치가들과 가식적인 전문가들이 이런 부정적인 이야기를 자주 언급하면 그런 상황에서 벗어나기가 점점 어려워진다. 이와 같이 위협적이고, 매우 일관되며, 다차원적인 패턴이 갈등 역학을 지배하면 상황을 바꾸기가 매우 어렵다.

우리 연구는 이런 결론을 강력하게 뒷받침한다.[12] 깊고 넓은 부정적인 어트랙터가 만남, 관계, 가족, 지역 사회, 국가의 역학관계를 장악하면, 그것을 직접 극복하려는 최선의 노력(토론, 협상, 중재 또는 다른 보통의 생산적인 문제 해결 기법)은 보통 실패한다. 사실, 이런 시도는 문제를 더 악화시킬 뿐이다. 오히려 성난 논쟁자들을 더 자극하고, 좌절시키고, 지치게 한다.

심각한 분열로 해결하기 어려운 갈등 상황의 어트랙터 지형을
바꿀 수는 없을까? 가능하다. 하지만 당신이 생각하는 방식과는 다
를 것이다.

변화의 법칙
깨뜨리기

어트랙터와 복잡한 시스템에 관한 연구는 시스템을 바꾸는 방법에
관한 이른바 **대략적인 법칙**^{crude laws}*을 찾아냈다. 이는 선형적 인과관
계에 기반을 둔 변화 과정에 관한 대부분의 일반적인 가정(예를 들어,
X를 증가시키면 Y가 비례적으로 증가할 것이다)과 상반된다. 이 법칙은 미
국의 현재 상황과 같이 구름 문제를 변화시키는 방법을 이해하려고
할 때 적절하다.

- **대략적인 법칙 1. 어트랙터는 초기 조건의 아주 작은 변화에도 매우 민감
  하다.**
  어트랙터는 흔히 초기 조건의 변화에 민감하게 반응하지만, 어
  트랙터가 형성되는 초기에만 그렇다. 신생아, 새로운 소설의 첫
  구절, 신생 기업의 첫 회의처럼 첫 순간은 미래를 형성하며, 흔히
  최종적인 경로를 결정한다. 이는 첫 선택이 추후 변화의 논리와
  실행 가능성을 제약하고, 시스템의 구축과 함께 그 상태를 유지

---

* 대략적인 법칙은 '모튼 도이치'가 만든 말로, 대체로 옳지만 항상 타당한 것은 아닌 과학적인 발견을
  말한다.

하려는 경향을 보이며, 점점 이전 상황과 잘 맞는 선택을 지지하게 하는 강화 피드백(또는 '긍정적인 피드백'이라고 한다)이 존재하기 때문이다. 따라서 시스템의 변화 가능성과 초기 선택이 시스템의 향후 진로에 미치는 영향을 고려할 때 새로운 시스템의 시작은 매우 중요하다. 이는 새로운 집단과 계획의 설정, 관계와 지역사회의 재설정에 중요한 의미를 갖는다.

- **대략적인 법칙 2. 복잡한 시스템은 일관성과 통합성을 지향하는 경향을 보인다.**

   대부분의 복잡한 시스템(우리의 생각, 성격, 관계, 집단을 포함해)은 강화 피드백 과정 덕분에 일관성과 통합성이 증가하는 상태로 움직이려는 경향이 있다. 이것이 바로 2장에서 '일관성의 원리'라고 언급한 내용이자 어트랙터 발달의 원인이 되는 기본적인 메커니즘이다. 이것이 바로 《파리 대왕》[13]처럼 버려진 섬에 함께 표류한 사람들이나 가두시위, 정치 집회에 참가한 사람들이 통합성과 예측 가능성을 높이기 위해 집단의 규칙과 규범, 처벌 규정을 함께 만드는 경향을 보이는 이유이기도 하다. 이처럼 일관성을 추구하는 경향은 자연스럽고, 대체로 기능적이다. 시스템이 지나치게 일관적인 상태로 치달아 병적인 상황에 이르기 전까지는 말이다.

- **대략적인 법칙 3. 어트랙터는 외부의 영향을 크게 받지 않는다.**

   어트랙터가 특히 깊고 넓어져 지형을 지배하기 시작하면 변화에 격렬하게 저항한다. 그 이유는 **자기 조직화**라는 과정 때문이다. 이는 천국의 문Heaven's Gate이나 사이언톨로지Scientology와 같은 신흥종교 집단의 행태와 비슷하다. 이런 신흥종교 집단은 구성원이 규칙을 지키고 외부의 변화 시도에 강력하게 저항하게 만드는 일련의 신념, 가치, 행동, 규범, 규칙, 인센티브를 지니고 있다. 이는 시스템을 현재 상태로 유지하기 위한 심층적인 구조이다. 어떤 구성원들이 흔들리면, 집단 내의 다른 구성원들이 그들에게 수치감을 주거나 제재를 가해 다시 철저하게 집단을 따르게 한다. 어느 시점에 이르면 이런 내부 프로세스는 집단의 생명을 좌우하고, 행동을 이끌어내기 위한 하향식 리더십이 더 이상 필요하지 않게 된다. 공화당원과 민주당원을 컬트에 비유하긴 어렵지만, 특히 양측의 극단적인 열혈당원과 골수 신봉자들은 분명히 컬트와 비슷한 점이 있다. 이것이 시사하는 바는 '지속적인 변화는 양당의 내부에서 가장 잘 유발될 수 있다.'라는 점이다.

- **대략적인 법칙 4. 강한 어트랙터에 유의미한 충격을 가하면 어트랙터의 심층 구조를 불안하게 만들어 변화의 계기를 만들 수 있다.**

다양한 분야의 학자들은 물리적·사회적 시스템의 강력한 패턴을 극적으로 변화시키려고 할 때 중대한 불안이 결정적인 역할을 한다는 점을 밝혀냈다. **단절적 평형**Punctuated Equilibrium에 관한 연구에 따르면, 외부 또는 내부로부터의 중대한 충격은 비록 충분조건이 아니지만, 이런 패턴에 근본적인 변화를 일으키는 필수조건이다.[14] 예를 들어, 수십 년 동안의 적대 상태를 유지하는 국제 갈등에 관한 연구에 따르면, 국제 갈등 중 75~90퍼센트가 중대한 정치적 충격이 발생한 후 10년 이내에 끝난다.[15] 이런 정치적 동요는 지역 사회, 국가, 지역을 심각하게 불안하게 만들어 시간 경과에 따라 기본적인 구조 조정을 유발하고, 일정한 임계점을 넘으면 갈등에서 평화 상태로 급격히 바뀐다. 미국인에게 희소식은 근본적으로 비정통적인 특성을 보인 트럼프 대통령에서부터 글로벌 팬데믹, 사회·경제적 구조의 전 세계적 정상궤도 이탈 등 최근에 벌어진 일련의 충격으로 심각한 불안을 경험하며 살아왔다는 점이다.

- **대략적인 법칙 5. 매우 복잡한 시스템은 흔히 가장 단순하고 기본적인 상호 교류 규칙의 변화에 큰 영향을 받는다.**

  대부분의 복잡한 시스템, 예를 들어 관계, 정당, 국가의 중심에는 구성 요소들이 상호 교류하는 기본적인 규칙이 있다. 또 사회 시스템에는 구성원을 사회화하기 위한 암묵적이고 비명시적인 규칙이 있다. 예를 들면, '다른 사람들이 당신에게 해 주길 바라는 대로 그들에게 해 주라.', '눈에는 눈, 이에는 이', '살인하지 말라.' 등이다. 정치계에서는 '사활이 걸린 상황에서는 무조건 이겨라.' 또는 '목적은 항상 수단을 정당화한다.' 등의 규칙이 있다. 지역 사회 구성원들이 계속 이런 규칙에 따라 행동하면 규범적 패턴으로 자리 잡고 전체 문화를 형성하게 된다. 이런 프로세스를 '발생Emergence'이라고 한다. 이에 비추어 볼 때 정치의 기본 규칙이 크게 바뀌면 결국 지배적인 어트랙터 패턴의 분위기와 특성에 매우 큰 영향을 미칠 수 있다.

- **대략적인 법칙 6. 어떤 변화는 복잡한 시스템에 명백하고 직접적으로 영향을 미치고, 어떤 변화는 눈에 띄지 않거나 느리지만 시스템에 중대한 영향을 미친다.**

어트랙터 지형에는 다음과 같은 네 가지 기본적인 변화가 존재한다.

(1) 시스템의 **현 상태** 변화(예를 들어, 평화로운 시위에서 폭력적인 시위로 급격하게 바뀌는 것), (2) 현재 **존재하는 어트랙터**의 변화(예를 들어, 폭력을 부추기는 선동자, 규범, 인센티브의 증가), (3) **잠재적 어트랙터**의 변화(예를 들어, 비폭력 시위를 촉진하는 활동가, 규범, 인센티브의 감소), (4) 상황에 대한 **리펠러**의 변화(시위자와 경찰이 받아들일 수 있다고 생각하는 행동 대 금기시되는 시위 행동의 변화). 현 상태의 변화는 가장 직접적이고, 명백하다. 근본적인 지형 구조의 변화는 보통 더 천천히, 미묘하게 일어난다. 하지만 이런 변화들은 결국 더 큰 결과를 유발할 수 있다. 이는 바다와 비슷하다. 태풍, 강풍, 극단적인 기온은 해수면에 직접적인 영향을 미친다. 산업 폐기물, 해저 지형의 변화, 대형 산호초의 죽음과 같은 힘들은 비가시적이거나 간접적인 영향을 미치지만, 결국 바다의 건강과 생존 가능성에 영향을 미치게 된다. 복잡한 사회 시스템도 이와 마찬가지다. 지역 사회의 현재 긴장 수준을 바꾸려는 어떤 노력은 직접적인 영향을 미치지만, 어떤 노력은 그렇지 못하고 상당한 시간이 흐른 후에야 가시적인 영향이 나타날 수 있다.

- **대략적인 법칙 7. 서로 밀접하고 복잡한 시스템에 중대한 변화가 일어나면 거의 대부분 의도하지 않은 결과가 발생한다.**

구름 문제에 변화가 발생하면 필연적으로 뜻밖의 상황이 초래된다. 변화가 비선형적인 영향을 미치기 때문이다. 우리는 반대 성향의 정치적 관점을 가진 이웃과 더 자주 대화하려고 노력하지만, 서로 더 멀어질 뿐이다. TV 뉴스는 정치적 스펙트럼에서 상반된 양측의 전문가를 초대해 양당 간의 대화를 촉진하려고 노력하지만, 논평가들 사이의 긴장은 높아지고 대중의 양극화는 더 심화된다. 아프리카세 미국인이 미국 대통령에 선출되면서 미국이 탈인종 사회가 됐다고 추측했지만, 결국 미국 전역에 대담한 백인우월주의 시대가 시작되고 있다. 달리 말하면, 복잡한 시스템에서는 때로 예기치 못하거나, 의도하지 않거나, 달갑지 않은 결과가 발생한다. 우리는 이런 결과를 예상해야 한다.

이와 같은 일곱 가지 비선형 법칙은 다양한 색깔의 변화를 나타낸다. 일상적인 문제가 종종 이런 특이한 변화 역동을 보인다. 하지만 문제에 영향을 미치는 여러 요소로 이뤄진 시스템이 더 복잡하고 밀접할수록(예를 들어, 서로 강한 영향을 미칠수록) 시스템이 어트랙터 역동을 보이면서 작동할 가능성이 더 크다. 이를 이해하면 심각한 양극화를 유발하는 어트랙터를 바꾸는 새로운 통찰을 얻을 수 있다.

이후의 장에서는 바꾸기 어려운 갈등을 변화시키는 방법을 제시한다.

4

THE WAY OUT

다르게 생각하라*
당신의 변화 이론을 바꿔라

* Think Different. 이는 오자가 아니라 1997년 무렵 발표된 애플의 '다르게 생각하라.'라는 광고
   의 제목이다. "미친 사람들을 위해 건배하자. 부적응자, 반항자, 말썽꾸러기들, 부적절한 자, 세상
   을 다르게 보는 사람들은 규칙을 좋아하지 않는다. 그리고 현상태를 존중하지 않는다. 당신은 그
   들의 말을 인용하거나, 반대하거나, 칭찬하거나, 비난하거나, 무시할 수 없다. 세상을 바꾸는 것은
   그들이기 때문이다. 그들은 인류를 발전시킨다. 어떤 이들은 그들을 미친 사람이라 생각하지만,
   우리는 천재라고 생각한다. 세상을 바꿀 수 있다고 생각할 정도로 미친 사람들이 세상을 바꾼다."
   스티브 잡스, '다르게 생각하라.', 애플 컴퓨터(http://www.thecrazyones.it/spot-en.html)

심각하게 양극화된 갈등 지형이 깨뜨릴 수 없이 단단해 보이고, 이를 해결하려고 우리가 노력하는 순간에 갈등 지형이 특이한 반응을 보인다는 점을 고려할 때, 우리는 어떻게 긍정적인 변화를 만들어낼 수 있을까?

⟩ 시간

나는 2018년 대중적인 독일 신문 《디 차이트Die Zeit》의 소속 기자와 인터뷰를 했다. 그 기자는 〈마이 컨트리 토크My Country Talk〉[1]라는 제목 하에 중요한 프로젝트를 보도하고 있었다. 이 프로젝트는 전 세계 미디어 기관들이 온라인 조사를 통해 첨예한 이슈에 관한 상반된 태도를 비교한 후, 당사자들이 직접 만나 커피나 맥주를 마시며 대화하도록 권유함으로써 점점 커지는 적대적인 정치적 분열을 줄이려는 노력의 일환이었다.

기자는 그동안 미국과 그 외 다른 지역의 양극화를 추적했다며, 컬럼비아대학교의 '어려운 대화 연구소'에 참가해 양극화에 대해 더 많이 배우고 싶다고 요청했다. 그는 우리의 인터뷰를 위해 약간의 배경지식을 제공하면서 한 당파주의자와 만난 이야기를 들려 줬다.[2]

2016년 11월 9일, 도널드 트럼프가 대통령에 당선된 다음 날 그 기자는 비행기를 타고 미국으로 갔다. 그는 두 명의 미국인을 각각 따로 만나 친구가 됐다. 한 사람은 펜실베이니아에 사는 전직 군인 출신으로 트럼프 지지자였고, 다른 한 사람은 뉴욕 브루클린에 거주하는 반트럼프 성향의 요가 교사였다. 기자는 다음 해까지 두 사람에 관한 추적 기사를 보도했다. 그 당시 그는 두 사람과 매우 가까워지고 서로를 존중하며 좋아하게 됐다고 말했다. 그는 두 사람을 "정말 아주 좋은 사람들이고 …(중략)… 점잖고 지역 사회에 열심히 참여한다."라고 설명했다. 그들은 모두 동성 결혼과 여성의 낙태 권리를 지지했다. 트럼프 지지자는 매우 강력한 보수주의자였는데도 말이다. 요가 교사는 트럼프 지지자들과 만나 대화를 나누고 싶어 했고, 그들과 일대일로 마주 앉아 대화를 나누면 그들의 마음을 바꿀수 있을 거라고 믿었다. 하지만 그가 사는 지역 사회에서는 그런 대상을 찾기가 어려웠다. 기자는 결국 두 사람의 만남을 위해 그들을 뉴욕으로 초대했다. 그는 약간 불안했지만, '설마 무슨 나쁜 일이 생기겠어?'라고 생각했다.

2017년 세 명의 남자가 맨해튼 호텔 레스토랑에 모여 아침을 먹었다. 잠시 이야기를 나눈 후 센트럴파크로 산책을 나갔다. 그들은 자녀, 직업, 요가, 다른 개인적인 삶과 건강 보험 이슈, 트럼프의 거짓말에 관한 대화를 나누었다. 만남이 끝난 후 그들은 다음 날 저녁에 다시 만나 대화를 이어가기로 했다. 기자는 자신이 예상했던 대로 그들이 사이좋게 지내고, 공통점이 많다는 느낌을 받았다고 말했다.

다음 날 트럼프 지지자는 브루클린 네츠의 농구 경기 티켓을 구입한 후 다른 사람들과 함께 경기를 보러 갔다. 게임이 끝난 후 근처 레스토랑에서 이야기를 나누었다. 두 번째 만남의 분위기도 첫 번째 만남과 다르지 않았다. 약 20분 후 기자는 콜린 캐퍼닉이 프로 미식축구리그 경기에서 '무릎을 꿇고' 항의 시위를 한 이야기를 꺼냈다. 이 시위는 전 프로 미식축구리그 쿼터백 캐퍼닉이 2016년 '흑인의 생명도 중요하다' 운동을 지지하는 표시로 경기 전 국가를 부르는 동안 무릎을 꿇어 프로 선수들의 항의 운동을 촉발한 것을 말한다. 해외에서 미국의 이익을 지키기 위해 싸웠고, 전투 중 가까운 친구를 잃은 전 해병대원인 펜실베이니아 거주자는 국가 연주에 대한 캐퍼닉의 공개적인 거부에 대해 강한 불쾌감을 나타냈다. 그는 캐퍼닉이 모든 사람의 저항권을 위해 싸웠지만, 캐퍼닉의 행동은 용납할 수 없다고 말했다.

그때 요가 교사가 '벌컥 화를 내며' 해병대원의 주장은 터무니없다고 말했고, 그 후 욕설이 쏟아지기 시작했다. 이 이슈는 요가 교사의 마음속에 숨어 있던 깊은 분노의 감정을 건드린 것 같았다. 그에게는 전직 군인이었던 아버지에게 쫓겨난 경험이 있었다. 몇 분 만에 그 만남은 위험한 수준에 이르렀고, 요가 교사는 레스토랑을 박차고 나가버렸다. 기자가 두 사람을 화해시키기 위해 노력했지만, 분열을 해소시키고자 하는 선의의 노력은 그렇게 끝나고 말았다(〈그림 4.1〉).

오늘날에는 다양한 사람과 집단이 심화되는 정치적·문화적 분열을 해결하려고 시도할 때, 이와 같은 예상치 않은 상황이 더 빈번하게 일어난다. 전국적인 관광 여름 캠프인 에트가 36etgar 36과 같은 운동은 청소년들에게 정치적 스펙트럼이 다양한 곳에서 경험할 수 있는 도전적인 이슈와 대면하라고 요구한다.[3] 에트가는 당파적인 시민들을 서로 존중하는 대화의 장으로 초대하는 비영리단체. 직접 대면하면서 깊이 고민하는 대규모 민주주의 실험의 장인《아메리카 인 원 룸America in One Room》,《베터 엔젤스 앤 크로싱 파티 라인스 Better Angels and Crossing Party Lines》[5], 또는 작은 만찬을 열어 다양한 정파 간의 대화를 유도하는《메이크 아메리카 디너 어게인Make America Dinner Again》[6]은 오늘날 우리를 갈라놓는 벽을 허물기 위해 미국 전역에서 활동하는 수천 개 단체 중 일부이다.[7] 이런 만남은 일반적으로 **집단 간 접촉 이론**intergroup contact theory에 바탕을 두고 있다. 이 이론은 논쟁자들이 직접 만나 집단 간 교착 관계를 끝내려는 방법으로, 사회 심리학자 고든 올포트가 1950년대에 처음 개발했다.[8]

이러한 당파 간 만남 중 일부는 상당히 잘 진행돼 정치적 태도와 관계가 긍정적으로 바뀌었다. 특히 토론자들의 입장이 온건하고 프로그램의 대화 촉진 활동이 잘 준비된 경우에 그랬다.[9] 하지만 요즘 이 방법의 효과는 대체로 미미하거나 일시적이고, 심지어 더 나빠지

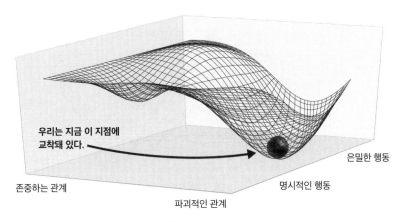

우리는 지금 이 지점에
교착돼 있다.

은밀한 행동

존중하는 관계

명시적인 행동

파괴적인 관계

〈그림 4.1〉 해결하기 힘든 양극화 지형

고 있다. 독일 기자의 사례에서 알 수 있듯이 그들은 관계가 틀어졌고 상대방과 전보다 더 멀어졌다. 퓨 연구 센터의 최근 연구에 따르면, 대다수의 공화당원과 민주당원은 정치를 주제로 대화한 후 상대 당원과의 공통점이 적다고 느꼈다. 특히 민주당원은 '긴장감과 좌절감'을 경험했다고 밝혔다.[10] 그 이유는 무엇일까?

매우 논쟁적인 생물학적·정신적·사회적·문화적 역동 속에서 정치적 차이에 따른 심각한 갈등을 해소하려는 노력은 깊은 어트랙터 계곡에서 커다란 바위를 밀어내려고 시도하는 것과 비슷하다(〈그림 4.2〉). 엄청난 노력을 기울이면 처음엔 바위를 약간 움직일 수 있지만, 지속적으로 움직이기엔 중력의 힘이 너무 세다. 게다가 잠시 주의를 기울이지 않으면 바위는 다시 계곡 바닥으로, 어쩌면 당신 앞으로 굴러떨어질 것이다.

어트랙터는 **시간이 지나면서** 광범위한 상호 작용과 비합리적인 요인, 즉 우리의 관계 역사, 특정 정체성 집단과의 정서적 애착, 암묵적

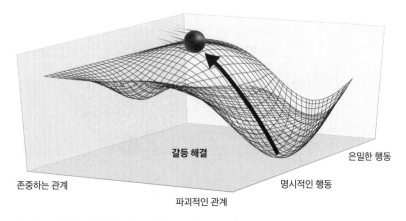

갈등 해결

은밀한 행동

존중하는 관계

명시적인 행동

파괴적인 관계

〈그림 4.2〉 갈등 해결책은 다루기 힘든 분열을 해소하는 데 기여하지 못한다.

인 편견, 기존 신념을 확신하게 하는 정보에 주의를 기울이는 경향 등의 영향으로 더 넓어지고 깊어진다는 점을 기억하기 바란다. 유해한 양극화를 해결하려고 할 때 단 하나의 이슈나 사실에 대한 분쟁을 다루는 경우는 거의 드물다. 이보다는 먼저 이슈가 그렇게 중요해진 이유의 이면에 놓인 모든 것과 싸워야 한다.

그럼에도 불구하고 우리는 대부분 눈앞에 놓인 문제만을 해결하려고 노력한다. 독일에서 개최된 회의에서 대부분의 국제 평화 전문가들이 교착 상태에 빠지자 우리는 이렇게 대응했다. 물론 이는 논리적이고 이성적인 반응으로, 보통의 경우에는 효과가 있다.

하지만 이런 전략은 어트랙터에 따라 유발되는 갈등에는 효과가 없다. 분열된 사람들 간의 대화는 일시적으로 긴장을 완화하거나 상대방에 대한 이해를 개선하는 데 도움이 될 수 있다. 하지만 상당한 에너지, 경계심, 인내가 필요하다. 결국, 바위를 옮겨 다시 편안하고 위안이 되는 어트랙터 상태로 돌아가게 만드는 일이 발생할 가능성이 크다. 이런 일이 더 자주 발생할수록 어트랙터는 더 깊고 강해진다. 현재의 분쟁에 집중하는 것은 무익하며, 단기적으로 필요할 수 있지만, 더 심층적인 분열에 대한 해결책은 아니다. 이는 기껏해야 응급처방일 뿐이다.

양극화된 갈등을 바꾸는 방법에 관한 이론

모든 사람은, 대부분 정확히 의식하진 못하지만, 저마다 갈등에 관한 변화 이론을 갖고 있다. 변화 이론Theory of Change은 세상에 변화가 일어나는 방식과 그것을 실행하는 방법에 관한 일련의 신념과 가정이다.[11] 우리는 대부분 어릴 때부터 경험과 관찰을 통해 이 이론들을 배우지만, 공식적인 교육과 문화석·종교적 양육으로도 상당 부분 형성된다. 인지 과학에 따르면, 변화 이론은 보통 우리 뇌의 신경회로에 물리적으로 존재하며, 이것과 모순되는 정보는 완전히 무시한다.[12] 하지만 변화 이론은 흔히 우리의 현실 그리고 시간, 인과성, 인간 본성과 같이 변화와 관련된 개념을 이해하는 데 바탕이 되기 때문에, 변화 이론을 특별히 더 깊이 생각하거나 명시적으로 표현하진 않는다. 우리는 단순히 이를 사실로 여긴다.

나는 영광스럽게도 힘들고 오랜 분열을 겪고 있는 논쟁자들 간의 만남을 전문적으로 주선하는 17명의 전문가를 인터뷰한 적이 있다. 나는 그들 각자에게 자신의 변화 이론을 말해 달라고 요청했다.[13] 그들은 갈등 관계에 놓인 사람들이나 지역 사회의 논쟁자들

사이에서 건설적인 변화 프로세스를 관리하는 데 매우 능숙했다. 나는 그들이 자신의 일을 어떻게 이해하고 수행하는지 듣고 싶었다. 그들은 대부분 변화에 대한 자신의 생각을 분명하게 표현한 적이 없었다.

인터뷰한 전문가 중 전 미 상원의원(상원 다수당의 원내총무)과 메인주 판사를 역임한 조지 J. 미첼은 다년간에 걸친 북아일랜드의 굿 프라이데이Good Friday 평화 협정 중재를 비롯한 국제 평화 활동에 적극적으로 참여했다. 미첼은 인터뷰를 시작할 때 자신이 변화 이론을 갖고 있지 않으며 이론이 그다지 유용하지 않았다고 말했다. 어색한 정적이 흘렀다. 하지만 곧이어 자신의 변화 이론에 대해 몇 시간 동안 말하기 시작했다. 그는 갈등 중재에 착수할 때 갈등, 논쟁자, 프로세스에 관한 사전 지식이 거의 없는 상태였다고 말했다. 그는 현장에서 수집한 사실을 기초로 갈등 상황을 이해하면서 해결방식을 찾는다고 말했다. 그가 나에게 자세하게 설명한 내용은 고도로 발전된 반이론적, 상향식, 임기응변 변화 이론이었다. 그는 이 이론을 모든 중재 활동에 적용했다.

물론 우리가 자신의 변화 이론을 스스로 인식하지 못하면 자기 자신을 함정에 빠뜨릴 수 있다. 특히 변화 이론을 고수하거나 모든 상황에 적합하지 않은 잘못된 가정에 바탕을 두고 있는 경우에는 더더욱 그러하다. 이 결과는 나와 다른 사람들이 **암묵적 이론**implicit theories 에 관해 수행한 연구에 잘 정리돼 있다. 암묵적 이론은 자신, 타인, 주변 세계의 다양한 측면에 대해 품고 있지만, 분명히 드러내지는 않는 가정과 신념을 말하며, 우리가 세계와 관여하는 방식은 암묵적

이론으로 형성된다.[14] 암묵적 이론은 우리가 새로운 과제와 문제를 해결하는 방법[15]에서부터, 리더십 역할을 수행하는 방식[16], 사랑의 관계를 맺는 방식[17], 갈등을 해결하고[18], 감정을 경험하는 방법[19]까지 모든 부분에 영향을 미치는 것으로 나타났다.

일반적으로 상황의 구체적인 내용에 따라 갈등 해결 방식과 그에 대한 이해도가 달라지지만, 우리가 인식하든 그렇지 않든 가치관과 가정, 신념에 따라 이해하는 방식이 영향을 받는다.* 직면한 상황이 거대하고, 복잡하며, 가변적이고, 모순적인 정보로 가득해 이해하기 힘들 때 특히 그러하다. 우리가 갈등을 해결하기 위해 사용하는 암묵적 변화 이론은 사람과 집단에 따라 다를 수 있지만, 대부분 다음과 같은 구성 요소들을 포함한다. (a) 문제에 대한 **비유**, (b) 문제를 진단하는 **분석 틀**, (c) 변화가 지향하는 긍정적인 상태 또는 **최종 목표**, (d) 목표에 언제, 어떻게 도달하느냐와 관련한 **개입** 방법, (e) 변화 주체의 **역할**.[20]

나는 컬럼비아대학교 갈등 해결 이론에 관해 연구하고 강의할 때 가장 먼저 학생들에게 무의식적 글쓰기 과제로 자신의 (보통 암묵적인) 갈등 및 변화 이론을 자세히 써 보라고 한다. 펜을 종이 위에 올려놓고 5분 동안 생각하거나 중단 없이 신속하게 글을 쓰게 한다. 글의 주제는 '갈등의 본질적인 속성은 무엇인가?', '갈등을 어떻게 하

---

* 사소한 사례를 들어 보자. 나는 열렬한 점성학 신봉자인 여성과 한동안 데이트를 한 적이 있었다. 그녀는 종종 우리의 실랑이를 과거 또는 현재의 별자리 탓(예를 들어 "나의 토성 달이 떠오른다.")으로 이해했다. 나는 이런 해석 방식에 어떻게 대응해야 할지 전혀 몰랐다. 우리의 관계와 삶 전반을 점성학 이론으로 이해하는 그녀의 확고한 접근 방식은 나의 심리학적 접근 방식과 정면으로 충돌했다. 상당 부분 이런 이유로 우리의 관계는 오래 지속되지 못했다.

면 더 나은 방향으로 개선할 수 있을까?'이다. 그다음 수업 파트너와 함께 글을 분석해 갈등과 변화, 이것에 관여하는 방식에 관한 그들의 근본적인 신념과 가정을 찾고 토론하라고 한다. 학생들은 갈등과 변화에 관한 글쓰기 과제와 그들이 이전에 갖고 있던 모호한 가정들을 드러내는 작업을 통해 놀라운 깨달음을 얻는다.

내 강의를 듣는 학생들은 전 세계에서 온 사람들이지만, 그들의 암묵적 갈등 및 변화 이론은 대체로 비슷하다. 이를테면, 그들은 거의 대부분 갈등을 억제하거나 치유해야 할 문제 또는 병리적 현상이라고 보는 부정적인 관점을 갖고 있다. 그리고 그들의 변화 이론은 대체로 선형적·인과적 속성을 지닌 서구의 과학적 가정을 반영한다 (예를 들어, X를 하면 Y가 일어날 것이다). 그도 그럴 것이 갈등 해결 현장과 대부분의 학술 연구, 실천 방법론, 출판물들은 이와 똑같은 사고방식을 제시하기 때문이다. 따라서 학생들은 한결같이 갈등상태가 바뀌려면 직접적인 대결 또는 강제(싸움)가 필요하다고 보거나 손해를 피하려면 철저하게 갈등을 피하는 것(회피)이 바람직하다고 본다. 하지만 **갈등을 개선하는 방법**을 물었을 때 그들의 압도적인 대답은 단순히 갈등을 고치는 것이었다.

이론 A:
갈등 시계 수리

갈등이 발생해 상황이 나빠지고 계속 그런 상태가 유지된다는 것은 우리의 합의, 거래, 관계, 조직, 지역 사회의 뭔가가 망가져 있으므로 수리가 필요하다는 의미다. 이때 좋은 소식은 '우리가 그것을 고칠 수 있다는 점'이다. 우리는 일반적으로 문제를 발견하고 해결할 수 있는, 아니면 적어도 우리 대신 그렇게 할 수 있는 충분한 역량을 갖춘 다른 사람을 찾을 수 있는 지식과 자세 그리고 기술을 갖고 있다. 갈등에 대해 우리가 선호하는 해결책을 일방적으로 들이대지 않거나 갈등을 완전히 회피하지 않는다면, 대체로 우리는 차분하게 앉아 갈등에 주의를 기울이고 관련자들과 대화를 나눈다(고전적인 서구적 심리치료법). 이를 통해 시계를 분해해 망가진 부분, 즉 오해, 선의의 사소한 모욕, 드러내지 않은 불만, 다른 실수나 의혹 등을 찾고 사과, 배상, 설득, 토론, 협상, 중재 혹은 다른 형태의 문제 해결 방식을 통해 그것을 직접 해결한다.

갈등 시계 이론은 망가진 부분을 수리하는 **직접적·합리적·이성적 행동**을 중시하고, **강렬한 감정을 탈선적인 요소로** 본다. 이런 감정이 생기면 생각을 잠시 멈추거나 '발코니로 가서' 감정이 누그러지길 기다렸다가 다시 갈등 해결 과정을 진행하는 것이 좋다.[21] 이 이론은 또한 목표가 명확하다. 즉, 끓어오르는 상황을 가라앉히고, 갈등을 고치고(합의에 이르고), 정상 상태로 돌아가는 것이다. 사람들은 대부분 망가진 부품이 긴장을 유발하고 좋은 관계나 지역 사회의 역동성을 손상시키기 때문에 본래 상태로 돌아가길 원한다. 이때의 최선책은 현재 상태와 우리가 바라는 상태 사이를 가로막는 장애물을 **찾아 제거하는 것**이다. 일단 망가진 부품이나 갈등 해결의 장애물을 따로 떼어내면 그것을 수리할 수 있다. 우리에게는 논쟁자와 협상가, 중재자가 있고, 그들은 그것을 수리할 힘, 의지, 능력(문화 심리학에서는 문제 해결을 위한 '**학습지향성**Mastery Orientation'이라고 한다)을 갖고 있기 때문이다. 물론 때로는 대규모 수리 작업이 필요한 갈등도 있기 때문에 '큰 의자'(더 큰 조정과 중재, 소송 등)가 필요할 수도 있지만, 앞에서 이런 문제를 대부분 살펴봤기 때문에 이를 수리하는 방법을 알고 있을 것이다. 이제 본론으로 들어가 보자.

갈등 시계 이론은 '널리 공유하는 사고방식'이다. 이 책의 독자들도 대부분의 갈등에 이런 방식(싸움, 회피, 수리)으로 접근할 것이다. 변화 이론에 관한 다양한 변형 형태가 수록된 56개 장으로 이뤄진 《갈등 해결 핸드북: 이론과 실제The Handbook of Conflict Resolution: Theory and Practice》를 지금까지 세 차례 편집한 경험으로 살펴볼 때 협상, 중재, 갈등 해결 분야에서도 대부분 이런 방식으로 접근하고 있다고 생각한다. 이는 당연한 결과다. 이 방식은 절대 다수의 사례에서(나는 다른 곳에서, 우리가 삶에서 직면하는 갈등의 약 95퍼센트 정도라고 추정했다) 효과가 있다.[22] 수리 방식은 대부분의 갈등을 해결하는 데 유용하다.

하지만 갈등 시계 이론을 좀 더 깊이 파고들면, 이 이론이 가진 한계를 파악할 수 있다. 갈등 시계 이론은 적용 가능성을 제한하는 서구 문화와 (뉴턴식) 과학 분석 방법에 뿌리박은 변화에 관한 일련의 가정에 바탕을 두고 있다. 이를테면, 이 이론은 개별 주체, 경제적 합리성[23](효율성 중시), 선형적 변화를 유발하는 직접적인 프로세스에 바탕을 둔다. 이런 사고방식은 시계 갈등에 매우 유용하다. 비교적 오래되지 않았거나 그다지 복잡하지 않은 갈등을 효과적으로 식별하고 분리하여 수선하거나 해결할 수 있다. 하지만 이런 방식은 상대적으로 더 모호하고 복잡한 갈등에는 유용하지 않다.

모호하고 복잡한 갈등에 관해 다르게 생각하기

나는 20여 년 전 교수, 평화 활동가로서 팀을 구성해 심하게 고조돼 있고, 양극화돼 있으며, 변화에 강하게 저항하여 파괴적 패턴으로 고착되는 일부 갈등 사례에 다르게 접근해 보려고 했다. 나는 연구실에서 이런 유형의 갈등 사례 몇 가지를 수년 동안 연구한 후(굴욕과 같은 유해한 감정의 영향[24], '우리 대 그들' 형태의 정체성 형성[25], 서로 싸우는 논쟁자들이 협상할 용기를 갖게 하는 동기들[26]) 이런 모호하고 복잡한 문제들을 더 포괄적으로 이해하려고 노력했다. 나는 복잡성 과학Complexity Science을 잘 알고 있는 선도적인 심리학자 안드레자이 노왁, 로빈 발라허, 란 부이 브르조신스카와 천체 물리학자 래리 리보비치 등이 주요 연구자로 참여한 팀을 구성했다.* 이런 유형의 갈등을 다르게 보기 시작한 것은 바로 이 팀 덕분이었다. 그들은 갈등을 이겨야 할 게임이나 수리해야 할 시계가 아니라 어트랙터 역동에서 발생하는 것으로 봤다. 우리는 복잡성 과학의 도구와 방법, 특히 응용 수학에서 비롯된 **동적 시스템 이론**을 적용함으로써 개인 갈등에서 정치적 갈등, 국제적 갈등에 이르기까지 모든 유형의 복잡한 갈등이 어떻게 변화하고, 또 어떻게 변화에 저항하는지에 관한 새롭고, 독창적이고, 실제적인 통찰을 얻었다.[27] 이 접근 방법은 다루기 힘든 양극화된 갈등 패턴을 이해하고, 해결할 수 있는 새로운 사고, 비유, 방법, 실천 과제를 많이 제공했다.

---

* 전체 팀원은 안드레자이 노왁, 로빈 발라허, 란 부이 브르조신스카, 래리 리보비치, 안드레아 바르톨리, 나이라 무살람, 카트리나 쿠글러, 피터 T. 콜먼이다.

우리 팀이 수행한 까다로운 어트랙터에 관한 초기 이론적 연구는 사례 연구, 실험적 연구, 컴퓨터 시뮬레이션을 포함한 일련의 경험적 연구로 이어졌고, 결국 컬럼비아대학교 '어려운 대화 연구소'를 설립하게 됐다.[28] 우리는 이 연구소에서 분열적이고 도덕적인 갈등에 관한 대면 만남을 연구하기 시작했다. 그 덕분에 양극화된 이슈와 관련된 대화의 근본적인 어트랙터 역동을 '포착'할 수 있었고, 상황이 좋을 때나 끔찍할 때와 같은 이슈의 다양한 측면을 더 잘 이해할 수 있었다. 이런 접근법은 매우 복잡하고 다루기 힘든 문제에 대해 대안적인 사고방식과 해결 방식을 제공했으며, 이런 문제가 변하거나 변하지 않는 특유한 방식에 대해 많은 것을 가르쳐 줬다(《그림 4.3》).

이론 B: 근본적인 지형 재형성(R^2)

긴장되고 복잡한 갈등이 지속되고, 교착 상태에 빠진 채 삶의 많은 영역으로 퍼져가며, 이를 해결하려는 모든 노력이 소용 없다면, 우리는 다른 방식으로 생각하고 대응해야 한다. 이럴 때는 망가진 부분을 분석하고 찾아 고치는 대신 초점을 **겉모습에서 밑바닥으로 옮기는 것**이 도움이 된다. 이를테면, 현재 드러난 갈등에 관한 탐구에서 과거와 현재의 상황에 작용하여 갈등을 일으키는 다양한 힘을 이해하고 다루는 것이다. 나는 이를 '**근본적인 지형 재형성**' 또는 'R^2'라고 부른다.

마틴 루서 킹 목사는 다음과 같이 말했다.

갈등을 수습하는 방식	근본적인 지형 재형성 (Radical Relandscaping, R^2)
비유 • 시계처럼 기계적인 문제	**비유** • 모호하고 역동적인 어트랙터 지형
가치/가정 • 환경에 대한 학습 능력, 개별적인 주체, 선형적 인과관계, 단기적 영향을 목표로 하는 서구 문화적 가치관에 바탕을 둠	**가치/가정** • 환경과의 조화, 집단 주체, 비선형적 발생 및 파국적 변화, 장기적이고 지속가능한 변화를 추구하는 동양적 문화 가치에 바탕을 둠.
목표 • 긴장 완화, 이슈/결과에 관한 합의 도출, 갈등 수리, 상황을 본래 상태로 돌리는 것	**목표** • 긴장과 불안정을 활용하고, 상호 교류의 패턴을 바꾸며, 어트랙터 지형의 구조를 근본적으로 바꾸는 것
문제 정의 • 분석을 통한 기계적, 개별적 방식으로 문제 정의, 갈등의 요점화, 현재 이슈에 초점	**문제 정의** • 체계적이고 동적인 측면에서 상황의 복잡성을 가시화하고, 잠재적 함정과 가능성을 발견함.
프로세스 • 망가진 부분을 찾아 핵심 문제를 분리하고 변화의 장애물을 극복함으로써 해결함. 이를 위해 설득과 영향력을 이용해 중심적이고 영향이 큰 대상에 집중하는 직접적·합리적·효율적인 프로세스를 사용함. 계획을 수립하고 일관되게 진행함.	**프로세스** • 상황의 흐름에 따라 시스템이 변화하고 작동하는 방식을 배움. 이를 위해 기존 해결책을 이용하고, 문제의 근원에서부터 접근하고, 다양한 행동 방식을 취하고, 철저한 경청, 대화, 발견을 활용하고, 아울러 실패를 예상하면서 시간 경과에 따라 조정과 학습을 진행함.
역할 • 문제해결 전문가, 믿을 만한 해결사	**역할** • 해결책을 찾도록 도와주는 촉진자, 변화 촉매자

〈그림 4.3〉 분열적 갈등을 변화시키는 방법에 관한 두 가지 이론.

"진정한 연민을 느낀다면 거지에게 동전을 던져 주는 것만으로는 부족하다. 거지를 만들어내는 시스템을 다시 살펴보아야 한다."[29]

까다롭고 해로운 양극화를 해결하려면 시스템을 재구조화해야 한다. 물론 이는 작은 과업이 아니다. 이를 위해서는 반드시 우리의 관점을 익숙한 관점(현존하는 갈등의 모습을 바라보는 관점)에서 더 복잡하고 부담스러운 관점(갈등을 양산하는 구조적 힘을 발견하고 이해하는 관점)으로 바꿔야 한다. 다행스럽게도 이런 유형의 문제에 직면하는 경우는 흔치 않다. 하지만 이런 문제에 마주치면 새로운 사고방식, 새로운 기술, 엄청난 확신뿐만 아니라 조지 허버트 미드George Herbert Mead가 말했던 '**체계적 지혜**'가 필요하다. 이는 지속적인 갈등의 복잡한 본질을 이해하는 능력과 건설적인 패턴을 만들기 위해 작용하는 여러 힘과 흐름에 맞춰 일할 수 있는 역량을 말한다.[30]

다시 말해, 만성적인 정치 분열 패턴을 해결하려면 이런 갈등을 유발하는 상황의 본질을 이해하는 능력과 보다 건설적인 패턴을 만들기 위해 상황 속에 **흐르고 있는 힘**들의 역동에 맞춰 일할 수 있는 역량이 필요하다.

이는 근본적으로 다른 갈등 변화 이론이다. 이 이론에서는 갈등과 투쟁하고, 회피하고, 고치는 것이 아니라 지속적인 변화를 만들어가기 위해 상황의 **흐름**에 따라 일할 것을 권고한다. 동양의 철학과 가치관에 뿌리를 둔 이 이론은 개별적인 주체보다 **상황과 집단 행동의 힘**을 강조하는 경향이 있다.[31] 변화에 간접적이고, 다중 원인적이며, 비선형적인 관점을 제공한다. 이런 관점은 모호하고 예측 불가능한 상황에서 직접적인 행동이 의도하지 않은 결과를 초래한다는 점을 인정한다. 이 이론은 분열적 갈등에 직접 개입하는 학습지향 접근법을 제안하는 대신 **조화를 지향하는**Harmony Orientation**32** 접근 방법, 즉 환경 속에 있는 기존의 추세, 운동, 프로그램, 다른 내재적인 에너지원과 정치적 의지에 **맞춰** 일하는 방식을 제안한다. 따라서 이 이론의 목표는 직접적이고, 집중적(갈등 수리)이지 않고, 장기적이고 근본적(근본적인 지형 재형성)이다. 이를테면 오랜 기간에 걸쳐 논쟁자들의 관계 패턴을 질적으로 바꾸고, 갈등 중인 집단들 간의 어트랙터 지형을 근본적으로 바꾼다.

원칙 1: 다르게 생각하라
당신의 변화 이론을 바꿔라

갈등 지형을 근본적으로 바꾸려면 갈등을 지속시키는 많은 요소와 더불어 변화를 위한 명확하지 않은 많은 방안에 대해 보다 포괄적이고 전체적인 관점을 획득해야 할 필요가 있다. 이를 위해서는 복잡한 시스템이 변화하는 이유와 불변하는 이유를 이해해야 한다(일곱 가지 대략적인 법칙). 특히 재설정된 갈등에 변화를 일으키려면 **불안정을 초래하는 충격**을 활용하고 건설적인 **초기 조건**을 확립하는 일이 중요하다는 점을 잘 이해해야 한다. 또한 이 접근법은 가장 먼저 파괴적인 관계를 완화하고, 더 긍정적인 관계를 촉진하기 위해 갈등 시스템 안에서 이미 작동하는 요소들(가족, 지역 사회 등)을 찾아낼 것을 권고한다. 이 방식은 종종 너무 양극화돼 건설적인 영향을 미치지 못하는 핵심 문제를 피하고, 저항을 유발하는 갈등의 근원적 원인을 다룰 것을 요구한다. 또한 고착된 갈등 속에서는 관계의 감정적 상황이 중요하며, 이에 따라 갈등 해결 프로세스를 조심스럽게 만들어 갈 필요가 있다는 것을 강조한다. 마지막으로, 이 접근법은 갈등 해결 프로세스에 차질이 생기거나 실패할 수 있다는 점을 시스템의 근본적인 법칙에 관해 더 많이 배우고 효과적으로 조정하는 귀중한 수단으로 인정한다.

이와 같이 변화하는 상황과 관련된 가변적인 사고방식은 시계 접근법에 비해 갈등 해결 분야에서 일반적이지 않고 덜 친숙하다. 하지만 이 사고방식은 가족 체계 심리 치료법[33], 조직 개발 모델[34], 국제 분야에서 더 거시적이고 복잡한 과학에 바탕을 둔 평화 건설, 인도적인 지원과 개발 접근법[35]을 비롯한 관련 분야에 중대한 영향을 미쳤다. 하지만 이러한 사고방식은 오늘날 정치적 양극화를 해결하려는 대부분의 접근법에서 두드러지게 제외되고 있다.

근본적으로 관계 지형을 재형성하는 접근법은 장기적인 게임에 초점을 맞추고 있다. 복잡하고 깊이 고착된 갈등을 해결할 수 있는 응급 처방책은 없지만, 현명하게 접근한다면 해결이 불가능한 것은 아니다.

원칙 1

다르게 생각하라—당신의 변화 이론을 바꿔라

우리가 삶에서 씨름하는 분열의 성격이 깊고 다루기 힘들다는 점을 고려할 때, 때로는 갈등과 맞서 싸우거나, 회피하거나, 고치려는 무익한 시도에서 벗어나 갈등을 다르게 생각하는 법을 배우는 것이 최선일 수 있다. 시계 방식에서 구름 방식으로 바꿔 이해하는 것이 첫걸음이다. 지형의 근본적 변화는 많은 사람에게 낯설지만, 이러한 사고방식과 대응 방식은 풍부한 문화적 전통에 뿌리를 두고 있으며, 이와 더불어 물리학, 복잡성 과학, 심리학에 관한 과학적 연구에 의해 뒷받침된다. 물론, 이 방식은 초점을 갈등에서 상황으로 대폭 바꾸고, 우리 자신과 같은 개별적 주체의 능력에서 상황에 내재된 힘에 맞춰 움직이는 능력으로 변화 주체에 대한 인식을 바꾸라고 요구한다. 우리가 적대감의 지형에서 길을 잃지만 않는다면 근본적인 지형 재형성 접근법이 출구를 제시할 수 있다.

하지만 진실은 이렇다. 우리에게는 옵션이 필요하다. 그 이유는 우리의 삶에서 발생하는 사소한 논쟁, 중요한 불일치, 재난적인 갈등과 같은 다양한 갈등 상황에서, 이에 대응하는 단 하나의 비결은 존재하지 않기 때문이다. 대부분의 갈등은 시계 접근법으로 대응할 수 있다. 이를테면 허심탄회하게 터놓고 대화하면 된다. 그러나 칼 포퍼가 경고했듯이 시계 문제를 해결할 땐 시계 수리 도구를 사용하고, 구름 문제를 해결할 땐 구름 방법을 이용해야 한다. 우리는 대부분 고정적인 시계 도구에 훨씬 더 익숙하다. 연구에 따르면, 시계 도구들은 두뇌의 신경 구조에 장착돼 있기 때문에 접근 방법을 바꾸기가 어렵다. 하지만 50년 이상 정치적·문화적 적대감이 증가하는 추세에 직면하고 있는 지금은 시계 접근법이 유용하지 않다.

실천:
이론에서 실천으로 바꿔라

나는 25년 이상 복잡하고, 험악하고, 다루기 힘든 갈등에 관해 연구하고, 가르치고, 글을 써 왔다. 학생들은 내 수업을 듣고 나의 책과 연구 논문을 읽고 난 후 당면한 문제들을 해결할 수 있는 동적 시스템 이론DST과 어트랙터 역동의 놀라운 가능성을 보고 **매우** 흥분했다. 이른 시기에 이렇게 눈을 뜬 DST 학생들은 내 연구실에 찾아와 DST 접근법에 헌신하겠다고 밝히고, 고국(이스라엘, 팔레스타인, 나이지리아, 한국, 콜롬비아 등)으로 돌아가 DST로 세상에서 가장 모호하고 어려운 갈등을 해결할 계획이라고 말했다.

수업 도중 DST를 정확히 어떻게 이용할 계획인지 묻자 그들은 대부분 다음과 같이 모호하게 대답했다.

"저는 DST를 이용해 갈등에 대한 모든 것, 즉 갈등을 이해하는 방법, 갈등 해결의 주체, 수행해야 할 과제들을 다시 생각할 겁니다!"

좀 더 구체적으로 물어 보니 한결같이 일종의 만화와 같은 일반론을 펼친다. 그들의 열정은 나에게 힘을 주지만, 한편으로는 진지한 생각이 들게 한다. 나는 종종 이 학생들을 절반만 가르치고 내보내는 것 같다는 생각이 든다. 그들에게는 열정과 혁신적인 아이디어가 있지만, 현장에서 일할 때 필요한 실제적이고 구체적인 실천 내용은 거의 모르니 말이다. 그들은 아이디어를 유용한 실천 방안으로 바꾸는 방법을 거의 모른다.

이를 위해 훨씬 더 실천적인 동료인 조쉬 피셔와 닉 레딩은 나와 함께 DST에 기반을 둔 일관성 있는 실천 방안을 개발하기 시작했다. 이 방안은 학생들이 어트랙터와 리펠러, 비선형적이고 복잡한 시스템이라는 개념들을 구체적으로 적용하는 데 도움을 준다.[36] 원래는 세계은행 그룹의 내부 사법 시스템을 위해 개발했는데, 우리가 제공하는 갈등 해결 코스를 위해 더 완전한 형태로 발전시켰다. 이 접근법은 이 책의 나머지 내용에 영향을 미쳤다. 또한 복잡성 과학과 변화에 관한 가장 탄탄한 연구 결과에 바탕을 둔 이 접근법은 고통과 양극화의 소용돌이에 지친 사람들이 탈출구를 찾기 위해 일상생활과 지역 사회에서 무엇을 할 수 있는지를 알려 준다. 간단히 말하면, 우리는 당신이 시간을 내서 **재설정하고, 강화하고 부수며, 복잡도를 높이고, 움직이고, 유연하게 적용하기를 바란다**(〈그림 4.4〉).

이 다섯 가지 실천 방법의 논리는 간단하다. 첫째, 우리를 서로 싸우게 만드는 놀라운 힘들과 널리 퍼져 있고 종종 격분하게 만드는 어트랙터 지형의 힘을 고려할 때 의미 있는 **재설정**이 타당하다고 가정한다. 여기서 '재설정'은 잠시 멈추고 우리가 바꾸려는 패턴에 대한 접근 방법과 노력을 다시 생각하고 조정하는 것을 말한다. 재설정은 문제가 단기적으로 더 악화되는 것을 막고, 우리가 미래로 나아가는 새로운 방향을 파악하는 데 도움을 준다. 흔히 삶의 현재 상태에 특별히 극적이거나 엄청난 **충격이나 파국**이 발생하면 재설정이 일어난다.

이를테면 한계를 뛰어넘는 끔찍한 변화, 질병, 사고, 스캔들, 오늘날 대다수 사람이 경험하는 완전한 탈진을 들 수 있다. 나는 이를 '**폭탄 효과**Bomshell Effect'라고 부른다. 재설정은 우리의 정서적 상태와 동기부여, 상황을 판단하는 방식, 의도와 목표를 상정하는 것, 추구

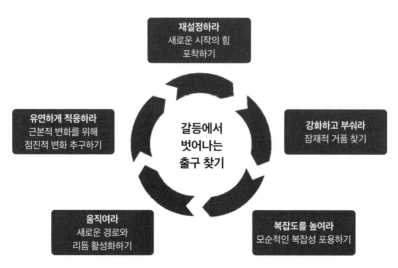

〈그림 4.4〉 근본적인 지형 재설정(R^2)을 위한 다섯 가지 실천 방법

해야 할 다음 단계를 수정하는 것을 말한다. 재설정을 시작하는 사람이 혼자일 수도 있지만, 가장 바람직한 것은 관계, 작업 그룹, 조직, 지역 사회 전체가 함께하는 것이다. 복잡한 시스템에 관해 알고 있는 내용, 특히 **초기 조건에 관한 복잡한 시스템의 높은 민감성** 또는 **나비효과**를 고려할 때 우리는 더 나은 경로를 시작하기 위해 여느 때보다 훨씬 더 의도적이고 계획적으로 재설정하길 바랄 것이다. 여기에 요약된 행동 지침은 '**새로운 시작의 힘을 포착하라**'라는 기본적인 원칙과 그 실행법을 자세히 보여 준다. 이것이 바로 5장의 핵심 내용이다.

재설정의 다음 과제는 갈등 문제에 이미 효과를 발휘하고 있는 것들을 찾는 것이다. 이 과제는 변화에 저항하는 요소들이 **긍정적인 이탈** 또는 **밝은 점**에 흔히 가장 빨리 반응한다는 연구 결과에 바탕을 두고 있다. 6장은 우리의 관계, 네트워크, 지역 사회에서 이미 효과가 있는 경향, 사람, 프로세스, 정책, 프로그램을 신중하게 찾고 **강화**하며 지지하는 방법에 관한 아이디어와 자세한 설명을 제공한다. 이것들은 파괴적인 패턴이 악화되는 것을 방지하거나, 완화하거나, 더 건전하고 건설적인 패턴을 촉진하는 데 효과가 있다. 이는 '**잠재적 거품 찾기**Locate Latent Bubble'의 원칙을 중심으로 구성된다. 이 원칙은 우리의 가장 강력한(자기를 조직화하는) 사고방식, 습관, 관계, 규범 등에 일어나는 중요한 변화가 흔히 '새로운 거품이 오래된 바다에 나타날 때' 또는 '오래된 거품이 새로운 바다를 다시 뒤덮을 때' 발생한다는 연구 결과에 바탕을 두고 있다.

하지만 거품 원칙 또한 기존의 유용한 수단에 기반을 두고 있으며, 긍정적인 상황 변화를 지속하기 위해서는 더 (지금은 잠재된) 해로운 경향이 끌어당기는 힘을 적극적으로 줄이려는 노력이 무엇보다 중요하다. 따라서 시스템의 가장 나쁜 경향을 완화하기 위해서는 어트랙터의 파괴적인 힘을 부수거나 **줄이는** 방법을 찾아야 한다. 이런 실천 과제는 저항을 최소화하기 위해 갈등의 한복판에서 벗어나 이런 요소들의 근원으로 접근해야 할 필요가 있다는 것을 강조한다. 이와 아울러 더 파괴적인 정치적 행위에 관여하려면 기존의 리펠러 또는 사회적 금기를 활용하거나 확대하는 것이 중요하다는 점을 강조한다. 이것이 바로 6장의 핵심 내용이다.

삶의 지형을 재형성하기 위한 세 번째 실천 방법은 **복잡도를 높여** 지형을 세밀하게 이해하는 것이다. 이 실천 과제는 직면하고 있는 문제의 맥락을 경험하고 이해하는 방식이 더 세밀해야 한다는 점을 나타낸다. 당면한 많은 도전 과제와 이와 관련된 사건들을 더 세밀하게 인식하고 이해하려면 그와 관련된 사람, 집단, 과거의 사건, 현재 이슈, 문제 속에서 우리의 역할 등을 이해해야 한다. 즉, 우리가 곤경에 처해 있는 상황과 그것을 바꾸기 위한 선택지를 더 정확하게 이해해야 한다(아마도 우리의 선택지는 좌절됐거나, 과도하게 편향됐거나, 제한적이며, 단순할 것이다). 이를 위해서는 우리 삶에서 많은 모순점을 찾아내 받아들여야 한다. 여기에는 우리가 상황에 대해 사고하고 느끼는 방식뿐만 아니라 함께 사고하는 사람, 경청하고 주의를 기울이는 내용, 문제와 출구를 상상하는 방식을 수정하는 것 등이 포함될 수 있다. 궁극적으로 이 실천 방안에서는 시야를 넓혀 갈등을 폭넓게 조명해 이해하고, 그다음 시야를 좁혀 전후 맥락을 세밀하게 파악함으로써 갈등을 해결할 지점과 방법을 재설정해야 한다. 이 실천 과제는 **모순적인 복잡성 받아들이기** 원칙을 실천으로 옮기는 데 도움을 줄 것이다. 이것이 바로 7장의 핵심 내용이다.

네 번째 실천 방법은 출구를 찾기 위한 핵심 내용인 '**움직이는 것**' 이다. 이 단계는 어려운 패턴 속에 고착돼 있을 때 인지적·감정적·물리적인 이동 등 '이동'이 엄청나게 중요하다는 연구 결과에 바탕을 두고 있다. 우리의 경험과 관계를 자유롭게 설정하고, 다시 일치시키며, 정적인 상태에서 동적인 상태로 주의를 재조정하는 것이다. 호모 사피엔스는 대부분의 역사 속에서 함께 움직였다. 우리는 작은 집단으로 이주하고 사냥하고 모였다. 그러면서 우리의 뇌는 더 복잡한 인지 능력을 발전시켰다.[37] 오늘날에도 가장 심각한 문제를 해결하려고 할 때 우리는 상대방과 테이블 또는 더 나쁜 방식이지만 컴퓨터 앞에서 마주 앉아 깊은 대화를 나눈다. 이는 가벼운 분쟁에서는 충분히 효과가 있지만, 우리가 물리적으로 구현해야 하는 더 어려운 문제를 이해하고, 느끼고, 생각하고, 해결책을 만드는 능력은 심각하게 제한한다. 8장에서는 **새로운 경로와 리듬의 활성화**라는 원칙을 제시한다. 이는 고착된 패턴에서 벗어나는 방법을 찾으려고 할 때 가소성과 개방성, 동기화를 증가시키는 것이 유익하다는 신경 과학과 사회 과학의 연구 결과에 바탕을 두고 있다.

다섯 번째 실천 방법은 사람들이 대부분 감당하기 힘들어한다. 특히 매우 감정적이고 불안을 유발하는 갈등상태에 빠져 있고 직접적인 대응이 필요하다고 느끼는 경우 더더욱 그러하다. 이를테면 **장기적인 게임**에 좀 더 편안하게 적응할 필요성이 있는 것이다.**38** 이 시점에서 우리의 관계나 상황에 특정 유형의 변화(우리가 갈망하는 변화처럼)를 일으키려고 해서는 안 된다는 점을 기억하기 바란다. 우리는 이를 거듭 시도하지만, 미미한 결과나 **의도하지 않은 부정적인 결과**를 낳을 뿐이다. 우리는 상황 속에서 작동하는 중요한 힘들을 배우고, 더 잘 이해하고 **적응하려고** 노력하며, 그 힘과 함께 천천히 지형을 헤쳐 나가면서 근본적으로 바꿔야 한다. 이 실천 방법은 복잡성 과학에서 얻는 원칙, 즉 **근본적인 변화를 위한 점진적 발전 추구**를 실현하는 데 도움을 준다. 이 원칙은 의미 있고 지속가능한 변화를 이루기 위해 '점진적으로, 유연하고, 겸손하게 노력하라.'라는 교훈을 준다. 이는 몇 가지 타당한 전술을 제공한다.

첫째, 변화를 대할 때 **게이머의 접근 방법**을 사용하라. 다시 말하면 최대한 빨리 실패를 경험해 우리가 다루는 상황의 근본적인 규칙을 학습하는 것이다. 둘째, **작게 시작하라.** 즉 작지만 잠재적으로 큰 영향을 미치는 대상을 상대로 변화를 실험해 보는 것이다. 셋째, 실패를 참고해 접근 방법을 **수정하라.** 즉 실패를 교훈 삼아 우리가 추구하는 변화의 비전을 유지하면서 전술을 수정하는 것이다. 이것이 바로 9장의 핵심 내용이다.

R^2 접근 방법에 대한 몇 가지 주의 사항은 다음과 같다. 첫째, 여기서 제시한 다섯 가지 실천 방법의 선결 조건은 보통 '재설정'이지만, 순서를 따르진 않는다. 단계의 순서는 직선적·인과적 유형의 변화를 가정한다. 이를테면, '먼저 이렇게 하고, 다음에 저렇게 하면 이렇게 될 것'이라고 본다. 지금 우리가 다루고 있는 시스템은 서로 연관돼 있고, 별개의 법칙을 가진 여러 문제로 구성돼 있으며, 이 시스템의 변화는 우리에게 익숙하지 않은 비선형적 형태를 띠고 있다(X를 실행하면 그다음에 무슨 일이 일어날지 아무도 모른다!). 재설정하기, 강화하기와 부수기, 복잡도 높이기, 움직이기, 유연하게 대응하기라는 실천 방법은 이런 지형을 인식하고 헤쳐 나가고, 근본적으로 변화시킬 수 있는 유용한 행동 방침이다. 청각, 시각, 후각, 미각, 촉각과 같이 개별적인 감각들이 함께 모여 우리의 전체적인 인식과 경험을 개선하는 것처럼, 다섯 가지 실천 방법은 함께 사용될 때 가장 좋은 결과를 낳는다. 이 실천 방법을 여러 단계로 보지 말고, 함께 적용할 때 최선의 결과를 낳는 행동 방침으로 보기 바란다.

둘째, 복잡한 사회·정치적 상황 속에서 오래 지속된 패턴을 유의미하게 바꾸려고 할 때, 좋은 소식은 '로마로 가는 길은 많다.'라는 점이다. 이런 패턴을 계속 바꾸기는 어렵고, 예측할 수 없으며, 지혜롭고 끈질긴 노력과 수정이 요구된다. 하지만 패턴은 고도로 복잡하기 때문에, 오래된 패턴을 불안정하게 만들거나, 새로운 패턴을 찾거나, 새로운 패턴의 씨앗을 뿌릴 수 있는 다른 길이 많다. 이런 점으로 인해 미래는 밝다.

마지막으로, 지금까지의 내용을 통해 오늘날 많은 사람이 직면하고 있는 도전 과제들이 개인이 직면하고 있는 과제보다 더 크다는 점이 분명하게 전달됐기를 바란다. 출구를 찾고 변화를 지속하려면 우리 자신을 바꾸려는 의지와 노력 이상으로 우리 자신의 인식과 이해 수준을 높이는 것이 필요하다. 아울러 우리는 《모리와 함께한 화요일》의 영웅 모리 슈워츠Morrie Schwartz가 미시 문화라고 부른 건설적인 도구를 찾아야 한다. 이는 출구를 찾기 위해 이 책이 제시한 원칙과 실천 방법을 헌신적으로 실행할 사람들, 가족, 집단, 기관들이다. 이들은 이 여정에 필요한 영감과 안내, 지원을 제공할 수 있다. 또한 출구가 존재한다는 증거이기도 하다. 이들이 없다면 우리는 분명히 일시적이고 해로운 위안을 주는 더 깊은 어트랙터로 다시 굴러떨어질 것이다. 이제 본론으로 들어가 보자.

5

THE WAY OUT

재설정하라
새로운 시작의 힘을 포착하라

〉 출발선

몇 년 진, 연로한 백인 동료 교수가 그해 첫 교수 회의 당시 의견을
제시했다. 그의 발언은 온라인에서 엄청난 반응을 불러일으켜 대학
의 전체 메일 시스템이 다운됐다. 동료 교수는 농담으로 의견을 제
시했을 뿐이라고 주장했지만, 그가 대학에서 '멸종 위기종 백인 남
성 교수'라고 언급하자 사람들의 인종적·성적 긴장감이 급격히 높아
졌고, 그해 새로 임명된 대부분의 백인 대학당국자들을 난처하게 만
들었다. 사실, 이 대혼란의 결과에 해당하는 많은 부분은 이미 오래
전에, 건설적이고, 정당하게 이뤄졌어야 했다. 하지만 그날 아침 회
의에서 어느 누구도 그런 대화를 하려고 하지 않았다는 것은 분명했
고, 우리 가운데 그런 사태를 효과적으로 해결할 준비가 된 사람도
거의 없었다. 그 결과 상황은 엉뚱하게 번졌고, 몇 달간 적대적인 비

난과 분노가 계속됐다. 그 동료 교수의 평판은 완전히 회복되지 못했다.

첫 교수 회의가 열린 지 2주 후 나는(상대적으로 젊고 백인 남성이며 종신 재직권이 없는 신입 조교수) 대학 총장에게 그 사건으로 나타난 대학 내 학대와 편견, 차별 등 많은 불만을 해결하기 위한 특별 위원회의 팀장을 맡아달라는 요청을 받았다. 나는 심각한 딜레마에 빠졌다. 나는 사회 정의라는 대의에 특별한 관심을 가진 갈등 해결 전문가로 고용됐다. 나는 이 '농담' 사건 이후 총장에게 편지를 써서 현재 대학 당국의 위기를 중요한 개혁을 달성하는 기회로 삼아야 한다고 권고했다. 다른 한편으로, 나는 아직 종신 재직권을 받지 못한 백인, 남성 신임 교수로서 새로 취임한 백인 남성 총장에게 대학 내 성차별과 인종차별, 따돌림의 문제를 해결하는 과제를 맡아달라는 요청을 받았다. 그 즈음 한 아프리카계 미국인 원로 교수가 내 면전에서 다음과 같이 말했다.

"당신이 뭔데 이 일을 하려고 합니까?"

나는 충격을 받았다.

며칠 잠을 설친 후 몇 가지 조건을 걸고 팀장을 맡기로 했다.

첫째, 특별 위원회를 대학 내 모든 주요 이해당사자 집단의 대표자들 즉 학생, 교수진, 직원, 노동조합, 대학 경영진으로 구성해 달라고 요구했다. 둘째, 우리가 그 프로세스의 공동의장을 전체 위원회가 합의해 선택한 유색인 한 사람으로 임명할 수 있게 해 달라고 요구했다. 셋째, 나는 대학 총장의 반대를 무릅쓰고 대학에서 인종과 성적 차별에 대해 가장 분노하고 목소리를 높이는 구성원 몇 사람을 특별 위원회에 합류하도록 해 달라고 요구했다. 마지막으로, 특별 위원회가 의미 있는 권고 사항을 만들어낼 수 있도록 몇 달간 매주 회의를 개최하는 등 충분한 자원과 시간을 제공하고, 최종보고서를 대학 사회 전체와 공유할 수 있도록 해 달라고 요구했다.

대학 총장은 결국 이 요구를 받아들였다. 그 후 더운 여름 몇 개월 동안 특별 위원회에서 겪은 경험은 내 직업 경력 중 가장 벅차고, 힘들고, 불편하고, 겸손했으며, 최종적으로는 만족스러운 시간이었다. 우리 팀은 명확한 지침을 따르고, 신중하게 소통하면서 열심히 일했다. 그 결과 대학에서 상당히 긍정적인 변화를 만들어냈다. 대학의 사명선언문을 바꿔 다양성과 정의라는 목표를 포함시키고, 직원 채용, 평가, 불만 사항 처리방침과 절차를 개혁했다. 이에는 다양성을 담당하는 부총장을 위한 사무실과 직원, 예산 마련 조치가 포함됐다. 노력의 결과는 확실했고, 오늘까지도 분명하게 유지되고 있다.

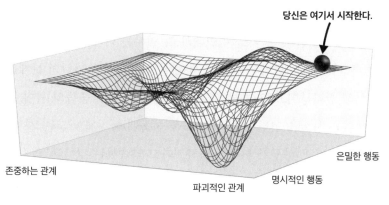

당신은 여기서 시작한다.

존중하는 관계   파괴적인 관계   명시적인 행동   은밀한 행동

〈그림 5.1〉 이런 지형에서는 우리의 첫 번째 행동이 매우 중요하다.

폭발적인 이슈에 관한 두 가지 다른 대화는 둘 다 동일한 재난적 사건으로 촉발됐지만, 매우 다른 경로로 전개됐다. 이는 매우 부담스러운 주제에 접근하는 방법에 관해 많은 질문을 제기한다. 하지만 특별히 시작 방식과 재설정 방식이라는 두 가지 중요한 측면에 주의를 집중해 보자. 이러한 새로운 시작이 5장의 핵심 내용이다(⟨그림 5.1⟩).

원칙 2: 재설정하라
새로운 시작의 힘을 포착하라

알코올중독자갱생회^^나 전 세계의 다른 자기계발 모임에서, 사람들은 고통스럽고 통제할 수 없는 중독의 구덩이에 빠져 최악의 상태로 떨어진 경험이나, 가족 구성원과 친구들을 충격에 빠뜨린 절망적인 개인사를 매일 공개적으로 나눈다. 그런 다음 이 협회(후원자의 지원과 함께)에 참여해 자신의 인생을 다시 출발하기 위한 긴 여정을 시작한다. 많은 중독자가 이 여정에서 '넘어지고' 다시 약물 남용에 빠진다. 그렇지만 많은 이들은 인내하고, 일부는 다시 바닥으로 떨어진 후 이 협회로 돌아온다. 여기서 재설정의 핵심은 자신의 문제를 인식해 받아들이고, 혼자서 감당할 수 없을 정도로 중독의 힘이 강력하다는 사실을 인정하고, 다시 약물 중독에 빠지게 만드는 '사람', '장소', '물건'을 바꾸기 위해 노력하겠다고 약속하는 것이다. 익숙한 말인가?

물론 우리가 모두 중독자라고 말하려는 것이 아니다(우리가 온라인이나 다른 당파적인 매체를 소비하거나 열중하면서 보내는 시간을 진지하게 살펴보면 도움이 될 것이다). 하지만 약물 남용 중독의 사회·심리적 함정과 오늘날 우리 삶에 스머든 '우리 대 그들'이라는 유해한 어트랙터 역동 사이에는 분명히 유사점이 있다. 그리고 중독에서 벗어나는 일은 거의 항상 실질적이고 의도적인 재설정에서 시작된다.

역사적으로, 병리적 상태에서 벗어난 많은 사례가 재설정에서 시작됐다. 1948년 코스타리카는 역사상 가장 잔혹한 내전을 겪으며 새로 태어났다. 이 전쟁으로 수많은 사람이 목숨을 잃었고, 세계에서 유일하게 의도적으로 자신의 군대를 해산하고 국가 자원을 교육, 보건, 환경에 사용하기로 결정했다.[1] 이렇게 재설정한 이유는 한때 무장 혁명 단체의 리더였다가 코스타리카의 대통령이 된 호세 피게레스 페레르가 평화주의를 선택했기 때문이다. 오늘날 코스타리카는 세계에서 가장 행복하고 평화로운 국가로 평가받으며, '평화 문화 발전 측면에서 하나의 모델'로 언급되고 있다.[2]

보스턴 사례를 생각해 보자. 브루클린의 끔찍한 총격 사건 이후 매사추세추주지사와 가톨릭교회가 주 차원에서 계획적인 재설정을 선언하고, 시위 중단과 양 진영의 대화를 요청했다. 이와 아울러 여섯 명의 지역 사회 리더가 양 진영의 과거 관계를 근본적으로 단절하기 위한 프로세스에 착수함으로써 재설정에 합의했다.

아마도 우리 중 많은 사람이 불행한 사랑을 경험하거나, 비참한 노동에 시달리거나, 현상태가 지긋지긋해 근본적인 변화를 고대할 때가 있을 것이다. 이것이 바로 지친 미국인의 86퍼센트가 오늘날 경험하고 있는 현실이다.

재설정하라—새로운 시작의 힘을 포착하라

이 원칙은 대략적인 법칙 4(불안정하게 만드는 충격)와 1(초기 조건)로 요약되는 비선형적 변화에 관한 연구 결과에 바탕을 두고 있다. 이 원칙은 때로 오랫동안 분열을 경험한 관계와 지역 사회에서, 서로 관련되지만 아주 다른 두 가지 시나리오인 폭탄 효과와 나비 효과에 따라 재설정이 이뤄질 수 있다는 것을 말해 준다. 두 시나리오는 모두 현 상태에 극적인 변화를 가져오며, 상황을 수습하기가 무척 어려울 수 있다.

개인적인 차원으로 중독 패턴에서 벗어나려고 하든, 지역 사회 차원으로 독설의 함정에서 벗어나려고 하든, 야만적인 내전 이후 폭력으로 되돌아가려는 강한 유혹에서 벗어나려고 하든, 재설정은 보통 지속가능한 프로세스를 시작하는 첫걸음이다.

⟩ 폭탄 효과

지금까지의 논의로, 다루기 힘든 지형에 위치하고 있는 양극화된 역동이 유의미하게 변화하는 일은 매우 힘들다는 점이 명확하게 전달됐기를 바란다. 연구에 따르면 이런 오래된 패턴은 흔히 중대한 충격이 패턴을 불안정하게 만든 후에 바뀐다.[3] 이는 선구적인 사회·심리학자 쿠르트 레빈이 1940년대 많은 변화 시나리오에서 필수적인 초기 해빙 단계, 즉 서로의 긴장이 완화되는 첫 단계로 묘사한 내용이다.[4] 대부분의 가족, 조직, 지역 사회와 국가는 시간이 흐르면서 미봉책과 적응을 통해 점진적으로 바뀐다. 하지만 작동 방식의 중대한 질적 변화는 주로 현상태에 대한 극적인 충격에서 비롯된다. 이런 질적 변화를 위해선 가장 기본적인 의사 결정 과정을 다루는 집단의 **심층 구조**와 가정, 가치, 인센티브가 재편돼야 한다.[5]

예를 들어, 보스턴 낙태 사례에서 충격의 역할을 생각해 보자. 보스턴 지역 사회의 많은 사람이 1980년대와 1990년대에 빠졌던 극단적인 낙태 찬성·반대파 어트랙터 지형은 수십 년 동안 형성되고 심화돼 왔다. 이런 역동을 바꾸려는 많은 노력이 시도됐지만, 지속적인 영향을 미치지 못했다. 그러던 중 1994년 이 지역의 여성 클리닉에서 무차별적 총격사건이 일어나 엄청난 충격을 줬다. 폭력 사건 직후 보안 정책과 절차에 관련된 몇 가지 명백한 변화가 일어났다. 그러나 폭력의 발생 조건을 만드는 근본적인 원인을 해결하려는 움직임은 없었다. 몇 년 후 2001년 여섯 명의 지역 리더가 비밀리에 진행한 대화가 공개적으로 밝혀지자 상황이 크게 바뀌었다.

이와 비슷하게 국가 간 장기적 갈등이 오랫동안 지속되다가 충격에 의해 변화된 시나리오들이 보고됐다. 국제적 차원의 중대한 정치적 충격은 다양한 사건으로 일어날 수 있다. 예를 들어, 국제적 권력관계의 중대한 변화, 내전, 쿠데타, 독립운동, 자연재해, 독재 또는 민주주의로의 변화 등이다. 1816~1992년에 발생한 850개의 국가 간 갈등 사례에 관한 연구에 따르면, 갈등 사례 중 75~90퍼센트가 불안을 초래한 한 가지 이상의 중대한 충격 이후 **10년 이내에** 갈등이 종식됐다.[6] 이는 40년 이상 지속된 갈등 사례로, 대부분이 반복된 폭력 사건이나 공공연한 전쟁과 관련돼 있다. 이들은 중대한 사건이 일어난 지 10년 이내에 평화로 전환됐다.

이런 충격 시나리오가 미국 양극화의 경로 변화에 시사하는 바는 중요하다. 구체적인 설명을 위해 〈그림 5.2〉에 나타난 정치적 역동을 살펴보자. 이 그림은 136년 동안 미국 의회의 투표 패턴이 어떻게 변화했는지 보여준다.[7] 그래프의 초기 단계는 1865년 미국 남북전쟁이 끝난 후 한동안 높은 수준의 의회 양극화(그래프의 위쪽 선)가 지속됐음을 보여 준다. 하지만 그 후 1924년 무렵에 이상한 일이 일어났다. 양극화가 급격히 감소하기 시작한 것이다.

1924년에 발생한 어떤 일이 이런 변화를 유발했는지 궁금할 것이다. 1914년으로 돌아가 보면 1차 세계대전이 일어났다는 것을 알 수 있다. 세계질서를 근본적으로 불안하게 만든 미증유의 정치적 충격이었다. 아울러 1918년에 스페인 독감이 강타해 전 세계에서

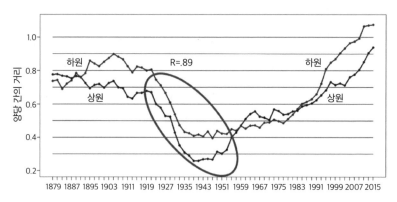

〈그림 5.2〉 1924~1955년에 지속된 미국 의회의 실용적 초당파주의

4,000만 명이 사망했다. 대략 10년 후 미국 의회에서 중요한 탈양극화 현상이 시작됐다. 그 이후 수십 년 동안 워싱턴에서는 문제 해결을 위해 양당이 협력하는 모습이 이어졌다. 이런 유형의 연구에 따르면, 여러 충격은 보통 수년이 지나 서로 결합하는 데 확실한 영향을 미친다.

학자들은 이런 느리고 비선형적 변화 시나리오를 '단절적 평형(대략적인 법칙 4를 보라)'이라고 부른다. 이는 생물학[8], 인간 및 조직 개발[9], 과학 전반의 발전[10]을 비롯해 많은 과학 분야에서 보고됐다. 단절적 평형은 고생물학자인 닐스 엘드리지와 스티븐 제이 굴드가 처음으로 제시했다. 이들은 이 개념을 다윈의 이론을 수정하는 이론으로써 제안했다. 화석 기록 연구를 통해 새로운 종이 다윈의 주장처럼 점진적으로 발생하는 것이 아니라 **종 분화**, 즉 작지만 결정적인 유전적 변화가 일어나 오랫동안 지속되던 부모의 유전형질에서 급격히 분화해 근본적으로 다른 생물종이 된다고 밝혔다.[11] 즉, 단절적 변화를 거친다는 말이다.

이후의 연구들은 다양한 시스템의 갑작스런 변화를 밝혀냈다. 과학자들은 복잡한 시스템이 대체로 평형 상태(상반된 힘들이 동등하게 작용해 정지 또는 균형을 이룬 상태)에서 안정을 이룬다고 밝혔다. 그다음 작고 점진적인 변화가 일반적으로 나타나면서 평형 상태가 심각하게 깨지면 일련의 사건이 발생해 근본적인 변화로 이어진다. 상업 시장, 상징적 브랜드, 인공 지능, 동성 결혼 정책, 집단 역학처럼 다양한 분야의 수많은 변화 관련 연구는 비선형적 변화 모델의 타당성과 효용성을 입증했다.[12]

예를 들어 조직 변화를 조사한 한 연구에 따르면, '미국 컴퓨터 관련 기업들의 근본적인 **조직 변화**는 대다수 기업 활동의 대부분 또는 모든 영역의 급격하고 단속적인 변화 탓'이라고 한다. 일반적으로 전략, 구조, 권한 배분의 변화는 점진적이지만, 이런 변화가 컴퓨터 기업의 근본적인 변화를 유발할 가능성은 상당히 낮다고, 연구자들은 밝혔다.[13]

나는 이를 내가 근무하는 대학에서도 경험했다. 대학 당국은 수년 동안 다양성과 차별 철폐를 위해 소소한 노력을 기울여왔지만, 새로운 시대로 들어가기 위해선 엄청난 충격이 필요했다. 즉, 충격이 일을 완성한 것이다.

조직과 지역 사회에서 중대한 파국은 리더(예를 들어 빌 클린턴, 빌 코스비, 빌 오릴리)나 조직(예를 들어 엔론, 가톨릭교회, 미국 국가안보국)이 연루된 대중적인 스캔들, 엄청난 자연재해(심각한 기후, 화재, 지진 등), 중대한 폭력 행위(대량 총격 사건, 테러, 자살)에서 비롯될 수 있다. 이러한 사건들은 모두 집중적인 검토와 숙고, 개혁과 재조정에 유리한 조건을 만든다. '평상시 상태'와의 단절은 대개 고통스럽고 힘들며, 처음에는 상당한 저항에 부딪힌다. 하지만 사람, 관계, 지역 사회는 결국 현상태를 다시 검토하고 대안적 패턴을 찾기 시작한다.

개인적인 차원에서 중요한 폭탄은 실업, 개인적인 스캔들, 사랑하는 사람의 죽음, 건강의 위기가 될 수 있다. 이와 아울러 우리의 기본적인 신념(종교적, 이념적, 존재론적, 정치적 확신)과 중대하게 모순되는 상황에 직면하게 되면 **혼란스러운 딜레마**에 빠질 수 있다. 이 경우 사람들과 집단은 대부분 새로운 세계관을 고민하게 된다.[14]

아이러니하게도 이런 특별한 변화 시나리오는 오늘날 우리에게 희망의 빛을 제공한다. 당신도 도널드 트럼프 45대 미국 대통령에 대해 느끼겠지만(나는 미국인의 절반이 그를 좋아하고, 나머지는 그렇지 않기를 바란다), 대부분의 사람들은 그가 미국 시스템에 충격을 줬다는 데 동의할 것이다. 트럼프가 보여 준 선거 운동, 정치, 행정 관리, 미디어 활용, 국제 외교는 유례가 없을 정도로 대통령의 전통적인 행동 규범과 달랐고, 이는 미국의 실험에 엄청난 충격을 줬다. 이런 충격의 일차적 영향은 예측할 수 있지만, 이차·삼차적 영향은 대부분 예측할 수 없다. 지금으로선 트럼프 대통령이 어떤 영향을 미칠지 매우 불확실하다고 말하는 것이 좋을 것이다.[*]

트럼프 대통령의 이단적 행동이 초래한 상당한 혼란 외에도, 우리는 끔찍한 글로벌 팬데믹과 그로 인한 기본적인 사회적·경제적 토대 붕괴, 인종차별과 관련된 엄청난 항의 시위와 시민 소요 사태를 겪고 있다. 이런 사건들이 정확히 어떤 영향을 미칠 것인지는 알 수 없지만, 심각한 불안을 초래하리라는 것은 미루어 짐작할 수 있다.

여기서 폭탄 효과의 한 가지 중요한 특징에 주목할 필요가 있다. 사람과 사회에 대한 중대한 충격들은 다양한 방향으로 영향을 미칠

---

[*] 코미디언 존 멀레이니는 트럼프 대통령에 대해 다음과 같이 말한다.

"마치 병원에 말을 풀어놓은 것과 같습니다. 뭐, 모든 것이 잘될 겁니다. 하지만 그다음에 무슨 일이 일어날지 모르겠습니다. 거 있잖아요. 아무도 모르죠. 전혀 모릅니다. …(중략)… 뉴스 매체는 전문가들을 찾습니다. 그들은 다음과 같이 말합니다. '우리는 모두 한 번쯤 공항에서 새를 본 적이 있죠.' 우리는 다음과 같이 말합니다. '저리 꺼져! 그는 병원에 풀어놓은 말이야!'"

넷플릭스에서 멀레이니의 스탠드업 스페셜 공연 'John Mulaney: Kid Gorgeous at Radio City'를 볼 수 있다. 유튜브 https://www.youtube.com/watch?v=JhkZMxgPxXU의 'horse in a hospital'을 이용할 수도 있다.

수 있다는 점이다. 근본적으로 긍정적인 변화와 비타협적인 태도를 유발하거나 상황을 악화시킬 수 있다. 예를 들어 9·11 테러 사건이 터지고 미군이 아프가니스탄과 이라크를 공격한 지 정확히 10년 후 (이 지역과 세계에 중대한 충격), 튀니지를 비롯한 북아프리카와 중동지역의 여러 국가는 갑자기 연쇄적으로 혁명을 겪었고, 오늘날 튀니지는 독재 체제에서 민주적인 통치로 바뀔 가능성이 높아졌다. 하지만 이집트, 시리아, 말리와 같은 국가들은 일시적인 정치적 역학 변동에도 불구하고, 혁명 이후 곧 강경한 군사 통치라는 이전의 어트랙터로 돌아가거나 혼란 속에서 유혈 사태가 벌어졌다.

이와 같이 중동과 북아프리카 지역의 파괴적인 결과는 충격이 국제 갈등에 미치는 영향에 관해 앞서 언급한 이야기와 일치한다. 이런 충격은 대부분의 오래된 국가 간 분쟁을 종식하지 못할 뿐만 아니라 10년 이내에 더 유해하고 고질적인 국가 간 갈등의 약 95퍼센트를 새롭게 유발한다.[15] 이는 그 효과가 명확히 나타나려면 수개월 또는 수년이 걸릴 수 있는 폭탄 효과의 영향이 근본적인 또는 건설적인 변화를 보장하지 않는다는 것을 말해 준다. 따라서 폭탄 효과는 다루기 힘든 어트랙터를 재형성하려고 노력할 때의 필요조건일 뿐, 충분조건은 아니라는 점을 고려해야 한다.

정치적 양극화와 역사적 추세 그래프로 다시 돌아가 1979년경에 시작된 미국 의회의 양극화 상승 추세에 주목하기 바란다(〈그림 5.3〉). 이러한 변화는 대부분 1980년대 초 공화당의 중대한 변화를 초래한 로널드 레이건의 보수 혁명 탓이다. 이러한 변화는 미국이 대격변기를 겪은 후 약 10년 만에 발생했다. 이 대격변기에는 몇 차

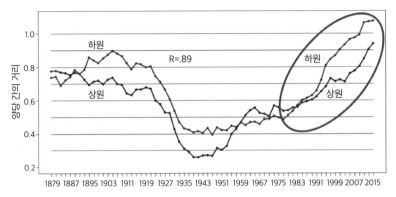

〈그림 5.3〉 미국 의회의 양극화는 1979~2015년에 급격히 악화됐다.

레 정치적 암살 사건(존 F. 케네디, 로버트 케네디, 맬컴 X, 마틴 루서 킹), 국민의 거센 반대를 유발한 베트남 전쟁, 전면적인 반체제(반문화) 사회 운동이 일어났다. 이런 변곡점은 오늘날 미국이 교착 상태에 빠진 분열에서 비롯됐다고 할 수 있다.

요약하면, 극적인 충격은 가시적인 영향을 불문하고, 서로 대립하는 집단을 다시 단합시키고 새로 연대하게 만들거나, 수십 년 동안 지속되는 새로운 분열을 유발할 수 있다. 미국의 현재 불안 수준을 고려하면, 지금은 기존 어트랙터를 강화하거나 문화적·정치적 경로를 형성하는 새롭고 건설적인 어트랙터를 만들 때다. 물론 매우 중요한 질문은 '어떻게 해야 새로운 방향으로 나아갈 수 있을까?'이다.

} 실천
더 깊이 파기

단절적 평형에 관한 연구는 파괴적 충격 이후 바람직한 변화를 이루기 위한 몇 가지 경로를 제공하는데, 이는 모두 **심층 구조**의 변화를 거쳐야 한다.[16] 코니 거식Connie Gersick은 혁명적인 변화에 관한 논문(1991년)에서 "심층 구조를 시스템의 근본적인 '선택 세트'라고 정의하고, 선택 세트는 ⑴ 시스템의 단위를 구성하는 기본적인 부분, ⑵ 시스템의 생존을 유지하는 기본적인 활동 패턴으로 구성된다."라고 말했다. 그녀는 이 개념을 다음과 같이 설명했다.

> 단절적 평형 패러다임의 핵심 개념은 복잡한 시스템이 잘 변하지 않는 근본적인 질서 또는 심층 구조에 따라 견고하게 결합돼 있다는 점이다. 평형 시기에는 심층 구조의 변화가 제한되므로 기존 주제에 따라 변주된다. 하지만 혁명적 단절 시기에는 심층 구조가 분해돼 재편되고, 근본적으로 바뀐다.[17]

이 책의 목적에 비춰 볼 때 심층 구조의 의미는 어트랙터 지형과 똑같다. 후자가 본질적으로 더 동적인 개념이라는 점만 제외하면 말이다.[18]

이는 정확히 무슨 의미일까? 1장에서 언급한 다루기 힘든 지형의 프랙털 특성(비슷한 패턴이 반복되고 강화되는 특성으로서 인간의 뇌에서 사회에 이르기까지 널리 나타난다)을 고려할 때 '**심층 구조들**'이라고 표현하는 것이 더 타당할 것이다. 또한 심층 구조가 배치되고 서로 강화하는 방식 또한 핵심적인 내용이 된다. 어느 쪽이든 다층적 차원에서 변화의 필요조건을 생각하는 것이 중요하다.

하지만 이 말이 시스템을 바꾸기 위해 우리의 슈퍼 태풍인 양극화의 구성 요소를 모두 바꿔야 한다는 의미는 아니다. 여기서 지속적인 변화가 가능하려면 시스템의 역학 관계를 뒤집는 결정 요소들의 최대 임계치가 있다는 점을 알아야 한다. 이 경우 우리 내부와 타집단 간의 많은 악순환이 선순환으로 바뀌고 더 건전한 정치적 관계가 촉진된다. 어떻게 이런 일이 일어날 수 있을까? 거식은 이방인, 새로운 종, 호흡 맞추기를 통한 세 가지 잠재적 경로를 제시한다.

〉이방인
〉하향식 외부 촉매자

나는 오래 고착된 문제가 불안정을 거쳐 긍정적인 변화로 가는 일반적인 경로를 '**이방인 이야기**'라고 부른다. 이는 오랜 기간 동안의 실패와 고통을 겪은 시스템, 즉 가족, 기업, 지역 사회 안에서 일어난다. 지역 사회의 리더와 다른 이해 당사자들은 실패를 해결하려고 부단히 노력하지만, 흔히 문제를 잘못 이해하거나 강력한 기득권을 갖고 있다. 그들은 문제를 해결하기 위해 늘 해 오던 행동을 더 열심히 지속하지만, 문제는 더 악화된다.

그다음 어둠 속에서 이방인이 등장한다. 시스템의 실패로 초래된 고통과 고난은 이 외부인의 주의를 끌게 된다. 이방인은 낯선 곳에서 온 사람이고, 시스템의 방식에 맞게 사회화(동기부여화)되지 않은 상태이기 때문에 문제를 다른 시각으로 보고, 새롭고 신선한 해결책을 찾을 수 있다. 이방인은 충분한 카리스마와 에너지, 야심과 열정으로 혁명적인 구조 변화를 주장하고 많은 사람을 변화에 동참시킬 수 있다. 이전의 리더와 관료들은 여전히 이전 방식에 머물러 있기 때문에, 새로운 리더는 집을 깨끗하게 치우고 새로 시작할 필요가 있다는 것을 알게 된다. 거식은 "이제 이방인의 명백한 과제는 오래된 심층 구조를 깨고 새로운 구조를 확립하는 것이다."[19]라고 말했다. 이러한 근본적인 변화가 새로운 시대를 연다.

어디서 많이 들어본 소리인가? 그럴 것이다. 이 시나리오는 미국의 신화("셰인, 돌아와!"[20]), 학문의 역사, 미국 기업, 미국 정치에서 오랜 전통을 갖고 있다. 토머스 쿤은 과학 혁명의 시작을 예전 패러다임의 실패와 부족한 현재 상태를 본 외부인 또는 신입자가 만들어낸 성과라고 묘사했다.[21] 미국의 기술 기업에 관한 한 연구에서 연구자들은 '기술 기업의 혁명적인 변화는 외부에서 새로 영입한 최고경영자와 기술 산업에 가해진 외부 충격으로 인한 단속적인 변화의 결과'라고 밝혔다.[22] 이방인들은 물건을 부수고 다시 만드는 경향이 더 크다.

도널드 트럼프와 버니 샌더스의 등장이 이런 경로를 따르고 있다고 주장할 수도 있다. 2008년 금융 위기에 따른 엄청난 충격은 많은 미국인에게 큰 고통을 줬지만, 일반적인 방식으로(책임도 묻지 않고 대규모 구제금융을 제공했다) 다루어졌다. 이런 상황은 두 명(퀸즈 출신의 리얼리티 TV쇼 사업가와 브루클린 출신의 유대인 사회주의자)의 외부인에게 대통령 선거에 출마해 분개한 수많은 추종자를 동원하고 근본적인 변화를 주장할 수 있는 무대가 됐다. 대통령에 당선된 트럼프는 집을 청소하고 대통령의 규범과 절차를 깨부수고, 미국 정부와 공화당을 그의 새로운 패러다임에 맞게 재건하는 작업에 착수했다.

이는 근본적인 변화를 이룰 수 있는 한 가지 방식이다. 기존 시스템에 사회화되지 않은(하지만 완벽하게 친사회적인) 다른 외부인이 들어와 리더십을 장악해 미국과 세계의 단결과 연대라는 설득력 있는 비전을 제시하고 우리를 다시 인도할 수 있다. 이를 위해서는 에이브러햄 링컨, 마하트마 간디, 엘리너 루스벨트, 마틴 루서 킹, 넬슨 만델라와 같은 도덕적 위상과 정치적 감각을 가진 사람이 필요할 것이다. 이는 이방인 이야기의 중요한 한계점이다. 이 방식에는 특정 시대에 적합한 특출한 리더가 필요하다.

새로운 종
상향식 내부 촉매자

혼란 속에서 중대한 변화를 만들어내는 또 다른 길은 **새로운 종 이야기**를 통하는 것이다. 이런 경로들은 대부분 기존 시스템의 혼란 상태 때문에 동시에 나타난다. 새로운 사상, 실천, 리더, 집단이 혼란 속에서 나타나 완전히 새롭고 다른 실체를 만든다. 이는 고생물학자 엘드리지와 굴드가 화석 연구에서 관찰한 **종 분화** 과정이다. 즉, 작은 유전적 변화를 겪은 생물종이 부모의 유전형질에서 급격히 분화해 근본적으로 다른 종이 되는 것이다. 사회 시스템이 당대의 도전 과제에 대응하지 못하면 사회·정치 시스템 내에서 고도의 독창적인 집단과 운동이 발생한다. 예를 들어, 2009년의 '티파티Tea Party' 운동, 2011년의 '월가를 점거하라' 운동, 2013년 '흑인의 생명도 중요하다' 운동이 있다.

미국에는 인종 간 신뢰와 성찰, 대화, 행동을 실천하는 비영리단체《호프 인 더 시티Hope in the Cities》가 있다. 이 단체는 버지니아주 리치먼드에서 처음 만들어졌다. 버지니아는 이전에 남부연방에 속했던 주로, 납치한 30만 명의 아프리카인이 플랜테이션 농장에 팔렸고, 이러한 과거의 유산을 해결하기 위해 계속 노력해 왔다. 1993년 이 단체는 1927년에 설립된《옥스퍼드 그룹Oxford Group》에서 분리돼 개인의 변화와 사회 변화를 연결하고, 리치먼드에서 인종 간 관계 촉진과 대화를 위해 의도적으로 개입하는 활동을 진행했다. 이는 개인, 지역 사회, 조직을 위한 세계적인 모델이 됐다.[23] 이 단체는 역사적인 설립 배경과 이 단체가 제공한 서비스의 필요성, 인내와 끈기, 개인적 책임과 적응성을 결합해 지금까지 왕성하게 활동하며 성장하고 있다.

오늘날에는 특정 위기나 도전 과제에 대응하기 위해《호프 인 더 시티》와 같은 수백 개의 단체와 조직이 미국 전역에서 생겨났다. 이들은 대화를 지원하고, 분열을 통합하는 가교역할을 하며, 행동을 조직화하기 위해 노력한다.[24] 일부 단체들은 미국인들의 단합과 공동의 이해를 구축하기 위해 지역 사회 차원에서 일한다. 또 다른 단체들은 언론, 소셜 미디어, 교육, 통치 방식과 같은 영향력이 큰 분야에서 양극화를 완화하는 데 초점을 맞춘다. 이 단체들은 어려운 정치적 대화를 성사시키고 초당적 연대를 구축하는 데 필요한 길잡이 역할을 한다. 나아가 이들의 역할은 참가자들이 대화를 넘어 정치적으로 분열을 유발하는 많은 구조적 인센티브에 맞서 싸우는 데 도움을 주는 것이다. **이런 역할은 중대한 변화를 일으키는 결정적인 요소다.** 말만으로는 이런 지형에서 절대 벗어나지 못한다. 대화는 행동과 구조적 변화로 이어져야 한다.

기폭제가 됐던 위기가 서서히 사라지더라도 이런 단체들은 공통의 도전 과제 덕분에 그들의 사업을 지속하거나 확장하는 데 필요한 재정과 인력을 유지할 수 있다. 하지만 그들 중 다수는 단기적인 사업을 수행하기 때문에, 결국 그들의 지원과 지역적 통찰은 사라진다. 이와 아울러 사람들이 심각하게 분열된 사회 속에서 연결고리를 만들려고 노력할 때, 특히 성과를 이루고 주목을 받기 시작할 때 흔히 양측에서 저항하거나 반대하고, 심지어 폭력이 발생하기도 한다. 이는 이스라엘-팔레스타인, 시리아, 남수단, 콜롬비아의 평화 운동가들에게 흔히 벌어지는 일이며, 오늘날 미국에서도 심심치 않게 일어난다. 이런 단체들이 근본적으로 새로운 접근 방법을 제시하고 특히 그 방법이 매우 효과적이라면 그들은 이런 이슈를 다루는 다른 단체들의 저항에 직면할 수 있다. 다른 단체들은 새로운 접근 방법을 단체의 존속을 위협하는 요인으로 볼 수 있기 때문이다. 지속 가능성과 활동 규모를 유지하는 일은 이러한 상향식 촉매자들에게 매우 힘든 과제다.

호흡 맞추기
가운데서 연합하는 촉매자

거식이 제시한 세 번째 근본적 변화 시나리오의 특징은 외부인의 일방적인 영웅적 행위나 내부인의 긴급한 관심보다 중요하다. 바로 내부 이해당사자들과 외부의 변화 주체들 사이의 긴밀한 일치다. 나는 이를 '호흡 맞추기'라고 부른다. 시스템이 망가진 지역의 멤버들은 직면하고 있는 구체적인 도전 과제를 잘 이해하고 있고 더 유용한 치료책도 알고 있지만, 이를 실현할 자원, 자신감, 비전이 부족하다. 따라서 지역 멤버들은 지역에 관한 이해와 지역 주도권을 중심으로 운영되는 협력 프로세스 안으로 외부인들을 기꺼이 받아들이고, 그들의 지원과 경제적 기여를 이용해 규모를 확대할 것이다. 이런 외부인들은 융통성을 발휘해 문제를 해결하고, 근본적인 변화를 이끌어낼 능력을 갖추고 있다. 이러한 전략적인 파트너십은 도시 빈곤과 폭력[25], 아동 보호[26], 보건과 보존[27], 평화 건설[28]과 같은 해묵은 과제에 대한 근본적인 해결책을 제시해 왔다.

이들은 지역을 다시 단합시키기 위해 함께 일할 수 있다. 이런 파트너십은 현재의 불안정을 활용해 독립적으로 활동하는 많은 집단을 연결하고 지원함으로써 규모를 확대하는 데 도움을 준다. 양극화 문제를 해결하려는 집단과 조직에 관한 크고 견고한 생태계를 좀 더 포괄적으로 이해하는 것은 이 과제의 목적의식과 효율성을 북돋우는 데 도움이 된다. 지금까지의 활동을 더 많이 소개하면 다수의 지친 미국인이 이런 운동에 참여할 수 있다. 또한 다양한 분야(예를 들어, 언론, 기술, 교육, 행정)에서 발전하는 운동 단체들을 지원하면 분열된 상황에서 이익을 얻고 있는 기득권자들과 싸우는 데 필요한 자원과 영향력을 끌어모을 수 있다.

나는 2019년 비영리 단체와 함께 새로운 프로젝트에 착수했다. 스페셜 올림픽Special Olympics(1968년에 만들어진 심신 장애자를 위한 국제스포츠 대회-옮긴이)의 전 의장 팀 쉬라이버가 시작한 〈유나이트Unite〉는 차이를 넘어 단결과 연대를 촉진하기 위한 전국적 규모의 운동이다.[29] 우리는 지난 한 해 동안 양극화를 해소하기 위해 노력하는 크고 작은 조직을 찾아 네트워크를 만들기 시작했다. 우리는 이 운동의 생태 환경을 파악하고, 단체들과 더 잘 연대하며, 전략적인 분석을 통해 서로 간의 차이와 중복되는 점, 보완점을 확인하고, 협력을 통해 규모의 경제를 달성할 기회를 얻을 것이다. 우리의 목표는 미국에 초당적 연대가 속히 나타나도록 생태적 환경을 조성하고 지원하는 것이다.

폭탄 시나리오가 주는 교훈은 '잠재력은 있지만, 조심해야 한다.'라는 것이다. 지금은 미국이 시스템을 재설정해 경로를 바꾸고, 더 실용적이고 기능적이며 희망찬 시대를 열어 갈 시기다. 반면 실패하면 미국 사회가 위험해지는 시기이기도 하다. 이제 또 다른 유형의 새로운 출발에 대해 논의해 보자.

〉 나비 효과

복잡한 시스템의 어트랙터 역동에 관한 연구에서 가장 흥미로운 연구 결과 중 하나는 '초기에는 조건이 **조금만 바뀌어도** 복잡한 시스템이 **훨씬 민감하게** 바뀐다.'라는 점이다(초기 조건에 관한 대략적인 법칙 1). **나비 효과**라고 부르는 이 현상은 기상학자 에드워드 로렌츠가 발견했다. 그는 컴퓨터 기상 모델에 입력한 변수의 초깃값이 조금만 바뀌어도 완전히 다른 기상 패턴을 예측할 수 있다는 점을 발견했다. 초기의 작은 차이(예를 들어, 0.506127에서 0.506으로 내림하는 것)가 결국 매우 다른 결과를 초래한다.[30]

이를 우리의 목적에 적용하면, 초기 조건에 대한 민감도는 새로운 만남, 대화, 관계와 집단, 사업, 지역 사회가 새로 출발하는 방식이 된다. 이는 그 이후의 경로에 중요한 차이를 만들 수 있다는 의미가 된다. 동료 교수가 멸종 위기의 백인 남성에 관해 무심코 던진 말이 어떻게 대학 전체를 미국의 인종 차별과 성 차별(오래되고 우려스러운 역사를 가진 차별)에 관한 매우 적대적인 어트랙터 역동 속으로 밀어 넣고, 거의 즉각적으로 많은 사람의 생각, 마음, 행동을 사로잡았는지 떠올려보라. 이와 반대로, 우리의 특별 위원회는 힘들고 고통스러운 이슈에 직면했지만, 충분히 고민하고, 계획하고, 배려하며 재설정할 기회를 얻었다. 특별 위원회는 쉽지 않았지만(나는 그해 여름, 걱정과 불안 탓에 체중이 약 3kg 빠졌다), 훨씬 더 건설적인 프로세스를 만들어 대학이 지니고 있는 중대한 문제들을 해결할 수 있었다.

미국 전역에 있는 몇몇 동적 시스템 갈등 연구실은 동일한 결론에 도달했다. 대립적인 집단들 간의 첫 만남이 매우 중요하다는 것이다. 전 세계에서 수행된 연구가 이 사실을 뒷받침한다. 여기에는 존 가트맨이 《사랑 연구소Love Lab》에서 수행한 〈결혼 갈등과 이혼에 관한 연구〉, 바버라 프레드릭슨이 UNC 채플 힐에 있는 《긍정적 감정과 정신생리학 연구실》에서 수행한 〈인간 감정에 관한 연구〉, 컬럼비아대학교와 독일 루트비히 막시밀리안 뮌헨대학교의 자매 연구소가 수행한 〈양극화된 도덕적 논쟁에 관한 연구〉 등이 포함된다. 이연구들은 대립하는 집단들이 마주하는 처음 몇 분 동안의 만남이 보통 그 이후의 모든 것에 중대한 영향을 미친다는 사실을 보여 줬다.

예를 들어, 이번 연구를 통해 논쟁자들이 분열적인 사회·정치적 이슈를 놓고 처음 몇 분간 논쟁할 때 느끼는 감정적 경험과 어조가 대체로 그 이후 모임의 감정적 분위기를 좌우한다는 점을 알 수 있었다. 보통 논쟁자들의 초기 감정은 긍정적이든, 부정적이든 시간이 지날수록 점점 더 강해진다.

존 가트맨은 〈결혼 갈등 연구〉에서 이와 비슷한 영향을 발견했다. 결혼한 커플이 연구실에 들어올 때 느끼는 각자의 감정은 그 이후 실험의 감정적 분위기를 크게 좌우했다.[31] 다른 연구자들도 초기에 긍정적인 감정을 가볍게 일시적으로만 느껴도 장기적으로 유익하다고 밝혔다.[32] 예를 들어, 바버라 프레드릭슨의 연구는 실험실에서 처음 평가할 동안 참가자들이 적극성을 보인 경우, 몇 주 후 행복 감까지 증가했다고 보고했다.[33]

감정 외에 우리가 사회적 만남에서 수행하는 초기 의사 결정과 행동은 흔히 선택의 적절성 여부를 결정 짓기 때문에 특히 영향력이 큰 것으로 간주된다. 예를 들어, 갈등 중인 집단들은 어느 정도 집단의 경계(내부자 대 외부자)와 동맹이 누구인지를 판단하고, 도덕 규범이 무엇인지, 리더가 누구인지 정하고, 선호하는 갈등 투쟁 방법을 선택한다. 이 문제에 대한 그들의 첫 선택은 무의식적이든, 반응적이든, 심사숙고한 것이든 이후에 전개되는 갈등 역동의 특성에 큰 영향을 미친다. 연구에 따르면, 오래된 갈등을 다루는 중재자들은 갈등에 처음 개입할 때 이와 비슷한 선택에 직면한다.[34] 누구와 대화하고, 어떻게 분쟁자들과 교섭하고, 얼마나 오래 개입할 것인지, 어느 정도까지 합의할 것인지에 관한 결정은 향후 형성될 평화와 갈등의 패턴에 매우 중요한 영향을 미친다.

이는 초기 조건에 비슷한 민감도를 보이는 비선형 시스템에 관한 연구와 일맥상통한다. 동료 교수인 천체 물리학자 래리 리보비치는 갈등 중인 두 주체(사람들, 집단, 국가)에 관한 수학적 모델을 만들어 시간 경과에 따라 갈등이 얼마나 더 심각해지는지를 조사했다.[35] 이 모델을 컴퓨터 시뮬레이션으로 돌려 보면 두 '분쟁자'는 모든 상호작용에서 서로를 차단하고 방해했으며, 해결하기 힘들게 굳어 있는 상태를 그대로 보여 준다(주지하다시피 매일 미국 의회에서 보는 모습과 비슷하다). 그런 다음 유의미한 데이터를 찾기 위해 변수를 약간 조정해 오랫동안 시뮬레이션을 돌려 봤다. 레보비치 역시 대립하는 분쟁자들의 초기 감정 상태를 아주 조금만 바꿔도(예를 들어, 4.0 만점에 긍정적인 감정 1.0 대 1.001) 양 진영이 엄청나게 다른 감정을 경험하게 된다는 점을 발견했다.

이는 로라 차신과 수잔 포드지바가 수행한 보스턴의 분열된 지역 사회에 관한 연구 결과와 정확하게 일치한다. 말하자면 처음 시작이 중요하다는 것이다. 그들은 1990년대 초 보스턴 대화를 소집할 때 대화의 성공 가능성을 높일 수 있는 방식으로 만남을 준비했다. 낙태 찬성론자와 반대론자의 양 진영과 함께 대화 프로세스를 신중하게 설계하고 검토했다. 저항을 줄이고, 신중함과 배려를 통해 대화 프로세스를 체계화하고, 대화를 촉진할 수 있도록 잠재적 참석자들을 위한 계획을 수립했다. 종국에는 각 진영이 더 나은 곳으로 갈 수 있는 여정을 시작하도록 최선을 다했다.

이는 대립하는 진영이 처음 만날 때 조건, 즉 예를 들면 분쟁자들의 초기 태도나 프로세스, 회의실의 물리적 배치 등을 약간만 바꿔도 역동성이 극적으로 달라질 수 있다는 것을 보여 준다. 다음으로 마주하기 힘든 분열된 집단이 만남을 준비할 때 나비 효과가 어떤 의미가 있는지 자세히 알아보자.

⎰ 실천
힘든 만남을 준비하라

초기 조건과 관련된 민감성 원리는 새로운 만남이든, 오랜 관계를 맺어온 상황이든 양극화될 가능성이 있는 이슈를 놓고 다른 집단과의 의논 방식을 고심할 때 중요하다. 연구에 따르면, 어려운 만남을 시작하기 위해 몇 가지 다른 초기 조건을 계획적으로 활용하면 더욱 희망적인 출발점을 마련할 수 있다. 복잡한 시스템과 어트랙터의 세계에서 **유일한 정답은 존재하지 않는다.** 그보다는 몇 가지 옵션이 도움이 된다. 중요한 몇 가지 옵션은 다음과 같다.

초기 가정의 힘

우선 가정의 힘을 생각해 보자. 인류 역사를 살펴보면 아주 오랜 기간 동안 사람들은 변화의 가능성을 믿지 않았다.[36] 실제로 인류 역사 초기에는 해마다 변화하는 것이 그다지 많지 않았기 때문에, 사람들은 변화에 대해 별로 생각하지 않았다. 그 후 과학 혁명이 일어났다. 이와 함께 사물과 사람들이 더 나은 것을 향해 변하고, 변화될 수 있다는 개념이 등장했다. 그런데도 많은 것이 적어도 가시적으로 인식할 수 있을 만큼 급속하게 변화하지 않은 것처럼 보인다. 그래서 어떤 사물과 사람들은 실제로 변하지 않는다는 신념에 쉽게 현혹된다. 사실, 오늘날 우리는 50년 이상 상대편(당신이 어느 편에 속했는지는 중요하지 않다)의 '이상한 사람들'로부터 정치적 의사 표현을 방해받는 경우가 늘고 있으므로, **우리의 상황과 상대편 사람들은** 절대 바뀌지 않을 것이라 믿는 것을 이해할 만하다.[37]

많은 연구는 사람들과 집단이 바뀔 수 있고, 실제로 바뀌는지에 관한 사람들의 가정에 연구의 초점을 맞추었다.[38] 어떤 사람들은 사람들이 본질적으로 완고하고 불변하며, 결과적으로 절대 바뀌지 않을 것이라 믿는다. 이런 사고방식을 갖고 있으면 갈등에서 물러나거나(뭐 하러 그래?), 갈등을 더 경쟁적이고 호전적으로(왜 아니겠어?) 접근할 가능성이 크며, 그 결과 협상이 잘 진행되지 않을 가능성이 높다.[39] 또한 타 집단에 선입견을 갖고 판단하고 그들의 잘못을 처벌하거나 보복하기도 한다.

어떤 사람들은 사람, 집단, 상황이 더 동적이고 가변적이라고 믿는다.[40] 이런 가정을 가진 사람들은 흔히 상대편과 만날 때 개방적이고, 갈등 상황에서 공통점을 더 많이 발견하며, 갈등 관리 과정에서 더 오랫동안 인내한다. 그 결과 이런 사람들은 갈등 상황에서 더 유연하고, 창의적이며, 독창적인 해결책을 만들어낸다. 사람, 집단, 상황이 **바뀔 수 있다는** 단순한 신념을 품으면 다른 사람들이 막다른 골목이라고 여기는 곳에서 문제에 대한 해결책을 찾아 실천할 수 있다.

이런 결과는 이스라엘-팔레스타인 갈등과 같이 가장 양극화돼 다루기 힘든 갈등에 관한 연구를 보면 쉽게 이해할 수 있다. 한 연구에 따르면, 이스라엘 사람들이 '팔레스타인 사람들은 결코 바뀌지 않을 것이다.'라고 가정했을 때(그들은 이스라엘 사람들을 대상으로 연구했다), 그들은 갈등에서 물러서서 포기하고, 현재 상태를 고수하는 경향을 보이며, 그 결과 상황이 바뀔 가능성이 매우 낮아진다. 반면, '팔레스타인 사람들이 때로 바뀔 수 있다.'라고 믿으면 변화를 만들어내기 위해 노력할 가능성이 한층 더 높아진다. 바뀔 수 있다는 사고방식을 가지면 집단 간 증오와 불안의 정도가 낮아지고, 타 집단과 교류하거나 타협할 의지가 더 강해진다.[41]

이처럼 가정이 달라지면 매우 다른 갈등 지형이 구축된다는 사실이 우리 삶에서 어떤 의미를 지니는지 알아보자. 가까운 동료인 안드레아 바르톨리는 세계적으로 유명한 평화 활동가이며, 로마 가톨릭 단체인 《산테지디오^{Sant'Egidio}》와 함께 일하고 있다. 이 단체는 전 세계 70개 이상의 국가에서 가난한 사람들을 돕고 있다. 도움의 요청이 있으면 그들은 세계의 매우 위험한 지역에서 신중하고 조용하게 갈등 해결과 평화 프로세스에 참여한다.

이 단체가 평화 건설 과제를 수행할 때 이용하는 전략 중 하나는 수단과 차드의 잔자위드, 아시아와 중동지역의 알카에다를 포함해 국제적 갈등 속에서 가장 폭력적이고 비난과 경멸을 받는 집단에 끈질기게 손을 내미는 것이다. 바르톨리는 나에게 과거 이 단체가 몇 개월에 걸쳐 개인(예를 들어, 오사마 빈 라덴, 잔자위드^{Janjaweed}의 지도부)과 반복적으로 접촉하기 위해 노력하고 있다고 말했다. 설령 이선의 시도에 아무런 반응이 없거나 위협적인 반응을 보였다 해도 말이다. 그들은 종종 전화를 걸어 메시지를 남기고, 다음 달에 다시 전화를 건다.

당신은 "왜 그러지?"라고 물을지도 모른다. 그들의 이유는 단순하다. "왜 그러면 안 돼?" 아무리 가능성이 희박해도 이런 집단과의 소통 채널을 열어 테러와 유혈 사태를 조금이라도 줄일 기회가 있다면 그러지 않을 이유가 있을까? 그들은 여러 정부 관리나 유엔 관리와 달리 이런 일을 감당해야 한다는 점을 알고 있다. 왜냐하면 공식적인 정부 리더가 유명한 전쟁 범죄자나 테러리스트들과 소통하는 것보다 이 단체가 소통하는 것이 덜 부담스럽기 때문이다. 이들이 계속 접촉을 시도하는 이유는 바로 이 때문이다. 온건한 집단이 천천히 신뢰를 쌓아, 결국 우리 시대의 고착된 갈등을 해소하는 데 미친 영향력은 실로 크다.

여기서 요점은 이 단체가 설립될 때 설령 끔찍할 정도로 폭력적인 민병대라도 바뀔 수 있다는 명확한 가정을 내세웠다는 점이다. 항상 그럴까? 아니다. 변화가 쉽게 일어날까? 매우 드물다. 하지만 변화가 정말 일어날까? 그렇다. 일어난다.

약간 희망적인 소식이 있다. 최근의 연구는 변화에 관한 우리의 암묵적인 가정이 바뀔 수 있다는 점을 보여 준다(그렇다. 말장난 같지만 과학적인 연구 결과다). 중동 지역과 같이 해결하기 힘든 갈등을 해소하려고 노력하는 현장에서 수행된 일련의 연구는 논쟁자들에게 갈등과 분쟁 당사자에 관해 더 동적이고, 변화 가능한 사고방식을 소개하면(예를 들어, 갈등을 변화의 과정으로 보는 《사이콜로지 투데이Psychology Today》의 글을 읽는다) 긍정적인 일이 일어날 수 있다는 것을 보여 줬다. 사고방식을 '변화 불가능'에서 '변화 가능'으로 바꾸면 타 집단에 대한 불안과 증오가 줄어들고 상대방과 교류하고 타협하는 데 큰 힘이 된다. 이런 영향력은 사람들이 평화와 진보가 가능하다고 주장하는 타 집단에 노출될 때 특히 강해진다. 이런 연구를 사춘기 청소년들을 대상으로 수행했더니 변화의 영향이 몇 개월 후에도 지속되는 것으로 나타났다.[42]

　매달 잔자위드에게 전화하고, 중동 지역에서 평화를 촉구하는 일은 치위생사가 당신의 입을 막고 자신의 생각을 계속 주장하는 것과 어떤 관련이 있을까? 우리가 변화의 가능성을 믿지 않는다면 어떻게 될까? 그들이 절대 바뀌지 않는다면 아무런 선택지가 없다. 하지만 그들이 바뀔 가능성이 있다면 우리는 출발선에 서 있는 것이다. 《산테지디오》가 알카에다를 상대로 그렇게 할 수 있다면 당신도 의붓형제나 직장 동료에게 그렇게 할 수 있다. 넬슨 만델라는 다음과 같이 말했다.

　"이 일은 성공할 때까지 항상 불가능한 것처럼 보인다."

　여기서 강조하고 싶은 요점은 변화가 어떤 경우에든 가능하며, 이처럼 하나의 가정, 즉 세상의 변화 가능성에 대한 우리의 사고방식이 조금만 바뀌어도 우리가 만나는 어트랙터 지형에 매우 큰 영향을 미칠 수 있다는 것이다. 우리의 지형이 서로 이상한 방식으로 상호 영향을 주는 매우 복잡한 요소들로 구성된다는 사실에도 불구하고, 우리의 선택과 행동은 **특히 시작 시점에** 그런 요소에 영향을 미칠 수 있고, 실제로 영향을 미친다.

우리 의도의 초점

최근 들어 많은 사람이 정치적 입장이 다른 이웃 사람이나 지인들과 의도치 않은 대화에 휘말리고 있다. 좋은 의도로 대화를 나누지만 결국 격노와 분통의 지뢰밭에서 길을 잃고 만다(최근 내가 사는 빌딩 엘리베이터 안에서도 이런 일이 벌어졌다). 이것이 어느 정도 타당한 이유는 우리 일상 행동의 약 95퍼센트가 무의식적으로 발생하며, 불과 5퍼센트만이 의식적이고 의도적인 프로세스를 거치기 때문이다.[43] 우리는 대부분 자신이 말하는 내용이나 행동, 그것의 잠재적 영향에 대해 주의를 기울이지 않는다. 우리는 대부분 자동 조종 장치처럼 움직인다.

심리학자 대니얼 카너먼은 《생각에 관한 생각》에서, 우리의 의도성이 갖는 힘에 대한 설득력 있는 증거를 보여 주는 이중 프로세스 인식 모델에 관한 연구를 소개한다.[44] 그의 수십 년에 걸친 연구에 따르면, 카너먼이 인식 시스템 1 프로세스라고 부르는 더 빠르고, 자동적이며, 기본적 형태의 판단과 반응이 우리의 행동 대부분을 지배하며, 이에는 장단점이 있다. 장점은 이것이 훨씬 더 쉽다는 것과 효율적인 정보 처리와 의사 결정 형태라는 것이다. 이는 점점 더 복잡해지는 현대의 필수적인 프로세스다. 하지만 시스템 1은 인식 처리 과정에서 오류나 편견에 특히 쉽게 영향을 받는다. 왜냐하면 우리가 직면하는 미묘한 상황 차이와 변화하는 조건에 적절하게 대응하지 못하기 때문이다.

카너먼의 연구는 다행스럽게도 특정 조건하에서 우리가 어떻게 시스템 2 프로세스로 전환할 수 있는지를 보여 준다. 시스템 2 프로세스는 의도적이고 체계적이지만 부담스러운 유형의 정보 프로세스로, 대체로 편견에 덜 영향받고, 더 정확하며, 의도치 않은 부정적 결과를 거의 유발하지 않는다. 이는 우리가 훨씬 위험하거나 중대한 선택을 현명하게 해야 할 때 사용하는 의사 결정 프로세스다.* 요약하면 시스템 1은 이용하기 쉽지만 위험이 클 때 문제가 될 수 있고, 시스템 2는 더 많은 수고가 요구되므로 자주 이용되지 않는다.

이는 연로한 동료 교수가 의도치 않게 인종 차별과 성 차별의 지뢰밭에 들어갔을 때 직면하게 된 상황과 똑같다. 사안에 대한 그의 암묵적 또는 명시적 태도가 무엇이든, 그는 불안과 반발을 유발할 의도가 전혀 없었고, 곧 후회했다는 사실만은 명백하다. 나는 최근 친구들과 동료 교수들에게 사업상 미팅, 커피숍, 강의실, 체육관에서 일어난, 결국 적대감과 후회로 끝나는 이와 비슷한 실수에 대해 많이 들었다. 현재의 정치적 갈등을 유발하는 지형에서 이런 일을 피하기는 어렵다.

나는 갈등의 중재자로서 사람들이 대부분 갈등 당사자 간의 만남을 통해 무엇을 얻고자 하는지 모른다는 점을 알게 됐다. 심지어

---

* 이는 내가 다양성 및 차별 철폐 특별 위원회 공동위원장으로서 꼼짝없이 여름 내내 일할 때 나의 사고방식과 똑같다. 이 일로 나는 체중이 상당히 빠졌다.

그들이 일치한다고 인식할 때도 그러하다. 그들은 자신이 화가 났거나, 상처를 받았거나, 다소 억울하거나, 후려치고 싶다고 생각하지만, 그들이 상대방과의 만남에서 정확히 무엇을 얻고 싶은지는 종종 **불분명하다**. 물론 사소한 문제를 놓고 가족이나 친구들 사이에서 다툼이 벌어진 것이라면 불분명해도 괜찮다. 하지만 지금과 같은 미국의 초양극화 상태에서는 더 신중하게 준비하는 것이 좋다.

이럴 때는 당신의 의도를 미리 명확히 하는 것이 도움이 된다. 갈등 상황에서 보이는 행동 방식은 매우 다양한 요인들, 예를 들면 태도, 규범, 성격 같은 것들에도 영향을 받지만, 우리의 의도는 실제 행동에 큰 영향을 미치는 것으로 알려져 있다(두 요인의 상관계수는 0.53으로 상당히 크다).**45**

물론 당신의 의도가 상대방에게 도전하고, 문제를 악화시키고, 누가 옳은지 보여 주는 것이라면 어떤 방법을 써서라도 그것을 시작하라. 하지만 당신의 의도가 상황을 악화시키는 것이 아니거나, 상대방의 관심사와 당신이 직면하고 있는 복잡한 문제를 더 잘 이해하려는 것이라면 **의도적으로** 완전히 다른 경로를 선택할 필요가 있다. 이러한 다양한 목표(논쟁에서 이기기, 손해 피하기, 장애물 인식하기 또는 처리하기)는 사용하는 두뇌 프로세스와 사회적 만남의 역동이 매우 다르다. 하지만 대화가 도전, 논쟁, 직접적인 공격으로 시작되면, 초기 조건에 민감하기 때문에 갈등 프로세스를 되돌리거나, 완화하거나, 반전시키기 어렵다. 따라서 의도를 최대한 명확하게 파악해야 한다.**46**

감정 저수지의 힘

내가 1980년대 후반 심리학 분야의 일을 처음 시작했을 때, 나는 뉴욕시 청소년을 위한 정신 건강, 약물, 알코올 문제 관련 의료시설의 정신 건강 상담 직원이었다. 보험과 의료 서비스 산업이 엄청난 변화를 겪고 있었고, 내가 근무한 병원 역시 변화가 필요했다. 내가 처음 병원에 출근했을 때 병원은 '병동 안에서 마약, 폭력, 섹스 금지'라는 엄격한 방침을 고수하고 있었다. 방침을 어긴 환자는 한마디로 추방이었다. 하지만 보험 보장 범위가 줄어들면서 환자도 줄어들었다. 어느 날 이 방침은 뒤집혔고, 환자들이 시설 안에서 폭력적이거나, 성적이거나 이외의 다른 '행동'을 보이면 더 오랫동안 입원 치료를 받았다(물론 도덕적으로 문제가 있는 결정이었다). 그 결과 내가 일한 병동은 긴장감이 훨씬 더 높아지고, 위협적이고, 간혹 폭력적인 환경으로 변했고, 아울러 12~28세에 해당하는 심각한 수준의 문제 환자들로 채워졌다. 나는 이런 환경에서 감정 저수지의 결정적인 힘을 알게 됐다.

나는 젊은 나이(28세)였기 때문에 병동에 새로 들어온 환자들을 파악하기 위해 나를 먼저 소개한 후 환자 옆에 앉곤 했다. 그들은 보통 두려워하고, 겁을 내고, 아프고, 취약한 상태였기 때문에 자기 나이와 비슷한 사람과 이야기를 나누는 것이 위안이 되는 것 같았다. 이런 환자들과 초기에 다정하고 신뢰할 만한 접촉을 유지함으로써(특히 정말 심각한 환자들) 나는 더 효과적으로 개입할 수 있고, 환자들과의 긴장되고 적대적인 만남을 완화할 수 있다는 점을 발견했다.

경찰 특수 기동대가 병동으로 출동한 이유는 환자들이 병실 안에서 바리케이트를 치고 폭력을 사용하겠다고 위협했기 때문이었다. 이런 사건이 일어났을 때 더 공격적이고 분노한 환자들조차도 협상을 벌이는 나를 보고 마음이 누그러졌고, 심지어 아쉬워했다(그들은 서로 때리며 싸우기를 **원했다**). 우리 사이에 형성된 관계 때문이었다. 이런 긍정적 유대감 탓에 그들은 더 큰 분노와 적대감을 표출하기 어려웠다.

대부분의 갈등 관리 기법은 감정 관리에 대해 다음과 같이 권고한다.

"갈등 과정에서 감정이 격화되면 감정이 가라앉을 때까지 기다렸다가 행동하라."

"감정에 휩쓸리지 말고 상황을 합리적 관점으로 바라보려고 노력하라."

하지만 이른바 '나는 옳다.'라고 생각하는 분위기에서는 자신의 감정과 서로에 관한 감정적 경험이 갈등의 유일한 핵심 요소가 될 수 있다. 심각한 뇌 손상을 당한 환자들의 감정과 의사 결정에 관한 연구에 따르면, 사람들이 감정을 경험할 능력을 상실하면 중요한 결정을 내릴 능력도 사라진다.[47] 이는 감정이 갈등 상황에서 우리의 인식, 의사 결정, 행동과 관련이 있을 뿐만 아니라 이런 것들의 **바탕**이 된다는 것을 암시한다.

어려운 대화 연구소의 중요한 연구 결과 중 하나는 사람들이 서로의 말에 귀를 기울이고 긴장된 토론을 통해 배우려면 서로 간에 어느 정도 긍정적인 관계나 인식이 형성돼야 한다는 것이다. 5장의 서두에 언급했듯이 이런 일이 만남 초기에 생길수록 관계가 더 잘 형성된다. 긍정적인 감정은 사람들의 주의력 범위를 넓히고, 행동 범위를 확대하고, 직관과 창의력을 높여 준다.[48] 시간이 흐르면서 관계 속에서 축적되는 긍정적인 감정은 격렬한 대화가 진행될 동안 완충 역할을 하고, 상대방의 말을 더 쉽게 듣고, 공감하고, 배우는 데 도움을 준다. 이와 반대로 부정적 감정이 쌓이면 급격히 싸움을 준비한다.[49]

이에는 두 가지 중요한 의미가 있는데, 하나는 우리 자신에 대한 것, 다른 하나는 관계에 대한 것이다. 첫째, 우리는 좌절, 우울, 자살 생각, 불안의 수준이 엄청나게 높은 시대에 살고 있다. 온라인과 미디어, 개인 접촉을 통해 부정적인 것이 우리 안에 쌓인다. 이는 우리를 더 짜증나게 하고 동요하게 만든다. 우리는 대부분 겁에 질리거나, 생각이 비슷한 사람들과 함께 그런 감정에 대해 계속 불평할 뿐이다(또는 TV를 향해 크게 소리친다). 하지만 연구에 따르면, 이런 반응들은 모두 장애물을 고칠 준비를 하는 데 도움이 안 된다.[50] 매우 불안하고 흥분한 상태에 있는 사람들은 갈등에 대해 극단적인 반응, 이를테면 과도하게 엄격하거나, 지성에만 의존하고 폭로하는 행태를 보이고, 정상궤도에서 이탈할 가능성이 한층 더 높다. 이로 인해 결국 행복감은 더 낮아지고, 부정적인 감정은 더 높아진다.[51]

따라서 해로운 감정을 건설적으로 처리하고 극복하기 위해서는 무얼 해야 하는지를 아는 것이 매우 중요하다. 묵상, 조깅, 춤, 기도, 노래, 복싱, 요가, 볼링, 뜨개질, 교회 예배 참석, 숲길 걷기, 마사지, 상담, 울기, 억압된 감정을 절규로 발산시키는 절규 요법이 때론 도움이 된다. 어떤 방식으로 감정에 대처하든 유해한 감정이 정신 건강과 신체 건강에 미치는 피해를 인식하는 것이 매우 중요하다. 관계를 회복할 기회를 날리지 않고, 새로운 기회를 만들기 위해 자신을 충분히 돌봐야 한다. 이것이 바로 큰 경기를 앞두고 있는 사람들에게 꼭 필요한 준비운동이라고 생각하기 바란다.

둘째, 미래의 만남을 준비하기 위한 긍정적인 감정을 형성하는 것(그리고 부정적인 감정이 함정이 될 수 있다는 것에 주의하는 것)은 종종 큰 도움이 된다. 이렇게 할 수 있는 방법은 많다. 심리학자 존 가트맨이 갈등에 빠진 커플들에게 사용하는 방법은 긍정적인 활동 과제를 내주는 것이다.[52] 가트맨은 소원해진 커플 중 한 사람에게 일주일 동안 상대 파트너가 실천한 열 가지 긍정적인 것을 파악해 오라는 과제를 내준다. 이렇게 하면 대부분 상대 파트너에게 긍정적인 행동을 이끌어낼 수 있을 뿐만 아니라 긍정적인 행동이 현저하게 늘어난다. 이 활동은 두 파트너에게 그들의 관계에서 이런 가능성을 상기시켜 줌으로써 그들의 역동 속에 잠재된 긍정적 어트랙터를 자극하고 강화한다. 물론 이 방법은 당사자들이 이 과제를 흔쾌히 받아들여 실천할 수 있다는 것을 전제로 한다. 실제로는 그렇지 못할 수도 있다. 그럼에도 이와 같은 단순한 활동이 힘든 관계에서 긍정성을 높일 수 있는 긴 여정의 시작이 될 수 있다.

익숙지 않은 프레임의 영향

삶에서 겪는 아주 힘든 갈등은 대개 상당히 오랫동안 우리를 힘들게 하고, 좋은 마음으로 갈등을 해결하려고 노력했는데도 대부분 해소되지 않는다. 그 결과, 이런 유형의 갈등을 겪는 많은 사람은 탈진하고 좌절한 나머지 도움받기를 주저하게 된다. 요즘 많은 미국인은 이렇게 느낀다. 〈숨은 집단〉이라는 최근 연구를 통해 우리는 지친 대다수 사람이 현재 미국의 역기능 상태에 질렸을 뿐만 아니라 어려운 문제에 다시 손대기를 꺼려한다는 것을 알고 있다. 그들은 대립하는 상대방을 만나 대화를 나누다가, 결국 훨씬 더 크게 좌절하고 환멸을 느낄까 봐 두려워한다.[53]

여기서 **프레임**framing에 관한 연구가 유용할 수 있다. 지난 수십 년 동안 인지 과학자들은 사람들이 프레임 효과, 즉 새로운 아이디어나 제안을 언어적으로 표현하는 방식에 특히 민감하다는 결론을 내렸다. 프레임은 옵션을 설명할 때 사용하는 언어가 의사 결정자의 선택에 큰 영향을 주는 의사 결정 전략이다.

아모스 트보스키와 대니얼 카너먼의 대표적 연구에 따르면, 긍정적 프레임과 부정적 프레임은 의사 결정에 강력한 영향을 미친다.[54] **질병 과제**(참가자들에게 "미국이 600명의 목숨을 앗아갈 것으로 예상되는 특이한 아시아 질병 발생에 대비하고 있다고 상상해 보라."라고 요구한다)를 이용한 한 연구에서, **긍정적 프레임 조건**에 놓인 참가자들은 사람의 생명을 얼마나 많이 구할 수 있는지(600명 중 200명이 살 것이다)에 관한 설명을 듣고 의학적 치료법(위험이 큰 방법부터 위험이 낮은 방법까지)을 선택하게 된다. **부정적인 프레임 조건**에 놓인 참가자들은 치료받는다 해도 얼마나 많은 사람이 죽을 것인가(600명 중 400명이 죽을 것이다)라는 설명을 듣고 똑같은 치료법을 선택하도록 요구받는다. 참가자들은 생명을 구하는 긍정적인 표현을 들었을 때보다 부정적인 사망 표현에 더 잘 반응해 위험이 더 큰 치료법을 선택할 가능성이 크다는 점이 일관되게 나타났다. 일반적으로 우리는 이득을 얻거나 긍정적인 효과를 암시하는 프레임보다 손해의 감소나 완화를 암시하는 프레임에 더 크게 반응한다.

나보다 경험이 많은 실무자들은 양극화된 지역 사회의 갈등에 대응할 때 손실과 이득에 관련한 프레임을 의도적으로 이용한다. 예를 들어 공공 대화 프로젝트Public Conversation Project, PCP를 감독한 로라 차신은 심각하게 분열된 집단 사이에서 새로운 만남의 가능성을 어떻게 언어적으로 표현했는지 나에게 설명해 줬다. 그녀는 먼저 참석자들이 무엇을 **하지 않아도 되는지를** 명확하게 밝혔다. 그녀는 그들에게 어떤 이슈에 대해 합의하거나 문서에 서명하라고 요구하는 협상이나 중재 과정에 참여하라고 **요청하지 않았다.**

또한 상대편 사람들을 좋아하거나, 사랑하거나, 용서하라고 요구하지도 않았다. 이번에 그들에게 **요구하는 것**은 그들이 이전에 참여해 온 어떤 것과 매우 다른 과정에서 참가하는 것임을 강조했다. 또한 그들이 안전하고(종종 이런 과정들은 은밀한 장소에서 비밀리에 시작한다) 이 과정이 신중하게 진행될 것이며, 이슈에 대해 어떤 합의에 도달해야 하거나, 대화 내용을 다른 사람들과 공유할 필요가 없다는 점을 알려줬다.

차신과 비슷한 다른 사람들은 만남을 참가자들의 이전 경험이나 예상과 **다르게** 표현하는 것이 효과적인 만남의 열쇠라는 것을 발견했다. 이 프레임(그리고 이런 과정들이 다르다는 사실)은 참가자들이 지겨울 정도로 오래되고 교묘하고 똑같은 방법에 대한 거부감을 극복하는 데 도움이 됐다. 낯설지만 안전한 새로운 과정은 그들의 마음을 열어 결국에는 너무나 뿌리 깊어 떨치기 어려웠던 예전의 사고-감정-행동의 역동을 넘어서게 했다. PCP와 다른 기관들이 운영한 이런 대화 시간은 쉽지 않으며 항상 성공하는 것도 아니다. 그러나 동기, 기대, 습관을 바꿀 수 있는 방식으로 그들을 표현하는 것은 (특히 대화 초기에) 역동을 바꿀 수 있는 또 다른 유용한 지렛대이다.

시간과 장소 선택의 활용

1990년대 말 뉴욕의 유엔 본부에서 처음 강의를 시작했을 때 나는 곧바로 이상한 점을 발견했다. 대부분의 회의실에 배치된 가구가 고정돼 있었다. 회의실은 모두 큰 원형이나 긴 사각 형태이고 한가운데 큰 탁자들과 의자들이 바닥에 고정돼 있었다. 유엔의 회의실을 그렇게 설계한 데에는 아마 타당한 이유가 있었을 것이다. 아마도 의자를 던지거나 가구 도난을 방지하기 위한 것일 수도 있고, 아니면 단순히 철저한 안전감을 제공하기 위한 것일 수도 있다. 하지만 그곳에서 갈등 해결을 강의할 때 나는 이런 구조가 종종 문제가 된다는 것을 알았다. 다양한 유형의 교육 경험과 인간의 상호 작용을 촉진하기 위해 사람과 집단을 다양한 형태로 배치하기 매우 곤란하다는 사실은 강사에게도 힘든 일이었다. 어쩌면 이것이 유엔에 도사리고 있는 깊은 구조적 문제를 암시하는 단순한 상징일지도 모른다.

당신의 삶에서 심각한 갈등을 겪을 때 당신이 있었던 시간과 장소 혹은 당신이 아주 잘 지냈을 때 머물렀던 시간과 장소를 잠시 생각해 보면 어떤 패턴이 보이기 시작할 것이다. 파괴적 갈등은 당신이 싫증나고, 지치고, 매우 감정적이고, 불안하고, 소외되고, 약물에 중독되고, 육체적으로 과열되고, 취약하고, 전체적으로 혼란스러울 때 발생할 가능성이 훨씬 더 크다. 《디 차이트》 출신의 나의 동료는 각각 트럼프 지지 진영과 반대 진영에 속한 두 사람의 만남을 시도했다. 그는 농구 게임을 마치고 맥주 몇 잔을 마신 후 밤늦게 두 번째 만남을 갖기로 합의한 것이 후회스럽다고 나에게 말했다) 또한 사람들이 안전하지 않거나 불안을 느끼는 장소에서 문제가 발생할 가능성이 더 크다. 예를 들면 낯설거나, 시끄럽거나, 지저분하거나, 사람이 많거나, 불편하거나 위협을 느끼는 장소 등이다. 사람들이 함정에 빠졌다고 느끼거나 불리하다고 느낄 때, 또는 매우 제한적이거나 통제된 상황 속에 있다고 느낄 때도 마찬가지다.

많은 갈등 해결 전문가들은 이런 점을 아주 잘 이해하고 있으며, 우리는 그들로부터 배울 수 있다. 시간과 장소는 보통 의도적으로 계획해 결정하거나 대표자들이 사전에 협상을 한다. 《웨스트 사이드 스토리》의 제트파와 샥스파조차도 미리 협상을 통해 패싸움을 벌일 시간과 장소를 함께 정했다.

시간과 장소는 종종 유리한 위치를 점하려고 의도적으로 이용된다. 협상에서 상대방의 집중력을 떨어뜨리고, 당황스럽게 하고, 혼란스럽게 하고, 약간 화나게 만들 수 있는 어떤 조건은 세부 사항에 관해 신중하게 주의를 기울여야 할 경우 유리한 요소가 될 수 있다(기습이 종종 효과적인 전술이 되는 한 가지 이유다[55]). 하지만 이런 전술들은 위험하고 역효과를 낼 수 있어, 대부분의 전문가들은 어려운 만남을 계획할 때 모든 당사자가 안전하다고 느끼는 장소를 찾는다.

이런 이유 때문에 메릴랜드의 캠프 데이비드, 노르웨이 오슬로의 파포 인스트튜트Fafo Institute, 웨스트 예루살렘의 YMCA는 만남의 장소로 유명하다. 이곳은 모두 매우 어려운 문제를 안전하고 진지하게 협상하기에 적합한 곳으로 입증됐다.

이 장은 당신의 시작을 돕기 위한 것이다. 어려운 지형을 근본적으로 바꾸기 위해 불안을 유발하는 충격과 초기 조건을 활용할 수 있는 기회는 매우 다양하다. **이방인, 새로운 종, 호흡 맞추기** 이야기는 고려할 만한 몇 가지 포괄적인 전략을 제공한다. 더 미시적인 차원에서 보면, 상황에 관한 우리의 **가정**을 어떻게 재설정할지, 우리의 **의도**를 얼마나 중요하게 고려할지, 우리의 **감정 저수지**가 어떻게 우리에게 도움이 되거나 해를 끼치게 할지, 만남을 위한 **프레임과 상황 설정**을 통해 이후의 경로를 어떻게 결정할지는 모두 우리의 선택 사항이다. 이것들을 현명하게 숙고하고 활용해야 한다. 지역 사회에서 비슷한 재설정과 새로운 시작을 추구하고 있는 집단과 기관을 찾아보라. 그들은 이런 단계에 필요한 영감을 주고, 안내하며, 지지하는 중요한 원천이 될 수 있다. 이 주제는 6장에서 살펴본다.

6

THE WAY OUT

강화하고 부숴라
잠재적 거품을 찾아라

몸의 지혜

1964년 8월, 명성이 높은 미국 기자이자 정치적 영향력이 있는 노먼 커즌스Norman Cousins는 몸이 마비되는 불가사의한 병에 걸렸다는 진단을 받았다. 의사들은 이 질병이 불가역적이며 치명적일 것이라고 말했다.[1] 그는 고열과 함께 매우 위태로운 상태가 돼 입원했고, 점차 목, 팔, 손, 손가락, 다리를 움직이기 어렵게 됐다. 여러 가지 검사를 한 후 의사들은 완전히 낙심한 채 회복 가능성이 500분의 1이라고 말했다.

길고 고된 소련 여행을 마치고 최근 돌아온 커즌스는 결국 소련에 있을 때 다량의 디젤 배기가스에 노출돼 중금속에 중독됐다는 결론을 내렸다. 그 여행의 극심한 스트레스를 고려하면 그는 자신의 면역 체계가 그 독소에 맞서 싸울 수 없을 정도로 약화됐을 거라고 생각했다. 입원해 있는 동안 병세는 악화됐다. 관절과 척추의 고통이 극심했고, 피부 아래에는 자갈 같은 혹이 생기고 턱이 굳어지기 시작했다. 이는 이 질병이 전신에 퍼지고 있다는 표시였다. 비참했다.

다행스럽게도, 커즌스의 살고자 하는 의지는 매우 특별했다. 건강이 악화돼 병원 의료진도 희망을 잃은 상황에서 그는 자신의 주치의이자 20년 지기인 윌리엄 히치히와 함께 문제를 해결하기 시작했다. 그들은 여행 탓에 그의 내분비계, 특히 부신이 기능 부전 상태라고 판단하고, 독소와 싸울 수 있는 면역 체계를 강화하는 방법을 찾기 시작했다. 10년 전 커즌스는 부신 기능 부전이 극심한 감정적 긴장, 좌절, 분노에 의해 유발할 수 있다는 증거를 제시하는 고전을 읽었다. 이는 오늘날 모든 미국인이 읽어야 하는 책이다.[2] 마침내 그들은 두 가지 전략, 즉 병원에서 나가고 현재의 약물을 복용하지 않기로 했다.

이때 커즌스는, 옛 농담에도 있듯이, 병원은 아픈 사람들을 위한 곳이 아니라고 말했다. 매일 수 차례의 채혈, 엑스레이 장비 남용, 빈약한 영양 상태와 비위생적인 환경은 심각했고, 환자의 휴식보다 병원의 일과를 더 중시한 탓에 수면 부족 현상이 초래됐다. 이는 그의 면역 체계에 더 큰 부담을 줬고, 그의 회복에 전혀 도움이 되지 않는 것 같았다. 게다가 병원 의료진은 커즌스에게 용량이 많은 아스피린(하루에 26알), 페닐부타존(하루에 12알)을 포함한 진통제와 코데인, 콜히친, 수면제를 처방했다. 이런 약물은 대부분 부신에 과중한 부담을 줬고, 이는 또 다른 형태의 면역 체계 파괴행위였다.[3] 히치히의 도움으로 커즌스는 병원에서 나와 조용한 호텔(3분의 1 비용으로)에서 자신의 몸을 점검하는 계획을 세웠고, 최대한 모든 진통제를 끊기로 했다.

통증은 어떻게 됐을까? 커즌스는 "척추뼈와 사실상 내 몸의 모든 관절이 트럭에 부딪힌 것처럼 느껴졌다."라고 썼다. 이런 상태는 진통제를 **복용하고 있을 때**였다. 진통제를 먹지 않는다면 어떻게 될까? 독성이 적은 다른 통증 관리 방법을 찾지 못한다면 한 마디로 견딜 수 없을 것이다.

그는 자신의 내분비계 고갈이 스트레스, 좌절, 분노, 피로 등에 기인한 오래된 부정적 상태에서 비롯됐을 것으로 추측했다. 그래서 커즌스는 긍정의 치료 잠재력이 궁금해졌다. 그는 나중에 이렇게 썼다. "부정적 감정이 몸에 부정적인 화학 변화를 만들어낸다면, 긍정적 감정은 긍정적인 화학 변화를 만들어내지 않을까? 사랑, 희망, 믿음, 웃음, 신뢰와 살려는 의지는 치료 효과가 있지 않을까?"

그들은 웃음 치료를 시도하기로 결정했다. 커즌스의 친구인 앨런 펀트는 인기 있는 몰래카메라 TV 쇼인 《솔직한 카메라Candid Camera》의 프로듀서였다. 그는 커즌스에게 영사기와 함께 몇 회분의 쇼 프로그램 영상을 보냈다. 고통에 시달리는 커즌스는 바보스러운 쇼 영상과 오래된 코미디 영화인 《마르크스 형제들Marx Brothers》 몇 편을 보기 시작했다. 이는 도움이 되는 것 같았다. 그는 나중에 다음과 같이 썼다.

"십 분 동안 배꼽 잡고 웃으면 마취 효과가 있어 적어도 두 시간 동안 통증 없이 잘 수 있다는 것을 알고 정말 기뻤습니다."

몇 가지 잠재적 면역 체계 강화 요법(예를 들어 비타민 C 대량 투여)으로 시행착오를 거친 후 시간이 지나면서 커즌스는 사형 선고와 같은 질병에서 회복했다. 하지만 그 이유와 방법은 명확하지 않았다. 좋은 영양과 위생, 지지가 제공되는 조용한 곳에서 치료받고, 독성이 있는 약물 복용을 줄이고, 웃음과 긍정성으로 대체하고, 치료 효과가 있을 것이라는 확고한 희망을 심어준 의사와의 협력이 치료 성공의 요인일 것이다. 커즌스는 다음과 같이 썼다.

"의사의 최대 임무가 환자에게 살려는 의지를 불어넣고, 신체와 정신의 선천적인 자원을 활용해 질병과 싸우는 것임을 아는 사람을 주치의로 둔 것은 나에게 엄청난 행운이었습니다. …(중략)… 그는 또한 치료 기술이 여전히 미개척 영역이라는 것을 알 정도로 현명했습니다."

이 사례는 변화를 추구할 때 긍정적인 상태를 촉진하는 것과 부정적인 상태를 없애는 것이 매우 다른 경로와 결과를 만들어낼 수 있다는 점을 잘 보여 준다. 이 이야기가 현재 건강하지 못한 미국을 치유하는 데 명확한 암시가 되길 바란다. 한 '전문가' 집단이 특이하고 잠재적으로 매우 위중한 환자를 앞에 두고 있는데, 이 환자의 병은 진단할 수 없고, 표준적인 치료법은 효과가 없다. 실제로 이 환자를 치료하고 돌보는 최선의 계획적인 노력들(중환자실 입원, 약물을 통한 통증 관리)도 역효과를 발생시켜 환자에게 유익하지 않고 해롭다.

궁극적으로 치료와 회복에는 환자 자신의 지식과 통찰이 필요했고, 현명하고 겸손한 의사 친구의 도움이 제공됐다. 아울러 그들은 함께 질병의 역사와 상황을 신중하게 재구성하고 **환자의 몸에 대**

한 지식을 체계적으로 연구해 출구를 찾았다. 이를 위해선 몸이 올바른 조건에서 면역 체계를 통해 스스로 치유할 수 있다는 결정적으로 중요한 사실을 명확하게 인식해야 했다. 또한 전통적인 치료 관행을 버리고 환자의 상황에 맞춰 환자의 독특한 생리를 연구한 다음, 체력과 저항력을 **강화하고자** 했다. 또 면역 체계에 해를 끼치는 병원체를 **없애겠다는** 의지(그리고 배짱)도 필요했다.

이 프로세스는 만성적이고 분열적인 사회관계 패턴을 바꾸는 데 특히 효과적인 갈등 해결 접근 방법과 비슷하다. 손상된 관계를 치유하고 정치적 관점이 다른 사람과 교제하는 방법은 보통 매우 간단하다. 이를테면 최대한의 존중, 지식, 신뢰할만한 정보, 정직성, 유머 감각을 갖고 다른 사람을 만나면 효과적이다. 우리가 유치원에서 배운 가르침대로 말이다. 하지만 최근 우리가 직면한 어트랙터와 리펠러의 지뢰 지대를 고려할 때, 이런 진술은 보통 실패한다. 갈등 시 형의 중력은 우리보다 더 강력하다. 이럴 때 직면한 상황의 역동을 연구하는 능력이나 재설정과 같은 것을 **이용하면** 도움이 될 수 있다.

이런 상황은 해변에서 강한 역류와 만나는 것과 비슷하다. 우리가 역류에 갇히면 우리의 본능은 살기 위해 최대한 빨리 해변으로 곧장 헤엄쳐 돌아가려고 한다. 하지만 그렇게 하면 우리는 바다로 빠져나가는 해류의 한가운데 놓이게 돼 더 먼 바다로 떠밀려 가고 시간이 지나면서 에너지가 고갈된다. 하지만 역류를 일으키는 해류 체계가 어떻게 작동하는지 알게 되면, 이런 상황의 힘을 활용하는 법을 알 수 있다. 당신은 해류의 끌어당기는 힘에서 완전히 벗어날 때까지 해변과 나란한 방향으로 헤엄친 다음(조류를 **따라** 수영한다),

그 후에 비로소 해안 방향으로 수영해야 한다는 것을 알게 된다. 달리 말하면, 당신은 자신이 원하는 결과, 즉 생존을 위해 역류의 힘을 활용하는 법을 알게 된다.

이제 당신은 문제를 직접적으로 해결하는 것이 효과가 없다는 것을 인식했다. 드디어 **문제의 배경**, 즉 갈등 지형이나 현재 문제에 영향을 미치는 더 넓은 범위의 여러 힘을 적극적으로 다루는 법을 숙고할 시간이 됐다. 이렇게 하면 갈등을 해결할 수 있는 다른 방법을 찾을 수 있다. 이 세 가지 방법은 매우 분열적인 갈등 지역을 적극적으로 재형성하게 한다.*

첫째, 새로운 어트랙터를 만들려고 시도할 수 있다. 예를 들면, 당신은 상황을 재설정하고, 새롭게 출발하고, 대안적인 어트랙터 패턴(사고방식, 습관, 상호 교류 패턴, 규범 등)을 발전시켜 더 미묘하고 관대하며 건설적인 관계, 네트워크, 지역 사회를 만들 수 있다. 이는 대개 상당한 시간과 훈련, 인내가 필요하며, 결과는 장담할 수 없다.

둘째, 더 긍정적이고, 기능적이며, 잠재적인 어트랙터들을 강화하고 육성하기 위해 노력할 수 있다. 여기에는 기존의 **밝은 점**[4] 또는 **긍정적 이탈**[5] 사례(당신의 상황에서 이미 작동하는 프로세스)를 연구하고 효과를 활용하는 것이 포함된다. 즉 당신의 관계, 네트워크, 지역 사회에서 이미 잘 작동하는 성향, 사람들, 프로세스, 정책, 프로그램을 찾아서 지원하고 강화함으로써, 더 파괴적인 패턴이 악화되는 것을 방지하거나 완화하거나 더 건강하고 건설적인 패턴(이것들은 4장에서

---

* 물론 당신이 배에서 뛰어내릴 수 있다면, 즉 해로운 관계나 집단에서 벗어날 수 있다면, 이 방법을 숙고해 볼 것을 권한다. 하지만 그럴 수 없다면 이 책을 계속 읽기 바란다.

논의한 '새로운 종'이 될 수 있다)을 촉진할 수 있다. 이런 것들은 지역 사회의 면역 체계를 북돋우고 강화하고 규모를 늘릴 기회를 제공하는 대행자이다.

셋째, 유해한 어트랙터를 지원하고 사람들을 함정에 빠뜨려 갈등을 영구화하는 파괴적인 성향과 사람들이 끌어당기는 힘을 찾아 **없애거나** 줄일 수 있다. 이런 어트랙터 움직임의 심층 구조를 구체적으로 이해하면 이것을 '역설계'하는 데 이용할 수 있다. 이는 갈등을 해결하는 다른 방식 즉, 외부의 입장에서 내부로 접근하는(또는 **갈등을 피하는**) 방식이다. 이 전략은 상황에 내재된 힘들을 활용해 **동일한 목적을 달성한 후에** 실행하면 가장 효과가 좋다.

강화하기와 부수기라는 원칙과 실행 방안이 이 장의 핵심 용어다.

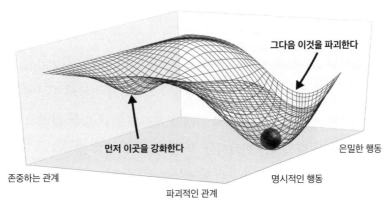

〈그림 6.1〉 강화하기와 부수기는 분열적 갈등 지형을 적극적으로 재형성하는 두 가지 방법이다.

〉원칙 3: 강화하고 부숴라
잠재적 거품을 찾아라

사람들이 자기 확신과 태도를 바꾸는 것에 관해 최근 수년 동안 연구하며 배운 가장 도발적인 내용 중 하나는 대부분의 사람들을 직접적인 방식으로 바꿀 수 없다는 것이다. 예를 들어, 푸른 치즈나 식용 달팽이 등 취향과 같이 별로 중요하지 않은 태도는 시간이 지나면서 천천히 바뀔 수 있지만, 더욱 본질적인 것은 그렇지 않다. 중요하고 핵심적인 입장들은 한 번에 조금씩 점진적으로 바뀌는 것 같지 않다. 그런 것들은 한 극단에서 다른 극단으로 극적으로 바뀐다.[6]

일반적으로 다른 사람들이 우리가 확고한 입장을 가진 중요한 이슈와 그에 대한 관점(예를 들어 오바마 행정부의 성공과 실패에 관한 우리의 관점)에 도전할 때, 그들은 사실과 데이터를 이용해 설득하려고 시도하지만, 결국은 우리의 원래 입장을 강화하거나 우리를 더 극단적인 방향으로 몰아간다. 물론 이는 그들이 의도한 방향이 아니다. 하지만 이런 강력한 입장은 복잡성 과학이 '임계효과 변화'(대략적인 법칙 4를 보라)라고 부른 것을 입증한다. 자신의 입장과 모순되는 정보를 접하면 그 정보는(그것을 무시하고, 경시하고, 부정한다 해도)우리의 사고 속으로 스며들고 시간 경과에 따라 축적되다가 임계치를 넘게 된다. 그러면 사람들은 극적으로 관점을 정반대로 바꾼다. 따라서 모든 것이 바뀔 때까지는 변화의 조짐이 별로 나타나지 않는다.

예를 들어 데이비드 호로비츠David Horowitz는 1956년부터 1975년까지 버트런드 러셀 평화재단에서 일했는데, 그 당시에는 극단적으로 도발적인 좌파 평화주의자였다. 또한 충실한 마르크스주의자이며 신좌파의 노골적인 대변자이자 급진적인 반전 잡지《램파츠 매거진 Ramparts Magazine》의 편집자였다. 1970년대 말, 호로비츠는 완전히 입장을 바꿔 진보주의를 거부하고 보수적 가치와 정책을 확고하게 지지하고 선전했다. 예를 들면, 2001년에 여러 미국 대학에서 노예제, 짐 크로Jim Crow 정책, 주거 및 교육 분리에 의해 미국 흑인들이 여러 세대에 걸쳐 제도적으로나 경제적으로 누적된 불이익을 받았고, 그에 반해 백인들은 이익을 거두었기 때문에 흑인들에게 배상해야 한다는 〈블랙 히스토리 먼스Black History Month〉 운동이 일어났다. 호로비츠는 이 운동에 대해 52개 대학의 신문에 '노예제에 대한 배상이 나쁜 생각으로 평가받는 열 가지 이유 그리고 인종 차별인 이유'라는 제목의 1면짜리 광고를 실었다. 이 광고에서 그는 차별 시정 조치와 복지를 통해 흑인들에게 충분히 배상했을 뿐만 아니라 미국의 노예제 철폐로 인해 백인 기독교인에게 빚을 졌다고 주장했다. 호로비츠는 자신이 광고를 실은 것이 보수적인 관점을 바라보는 진보주의자들의 일반적 통설에 시달리는 대학 캠퍼스에 '정치적 올바름의 편협함' 그리고 보수적인 관점을 유해한 폐기물 취급하고 대화 상대가 아니라 매장하거나 태워야 한다고 말하는 사람들을 폭로하기 위한 것이었다고 주장했다.[7] 오늘날 호로비츠는 종종 '보수적인 선동가'라고 묘사된다.[8]

자명한 이슈에 대해 한 극단에서 다른 극단으로 극적으로 입장을 바꾸는 것은 놀라울 정도로 흔히 볼 수 있다. 이런 전환은 이전에 극단적인 인종 차별주의자였던 스킨헤드가 관용을 교육하는 사람이 되고,[9] 평화 활동가가 폭력적인 전사가 되고,[10] 종교적인 시온주의자가 무신론자[11]가 되는 사례들이 잘 보여 준다. 어떻게, 왜 이런 극적인 입장 변화가 일어날까? 끓는 물속에서 갑자기 발생하는 거품과 같다.

역동적인 시스템 관점에서 수행된 연구에 따르면, 강력한 태도, 관계, 집단, 지역 사회의 중요하고 급격한 변화는 흔히 '오래된 바다에 새로운 거품이 나타날 때' 또는 '오래된 거품이 새로운 바다에서 지배력을 다시 획득할 때' 발생한다.[12] **거품 이론**bubble theory으로 알려진 이 관점은 중요하고 극적인 사회 심리적 변화 과정을 물리적 체계의 급격한 변화 이면에 작용하는 기본적인 역학에 비유한다. 이는 본질적으로 두 어트랙터 사이의 이동인 **상태 변화**phase transition다.

예를 들어 물이 끓는점에 도달해 증기가 되면 액체에서 기체로 상태 변화를 겪는다. 물이 끓기 시작할 때 증기 방울이 물속에서 생기기 시작한다. 잠시 물은 두 가지 상태, 액체와 기체, 옛 상태와 새로운 상태로 동시에 존재하다가 완전히 증발해 증기가 된다. 즉 한 상태에서 다른 상태로 완전히 바뀐다.

이와 비슷하게 급격한 사회적 사고방식의 변화는 흔히 새로운 아이디어, 태도, 관계, 관습의 거품이 전통적인 현재 상태의 바다에 나타날 때 발생한다. 새로운 사고방식이 유행하면 점점 더 많은 사람들과 집단으로 퍼지고 누적되어, 급기야 예전의 사고방식을 대체해 집단의 현재 상태가 된다. 우리는 '주류 미디어'에 관한 정치적 우파의 태도 변화를 통해 이것을 목격했다(물론 좌파는 오래전부터 주류 미디어를 불신했다).

양극화 시대가 되면서 우리가 속한 커뮤니티의 태도가 더 극단적인 방향으로 변하기 시작하고, 타 집단에 대한 우리의 오래되고 더 관용적인 태도가 인기를 잃거나, 우리 집단 내에서 공개적으로 꺼리는 것이 되고, 그런 관용적 태도를 표시하거나 옹호할 가능성이 낮아진다. 하지만 이런 오래된 태도는 사라지지 않고 다만 우리의 마음과 지역 사회의 더 고립된 구석으로 물러날 뿐이다. 그들은 고립된 **신념 덩어리**를 형성하고 여전히 숨겨진 채로 있다가 상황이 바뀌면 다시 받아들여지고 우세한 지위를 확보한다. 이런 것들은 이제 잠재적 어트랙터가 돼 외부 집단과 관련된 대안적 방식의 감정, 사고, 행위가 된다.

잠시 이에 대해 생각해 보자. 이 명제는 우리가 삶의 매우 중요한 문제들, 예를 들어 가족, 친구, 정당, 국가, 신에 대한 우리의 감정, 태도, 신념에 대해 단 하나의 강력한 관점이 아니라 두 가지(또는 그 이상) 관점을 동시에 가질 가능성이 더 크다는 점을 시사한다. 하나의 관점(어트랙터)은 이런 문제에 대한 현재의 의식적인 경험을 결정하지만, 다른 관점은 근본적으로 상반된 방식 또는 다른 방식으로 문제를 경험하고 반응할 가능성이 있다. 이는 호로비츠의 급격한 우파 전향 또는 보스턴의 낙태 반대 진영과 낙태 찬성 진영의 지도자들이 상대방에 대한 태도를 극적으로 바꾼 현상을 설명해 준다. 또한 최근 미국 사회에서 나타나듯이 은밀한 형태의 근대적 인종 차별주의가 공공연하고 노골적인 백인 우월주의와 인종 차별주의로 급격히 바뀌는 것을 보여 준다. 바로 거품 이론이다.

이 거품 변화 시나리오는 현재 어트랙터와 잠재적 어트랙터가 동시에 공존하는 상태를 잘 보여 주는 또 다른 방식으로(대략적인 법칙 6), 현재 미국인이 유해한 관계에서 벗어나는 데 두 가지 중요한 의미를 갖는다.

첫째, 만약 우리가 찾을 수만 있다면 지나간 시대(아마도 더 친절하고, 온화하고, 기능적인 시대)의 정치적 태도와 관계가 지금도 우리 자신과 관계, 리더, 지역 사회 어딘가에 여전히 존재할 수 있음을 보여 준다. 둘째, 긴장되고 분열된 갈등이 완화되고 관계가 개선된다 해도, 과거 수준(또는 더 악화된 수준)의 적대감으로 되돌아갈 **가능성이 있다**는 점을 시사한다. 우리가 그런 갈등을 막고 해소하는 방법을 모른다면 말이다. 또한 거품 변화 시나리오는 갈등 완화의 시대가 도래하면, 건설적인 형태의 정치적 상호 대화를 늘리면서 동시에 파괴적인 형태의 상호 교류와 담론이 다시 등장하는 것을 더욱더 단호하게 막고 억제해야 한다는 점을 시사한다.

원칙 3

강화하고 부숴라—잠재적 거품을 찾아라

적대적이고 분열적인 만남, 관계, 지역 사회 역동에 빠져 꼼짝할 수 없고, 이것을 해결하려는 최선의 노력도 성과가 없다고 느낄 때 이런 함정에서 빠져나올 수 있는 한 가지 잠재적 방법은 현재 상황의 역동을 **활용하는 것**이다. 이를 위해 기존 거품(이전에 널리 퍼진 성향, 사람들, 관계, 집단 등)을 찾아서 그 거품을 되살려야 한다. 이런 대안적이고 반문화적인 거품은 처음에 찾기 어려울 수 있지만, 대체로 존재하며, 유익한 정보를 제공하고, 다른 사람들과 함께 사회 운동에 참여할 수 있는 기회를 제공한다. 이 거품들은 다양한 형태를 띠지만, 두 가지 유형이 우리의 관심사에 가장 타당하다. 더 건전하고 건설적인 사회 패턴을 보여 주는 거품과 우리를 더 적대적인 관계로 돌아가게 하는 거품이 그것이다. 이 장의 나머지 부분에서는 전자를 강화하고 후자를 부수는 방법을 설명한다.

실천: 강화하라
이미 존재하는 역량을 강화하라

노먼 커즌스가 1964년 병원에서 살아남기 위해 싸울 동안 재빨리 습득했듯이, 질병을 없애기 전에 신체 시스템의 **고유한 치료 능력을 강화하는 것**이 무척 중요하다. 커즌스 자신의 강고한 생명력, 끔찍한 고통과 극히 낮은 생존 확률 속에서도 여전히 희망적이고 낙천적인 태도를 보여 준 그의 능력은 생존과 회복을 가능하게 한 근본적인 기초였다.

이런 결과는 다양한 차원에서 수행된 건전한 임상 연구에 의해 뒷받침됐다. 최근 저명한 《국립과학원 회보》에 발표된 대표적인 30년간의 연구 결과에 따르면, 연구 대상 중에서 가장 낙천적인 남성과 여성들(좋은 일이 일어날 것이라고 높은 기대감을 갖거나, 스스로 중요한 결과를 통제할 수 있기 때문에 미래가 좋을 것이라고 믿는 사람들)은 85세까지 생존할 확률이 50~70퍼센트 더 높았고, 가장 비관적인 집단보다 수명이 11~15퍼센트 더 길었다.[13] 우리가 가진 긍정성, 희망, 더 나은 미래에 대한 낙관주의는 우리에게 새로운 출발점을 제공한다.

갈등에 시달리는 많은 관계에서도 긍정성과 낙관주의는 중요하다. 존 가트맨과 그의 연구팀은 고통스러운 부부를 대상으로 한 연구에서 이 점을 발견했다. 가트맨이 건전한 부부 관계 이론이라고 부른 그들의 접근 방법은 건전한 가정의 토대가 '우정과 긍정적인 애정 시스템'이라는 관점에 기초한다.[14] 수십 년 동안 수천 쌍을 대상으로 한 연구를 통해, 연구 팀은 갈등으로 점철된 관계를 효과적으로 회복하기 위한 기초가 먼저 예전의 좋았던 경험을 다시 회복하고, 그다음 관계 속에서 새로운 긍정적인 경험을 만들어가는 것임을 발견했다. 이를 위해서 가트맨은 그의 수업에서 사랑 지도 만들기(파트너의 내면세계에 대해 개방형 질문을 던져보라고 권유한다), 서로의 좋은 점과 감탄하는 점을 공유하기(부부에게 서로에게 감탄하고 좋아하는 점을 찾고 표현하라고 알려준다), 등 돌리지 말고 마주하기(파트너의 관계 맺기 노력에 긍정적으로 반응한다)와 같은 활동을 이용해 그들의 감정 계좌에 좋은 감정이 쌓이게 한다.[15] 가트맨은 이전에 존재하던 긍정적인 관계의 토대를 재건하지 않으면, 결혼 관계는 대부분 무너져 다시 적대관계로 돌아가고, 이혼하거나 더 악화(비참한 결혼관계가 영구화된다)될 가능성이 97퍼센트 더 높다고 말한다.

지역 사회도 역시 자가 치유의 잠재력을 지닌 긍정적인 집단 덕분에 유익을 얻는다. PCP(지금은 가장 중요한 파트너Essential Partners라고 부른다)에 이민, 동성애 권리, 총기 규제와 같은 이슈를 놓고 깊이 분열된 지역 사회에서 활동해달라고 요청하면, 로라 차신은 항상 먼저 지역 사회에 이미 존재하는 '효과적인 행동 네트워크'를 찾는 일부터 **시작한다.** 이들은 양극화된 지역 사회 내에서 반대 진영 사람들과 대화하고 건설적으로 일할 수 있는 개방적인 사람들이다. 차신은 조용히 그들을 찾아서 그들의 영향력을 지속하거나 개선하는 데 필요한 지원을 제공하기 위해 신중하게 활동한다. 이는 지역 사회의 기존 면역 체계를 강화하는 것과 비슷하다. 이 활동가들은 적대감을 줄이고 건설적인 대화를 지속하기 위해 이미 활동하고 있다.

보스턴 낙태 사례에서 비밀 대화 프로세스를 시작할 시기가 됐을 때, PCP는 점차 긴장이 높아져 가는 낙태 찬반 진영을 연결하기 위해 얼마 전부터 지역 사회에서 대화를 촉진하고, 훈련하는 활동을 벌이고 있었다. 브루클린에서 여성 클리닉 총기 난사 사건이 발생한 후 로라와 PCP는 이 이슈의 양 진영에 속한 리더와 활동가 네트워크에 접근해 폭력 사건 이후 협력할 수 있는 새로운 접근 방법을 고안하고 검토하는 과정을 시작했다. 다행히 연결할 수 있는 적극적인 거품은 이미 존재했다.

고질적인 갈등에 빠진 사회에 관한 연구 역시 이런 기존 합의의 집단들이 평화 구축에 유용하다는 사실을 발견했다.[16] 많은 지역 사회에는 공통의 필요를 해결하고 관계를 개선하기 위해 분열된 집단들을 넘나들며 조용히 화해를 중재하는 시민 집단이 있다. 그들은 상업 단체, 성직자 단체, 스포츠 협회, 여성 단체, 청소년 단체가 될 수 있다. 이 집단은 양극단의 힘에 저항하고 상대편에 속한 사람들과 관계를 유지하는 **중도**의 길을 발견했다. 이들은 증오와 역기능의 바다에 존재하는 기능적인 거품이며, 카슈미르, 이스라엘, 남수단 그리고 성소수자 정책을 두고 극심하게 분열된 종교 집단과 끔찍한 이혼의 굴레 속에 빠진 대가족이 존재하는 지역 사회에서 찾을 수 있다. 이런 개인들과 단체는 기능적인 중도 세력이자 어려운 시대에 필요한 위대한 희망과 약속의 원천이다.

화해를 추구하는 이런 개인과 집단은 흔히 **지역 사회 내에** 생겨서 갈등의 악조건에서도 힘들게 살아남아 해결책을 모색하기 때문에 긍정적인 변화를 일으키고 지속시킬 가능성이 더 높다.[17] 외부의 개입보다 먼저 지역 사회의 기존 집단을 찾아내 협력하는 것은 개별적인 환자의 항체를 강화함으로써 건강을 증진하고 치료하는 것과 비슷하다. 물론 이런 집단들을 더 많이 지원할수록 더 오래 관계를 맺을 수 있고, 그들이 끌어들이는 회원과 자원이 더 많을수록 그들이 끌어당기는 힘과 회복력이 더 강해진다. 그들은 엄청난 산불의 잿더미 속에서 다시 솟아올라 새로운 생명을 약속하는 굳센 묘목과 같다.

⟩ 하지만 이것을 실천하기는 어렵다

여기에 주의해야 할 점이 하나 있다. 집단중심적이고 갈등이 심한 환경에서 관계 개선을 위해 이미 활동하고 있는 사람들과 단체를 찾고 지원하는 일은 결코 간단하지 않다. 일반적으로 그렇게 하려고 할 때 네 가지 장애물에 직면한다. 나는 이것을 적합성 문제, 두려움 문제, 친구 문제, 해결사 문제라고 부른다.

- **적합성 문제** 우리를 격분하게 하고, 원만하게 해결하기 위한 최선의 노력을 좌절시키는 파괴적인 관계에 빠지면 선을 추구하는 일에 관심을 두기 어렵다. 이는 예방적(손실 회피) 동기지향 대 증

진적(양육 추구) 동기지향에 관한 수십 년간의 연구 결과가 잘 보여 준다. 심각한 갈등이라는 부정적인 경험을 하면, 우리는 이상적이고 긍정적 상태를 증진하는 것보다 상대방을 닦달하거나 단기적 피해를 예방하는 데 더 집중하는 경향을 보인다.[18] 상대방에 대한 경멸과 비난이라는 강력한 힘이 우리를 사로잡으면, 긍정적인 해결책을 찾는 일에 관심을 기울이는 것이 잘못된 것처럼 느껴질 뿐이다.

- **두려움 문제** 우리가 양극화된 갈등에 대한 긍정적인 해결책을 찾는 법을 거의 알지 못하는 이유는 그런 연구가 거의 이뤄지지 않았기 때문이다. 오늘날 학자들은 양극화에 관해 연구하고 글을 쓸 때 '양극화의 이유는 무엇인가?'라는 문제에 대부분 초점을 맞춘다.[19] 그들이 양극화를 분석하고 진단하는 데 열중하는 이유는 그런 연구가 확실한 해결책을 제공해 줄 것이라고 가정하기 때문이다. 이런 경향은 모든 학계에 널리 퍼져 있다. 인간은 두려워하는 상황을 먼저 연구하는 경향이 있기 때문이다.[20] 하지만 존 가트맨이 15년 동안 이혼이 예상되는 조건을 연구한 후 발견했듯이, 이혼이 예상되는 조건의 정반대 조건을 갖추고 있어도 안정적인 결혼을 보장진 못한다. 실제로 그의 연구팀은 다시 10년 동안 안정된 결혼 생활을 연구한 후에야 명확하게 예측할 수 있었다.[21] 달리 말하면, **좋은 것과 나쁜 것**은 정반대가 아니다. 이것들은 다른 프로세스가 관련된 별개의 경험이다. 나쁜 것을 감소시킨다 해도 좋은 것이 증가하는 것은 아니다. 비슷한 프로세

스가 전쟁 방지 대 평화 증진에 관한 연구에서 발견됐다. 전쟁 방지 요인들은 평화를 촉진하고 유지하는 요인과 근본적으로 다르다. 우리는 후자에 대해 별로 아는 것이 없고[22], 밝은 점을 찾는 로드맵은 명확하지 않다.

- **친구 문제** 관계가 긴밀한 집단은 '우리 대 그들' 형식의 집단 갈등을 만든다. 이런 상황에서 어떤 식으로든 내부 집단에서 벗어나는 행동, 즉 다르게 생각하거나, 집단의 태도와 신념과 상반된 것을 표현하거나, 외부 집단의 구성원과 친하게 지내는 행동을 하면 집단으로부터 혹독한 회피나 제재를 받을 수 있다.[23] 미국 역사에서 볼 때 파편화된 핵가족의 증가, 조직 교회의 감소, 공공기관에 대한 불신, 온라인 중독 탓으로 사회적 고립과 소외가 엄청나게 늘어난 지금, 우리가 유지하는 정치적, 문화적 소속감이 한층 더 소중해지는 경향이 있다.[24] 이런 배경에서 볼 때 '구성원의 바람직한' 행동과 상반되는 반문화적 해결책이나 건설적인 대안을 추구하는 것은 끔찍한 대가를 치를 수 있다.

- **해결사 문제** 정치적 양극화를 줄이기 위해 노력하는 우리 같은 사람들(성직자, 교수, 언론인, 선행을 실천하는 사람들)은 흔히 자기 분야의 전문가로 간주된다. 이것은 기분이 아주 좋다! 하지만 우리의 자기만족은 우리 안에 '구원자 콤플렉스' 또는 해결사처럼 보이고 싶은 욕구를 키우기 쉽다. 하지만 우리가 해결사 관점과 다르게 생각하고 일하기로 결정한다면(관계나 지역 사회 내에서 건강하고 기

능적인 사람들이나 집단을 찾아서 강화하는 것) 해결사 역할을 그만두고 긍정적인 효과를 위해 그 상황에서 이미 작동하고 있는 내재적인 메커니즘을 믿고 주의를 기울이는 법을 배워야 한다. 이는 우리같은 사람들에게 어려운 일이다. 실제로 조직 내의 긍정적인 이탈을 활용하는 문제에 관한 연구에 따르면, 전문가들이 해결사 역할을 그만두지 못하는 것이 이런 활동의 성공에 가장 큰 장애물 중의 하나다.[25] 긍정적 이탈의 개척자 중 한 사람인 제리 스테닌은 다음과 같이 말한다.

가장 큰 도전은 리더들이 다른 사람들이 스스로 해결책을 찾을 수 있도록 자신의 힘을 내려놓는 일이다. '나는 일을 해결할 수 있으며, 해결책을 갖고 있다.'라는 자가 이미지를 가진 의사나 학교 교장은 자신의 힘을 포기하거나 일반 사람들이 해결책을 갖고 있다고 진정으로 믿기가 어렵다. 프로젝트를 지원해야 하는 사람들은 자신의 역할을 바꾸고 기꺼이 자신의 힘을 다른 종류의 힘으로 바꾸는 것이 더 낫다. …(중략)… 리더의 일은 지역사회가 스스로 해결책을 찾도록 공간을 만드는 것이다.[26]

이런 장애물에도 불구하고 많은 사람이 기존에 활동하는 사람들이나 단체를 찾아서 활용할 수 있다. 그 방법을 알아보자(〈그림 6.2〉).

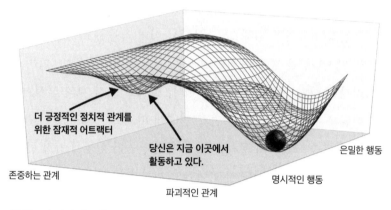

더 긍정적인 정치적 관계를
위한 잠재적 어트랙터

당신은 지금 이곳에서
활동하고 있다.

은밀한 행동

존중하는 관계

파괴적인 관계

명시적인 행동

〈그림 6.2〉 먼저 기존 활동 주체(긍정적인 이탈자)를 강화하라

다르게 질문하라

1990년대 말 젊은 하버드대 교수인 아슈토시 바르슈니는 인도에서 50년 동안 이어진 힌두인-무슬림 공동체 간의 폭력을 연구하다가 이상한 점을 발견했다. 그는 인도 지도를 골똘히 바라보다가 인도의 힌두인과 무슬림 간의 폭력 사건이 거의 대부분 전체 인도 인구의 약 5퍼센트가 거주하는 소수의 도시 지역에서 발생했다는 것을 알았다.

어찌 된 일인지 힌두인-무슬림 간의 긴장이 증가했음에도 인도인의 95퍼센트는 비교적 평화롭고 비폭력적이었지만, 도시 인구 중 작은 부분은 계속 민족 간 폭력에 시달렸다. 학자들은 수년 동안 이런 폭력적인 도시들을 연구해 많은 것을 알아냈지만, 여전히 폭력의 주요 요인을 밝히지 못했다. 바르슈니는 이 수수께끼의 빠진 조각이 평화라는 것을 깨달았다. 학자들은 평화로운 지역을 비교 대상으로 연구하지 않았다. 그는 이런 결론을 내렸다. "간단히 말하면, 우리는 민족 간의 평화를 연구할 때까지 민족 간의 갈등에 관한 좋은 이론을 갖지 못할 것이다."[27]

앞서 언급한 두려움 문제 탓에 대부분의 분쟁자, 중재자, 교수, 컨설턴트, 양극화를 해결하기 위해 일하는 다른 문제 해결자(문제 해결자에 대한 대안적 명칭을 만들어야 할 필요가 있다. 예를 들어 **해결책 탐색자** solution locater와 같은 용어가 필요하다)들은 최우선으로 **문제**에 초점을 맞추는 경향이 있다. 심각하게 양극화된 사회의 매우 긴급하거나 위협적인 상황을 다룰 때 문제에 초점을 맞추는 것은 특히 흔한 일이다. 이런 상황에서 문제에 집중하지 않는 것은 경솔하고 어리석은 것처럼 보일 수 있다(적합성의 문제 때문에). 그러다 보니 우리는 대개 이런 상황에서 이미 성과를 내고 있는 다른 사람들이나 단체에 대해 배우지 않는다. 그 결과 우리는 이런 불균형한 관점에서 상황에 대해 질문을 던지게 된다.

리더십 개발과 조직 변화에 대한 강점 중심 접근법에 관한 심층조사 연구가 보여줬듯이, 변화를 추구할 때 우리가 던지는 질문은 직면한 도전 과제(또는 기회)에 대한 우리의 이해를 넓혀줄 뿐 아니라 우리의 기대와 희망, 미래의 가능성을 결정한다.[28] '양극화가 지금보다 왜 더 나빠지지 않을까?', '어떤 가족과 지역 사회는 왜 다른 가족이나 지역 사회보다 더 긴장된 정치적 분열을 더 효과적으로 관리할까?', '오늘날 무엇이 지역 사회에 희망, 낙관주의, 초당파적 연대감을 제공할까?'라고 단순히 묻기만 해도 우리는 더 건설적인 사람들, 장소, 일로 나아갈 수 있다. '이런 상황에서 공개적인 적대감이나 폭력과 관련해 보호하고 강조하고 활용해야 할 어떤 금기(예를 들어 예배 공간, 아동 주변, 병원 등에 존재하는 금기)가 존재할까?'와 같은 정보는 흔히 일반적인 형태의 갈등 분석에서 간과되기 쉽다. 하지만 이는 갈등을 완화하기 위해 이미 작동하는 면역 체계의 여러 측면을 밝히는 데 도움이 될 수 있다. 이제는 다르게 질문해 보자.

갈등을 회피하라

분열을 해결하기 위해 일하는 일부 사회적 혁신가 단체들은 의도적으로 갈등의 중심에서 떨어져서 활동함으로써 성과를 거두고 있다. 아쇼카Ashoka는 전 세계의 지역 변화운동가들을 지원하는 탄탄한 비영리 기관이다.[29] 그들은 전쟁에 시달리거나 소외되거나 분쟁 중인 지역 사회를 방문해 기존의 효과적인 지역 변화 운동가와 변화 계획(또는 긍정적 이탈자)들을 발굴해 신중하게 심사한 후 몇 년 동안 지원한다. 이러한 개인과 단체들은 적절한 형태의 지원(보통 조용하고 은밀하며 무조건적이고 장기간의 지원)을 받아 자신의 영향력을 높이거나 규모를 확대한다.

2010년 나는 아쇼카의 동료 연구자인 리샤르트 프라슈키에르, 안드레자이 노왁과 함께 아쇼카 활동을 토대로 한 '사회적 혁신가와 건설적 변화: 갈등을 피하는 지혜'라는 제목의 연구 결과를 발표했다.[30] 우리는 이 단체의 활동가들이 심각하게 양극화되고 언뜻 보기에 해결할 수 없을 것 같은 갈등 상황에서 "파괴적인 갈등 어트랙터의 영향력이 미치는 공간 바깥에서 긍정적인 어트랙터를 강화하는 방식으로 활동한다."라는 점을 자세히 밝혔다. 그들은 지금 갈등 중인 양극화된 이슈를 의도적으로 회피하고(일반적으로 그들의 과제를 평화 건설이라고 특별히 설정하지 않는다), 그 대신, 결국에는 갈등을 완화하는 데 도움이 되는 긴장의 '근본' 원인을 해결하는 계획에 초점을 맞춘다(예를 들어 브라질 빈민가에 공동 화장실을 짓는다). 공동 연구자들은 이런 접근 방법에 대해 이렇게 썼다. "연이은 긍정적인 경험을 통해 그들은 더 높은 수준의 신뢰와 협력에 기초해 사회적 균형을 바꾸는 방식으로 갈등 현장의 바깥에서 건설적인 변화를 시작한다. 그들은 이런 전략을 통해 갈등을 적절하지 않고 불필요한 것으로 만든다."[31] 이처럼 당면한 갈등의 중심을 피하고 양극화의 주변 요소를 공략하는 것은 또 다른 전략이다.

직접 하지 마라

많은 사람은 종종 심각한 양극화를 해결하기 위해 일방적으로 개입하려고 한다(해결자 문제). 하지만 이제는 그렇게 대응해서는 안 된다는 점이 분명해졌을 것이다. 이는 실패할 가능성이 크기 때문이다. 지역 사회의 무의식적이거나 충동적인 행동이 '우리 대 그들' 형태의 갈등 양상을 중심으로 전개되고, 친구, 가족, 지역 사회, 리더, 대중 매체를 통해 강화되면 사실상 변화는 불가능할 수 있다. 그들이 변화를 원하지 않는다면 어떻게 할 것인가? 긍정적 이탈 주창자 제리 스테닌은 다음과 같이 지적한다.

행동의 변화가 필요한 사람들은 이미 시스템 안에 살면서 해결책을 찾고 있는 사람들이다. 그래서 그들은 기존의 모범적인 관행을 거부하지 않는다. '관행'은 이물질에 저항하는 면역 반응을 환기시킨다. "이봐요, 여기 해결책이 있어요."라고 말하는 외부인에 대해 거부 반응을 일으키는 것이다. 반면, 긍정적 이탈자 positive deviance가 제시하는 해결책은 시스템 내 사람들과 어떤 의미에서 똑같은 DNA를 공유한다. 그러므로 사람들은 그 해결책을 반박하거나 거부하지 않는다.[32]

지역 사회 구성원들이 스스로 변화가 필요하다고 느끼는 것을 이미 실천하고 있는 사람들을 관찰하거나 그들과 교류하면 고질적인 습관을 바꿀 수 있다. 긍정적 이탈을 촉진하기 위한 스테닌의 접근 방법은 '긍정적 이탈자'들이 지역 사회 사람들과 직접 교류할 것을 권장한다. 그는 긍정적 이탈을 지역 사회의 다른 사람들에 비해 유리한 위치를 확보하게 하는 남다른 실천이라고 정의한다.[33]

예를 들어 스테닌은 베트남 농촌 지역의 영양 결핍 문제를 해결하기 위해 활동할 때, 먼저 다른 아이들보다 영양 상태가 더 나은, 소수의 지역 아동들을 찾아서 그들의 어머니가 지닌 요리 습관을 연구했다. 그는 해결책을 찾은 뒤(어머니들은 논에서 일할 때 작은 게와 새우를 잡아 요리해 가족에게 제공했다), 이를 다른 가정에도 전달하기 위해 열심히 노력했다. 그러던 중 그는 바람직한 행동을 말로만 해서는 안 된다는 것을 배웠다. "새로운 지식을 가르치지 말고 새로운 행동을 할 수 있는 여건을 제공하라." 그래서 그는 자녀의 영양 상태가 좋은 어머니들에게 다른 어머니들을 초청해 함께 가족을 위해 요리하고 음식을 준비하도록 요청했다. 가르치는 것이 아니라 그냥 함께 음식을 만들었다. 그 결과, 그 지역의 영양실조 비율은 2년 만에 65 ~85퍼센트 감소했다. 직접 해서는 안 된다. 다른 사람들이 스스로 해결책을 실행하는 법을 배울 수 있는 여건이 조성되도록 도와야 한 다.

점들을 연결하라

상황의 여러 기능적 측면에 대해 다르게 질문해 더 많은 것을 알 게 되면 여러 측면 사이의 점들을 연결하는 데 도움이 된다.

2015년 내가 속한 컬럼비아대학교의 평화 및 갈등 그룹은 세계 은행의 '취약성-갈등-폭력 담당 부서'로부터 콜롬비아 지역의 오랜 전쟁 및 그 당시 심각한 문제가 노출된 평화 프로세스와 관련된 복 잡한 역학 관계를 분석하는 워크숍을 진행해달라는 요청을 받았다. 우리는 워크숍에서 평화 활동가들이 직면했던 장애물에 초점을 맞 추는 대신 분쟁 당사자들 간의 화해를 위해 이미 실질적으로 활동해 온 지역 사회에 기반을 둔 단체들community-based organizations, CBOs을 초청 하기로 의견을 모았다. 그해 5월 며칠 동안 우리는 보고타에서 다양 한 규모와 역사를 지닌 12개 지역 사회 기관의 구성원들과 함께 시 스템 역학관계 분석 워크숍을 열었다.[34]

여러분이 상상하듯이 CBOs와 함께 수행한 분석 과정은 단순하 면서도 복잡했다. 단순했던 이유는 각 기관의 그룹들이 독자적으로 분석한 다음, 연합 그룹에서 함께 통합하는 과정이 상당히 단순했기 때문이다. 그들은 (1) 기관이 추구하는 긍정적인 최종 상태를 자세히 설정하고(예를 들어, 전직 군인들을 치료해 지역 사회로 복귀시키는 일), (2) 이런 최종 상태를 이루기 위해 도와야 할 현재 활동을 열거하고 (3) 긍정적인 상태를 촉진하는 데 방해가 되는 것을 열거하고, (4) 이런 요소들이 서로에게 그리고 긍정적인 최종 상태에 미치는 영향을 분석했다. 분석 과정이 복잡했던 이유는 그 이후 이어진 대화가 매우 미묘하고, 때로 의견 불일치가 있었기 때문이다.

이러한 복잡한 역동에 관한 분석 활동은 여러 면에서 유익하다. 보고타에서 CBOs의 구성원들이 문제와 해결책의 특성에 관한 그들의 매우 다른 관점(그들의 기관 내부에 존재하는 차이와 기관들 간의 차이)을 발표하고 논의한 것은 유용했다. 단체들이 시스템 내의 매우 다양한 폭력 유발 요소를 자세히 언급하고 그런 요소를 해결할 수 있는 많은 치유책을 인식한 것은 엄청난 도움이 됐다.

이런 상호 연결과 관련 사항에 관한 지식을 정리함으로써 참가자들은 공유한 과제 중에서 불필요한 부분을 알게 됐고, 또 그동안 간과해왔던, 지역 사회의 지리적 조건과 문제 유발 요인 측면에서 서로 중요한 차이가 있다는 것을 알게 됐다. 예전에 종종 재원 조달 문제로 서로 경쟁을 벌였던 기관들이 공동의 대의를 위해 실천 네트워크로서 협력하기 시작했다. 이 단체는 전망을 더 분명하게 이해하고 더 큰 연대감과 효율성(끔찍한 조건에서 성공하는 중요한 요소들)을 갖게 됐다. 따라서 지역 사회의 긍정적 이탈자들을 연결하는 것은 그들의 영향력을 키울 수 있도록 도와주는 또 다른 방법이다.

관심사를 공유하는 연대 세력을 찾아라

지역 사회에 기반을 둔 변화 활동가들은 새로운 **연대 세력**, 즉 새로운 계획을 실행하는 데 필요한 자원을 제공하고 집단과 지역 사회에서 필요한 것이나 관심사를 공유하는 세력을 찾으려고 노력한다.[35] 예를 들어, 세계 도처의 분쟁 지역에서 가장 소외된 지역 사회와 함께 개발 과제를 수행하는 동료 대니 번스는 과제를 시작할 때 보통 지역에서 연대할 수 있는 세력을 찾는다.[36] 그의 팀은 보통 몇 개월 또는 몇 년 동안 지역민을 고용해 함께 일하면서 현장의 현실을 구체적으로 이해한다. 그다음 '이 지역의 에너지는 어디에 있는가?'라는 질문에 대한 해답을 찾기 위해 다수 지역민들과 대화 모임을 개최한다. 그들은 지역민의 이야기를 깊이 조사해 목표를 달성하기 위해 곤경에 빠진 지역 사회를 단결시키고 움직일 수 있는 공통의 근본적인 필요와 열망을 찾아낸다.

물론 연대 세력은 건설적인 목적 뿐만 아니라 파괴적인 목적으로도 이용될 수 있다. 이는 집단이 공유한 관심사의 방향(예를 들어 실업 문제를 해결하기 위해 움직이는 지역 사회 또는 다른 집단에 보복을 원하는 성난 군중)에 따라 달라진다. 또한 연대 세력은 분열된 지역 사회에서 사람들이 공동 행동에 함께 나설 충분한 관심사가 있다는 것을 가정한다. 하지만 때로 한 집단 내에서 공통의 목표 또는 관심사를 찾고 인식을 높이는 것만으로도 사람들의 참여를 충분히 끌어낼 수 있다. 그렇게 하면 지역 문제 해결의 프로세스가 구축돼 스스로 운동력을 갖게 되고, 지역 사회에 새로운 문제가 발생할 때도 그것을 해결할 수 있게 된다. 따라서 설령 긍정적인 이탈이 없다 해도 연대 세력을 찾는 것은 이미 존재하는 에너지와 정치적 의지를 강화해 새롭고 확고하게 구축할 수 있는 전략이다.

신중하게 다루어라

유감스럽게도, 긍정적 이탈조차도 부정적인 결과를 초래할 수 있다. 이슈가 과열되고, 관계가 고통스럽고, 지역 사회가 분열되고, 집단끼리 전쟁을 벌이는 상황에서는 너무도 쉽게 의도하지 않은 피해가 발생한다. 예를 들어, 지역민들은 우샤히디Ushahidi와 같은 새로운 위기 분석 기술을 개발해 선거 기간에 유권자에 대한 정부의 위협이나 억압과 같은 불법적인 활동에 관한 대략적인 이미지를 파악할 수 있다. 케냐에서 우샤히디는 처음으로 시민이 중심이 돼 권력 남용을 견제하도록 지원해 큰 찬사를 받았다. 하지만 정부 당국이 이런 기술을 이용해 우샤히디 사용자들을 추적하고 그들에게 더 큰 피해와 위협을 가할 수 있다는 점이 곧 밝혀졌다.[37]

양극화된 상황에서 단순히 효과적인 조정자들을 찾는 행위는 그들을 위험과 보복에 노출시킬 수 있다. 그들은 일부 사람들에게 부정적인 일탈자 또는 반역자로 보여 공격 대상이 될 수도 있다. 예를 들어, 나의 동료이자 교수, 페미니스트인 마리아 하지파블루는 분열된 키프로스에서 그리스-키프로스 간, 터키-키프로스 간 이해를 증진하기 위해 수십 년 동안 지치지 않고 활동한 키프로스 출신 평화활동가다. 이런 노력의 결과로 그녀는 모국인 키프로스의 양 진영으로부터 수많은 위협과 소외를 당했다.

안타깝게도, 오늘날 미국의 정치적 스펙트럼의 양 진영에도 이런 예가 너무 많다. 실제로 파괴적인 갈등과 폭력이 발생할 가능성이 높은 위험한 상황에서 일하는 평화 활동가, 국제 구호자, 그 외의 다른 선행자들은 특히 긴장이 높아진 시기에 자신과 동료들 또는 가족들이 피해를 당하지 않도록 활동을 줄이거나 중지해야 하는 경우가 많다.[38] 활동을 강화하려고 시도할 때 활동이 중단되지 않도록 신중을 기하는 것이 매우 중요하다. 특히 **피해를 입지 않도록** 조심해야한다. 이를 위해 먼저 이런 행동이 의도하지 않은 결과를 유발할 가능성을 항상 경계해야 한다(대략적인 법칙 7).

여기서 좋은 소식을 강조하고 싶다. 당신 혼자만 더 좋은 날을 바라는 것이 아니며 흔히 제로 상태에서 시작할 필요도 없다는 것이다. 미국인의 86퍼센트 이상이 미국 사회의 고질병에 진절머리가 나있을 뿐만 아니라 지역 사회의 가족, 집단, 조직들이 우리의 분열을 효과적으로 치유하기 위해 열심히 일하면서 공존의 모델을 찾고 있다. 당신의 최우선적인 과제는 그들을 찾는 것이다.

❚ 실천: 부숴라
최악의 상태를 완화하라

거품 원칙은 현재 상황에서 긍정적인 변화를 계속 유지하려면 긍정적인 효과를 강화할 뿐만 아니라, (지금은 잠재적인) 유해한 성향의 힘을 줄여야 한다고 말한다.

달리 말하면, 우리를 몰아가는 더 파괴적인 역동의 힘을 **없애거나 줄여야** 한다(〈그림 6.3〉). 시스템의 가장 나쁜 결함을 줄이고 파괴적인 어트랙터를 해체하려면 다음 세 가지에 집중해야 한다. 파열ruptures, 저항resistence, 리펠러repellers.

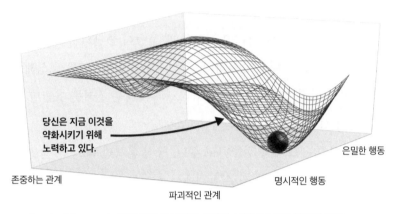

당신은 지금 이것을
약화시키기 위해
노력하고 있다.

은밀한 행동

존중하는 관계

명시적인 행동

파괴적인 관계

〈그림 6.3〉 다음으로, 파괴적인 역동을 파괴해 유해한 성향들의 힘을 줄여야 한다.

충격파(파열)를 타라

4장에서 설명한 폭탄 효과는 분열을 유발하는 어트랙터로 구성된 심층 구조를 약화시킬 수 있는 최선의 원천 중 하나다. 하지만 폭탄 효과를 활용하려면 비선형적 변화에 대한 이해가 필요하다(특히 대략적인 법칙 4). 단절적 평형에 관한 연구에 따르면, 밀접하게 연결된 시스템의 점진적 변화는 근본적인 변화를 만들어낼 가능성이 상당히 작기 때문에 대개 현재 상태에 대한 중대한 충격이 필요하다.[39] 하지만 이런 힘들은 다양한 유형의 긍정적 효과와 부정적 효과를 가져올 수 있으며, 그 효과가 뚜렷하게 나타날 때까지 보통 수개월 또는 수년이 걸린다. 따라서 이것들은 필요조건일 뿐 충분조건이 아니라고 간주해야 한다.

아마도 현재 상태에 대한 중대한 파열의 효과를 **충격파**로 이해하는 것이 가장 좋을 것이다. 이는 폭발, 번개 또는 음속보다 빨리 비행하는 초음속 제트기와 같은 운동력에 의해 만들어지는 거대한 압력이다. 충격파가 매우 파괴적인 이유는 극히 강하고 빠른 파동을 통해 폭발 지점 주변으로 진동을 일으켜 진동이 닿는 곳을 요동시키고 때로 폭발시키기 때문이다. 충격파의 압력은 구조를 흔들고 이는 계속 다른 구조를 흔들어 결국 명시적인 효과가 나타난다. 이러한 불안정한 상태에서 카리스마가 있는 낯선 외부인, 새로운 종에 대한 약속, 지역 이해관계자와 외부 주체들을 연합시키는 프로젝트가 등장하고, 그들이 일차적인 분열 요소를 바꾸는 것을 목표로 삼을 수 있다.

예를 들면, 도널드 트럼프가 2016년 미국 대통령 선거에서 승리한 사건은 미국과 전 세계에 놀라운 충격파를 던졌다(대부분의 여론 조사는 선거일 저녁에 힐러리 클린턴이 승리할 확률이 70~99퍼센트로 예측했다).[40] 온갖 악조건에도 불구하고 트럼프가 승리했다는 소식은 미국의 대다수 가정과 사회 분야에 충격을 줬고, 그중 하나는 미디어 분야였다. 미국의 많은 주류 미디어의 과도한 정치화 현상이 트럼프의 당선에 핵심적인 역할을 했으며, 이는 미국의 분열 위기를 계속 악화시켰다.[41] 그럼에도 불구하고 미디어는 거의 예외 없이 선거 후에도 자신이 지지하는 정치 진영에 더욱 몰두했다.

뉴욕에서 태어나 성장한 안나피 와헤드는 2015년 민간 기업의 고임금 직장을 떠나 뉴햄프셔주에서 힐러리 클린턴을 위한 방문 선거 운동을 시작했다. 올해 줌을 이용한 통화에서 그녀는 지역 사회에서 만나려고 시도한 보수적인 사람들이 자신과는 완전히 평행한 우주에 살고 있다는 사실을 알고 매우 놀랐다고 말했다. 클린턴 선거본부가 보수적인 유권자들에게 호소하라고 제시한 내용은 많은 시간 폭스 뉴스를 시청하거나 러시 림보의 라디오 방송을 청취하는 보수적인 사람들에게 전혀 공감을 얻지 못했다. 보수적인 유권자들이 가장 관심을 가질만한 이슈인 저렴한 의료 서비스, 괜찮은 직장, 제 역할을 다하는 공립 학교 등에 관해 대화를 나누려는 그녀의 노력이 아무런 관심을 받지 못한 것은 그들이 가진 사실과 데이터가 그녀의 것과 완전히 달랐기 때문이었다.

선거 이후 와헤드는 사업계와 정치계를 떠나 《더 플립 사이드The Flip Side》[42]라는 온라인 미디어 플랫폼을 만들었다. 이 플랫폼은 우파와 좌파에 관한 정통한 소식을 조사, 추적하고 우파와 좌파의 핵심 이슈를 매일 보도한다. 이 활동의 목적은 중요한 이슈의 다양한 측면에 대해 사려 깊은 관점을 제공해 공통의 이해 가능성을 높임으로써 점점 더 분열하는 진보주의자와 보수주의자를 연결하는 데 도움을 주는 것이다. 현재의 정보 균열 상황에서 가교를 만들려는 다른 미디어 활동들도 생겨나고 있다. 예를 들면, 〈솔루션 저널리즘의 세밀한 내러티브 이해 프로젝트Solution Journalism's Complicating the Narrative project〉, 〈아스펜 연구소의 사회 구조 짜기 프로젝트the Aspen Institute's Weave Social Fabric Project〉, 〈스토리콥스 원 스몰 스텝 계획the Storycorps initiative One Small Step〉, 〈BBC의 분열 잇기 프로젝트BBC's project on Crossing Divides〉, 〈팀 쉬라이버의 콜 투 유나이트Tim Shriver's call to Unite〉[43] 등이다. 이것들은 중대한 충격에서 생겨난 희망적인 2차 또는 3차 파동 효과이며, 극단적인 양극화의 요인을 완화하기 위해 노력하고 있다.

저항을 줄여라

1940년대에 물리학에 박식한 최초의 심리학자인 쿠르트 레빈은 사회 시스템을 바꾸는 두 가지 기본적인 방법을 제시했다. 바람직한 방향으로 변화를 추진하는 세력을 키우거나 변화에 저항하는 반대 세력의 힘을 줄이는 것이다.[44] 일반적으로 위협이나 물리력과 같은 강력한 힘을 증가시키거나, 긍정적인 인센티브를 제공하거나, 도덕적 또는 사회적 압력을 가하는 것은 사람들과 집단에 압박을 증가시킨다.[45] 물론 스트레스가 큰 현재 미국 상황에서 긴장도를 높이는 것은 레빈이 말했듯이 '더 큰 피로, 더 높은 공격성, 더 민감한 감정적 반응, 비건설적인 태도'를 수반할 가능성이 있다. 이는 심하게 분열된 사회에서 매우 위험한 현상이다. 따라서 변화를 촉진하는 대안적인 방법, 즉 변화에 저항하는 주요 장애물을 제거하는 것을 고려할 때는 신중해야 한다. 긴장을 낮추면서 동시에 변화 운동을 촉진해야 한다.

저항을 제거하는 방법이 더 나은 결과를 촉진하기 위해 변화를 추진하는 방법보다 상대적으로 더 효과적이라는 점이 임상 심리학, 조직 개발, 국제 문제를 포함한 많은 분야에서 수행된 연구에 의해 확인됐다.[46] 우리는 컬럼비아대학교 연구실에서 이와 비슷한 연구를 수행했다. 학교에서 유럽계 백인 미국인 교장과 아프리카계 미국인 교사 사이의 오래되고 심각한 인종 갈등을 해결하기 위해 개입하는 상황에서 변화 추진력 증가의 효과와 변화 저항력 감소의 효과를 비교했다.[47] 우리는 변화에 방해가 되는 참가자들의 문제(갈등 격화에 대한 대안 인식 부재, 불신, 무력감, 건설적인 문제 해결 기술 부재)를 감소시키기 위한 개입이 변화의 추진력(예를 들어 권위자들의 요구, 결과에 대한 위협, 인센티브 제공)을 만들기 위한 개입보다 훨씬 더 효과적으로 긍정적인 변화를 가져온다는 사실을 발견했다. 실제로 저항이 줄고 그에 따라 압박감이 감소한 참가자들은 분노, 분개, 꼼짝없이 갇혔다는 느낌이 상당히 줄었고, 긍정적이고 희망차며 안도감을 더 많이 느꼈다. 특히 참가자들은 갈등에 관해 개인적인 책임감을 더 많이 느끼고(특히 희망적인 발견), 관계를 진전시킬 방법에 대해 더 평화롭고 덜 강압적으로 행동하려는 의도를 보였다.

보스턴의 낙태 문제 대화로 돌아가 보자. 저항을 줄이는 것은 이 문제의 성공에 중요한 역할을 했다. 이 프로세스는 참가자들을 압박하거나 인센티브를 제공하거나 강요하지 않았다. 대신 인식(극단적인 불신, 선입견에 기초한 오해), 감정(분노, 혐오, 폭력에 대한 두려움, 보복), 행동(효과적인 분노 관리 및 갈등 해결 기술 부재), 동기부여(대화할 때 가치나 목적을 주목하지 않음), 환경(더 넓은 범위의 지역 사회 두 진영 간의 거대한 분열)에 각각 기초해 변화의 장애물을 효과적으로 제거했다. 로라, 수전, PCP 직원들이 대화의 전과 후 그리고 대화 중간에 제공한 신중하고 조심성 있는 지원 덕분에 물리적, 심리적인 안전이 보장되고, 흔히 등장하는 적대적 표현이 감소하고, 완전한 비밀과 명료하고 상호 존중하는 의사소통 방식, 충분한 프로세스 진행 시간이 제공됐다.

뿌리 깊은 양극화 상황에서 변화에 저항하는 분쟁자들의 태도를 완화하는 특별히 효과적인 접근 방법은 그들의 고질적인 태도를 과장되게 이용하는 것이다. 특히 매우 긴장된 이스라엘-팔레스타인 분쟁 상황에서 수행된 일련의 혁신적인 현장 연구에서 연구자들은

역설적 사고 개입paradoxical thinking interventions이 적대적이고 극단적인 태도를 완화하는 데 유용하다는 점을 발견했다.**48** 이런 상황에서 갈등을 뒷받침하는 핵심적인 신념을 공격하는 것은 곧바로 역효과를 일으키겠지만, 연구자들은 가장 극단적인 형태로 그런 신념을 표현하는 것이 그 신념에 눈먼 지지자들을 해방하는 데 도움이 될 수 있다는 가설을 세웠다. 연구자들은 이를 위해 '갈등'이라는 유튜브 기반의 영상 캠페인을 개발했다. 이 캠페인은 갈등을 뒷받침하는 더 극단적인 신념과 일치하는 사상을 공유하고, 그 사상을 강조해 매우 과장되고 터무니없는 결론을 끌어냈다. 다음은 캠페인에서 공유한 하나의 사례다.

한 비디오 영상은 이스라엘군이 세상에서 가장 도덕적인 군대라는 사회적 신념을 다루었다. …(중략)… 이 영상은 다음과 같은 메시지로 시작했다. "이것이 없다면 우리는 절대 도덕적이지 못할 것입니다." 그다음 약 20초 동안 팔레스타인들을 돕는 이스라엘 병사를 묘사하는 영상이 나오고 동시에 루이 암스트롱의 유명한 곡 〈왓 어 원더풀 월드What a Wonderful World〉가 흘러나온다. 이 비디오 영상은 "우리가 도덕적이기 위해 갈등이 필요합니다."라는 메시지와 함께 끝났다. 여기서 중요한 점은 이 영상과 다른 모든 영상이 갈등을 지지하는 핵심적인 신념을 반박하지 않고 오히려 그것을 강조해 터무니없는 결론(즉, 이런 신념 때문에 이스라엘 사람들은 지속적인 갈등이 필요하다)을 끌어낸다는 것이다.

이런 개입의 효과는 인상적이었다. 이 연구에 따르면, 캠페인을 접한 이스라엘 사람들은 즉시 갈등을 지지하는 태도를 버리고 팔레스타인에 대한 화해적 태도를 더 많이 보이고, 서안 지구의 유대인 정착촌 관련 소송과 같은 민감한 이슈에 대한 입장을 완화했다. 이런 효과는 일 년 뒤에도 계속 확인됐고 계속 유지되고 있는 것 같았다. 더 놀라운 점은 이 캠페인이 2013년 이스라엘 총선의 투표 패턴에도 영향을 줬다는 것이다. 역설적 사고 캠페인을 접한 이 연구의 참가자들은 '평화로운 갈등 해결을 지지하는 더 온건한 정당에 찬성하는' 성향을 보였다. 이는 저항 감소의 힘을 잘 보여 주는 놀라운 실제 사례다.

사람들은 대부분 위협, 압박, 대결, 공격을 가하는 사람들을 경멸하며 맞서는 것이 **옳다고 느낀다.** 하지만 장기간의 갈등 상황에서 이런 행동은 우리 사이의 파괴적인 역동을 강화하는 경향이 있으며, 현재 상태를 바꾸는 데 대부분 아무런 도움이 안 된다. 그렇다면 변화 프로세스 변경을 고려하는 것이 유용할 것이다. 어쩌면 이것이 직관에 상반되는 것 같고, 심각한 갈등 상황에서는 **잘못됐다고 느낄 수도 있다.** 하지만 프로세스를 제대로 바꾸기만 한다면 출구를 찾을 수도 있다.

리펠러를 강화하라―금기에 의지하라

충격파 타기나 저항 감소가 '우리 대 그들' 어트랙터의 힘을 크게 바꾸지 못할 것처럼 보인다면, 이제는 금기에 의지할 때가 됐다. 이를테면, 중대한 사회적·문화적·종교적 금기, 규범, 가치 등의 중요성에 주목하거나, 또는 이를 위반하고 저하하는 일에 관심을 갖는 것이다. 다행스럽게도 대부분의 지역 사회(폭군이나 조직범죄자가 통치하는 지역 사회조차도)는 법률, 규범 또는 여러 유형의 파괴 행위 금지 조항을 갖고 있으며, 복잡한 어법을 이용해 이른바 **리펠러**를 확립한다. 실제로 고고학적 연구에 따르면, 직접적인 폭력이나 적대 행위를 금하는 공동체의 금기가 인간 역사에 많이 존재했으며, 이는 선사 시대에 수렵과 채집 활동을 하며 떠돌던 조상들의 핵심적인 특징이었다.[49] 오늘날 가장 평화로운 사회의 핵심적인 특징은 공격과 폭력을 반대하는 금기가 있다는 것이다.[50] 실제로 보스턴 낙태 문제 대화에서 리더들(서로의 적대자들)이 처음으로 대화 장소로 모인 것은 끔찍한 폭력행위라는 금기의 파괴와 그러한 일이 또 발생할 가능성을 낮춰야 할 필요성이 충격파로 작용해 상위 목표가 됐기 때문이었다.

금기가 깨지면 관계와 지역 사회의 존속에 즉각적이고 장기적인 위험이 초래된다. 금기 파괴는 중요한 기준을 낮추거나 바꿀 수 있으며, 이는 가정, 지역 사회, 국가의 구조를 해체할 수 있다. 우리는 미국 의회와 미디어에서 거의 매일 정치적 대화가 퇴행하는 모습을 목격한다. 이런 금기 파괴와 그에 따른 잠재적이고 끔찍한 결과에 주의를 기울이는 것은 이런 리펠러들의 중요성을 강조하며 이에 대한 혐오감을 증폭시킴으로써 더 파괴적인 어트랙터를 억제하는 하나의 방법이다.

이는 오늘날 많은 서구 민주주의 사회에 사는 사람들에게 시급한 문제가 됐다. 2019년 시행된 조사에서 미국인의 85퍼센트가 미국의 정치 토론이 부정적이며 서로 존중하지 않는다고 말했다. 73퍼센트는 선출직 공무원들이 폭력을 조장할 수 있기 때문에 격한 언어를 쓰지 말아야 한다고 생각했다.[51] 여러 세대에 걸쳐 형성된 공공 업무 혹은 공공장소와 관련된 금기와 규범은 비록 결함이 있다고 하더라도 대체로 우리가 지나치게 유해한 관계와 폭력에 빠지지 않고 당대의 도전 과제에 대처할 수 있게 해 준다. 하지만 이것들이 악화되면 우리 역시 그렇게 될 것이다.

어트랙터가 넓어지면 거기에 쉽게 빠질 가능성이 더 높아진다는 것을 잊지 말자. 더 극단적인 형태의 수사적 표현이나 행동과 관련된 금기를 강화하면 이런 힘을 줄이는 데 도움이 된다. 물론 이런 경계의 목소리는 지역 사회와 소속 집단 **내부에서** 나올 때 가장 효과적이다. 그래야 정치적인 계략으로 간주해 무시하거나 회피할 가능성이 작기 때문이다. 우리는 대부분 우리 삶과 지역 사회에 이런 가드레일이 없다면 곧 길을 잃고 만다는 타고난 감각을 갖고 있다.

앞 문단에서는 '우리 대 그들' 상황에서 작용하는 가장 폭넓고 심층적인 문화적 패턴의 힘을 약화시킬 필요성에 초점을 맞추었다. 일단 양극화 함정에 빠지면 우리는 항상 그들과 싸우고 방해하려고 한다. 이런 특성이 우리의 삶에서 정말 필요하고 충분히 통한다면 문제가 없겠지만, 그렇지 않을 경우 관계나 상황의 본질을 바꿀 대안적인 방법을 찾는 것이 매우 중요하다. 일차적인 목표는 '우리 대 그들' 어트랙터를 약화시켜 이것이 관계를 계속 지배하지 못하도록 하고, 더 유익한 어트랙터로 대체해 나가는 것이다.

7

THE WAY OUT

복잡도를 높여라
모순적인 복잡성을 받아들여라

} 확실한
세계

메건 펠프스 로퍼는 도덕적으로 확실한 세계에서 자랐다. 프레드 펠프스의 손녀이며, 캔자스주 토피카의 웨스트보로 침례교회 설립자인 그녀의 삶 전체와 세계관은 교회의 교리를 중심으로 형성됐다. 웨스트보로 교회는 격렬한 증오 연설과 도발적인 항의로 유명한 근본주의적 기독교 단체다. 특히 성 소수자, 가톨릭, 정통 기독교인, 무신론자, 무슬림, 유대인, 집시, 미국 군인, 정치인(구글에서 "하나님은 동성애자를 싫어한다God Hates Fags"를 검색하면 웨스트보로 웹사이트를 찾을 수 있다)에게 적대적이다. 이 교회는 민권 변호사이자 목사였던 그녀의 조부가 지녔던 핵심적인 신념에 기반을 두고 설립됐다. 조부는 인간에게 닥치는 유해한 것이 모두 '가치의 부재'와 동성애자 용인에 대해 하나님이 심판한 결과라고 생각했다.*

펠프스 로퍼는 활동적이고 존중받으며 카리스마 있는 젊은 교회 리더였다. 그녀는 매일 피켓 시위를 벌였으며 정치적 활동에 소셜 미디어를 선도적으로 활용했다. 그녀는 종종 《하워드 스턴 쇼Howard Stern Show》에 출연해 지역 사회에 대해 발언했다. 그녀는 자신의 블로그에 올린 공개 편지에서 자신의 관점을 설명했다.

미국의 중심부에 있는 주에 속한 한 도시에 사는 한 무리의 사람들은 자신들이 우주의 중심이라고 믿습니다. 그들은 옳고 그름을 알며, 물론 그들은 옳습니다. 그들은 열심히 일하고 학교에 가고 결혼하고 아이들을 낳아 교회로 데려가서 현세의 삶과 죽음, 일상 활동에 계속 이의를 제기하는 것이 하나님을 사랑하는 인간이 성실하게 수행할 유일하고 진정한 동정심의 표현이라고 가르칩니다. 부모로서 그들은 배려하고 관여하며, 아이들은 부모의 가르침을 배웁니다. 이것이 나의 기본 체계입니다.[1]

나중에 내가 펠프스 로퍼로부터 받은 이메일에서 그녀는 웨스트보로 교회의 세계관을 상세하게 설명했다.

항의 시위는 내가 다섯 살 때인 1991년에 시작됐습니다. 내가 성장하면서 절대적으로 신뢰하게 된 사상은 내가 단어를 이해할

---

* 이 내용의 일부는 2015년 컬럼비아대학교의 내 사무실에서 메건 펠프스 로퍼와 인터뷰할 때 나눈 개인적인 대화에서 나온 것이다.

시기부터 내 머릿속에 각인됐습니다. 예를 들어, 하나님은 대부분의 인간을 싫어하며 극도로 혐오합니다. 나는 하나님의 진노를 피하기 위해 나를 이 세상에서 분리할 필요가 있었습니다. 영원한 지옥으로 향하고 있다고 매일 세상에 경고하는 것은 타인에게 위임할 수 없는 나의 의무였습니다. 그 경고는 "이웃을 사랑하라."라는 예수의 명령을 실천하는 것이었습니다.

그 뒤 2012년 펠프스 로퍼가 27세가 됐을 때 모든 것이 바뀌었다. 역설적이게도, 소셜 미디어에서 지역 사회 아웃사이더들과 사회운동을 벌이는 동안 그녀는 신약 성서에서 **자비**에 대한 구절인 로마서 8장에 기록된 내용과 지역 사회에서 악명을 떨치게 된 경멸스러운 시위운동 사이에 중대한 모순이 있다는 사실을 알게 됐다. 처음에 그녀의 친구들은 이런 모순을 부인하거나 경시하면서 교회 장로들이 그것을 쉽게 설명할 수 있다고 주장했다. 하지만 그녀의 아버지가 성경과 그들의 행위 사이에 모순이 있음을 인정했을 때 펠프스 로퍼는 이분법적으로 선과 악을 나누는 삶의 명료함과 확실성이 무너지기 시작했다고 주장한다. 그 이후 그녀는 매일, 심지어 매시간 또 다른 모순에 직면했고 그것이 자신의 중심을 흔들었다고 말했다. 6개월 뒤 그녀와 여동생은 웨스트보로 교회를 떠났고, 나머지 가족들과 친구들은 그들을 피하고 관계를 끊었다. 그녀는 이 과정을 2017년 테드^{TED} 강연에서 다음과 같이 밝혔다.

"트위터에서 만난 내 친구들은 시간을 내서 웨스트보로의 교리를 살펴봤습니다. 그러는 중 그들은 내가 평생 동안 놓친 모순점을 발견할 수 있었습니다. '죄 없는 사람이 먼저 돌을 던져라.'라고 예수가 말했는데 왜 우리는 동성애자를 사형시키라고 주장했을까? 동성애자들을 없애달라고 하나님께 기도하면서 동시에 어떻게 이웃을 사랑하라고 주장할 수 있을까? 사실, 인터넷에서 만난 낯선 사람들이 내게 보여 준 배려 자체가 모순이었습니다. 다른 편에 선 사람들은 내가 믿도록 가르침을 받았던 악마가 아니라는 증거가 늘어갔습니다."[2]

이어서 그녀는 다음과 같이 말했다.

이런 생각이 최근 내 마음에서 떠나지 않았습니다. 나의 이전 교회를 지배했던 것과 동일한 파괴적인 충동들이 우리의 공적 대화에서 나타나는 것을 보기 때문입니다. 우리는 다른 어떤 때보다 관용과 다양성을 소중하게 여기면서도 점점 더 분열되고 있습니다. 우리는 정의, 평등, 자유, 존엄, 번영과 같은 선한 것을 원하지만, 우리가 선택한 길은 4년 전에 내가 떠난 길과 너무나 비슷해 보입니다. …(중략)… 우리는 타협을 극히 혐오합니다. 같은 편에 있는 사람들이 집단의 노선에 의문을 제기하면 그들조차도 공격 대상으로 삼습니다. 이 길은 우리를 잔혹한 비난, 극심한 양극화, 폭력으로 이끕니다. 나는 이 길을 기억합니다. 이 길은 우리를 원하는 곳으로 인도하지 않을 것입니다.

펠프스 로퍼의 이야기는 확실성, 이분법적인 사고, 세상에 관한 지나치게 단순한 이해에서 비롯된 놀라운 파괴력을 모순과 복잡성을 통해 바로잡을 수 있다는 점을 구체적으로 보여 준다. 심각한 양극화와 경멸의 상황에서는 확실성이 우리를 지배한다. 어려운 대화 연구소에서 수행한 연구는 이때야말로 복잡성을 높이는 것이 무엇보다 중요하다는 점을 발견했다.

모순적인 복잡성을 이해함으로써 갈등 지형을 바꿔라

원칙 4: 모순적인 복잡성을 받아들여라

우리는 버겁고 논쟁적인 도전 과제는 물론 그와 관련된 사람들과 집단을 성급히 과도하게 단순화해 이해하려는 성향이 매우 강하다. 이는 고도로 복잡하고 급변하는 환경에서 의사 결정을 내려야할 때 흔히 볼 수 있는 논리적 반응이다. 그리고 그런 압박감이 고도의 불확실성과 위협 속에서 상당히 커진다.[3] 세상이 점점 더 복잡하고 예측할 수 없게 되면서 세상에 대한 우리의 인식이 더욱 협소해지고 단순해지는 경향이 있다. 이것이 바로 앞서 내가 **대대적인 붕괴** big collapse라고 말한 것이다. 그리고 이는 재난을 초래하는 길이다.

2장에서 수십 년에 걸쳐 꾸준히 심화된 양극화는 한 가지 이유가 아니라 다양한 요소들이 서로 영향을 미쳐 **악순환의 고리**를 만들고, 악순환은 다른 분열적인 역학 관계의 영향을 받아 개인, 지역 사회, 국가의 차원을 연결하는 **악성 태풍**을 형성해, 결국 **양극화의 슈퍼 태풍**

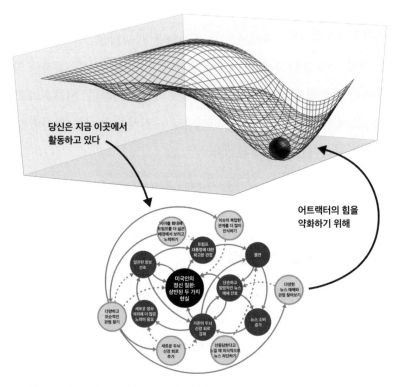

<그림 7.1> 모순적인 복잡성 증가를 통한 악순환 약화

을 만들었다고 주장했다. 이처럼 놀라울 정도로 복잡한 역학 관계 탓에 변화에 가장 강력하게 저항하는 어트랙터들이 나타난다.

반면, 이는 이런 어트랙터로부터 벗어나는 다양한 경로를 보여 주기도 한다. 근본적으로 다른 두 가지 유형의 복잡한 역학 관계가 존재한다. 한 유형은 더 해결하기 힘든 형태의 양극화를 촉진하고, 다른 유형은 양극화를 예방하거나 완화한다. 첫 번째 유형은 **일관된 복잡성**consistent complexity이고, 이 책의 주된 초점이었다(《그림 7.2》. 여기 에는 서로 조정하고 강화해 대부분의 사람을 같은 방향으로 끌어당기는 수많은 요소가 포함되며, 흔히 적대 집단에 반대하고 멀어지게 한다). 이는 결국 우리로 하여금 우리 대 그들 이슈에 대해 매우 단순하고 극단적으로 일관된 관점을 갖게 만든다. 이것이 사르트르가 1944년 나치에 대해 묘사한 내용이며, 오늘날 너무나 많은 사람이 이런 방향으로 가고 있는 것 같다.

모순적인 복잡성contradictory complexity이라고 부르는 두 번째 유형은 실타래처럼 엉킨 수많은 요소가 있지만, 내부 모순(내부의 견제와 균형)을 많이 포함하는 탓에 서로 억제하고, 따라서 덜 양극화되고 덜 악화된다. 그 대신 우리 대 그들 이슈에 대해 더 정확하고 균형 잡힌 시각을 제시한다. 즉, 우리는 〈그림 7.2〉의 대혼란 속에서 사는 대신 〈그림 7.3〉에 나타난 문제 해결 노력에서 많은 위안을 얻을 수 있다.

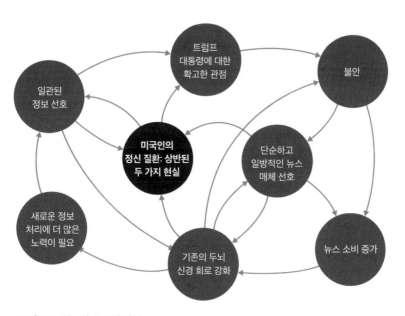

〈**그림 7.2**〉 악순환 요소의 강화

〈그림 7.3〉에서 엷게 음영 처리된 바깥의 요인들(예를 들어 더 다양한 범위의 신뢰할 만한 대화와 언론 매체를 찾거나, 뉴스 보도에서 완전히 분리)은 이런 요인이 없을 경우 널리 확산할 수 있는 불안감, 확실성, 과도한 단순화의 힘에 저항하거나 이를 완화한다.

이런 견제는 시스템이 과열돼 힘을 축적하는 경향을 막거나 감소시킨다(그림에서 점선은 억제하는 힘을 나타낸다). 이는 펠프스 로퍼가 발견한 세상의 경험과 정확히 일치한다. 세상은 더 복잡하고 내부 모순으로 가득하며, 이로 인해 그녀가 믿었던 현실의 근본적인 근거

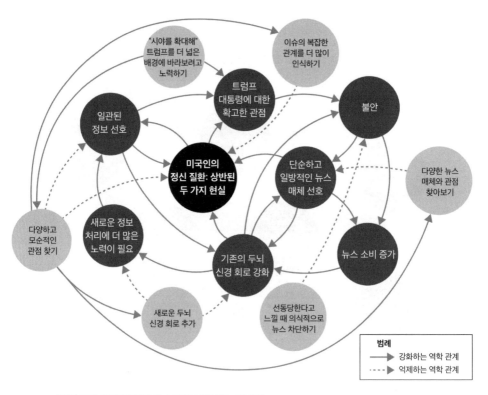

〈그림 7.3〉 잠재적 완화 요소들을 보여 주는 악순환

에 의문을 제기했다. 대체로 어트랙터가 더 강하고 깊을수록 복잡성은 **모순적인** 유형이기보다는 **일관된** 유형일 가능성이 더 크다.

구체적으로 설명하면, 1990년대 보스턴에서 발생한 낙태 반대 진영과 낙태 찬성 진영이 가졌던 낙태 문제에 대한 서로 다른 세계관을 생각해 보라. 하나의 관점은 낙태를 살인과 다르지 않은 범죄 행위로 명확히 간주하고, 이런 죄를 범한 사람들과 낙태 지지자들이 죄인(아마 근본적으로 더 악한 사람들)이며, 따라서 (거의) 모든 가능한 수단을 이용해 저지해야 한다고 믿었다. 여기에는 그들의 악행을 폭로하는 공개적인 조롱 행위, 소송, 시위, 기도, 신랄한 표현, 섬뜩한 이미지가 포함됐다. 이와 같은 낙태에 관한 세계관은 신, 종교, 악, 천국, 지옥에 관한 포괄적인 신념과 밀접하게 관련돼 있었다. 이런 관점은 성경에 근거해 확실하고 탄탄하게 보증됐다. 의심의 여지가 전혀 없었다.

당시 낙태 찬성 진영의 다른 관점은 낙태가 매우 힘들고 고도로 개인적인 결정 사항이며 반드시 임신부의 결정에 **맡겨야 하는** 것으로 봤다. 이 세계관은 현행 법률하에서 임신부의 선택권을 법적인 권리이자 기본적인 인권으로 봤고, 이 권리를 포기하는 것은 남성이 여성의 신체와 생명에 대한 완전한 통제권을 다시 획득할 위험을 초래할 수 있다고 믿었다. 낙태 찬성 지지자들은 낙태를 반대하는 종교적 광신자들을 시대에 뒤떨어져 있고 여성을 통제하려는 로마 가톨릭과 같은 가부장적인 기관의 하수인(《시녀 이야기Handmaidens Tale》의 등장인물과 비슷하다)으로 봤다. 이 관점은 로 대 웨이드Roe v. Wade 재판에서 잘 나타났는데, 이 역사적인 대법원 재판은 미국 헌법이 임신한 여성의 낙태 선택권을 보장한다고 판결했다. 간단했다. 이로써 소송은 종결됐다.

이처럼 명확히 다른 관점들은 매우 복잡하며, 개인의 다양한 가치, 태도, 신념, 집단의 규범, 이야기, 규칙 그리고 더 넓은 사회의 제도와 조직(특히 종교단체와 법률 기관)을 떠올리게 만든다. 그럼에도 불구하고, 각 세계관은 하나의 단순한 이야기, 고도로 일관된 논리를 중심으로 구성된다. 즉 "낙태는 범죄다." 또는 "낙태는 옳다."라는 것이다. 어느 쪽도 의심이나 질문을 제기할 여지를 두지 않았다.

이제 잘 준비된 상황에서 6년 동안 비밀리에 진행된 대화 프로세스 이후 양 진영에서 나온 낙태에 관한 다른 관점을 생각해 보자. 앞서 언급했듯이 각 진영에 속한 여성의 태도 중 일부는 여전히 똑같거나, 실제로는 훨씬 더 양극화됐다. 특히 이 이슈와 관련된 종교적 비극과 여성의 자기 신체에 관한 법적 통제권의 중요성에 대해서는 더욱더 그랬다.

이와 동시에 양 진영의 관점이 훨씬 더 복잡해졌다. 그들이 함께하는 동안 참가자들 사이에 생겨난 깊은 존중과 배려, 사랑이 상대 진영의 구성원을 바라보는 관점을 근본적으로 바꿨다. 그들은 리더들뿐만 아니라 일반 회원들도 많이 만났다. 양 진영이 공유하고 경청한 개인적인 이야기를 통해 리더들은 낙태와 관련된 **많은 이슈**(도덕, 법률, 심리, 건강, 가족, 영적 문제 등)와 때로 그들이 벌인 정치 활동의 결과를 더 깊이 이해하게 됐다. 각 진영은 또한 자신의 관점에 내포된 모순(이전에는 거의 주의를 기울이지 못했던)을 인식하기 시작했다. 요약하면, 낙태 이슈, 상대 진영, 자기 진영 사람들에 대한 경험이 한층 더 세밀해졌고, 일방적인 태도가 누그러졌으며, 그 결과 덜 폐쇄적이고 덜 방어적이며 덜 파괴적으로 바뀌었다. 일부 사람들은 양 진영의 관점이 더 정확하고 현실적이며, 이성적으로 바뀌었고, 지도자들은 자신의 개인적인 삶과 직업적 삶 모두에서 매우 다른 경로를 지향하게 됐다고 말했다. 이것이 모순적인 또는 균형 잡힌 형태의 복잡성이며, 통제 불능의 양극화를 완화할 수 있는 힘이다.

어려운 대화 연구소DCL의 증거

'우리 대 그들'이라는 매혹적인 역류를 막는 모순적인 복잡성의 중요성은 DCL의 탄탄한 연구 결과 중 하나다. 우리는 이 연구소에서 낙태, 기후 변화, 트럼프 대통령과 같은 정치적으로 양극화된 이슈에 관한 대화가 어떤 조건에서 과열된 논쟁의 함정에 빠지는지, 아니면 중요한 도덕적 차이에도 불구하고 계속 원활하게 진행되는지를 연구한다. 지난 몇 년 동안 우리는 수많은 갈등 집단을 실험 대상으로 삼아 건설적인 방향 또는 파괴적인 방향에 영향을 미치는 매우 다양한 조건과 프로세스를 연구했다. 지금까지 가장 중요한 연구 결과는 갈등 악화, 양극화, 적대적 교착 상태를 완화하는 모순적인 복잡성의 힘에 관한 것이다.

이를 구체적으로 설명하기 위해 대화의 초기 표현 방식frame의 단순한 차이에 따라 성과가 어떻게 크게 달라질 수 있는지에 관한 주제로 돌아가보자. 독일의 루트비히 막시밀리안 뮌헨대학교 DCL에서 일하는 동료 카타리나 쿠글러가 수행한 한 연구는 어려운 대화를 표현하는 복잡성 차이가 대화의 전개 양상에 어떤 영향을 주는지 살펴봤다.[4] 이 실험에는 두 가지 다른 조건이 설정됐다. 낮은 복잡성 조건에서는 논의할 이슈에 관한 정보를 명확한 찬성과 반대 형식으로 제시했고, 양 진영은 상반된 관점으로 묘사되고 제시됐다. 높은 복잡성 조건에서는 동일한 **이슈**에 관한 내용을 핵심 이슈와 관련된 복잡한 여러 도전 과제 형태로 제시했다. 이것이 전부였다. 동일한 정보를 표현하고 제시하는 방식만 바꿨을 뿐이었다.

이 연구 결과는 강력했다. 낮은 복잡성(찬성-반대) 조건과 비교할 때 높은 복잡성(다수의 이슈들) 조건에서 참가자들은 다음과 같은 반응을 보였다.

- 대화할 때 긍정적인 감정을 상당히 더 많이 느끼고 부정적인 감정을 적게 느꼈다.
- 토론을 마칠 때 참가자들은 이슈를 더 세밀하고 복잡하게 생각했다.
- 더 개방적이고 서로를 존중하며 친절하게 행동하고, 그 결과 대화할 때 양 진영이 공유하는 사안을 찾고 그것에 집중했다.
- 궁극적으로 합의에 이르는 집단의 능력이 향상됐고, 더 훌륭하고 정치적으로 수준 높은 합의문을 만들었다. 대화를 마친 뒤 만남에 대해 더 협조적이고 만족스럽게 느꼈으며, 향후 다른 참가자들과 다시 만나 대화하려는 의지를 보였다.

그렇다. 대화를 시작할 때 이슈에 관한 정보를 제시하는 방식은 참가자들의 감정, 생각, 행동, 궁극적으로 미래의 만남을 바라보는 관점에 영향을 미쳤다. 정보를 전달할 때 좀 더 세밀한 딜레마와 상충 관계(삶의 많은 부분이 그렇듯이 모순적인 복잡성이다)를 포함해 복잡성의 정도를 높이면 엄청난 차이가 생긴다.

왜 그럴까? 매우 감정적인 주제에 관한 정보를 찬반 형식으로 제시하면 우리는 자신의 입장을 뒷받침하는 정보에 더 깊이 주의를 기울이고(**선택적 인지와 확증 편향**), 반대 입장은 무시하거나 대수롭지 않은 것으로 치부한다. 왜냐하면 대부분이 이런 조건에서 일관성을 더 편안하게 느끼기 때문이다.[5] 하지만 정보가 더 복잡하고, 다차원적이며 상호 관련된 형태로 제시되면 일련의 딜레마와 상충 관계, 즉 모순적인 정보를 무시하기가 훨씬 더 어렵다. 이는 이슈를 더욱 균형 있게 이해할 수 있도록 해 준다.

이것이 핵심적인 요점이다. 오늘날 우리 사회의 많은 분야가 찬반 논쟁을 우상처럼 여긴다. 이는 텔레비전에서 이슈의 양 측면을 제시하거나, 수업 시간에 한 주제에 대해 두 입장을 정해놓고 토론하거나, 소송 사건의 양 측면을 분명히 보여 주는 것이 진실에 도달하는 최선책이라는 신념에 기초한다. 그런데 새로운 소식이 있다. 이를테면, 오늘날 견해가 나뉜 대부분의 이슈(이민, 의료 서비스, 기후 변화, 교육, 좋은 통치)는 **두 진영 이상으로 나뉘어져 있다.** 이런 이슈들은 모두 매우 복잡하며 다차원적인 문제로써 흔히 다른 이슈들과 연관되고 도전적인 딜레마와 상충 관계를 내포한다. 하지만 우리의 전통적인 교육, 미디어, 법률 시스템은 대부분 찬반 모델을 중심으로 구성돼 있다. 물론 이는 이슈에 대해 일방적인 선전 내용만 제공하는 것보다 훨씬 더 낫다. 하지만 오늘날 우리가 직면하고 있는 복잡한 문제들, 즉 현재 우리가 빠져 있는 파괴적인 수렁은 단순히 두 가지 측면으로만 이해할 수 없다. 세계를 제대로 이해하려면 점점 증가하는 세계의 복잡성을 반영해야 한다.

여러 차원의 증거

모순적인 형태의 높은 복잡성이 더 건설적인 사회적 관계를 촉진하는 데 유익하다는 사실은 여러 차원의 복잡성에 관한 연구에서 밝혀졌다. 우리가 생각하고 느끼고 행동하는 방식이 얼마나 복잡한지, 누구와 교제하고 일하고 살고 네트워크를 만드는지, 가정, 학교, 직장, 지역 사회를 어떤 구조로 만드는지는 우리 삶에서 일어나는 갈등에 대응하는 방식에 중대한 영향을 미친다. 복잡성의 몇 가지 예를 들면 다음과 같다.

- **통합적 복잡성**: 새로운 문제를 생각하는 방식.

  통합적 복잡성에 관한 수십 년간의 연구(새로운 문제를 여러 구성 요소로 나누고 그다음 그것을 통합해 일관된 방식으로 문제 전체를 이해하려는 인지적 성향)는 더 복잡한 인지 법칙을 이용해 정보를 분석하는 것이 의사 결정의 효과, 결과 예측 그리고 더 건설적이고 타협적인 방식으로 갈등에 대응하려는 성향에 긍정적인 영향을 미친다는 점을 보여 줬다.[6]

- **정치적 복잡성**: 정치적 의사 결정을 내리는 방식.

  연구에 따르면 정치적 갈등에 관한 더 복잡하고 전체적인 사고 방식은 매우 유익하다고 한다. 폴란드에서 정치인 46명을 대상으로 한 연구에 따르면, 정치적 과제를 더 구체적이고 연속적으로 또는 직선적으로(원인과 결과) 사고하는 정치인들이 정치적 갈등에 직면할 때 더 경쟁적이고 논쟁적인 태도를 취한다. 이와 대조적으로, 도전 과제를 더 복잡하고 체계적인 방식으로 사고하는 정치인들(어떤 문제에 대한 여러 관점의 차이를 알고 자신의 관점을 벗어나 문제를 볼 수 있다)은 상대로부터 감정적인 공격을 받은 뒤에도 대립적인 태도를 취하지 않고 협조적이거나 타협적인 태도를 보이는 경향이 있었다.[7]

- **감정적 복잡성**: 모순된 감정을 견디는 능력.

    DCL, 부부 갈등을 연구하는 존 가트맨의 사랑 연구소Love Lab, 바버라 프레드릭슨의 긍정적 감정 및 정신생리학 연구소Positive Emotions and Psychophysiology Lab의 연구에 따르면, 더 높은 수준의 감정적 복잡성, 즉 다양하고 모순된 감정을 경험하는 능력(특히 긍정적 감정 대 부정적 감정의 비율이 높을 때)이 더 건강하고 지속적인 관계, 더 생산적인 업무와 전략, 더 높은 수준의 인간적 성취, 중요한 도덕적 갈등에 대한 더 건설적인 접근과 관련돼 있음을 일관되게 보여 줬다.[8]

- **행동적 복잡성**: 입장을 갖고 있으면서 동시에 경청하는 능력.

    행동적 복잡성은 사람들이 나타내는 상반된 행동들로 정의된다.[9] 갈등과 관련된 두 가지 상반된 행동에는 **질문하는** 행위(상대방의 입장, 관심사, 필요를 탐색한다)와 **주장하는** 행위(자신의 입장, 관심사, 필요를 주장한다)가 있다. 도덕적 갈등에 관한 우리의 연구에 따르면, 당연히 전반적으로 주장하는 행위가 질문하는 행위보다 훨씬 더 많다. 하지만 도덕적 차이에 대한 건설적인 토론의 특징은 자기 입장을 완고하게 내세우는 토론보다 질문과 주장의 비율이 더 균형 잡혀 있었고, 다른 사람의 사고나 아이디어에 더 개방적이었다.[10]

- **사회적 정체성에 관한 복잡성**: 집단 소속감의 긴밀성.

  이질적이고 공통점이 없는 집단(더 높은 복잡성)의 구성원들은 더 비슷하고 동일한 집단(더 낮은 복잡성)의 구성원에 비해 외부 집단을 더 많이 용납하고 더 개방적인 것으로 밝혀졌다.[11] 이를테면, 진보적이고, 낙태와 동성애의 권리를 찬성하는 개인들(더 높은 동일성)은 커밍아웃한 동성애자, 보수주의자, 전미총기협회 지지자(더 높은 이질성)에 비해 사회적 정체성에 관한 복잡성이 훨씬 더 낮았다. 이런 경우 진보주의자들은 보수주의자들보다 외부 집단에 덜 관용적인 경향을 보인다. 집단 내부의 모순적인 복잡성 수준이 중요하다.

- **집단적 복잡성과 반대**: 집단 사고를 줄이는 방법.

  긴밀한 집단, 특히 외부 집단의 공격을 받거나 위협을 느끼는 정체성을 가진 집단은 의사 결정 과정에서 고질적인 합의 추구, 이른바 **집단 사고**라는 힘든 과제와 씨름하는 경향이 있다.[12] 흔히 집단 내에서 조화하고 일치하려다 보니 반대 의견을 억압하게 되고, 결국 최적의 의사 결정과 결론을 내리지 못하게 된다. 과도하게 합의하려는 집단에는 갈등과 반박이 필요하다. 이는 때로 집단 내에 **악마의 변호인**이나 의사 결정에 대한 비판적 평가자를 지정하거나, 반대자와 건설적인 내부 불일치의 모델을 제시하고 권장하거나 보상하는 방식으로 이뤄진다.

- **사회적 네트워크 복잡성**: 지역 사회의 다양성.

  사람들이 더 다양한 외부 네트워크에 노출되면 그들의 뇌는 더 복잡하고 예상 못한 정보를 처리할 수밖에 없으며, 그 결과 복잡하고 예상 못한 정보를 스스로 더 잘 만들 수 있다.[13] 더 다양한 사회적 네트워크를 가진 사람들은 외부 집단에 더 관용적이고, 외부 집단의 유용한 정책을 더 많이 지지한다. 그들은 외부 집단을 더 긍정적으로 경험하며 외부 사람들과 관심사를 더 많이 공유하고, 외부 집단 구성원의 기여와 문제에 관해 더 잘 안다. 마지막으로, 더 적고 획일적인 네트워크에 속한 사람들은 다양하고 넓은 시각을 가진 네트워크에 속한 사람들보다 의사소통과 정책에 관한 판단 능력이 부족해 정책 관련 사고 수준이 더 낮고, 태도 변화를 더 많이 거부한다.[14]

- **구조적 복잡성**: 지역 사회 내부와 외부 집단의 협력적 접촉 가능성.

  수십 년간의 인류학 연구에 따르면, 각 집단은 사회 조직 방식이 다르며, 다른 집단과 단절되거나 통합되는 정도도 다르다. 어떤 사회는 비슷한 집단들로 구성되어(낮은 복잡성), 다른 민족 또는 정치 집단이 집단 내부의 구성원들과 일하고, 놀고, 공부하고, 교류하면서도, 다른 집단의 구성원과는 거의 협력하지 않고 동등하게 접촉하지도 않는 경향을 보인다. 어떤 사회는 여러 집단이 통합해 가는 방식으로 구성되며(높은 복잡성), 여기에는 통합적인 기업 협회, 노동조합, 전문직 단체, 정당, 스포츠 클럽이 포함된다. 이처럼 복잡성이 높은 지역 사회 구조는 집단 간 갈등을 관리할 수 있고, 비폭력적이며 다루기 쉽게 만드는 가장 효과적인 방법 중 하나로 밝혀졌다.[15]

모순적인 복잡성의 효과는 많은 차원에서 반복적으로 나타난다. 3장에서 설명한 해결하기 힘든 어트랙터에 관한 논의를 떠올려보면, 다루기 어려운 양극화의 구성 요소 중 하나인 우리 뇌 구조에 형성된 '우리 대 그들'이라는 단순한 패턴은 집단, 지역 사회, 그리고 더 넓은 문화적 상징에도 비슷하게 존재한다. 이처럼 문화적 상징은 역으로 우리 안에 동일한 패턴을 강화한다. 모순적인 복잡성에 관한 연구 결과는 복잡성이 균형추 역할을 할 수 있음을 보여 준다. 생각, 감정, 행동의 복잡성을 높이면 더 복잡한 집단, 네트워크, 기관, 문화 속에서 생활하고, 일하고, 교류를 할 수 있도록 도와 주고, 이는 역으로 우리의 복잡성을 강화한다. 이 모든 것은 대부분의 집단 간 갈등이 과도하게 논쟁적이고, 고착화되며, 위험하게 될 가능성을 상당히 낮춰 주는 생태계를 만드는 데 도움이 된다.

원칙 4

복잡도를 높여라ㅡ모순적인 복잡성을 받아들여라

우리는 확실성, 과도한 단순화 그리고 타인을 비방하려는 유혹에 쉽게 넘어가지 않는 여건을 만들기 위해 많은 것을 할 수 있다. 이를테면, 우리는 자신의 삶을 의도적으로 세밀하게 이해할 수 있다. 인간의 다양한 경험을 연구한 결과에 따르면, 높은 수준의 모순적인 복잡성을 건설적인 갈등에 도입하는 것이 매우 중요하다. 특히 상황이 더 힘들고, 긴장되고, 위협적일 경우에 그렇다. 우리가 읽는 것, 보는 것, 듣는 것, 더 다양한 사람들과 함께 참여하는 집단과 프로젝트, 팀을 의도적으로 선택함으로써 복잡성을 높이면 다루기 힘든 어트랙터를 바꾸는 데 도움이 된다. 그러니 먼저 복잡도를 높여라.

실천:
복잡도를 높여라

모순적인 복잡성은 큰 개념이다. 우리가 어떻게 생각하고 느끼고 행동하든, 어떻게 집단 정체성을 바라보거나 선택하든, 어떻게 집단 의사 결정과 사회적 네트워크에 접근하든, 어떻게 조직과 사회 구조를 만들든 상관없이 우리 삶에서 모순적인 복잡성 대 일관적인 복잡성의 정도는 중요하다. 특히 우리가 힘들고 오래된 갈등에 갇혀 있을 때 더욱더 그렇다. 갈등은 우리의 자연적인 욕구인 집단중심주의, 일관성, 통일성을 강화한다. 이런 욕구는 장기적인 갈등 상황에서 역기능으로 작용할 수 있다. 나는 이것을 복잡성, 통일성, 갈등C3의 대략적인 법칙이라고 부른다. 즉 인간은 인지, 사고, 감정, 행동, 사회적 관계에서 일관성과 통일성을 지향한다. 이는 자연스럽고 기능적이다. 하지만 갈등은 이런 성향을 강화하며, 갈등이 오래되면 역기능으로 바뀔 수 있다. 사고, 감정, 행동, 사회적 구성의 형태를 더 복잡하게 발전시키면 이런 욕구를 약화시켜 갈등에 더 건설적으로 대응할 수 있다.[16]

복잡성에 관한 연구가 말해 주듯이, 우리는 다양한 경험과 경로를 통해 더 균형 있게 생각하고, 느끼고, 행동할 수 있는 능력을 개선할 수 있다. 아울러 힘든 갈등 상황에서 섣불리 다른 사람을 지나치게 단순화하거나 비방하고 싶은 충동을 막을 수 있다. 모순적인 복잡성을 개발할 수 있는 몇 가지 방법은 다음과 같다.

자신의 모순을 인정하라

인지 부조화("두 가지 이상의 생각이 서로 모순될 때 느끼는 불편한 상태"[17]를 말한다)에 관한 오랜 연구에 따르면, 대부분의 미국인은 자신에게 모순이 있다는 것을 아주 싫어한다. 이는 주로 서구적 가치로 알려졌다.[18] 우리는 자신의 중요한 가치와 부합하지 않는 방식으로 행동하거나(위선자!), 도덕적, 정치적 이슈에 관한 공식적인 입장을 번복하는 할 경우(변절자!) 자기 자신을 매우 경멸한다. 이런 행동을 하면 혼란한 상태가 돼 해로운 불안감을 느끼게 된다. 실제로 뇌 연구는 사람들이 의사 결정을 내릴 때 불확실성을 더 많이 경험할수록 공포를 관장하는 뇌 영역인 편도체의 전기적 활성도가 더 커진다는 것을 보여 준다.[19] 사람들은 자신의 모순을 발견하거나, 심리 실험실에서 대학 2학년생의 속임수에 넘어가 일관성 없는 행동을 한 경우 보통 모순을 최대한 부인하거나 무시하거나 정당화할 것이다. 우리는 일관성이 없는 것을 나쁘고, 잘못되고, 해롭다고 느낀다.

하지만 우리는 모두 종종 모순된 행동을 한다. 사실, 많은 철학적·문화적 전통은 세상이 우리의 가장 기본적인 모순에서 발생한 변증법적 긴장, 이를테면 선과 악 또는 전쟁과 평화를 중심으로 전개된다고 가정한다.[20] 윌리엄 블레이크는 이렇게 썼다. "모순이 없으면 진보도 없다. 당기는 힘과 밀어내는 힘, 이성과 에너지, 사랑과 증오는 인간 실존에 필수적이다."[21] 신과 공동체 앞에서 맹세한 헌신적인 부부들이, 그 맹세를 얼마나 많이 깨는가? 심지어 많은 이들이 도덕적 확실성의 주창자로 생각하는 성 아우구스티누스조차도 《고백록》의 많은 분량을 자신의 방탕한 생활을 인정하는 데 할애했다. 이런 상반된 태도와 행동은 개인과 사회발달의 일차적인 원천으로 간주된다. 어떤 외부 정보원이 없는 고립된 지역 사회에서 금욕적 울타리 속에 살지 않는다면, 당신과 친구들이 집단의 가치와 규범을 철저하게 내면화하지 않는다면, 당신은 모순된 방식으로 느끼고, 생각하고, 행동할 수밖에 없다.

심각하게 분열된 정치적 갈등 상황에서 적대 집단에 대해 공유하는 태도와 감정과 관련해 우리 자신의 내적 불일치와 비일관성을 인정하는 것은 극히 힘들지만, 그렇기에 매우 중요하다. 전쟁 중에 사람들은 흔히 적을 지원하고, 어울리고, 협력했다는 혐의만 있어도 따돌림당하거나, 투옥되거나, 총살당했다. 고등학교의 경쟁 파벌이나 스포츠의 열성 팬들, 민족적 적대자, 정치적 적대자들 사이에 긴장이 높아지면 비슷한 메커니즘이 작용한다. 흔히 긴장이 높아지면, 집단 내부의 제재와 외부 집단을 향한 비난이 너무나 억압적이거나 위협적이어서 외부 집단에 대해 다양한 생각을 받아들일 능력이 떨어진다. 따라서 다른 집단의 구성원에게 친절하게 대하거나 화해할 생각을 하지 못하게 된다.

하지만 바로 이런 상황에서 자신의 내적 모순을 인정하고 받아들이는 것(자기 복잡성)이 매우 중요하다. 이는 메건 펠프스 로퍼가 받아들여야 했던 쓰라린 진실이었다. 그녀는 자신의 가치와 행동 간의 불일치는 물론 가족과 종교 공동체의 불일치를 인정했다. 이런 불일치를 받아들이거나 다른 사람들과 토론하는 것은 고사하고 불일치의 존재를 확인하는 것조차도 매우 힘들다. 하지만 연구에 따르면 그렇게 할 때 중요한 조정을 할 수 있다.

예를 들어 **사회적 정체성에 관한 복잡성**을 연구한 결과에 따르면, 자신이 모순적인 집단(매우 복잡한 정체성)의 일원이라는 점을 인정한 사람들은 더 획일적이고 일관된 집단(복잡성이 낮은 정체성)에 속한 사람들보다 외부 집단의 구성원을 더 잘 받아들이고 개방적이었다.[22] 왜 그럴까? 내부적 모순을 안고 사는 사람들(예를 들어 커밍아웃한 동성애자인 동시에 매우 종교적인 복음주의 기독교인)은 차이와 모순을 받아들이는 데 더 익숙하며, 그런 이슈에 관한 다른 진영의 관점을 받아들이기 위해 더 많이 노력한다. 특정 진영을 부정하거나 선택하지 않고 양 진영의 정체성을 중재하거나 공유하는 법을 배울 수도 있다. 이런 경험은 외부 집단을 더 많이 용인하고 수용하려는 태도를 촉진하는 경향이 있다.

실제로 사람들이 접할 수 있는 다양한 정체성 범주를 생각만 해 봐도 외부 집단에 대한 편향된 판단을 크게 줄일 수 있다.[23] 이런 실험에서 참가자들에게 자신을 정의하기 위해 사용할 수 있는 최대한 많은 집단 범주를 나열해 보라고 요청했다. 그런 뒤 그들에게 성과 과제에 관한 내부 집단과 외부 집단의 구성원들을 평가해 보라고 요청했다. 연구자들은 사람들이 정의할 수 있는 최대한의 집단 범주에 대한 인식을 높이기만 해도(그들은 이것을 범주적 복잡성이라고 불렀다) 집단 간 편견과 내부 집단 편애의 발생 빈도가 줄어든다는 사실을 발견했다.

모호성 용인(또한 **불확실성 용인**)에 관한 오랜 경험적 연구에 따르면, 불확실하고 일관성이 없으며 모호한 상황과 정보를 더 잘 받아들이고 불안해하지 않는 사람들은 대체로 더 행복하고 건강하며, 중요한 변화에 더 효과적으로 대처하고, 높은 수준의 복잡한 결정을 더 잘 내린다.[24] 모호성 용인은 또한 해결지향적(대결지향적과 상반되는) 갈등 관리 프로세스와 더 많이 연관된 것으로 밝혀졌다.[25]

자신에 관해 일관되고 확실하고 통일성 있게 생각하는 것은 분명 나쁜 것이 아니다. 어느 정도 질서 있고 안정된 자아 개념은 정신 건강의 근본적인 토대로 간주된다.[26] 하지만 자기 확실성 때문에 우리 내부의 고유한 모순과, 정치적 동료(내부 집단)와 적대자에게 느끼는 모호성을 보지 못하면 이는 마땅히 바뀌어야 한다. 우리는 먼저 자신의 모순점을 알고 받아들여야 한다.

상대방의 최선의 모습을 생각하는 법을 배워라

흔히 우리는 생각이 자신의 머리와 두뇌 안에서 일어난다고 믿지만, 실상은 다른 사람들과 **함께** 생각한다.[27] 생각은 우리가 태어난 이후부터 가족, 친구, 주방, 미용실, 학교, 극장, 도서관, 예배 장소, 길모퉁이, 대화방, 직장에서 끊임없이 일어난다. 이러한 공동 생각의 일부는 의식적이고 의도적이지만, 대부분은 자동적이고 무의식적이다. 철학과 심리학은 이것을 **상징적 상호 작용론**symbolic interactionism 또는 **의미의 사회적 구성**social construction of meaning이라고 한다. 끊임없는 언어적, 상징적, 상호 교류 과정을 통해 우리는 주변 세계와 그 속에서 우리의 역할을 함께 이해한다.[28] 대학에서 우리는 그냥 이것을 **친구들과 어울리는 것**이라고 한다.

심각한 양극화 시대에 습관적인 존재인 우리는 대부분 '비슷한 사람들과 어울리고 다른 사람들을 멀리'하는 경향이 있다. 우리는 자동적으로 주변에 '우호적 정보'와 '비우호적인 정보'를 공유하는 비슷한 사람들로 채우고 그들과 함께 생각한다. 이것이 더 쉽고 더 편하다는 이유만으로 말이다.[29]

솔직히 당신은 정치 문제에 관해 매우 상반된 견해를 가진 사람들과 얼마나 자주 의도적으로 어울리려고 하는가? 당신이 최근 참석한 몇몇 파티나 사회적 행사를 생각해 보라(가족 모임은 포함되지 않는다. 보통 가족 모임을 일부러 참석하지는 않는다). 다양한 의견이 발표됐는가? 상반된 정치적 의견이 언급됐는가? 당신이 외부자가 아니라면 오늘날 미국에서 이런 시나리오가 발생할 가능성은 아주 작다. 우리는 대부분 긴장감이 높은 시기에 대체로 의견이 일치하는 사람들끼리 똘똘 뭉치고 그들의 말을 듣는 것을 더 좋아한다(그냥 기분이 아주 좋기 때문이다!). 비슷한 사람끼리 어울리는 이런 경향은 주요 기술 플랫폼이 사용하는 분류 알고리즘에 의해 강화된다. 알고리즘은 자동적으로 우리의 입장을 보완해 주는 뉴스, 정보, 의견으로 우리를 안내한다. 이런 이유로 인해 복잡한 이슈의 세밀한 차이를 정확하게 알기 어렵다.

이러한 반향실 효과echo chamber effect(기존 관점을 강화하는 정보만 계속 수용하는 현상—옮긴이)를 견제하는 한 가지 방법은 적극적으로 나와 견해가 다른 사람들을 생각하고 알려고 노력하는 것이다. 즉 의도적으로 상대 진영에 속한 사람들의 말을 들어보려고 선택하는 것이다. 물론 이는 허튼소리와 음모론을 퍼트리는 라디오 토크나 케이블 TV를 무턱대고 들어야 한다는 뜻이 아니다.[30]

나와 다른 의견을 가장 잘 대변하는 사람들을 찾아서 그들과 함께 복잡한 이슈를 숙고하면 많은 것을 얻을 수 있다(하지만 그들의 의견에 반드시 동의할 필요는 없다).

이는 우리 연구소에서 뜨거운 주제에 관한 대화를 연구한 결과에 의해 뒷받침된다. 즉, 반대 의견을 가진 사려 깊고 합리적인 사람들과 쉽지 않은 대화를 나누면 더 똑똑해진다. 우리 연구에서 도덕적 차이에 관해 더 세밀하고 건설적인 대화를 나눌 수 있는 집단들은 한결같이 더 수준 높고 합리적인 분석과 입장을 제시하는 합의문을 만들 수 있었다. 필립 테틀록의 연구는 한 걸음 더 나아가 다양한 네트워크를 가진 사람들(불쾌감 없이 반대 의견을 낼 수 있는 사람들)은 미래(약 18개월까지)의 결과를 더 성공적으로 기대하고 예측한다는 것을 보여 줬다. 복잡한 이슈와 트렌드에 관한 그들의 이해가 훨씬 더 정확하기 때문이다. 필립은 그들을 **슈퍼예측자**superforcasters라고 부른다.[31] 일상생활에서 이렇게 되려면 '다양한 사람들과 어울리고 비슷한 사람들을 멀리하는 법'을 배워야 한다. 따라서 특정 이슈를 더 정확히 이해하고 싶다면 상대 진영의 최고 이론가를 찾아야 한다.

문제의 복잡한 관계를 이해하라

《5퍼센트The Five Percent》를 출간한 후 나는 700개의 오케스트라를 회원으로 둔 북미 봉사 기관인 아메리카 오케스트라 연합을 대상으로 워크숍을 진행해 달라는 요청을 받았다. 그들은 디트로이트 심포니 오케스트라의 다루기 힘든 노사 갈등 속에 누적된 여러 장기적인 업계 문제를 논의하기 위해 만나고 있었다. 어느 순간 논쟁이 험악해지더니 살해 위협과 폭력 행위가 발생했다. 실제로 그랬다. 노사 갈등 상황에서 살해 위협이 있었다.

나는 워크숍을 열겠다고 동의했다. 참석자들에게 내 책의 주요 아이디어(갈등, 복잡성, 다루기 어려운 문제)에 관해 소개한 후 20여 명의 심포니 리더 집단을 대상으로 갈등 상황 지도 작성 활동을 했다. 디트로이트 오케스트라 그룹의 몇몇 구성원도 그곳에 있었다. 나는 갈등 상황 지도 작성을 시범적으로 보여 주기 위해 전체 연합 그룹에 앞서 먼저 나와 함께 작업하자고 디트로이트 그룹에 요청했다. 우선 디트로이트 그룹의 문제의식은 매우 명확했다. 음악가 노동조합인 미국음악가연맹 지도부와 노조원을 "폭력배이자 범죄자로 체포해야 한다."라는 것이었다. 그렇게 하면 노동조합이 끝장이 날 것이다.

나는 디트로이트 그룹에 다음과 같은 세 가지를 요청했다.

첫째, 심포니의 긴장 상황과 관련됐다고 생각되는 경제·문화·정치적 산업 관련 문제 목록을 작성해 보라. 둘째, 자리에서 일어나서 목록으로 작성한 각각의 문제가 (a) 협상 난항 문제와 (b) 지도상에 나타난 다른 문제들과 어떤 관련이 있는지 커다란 플립차트(강연 등에서 사용하는 한 장씩 넘길 수 있게 된 그림 카드- 편집자)로 그려보라. 디트로이트 그룹은 30분 만에 미국에서 노동조합의 전반적인 쇠퇴, 디트로이트 폭력의 역사에서부터 2008년의 경제적 붕괴, 적대감을 부채질한 소셜 미디어의 역할에 이르기까지 모든 것을 포함하는 엄청나게 복잡한 지도를 만들었다.

디트로이트 그룹은 이 지도를 보고 진지하게 생각했다. 분명히 일부 노조 지도부의 행동은 격분을 유발하고 매우 선동적이며 불법적이었다. 하지만 그것은 노사가 직면한 타협하기 어려운 문제와 위기의 원인이 아니었다. 지도 작성 과정은 이런 중요한 상황을 알려줬고, 대화의 문을 크게 열어줬다.

이와 같은 복잡성 지도는 기관, 지역 사회, 국가, 국제 사회의 복잡한 문제를 이해하고 해결하는 데 점점 더 유용해지고 있다. 사이버네틱스 분야 연구로 가장 유명한 마고로 마루야마Magoroh Maruyama가 처음 개발한 지도 작성은 파괴적인 갈등과 양극화 패턴을 심화 또는 약화하거나, 안정화하는 많은 요소와 역학을 이해하는 데 유용하다.[32] 이 지도를 통해 복잡한 문제의 다양한 원천을 파악할 뿐만 아니라, 다른 수단으로는 인식할 수 없는 숨겨진 원인과 더 넓은 패턴을 밝힐 수 있다.

지도 작성 과정은 다양한 형태를 띨 수 있지만, 일반적으로 먼저 **핵심 관심사**focus of interest 즉, 이해하기를 바라는 중심적인 현상(양극화, 폭력, 연대 등)을 찾는 것에서 출발한다.[33] 다음으로, 문제를 심화하거나 완화하는 것과 가장 밀접하게 관련된 요인들과의 관계를 나타내는 **핵심적인 역동**core dynamics을 찾는다. 그다음, 참가자들이 패턴에 영향을 주는 더 폭넓은 여러 요인을 볼 수 있도록 지도를 더 발전시킨다. 이런 시각 자료는 개인이 혼자 만들거나, 관계가 있는 사람들, 더 넓은 집단 또는 지역 사회가 함께 만들 수도 있다. 또한 이해 당사자들 사이에 의미 있는 대화를 촉발하도록 돕고, 새로운 통찰과 개입 기회를 제공할 수도 있다. 전문가는 이런 지도를 활용해 자료 수집을 위한 새로운 질문을 만들고, 이용 가능한 지식을 통합적으로 정리할 수 있으며, 현재의 정책 접근 방식의 숨은 틈새를 찾는 진단 도구로 활용할 수도 있다.

'문제-상황 지도' 작성의 목적이 꼭 문제 해결만은 아니다. 이 시점에서는 문제의 복잡한 관계를 이해하는 것이 중요하다. 즉, 갈등을 더 세밀하게 다시 이해하는 것이 중요하다. 특히 다양한 이해 당사자로 구성된 집단은 지도 작성 과정에 참여하면서 가장 명백한 요인들의 이면을 들여다보게 된다. 각 개인은 문제 상황을 함께 이해하는 과정에 참여하면서 더 큰 그림을 보기 시작하고, 이는 새로운 변화의 길을 열어 준다.[34]

복잡성 지도는 대개 문제에 관한 매우 복잡한 이미지를 보여 주기 때문에 최종적인 초점과 우선순위를 위한 전략을 제시하는 것이 중요하다. 예를 들어, 생태학자 에릭 벌로우는 **해당 지역에서 실행하고 해결할 수 있는** 요소에 최종적으로 초점을 맞추라고 권고한다.[35] 또 다른 전략은 지도의 각 요소에 주목하고, 다른 많은 요소가 서로 어떻게 연결되는지 면밀히 조사하는 것이다. 연결성이 낮은 요소들은 더 쉽게 바뀔 수 있는 반면, 다른 많은 요소에 영향을 미치는 요소들은 전체 패턴을 바꾸는 데 더 많은 영향을 미칠 수 있다. 이 전략은 직면한 문제를 시각화할 때 **통합적인 복잡성 프로세스**를 적용해 문제를 여러 구성 요소로 나눈 다음, 다시 통합해 문제 해결 방법을 전체적으로 이해할 수 있게 한다.

하지만 여기에는 한 가지 주의할 점이 있다. 지금까지 논의한 모순적인 복잡성에 관한 내용이 양날의 검이 될 수 있다는 것이다. 갈등 이해가 과도하게 단순하거나 양극화됐다면, 갈등을 세밀하고 새롭게 이해하는 것은 매우 중요하다. 하지만 너무 복잡하게 이해하면 이미 복잡한 상황을 감당할 수 없는 지경으로 만들어 사고가 마비되고, 결국 집단 사고와는 반대되는 상황을 초래할 수 있다. 즉, **다중사고**polythink로 인해 관점이 너무 많아져 의사 결정을 제대로 할 수 없거나[36] 저항이 증가해 과도하게 단순화하고 편을 가르려는 압력이 훨씬 더 강해진다. 지도 작성의 최종 목적은 복잡성 속에서 단순함을 발견하는 것이다.[37] 정치가이자 극작가였던 바츨라프 하벨은 다음과 같이 썼다.

"복잡한 삶에 대해 단순한 해답을 찾는 것은 값어치가 없다. 하지만 그 복잡성 너머에 있는 단순한 진리들은 복잡성에 의해 조명되며 일생을 헌신할 가치가 있다."

대화의 복잡도를 높여라

다른 진영 사람들과 문제에 관해 소통하고 논의하는 방법은 다른 모든 것, 즉 우리의 갈등 이해, 양 진영의 관계, 갈등의 방향과 지속성에 깊은 영향을 미친다. 그렇다면 우리는 대화를 해야하는가? 아니면 논쟁을 해야 하는가?

대화dialogue라는 용어는 보통 사람들이 서로의 차이점을 드러내기 위해 시도하는 방법을 묘사할 때 사용된다. 하지만 대부분의 미국인은 기본적으로 논쟁을 벌인다. 그 이유는 대부분 학교 교육, 재판 과정 방청, 정치적 선거의 토론을 통해 논쟁에 매우 익숙하기 때문이다. 또한 긴장이 고조될 때 논쟁이 더 적절한 반응처럼 느껴지기도 한다. 논쟁은 상대방을 지적으로 대응해 이길 수 있는 기회다. 하지만 대화와 논쟁은 큰 차이점이 있다.

논쟁은 더 폐쇄적이고 전략적이며 도구적 형태의 설득과 영향이 포함되는데, 이는 논쟁에서 점수를 획득해 승리하기 위한 것이다. 논쟁할 때 우리는 자신의 본래 입장에 관한 탄탄한 근거를 제시한 다음, 상대방의 주장을 주의 깊게 듣고 논리적 허점을 찾아내거나 자신의 입장을 강화할 수 있는 증거를 찾는다. 또한 상대방의 주장을 약화시키기 위해 최대한 길게 많은 정보를 제시한다.

대화는 그 반대다. 상당히 개방적이며 공유, 발견, 배움이 포함된다. 참가자들은 대화를 나누면서 자신과 상대방, 논의 중인 이슈에 관한 새로운 정보를 배운다. 더불어 흔히 논의 중인 이슈와 관련된 개인적인 경험에 관해 의미 있는 이야기를 나누는 세심한(또는 주의 깊게 조율된) 과정을 거친다. 그들은 보통 한 번에 한 사람씩 말하고 서로의 말을 가로막지 않는다. 하지만 그들은 몇 번의 발언 기회를 얻는다. 서로에 관한 반대 질문이나 심문은 허용되지 않는다. 참가자들은 최대한 정직하고 개인적 입장에서 말하고 서로의 말을 세심하게 경청하도록 안내받는다.

대화의 힘은 두 가지 단순한 원천, 타인에 대한 **경청**과 **말하기**에서 비롯된다. 세계 도처의 갈등 지역에서 살며 연구해 온 신경 과학자 에밀 브루노는 대화에 관한 실험을 통해 놀라운 결과를 확인했다.[38] 브루노는 다양한 이념적 갈등과 관련된 네 개 그룹 구성원들(애리조나의 멕시코인 이민자와 백인 미국인 그리고 중동 지역의 이스라엘인과 팔레스타인인)을 대상으로 대화가 '상대방'에 대한 태도 변화에 미친 영향을 연구했다. 그는 각 실험 참가자들에게 (a) 그들이 속한 사회의 곤경에 관해 글을 써서 다른 사람들과 나누거나(이른바 관점 나누기), (b) 앞 사람의 이야기를 정확히 요약하라(관점 수용하기)는 과제 중 하나를 제시했다.

그가 발견한 이 놀라운 결과는 집단 간의 힘의 차이에 기초한 것이었다. 외부 집단에 관한 긍정적인 태도 변화는 멕시코인 이민자와 팔레스타인인의 경우엔(이 상황에서 힘이 약한 참가자) 관점 나누기(말하기) 이후에, 백인 미국인과 이스라엘인(힘이 더 강하다)의 경우엔 관점 수용하기(상내방의 말을 경청하기) 이후에 각각 더 컸다. 대화의 영향은 실제적인 힘의 비대칭성에 따라 달랐다. 물론, 힘이 약한 집단의 구성원은 권위를 가진 사람들의 말과 행동에 훨씬 더 주의를 기울이고, 반면 힘이 강한 사람들은 힘이 약한 사람들에게 주의를 기울이지 않는다는 점을 고려할 때 이는 이해할 수 있다. 솔직히, 힘이 강한 사람들은 상대방에게 말하는 것에 더 익숙하다.[39]

대화는 보스턴의 낙태 문제에 사용된 프로세스와 비슷하다. 리더들은 서로에게 말하고 듣는 대화의 장을 중심으로 모였고, 이는 상당한 발견과 통찰로 이어졌다. 그럼에도 불구하고 지나치게 경쟁적이고 소송을 남발하는 미국 상황에서 대화는 대부분 잘못 이해되고 충분히 활용되지 않는다. 자신과 직접적으로 상반된다고 생각하거나 느끼는 사람들을 이해하고 교류하려고 할 때 대화를 통해 우선 경청과 배움의 과정을 **시작하는 것**이 매우 중요하다.

내러티브를 복잡하게 만들어라

2018년 초 나는 언론인 아만다 리플리의 연락을 받았다. 리플리는 양극화 완화와 관련해 심리학과 갈등 해결 학문이 언론계에 제시할 수 있는 내용을 조사하고 있었다. 그녀는 이 분야에서 일하는 여러 연구자와 중재자를 만나 인터뷰하고, 최종적으로는 우리의 DCL에 참가자로서 방문해 나와 연구원, 학생을 몇 시간에 걸쳐 인터뷰했다.

수개월 간의 조사 후 리플리는 '독립적인 비영리기관으로서 증거에 기초해 사회 문제에 대한 대응책을 보도할 것을 주창하는'《솔루션 저널리즘 네트워크Solutions Journnlaism Network》에 "내러티브를 복잡하게 만들기"라는 제목의 글을 기고했다.[40] 그 글은 곧《뉴욕 타임스》의 데이비드 브룩스, 니콜라스 크리스토프 그리고《내쇼널 퍼블릭 라디오》의 크리스타 티펫에 의해 전 세계로 트윗돼 급격히 퍼졌다. 그녀는 언론인들에게 다음과 같이 조언했다.

해결하기 어려운 갈등 가운데서 일하는 언론인(또는 모든 사람)을 위한 교훈은 내러티브를 복잡하게 만들라는 것이다. 첫째, 복잡성은 더 완전하고 더 정확한 이야기로 이어진다. 둘째, 복잡성은 당신의 일이 중요해질 기회를 높인다. 특히 양극화 문제인 경우에 그렇다. 사람들은 복잡성을 대하면 더 큰 호기심을 갖고 새로운 정보에 귀를 닫지 않는다. 달리 말해 그들이 듣기 시작한다.

내러티브를 복잡하게 만드는 방법은 많다. …(중략)… 하지만 주요 아이디어는 어떤 내용이든 상관없이 미묘한 차이, 모순, 모호성을 자세히 언급하는 것이다. 이는 양 진영의 옹호자를 불러서 그들의 말을 들으라는 뜻이 아니다. 이는 단순한 것이며, 보통 갈등 와중에 역효과를 불러일으킨다. 콜먼은 말한다. "단순히 상대 진영의 말을 들려주는 것은 사람들을 더 멀어지게 할 뿐이다." 또한 이는 신나치주의자들과 그들의 대적자들을 도덕적으로 동등하게 만들라는 뜻도 아니다. 그것은 싸구려 옷으로 치장한 단순함일 뿐이다. 내러티브를 복잡하게 만든다는 것은 의도적으로 해당 내러티브에 적합하지 않은 세부 사항을 찾아서 포함한다는 뜻이다.

이 아이디어는 **거짓된 단순성의 시대에 복잡성을 다시 살리는 것이다.** …(중략)… 보통 기자들은 이와 반대로 행동한다. 기자들은 내러티브에 적합하지 않은 내용을 잘라버린다. 또는 편집자들이 기자를 대신해 인용문을 잘라버린다. 우리는 깔끔하고 자연스러운 일관성을 추구한다. 하지만 심각한 갈등 시기에 일관성은 나쁜 저널리즘이며 배임 행위에 가깝다.

리플리는 계속해서 분열의 힘에 맞서 싸우려는 기자들에게 유용한 여섯 가지 실천 사항을 권고한다. 그러면서 (지금까지 논의했듯이) 모순을 강조하고, 렌즈를 확대하고(갈등의 복잡한 상황을 넓게 이해하는 것), 확증 편향(기존 신념에 부합하는 정보만을 선택하는 성향)에 대응하라고 제안한다. 리플리의 작업은 결국 해결하기 어려운 갈등을 더 효과적으로 보도하는 방법에 관한 포괄적인 계획으로 이어졌다.[41]

오늘날 미디어가 우리의 제한적인 주의력을 집중(또는 분산)하게 만들고 우리의 정치적·문화적 우선순위를 결정하는 엄청난 역할을 한다는 점을 고려할 때, 리플리의 처방에 따라서 점차 복잡한 세계에서 전개되는 사건에 관해 더 미묘한 관점을 많이 제공하는 미디어를 추구하고, 아울러 우리 자신과 가족이 이런 유형에 익숙하도록 만들 필요가 있다.[42] 《내쇼널 퍼블릭 라디오NPR》, 《퍼블릭 브로드캐스팅 서비스PBS》, 《브리티시 브로드캐스팅 코퍼레이션BBC》은 기업 후원자, 이익 동기, 미디어의 '예능화' 트렌드에 덜 영향받으며, 이러한 보도 기준을 수용할 가능성이 훨씬 더 크다. 아울러 매일 30개 이상의 뉴스 출처를 관리해 '주요 이슈에 대해 가장 사려 깊고 정통한 관점'을 제시하는 《더 플립사이드The Flipside》와 '정치적 스펙트럼을 초월해 균형 잡힌 뉴스, 관점, 이슈'[43]를 제공하기 위해 미디어 편견 평가를 이용하는 《올사이드AllSides》와 같은 언론 매체들은 더 미묘한 차이를 다루는 미디어 지형을 제공하기 위해 노력하고 있다. 무엇을 지향하든 상관없이, 우리 시대의 이야기를 더 복잡하게 다루기 위해 노력할 책임이 분명히 우리에게 있다.

지역 사회의 복잡한 관계를 이해하라

1990년대 하원 의장 뉴트 깅리치는 100년 이상 워싱턴 정치계에서 문화적 힘으로 작용했던 기본 구조를 제거했다. 그것은 **교차적 연대**crosscutting ties였다. 깅리치는 정부에 대한 공화당의 영구적인 통제권을 확보하기 위해 의회의 근무일을 5일에서 3일로 바꿨다.[44] 그는 이를 통해 공화당 의원들이 출신 주에서 살 수 있고, 돈을 더 많이 모을 수 있다고 주장했다. 하지만 이는 공화당 의원들이 민주당 정치인들과 친밀하게 만날 기회를 막았다.

이 시기 이전 대부분의 의원은 워싱턴 DC에 집을 갖고 있었고, 주말에 가족들과 만났다. 하원 의장 깅리치는 의도했든 그렇지 않든, 양당의 가족들이 함께 모이는 놀이터, 학교, 유소년 리그, 예배당에서 형성되는 유대감을 단절시켰다. 이런 만남을 통해 양당의 의원들과 그들의 가족이 서로 친구가 됐기 때문에 양당 의원들은 대체로 더 온건하게 됐다. 오늘날에는 소수의 의원들만 워싱턴 디시에 산다. 대부분의 의원들은 자기 당 의원들과 아파트를 함께 사용하거나 의원 사무실에서 잔다. 이런 현상은 초당적 협력관계에 해로운 영향을 미쳤다.

이제 민주당 의원의 6세 자녀가 공화당 의원의 자녀와 볼품없는 티볼(야구를 변형시킨 뉴스포츠로 투수 없이 티 위에 올려진 공을 친다-편집자) 유니폼을 똑같이 입는다는 사실은 별 의미 없는 일이다. 하지만 이런 경험이 같은 지역 사회에 살면서 이웃과 나누는 수많은 교류를 통해 쌓이면 새로운 뭔가가 형성된다. 그것은 바로 신뢰다. 이는 사람들이 위험한 상황에서 다른 사람에 대해 확신하는 긍정적인 기대감이다. 신뢰는 우리의 지역 사회와 국가를 통합하는 접착제이며, 우리가 곤경에 더 잘 대응할 수 있게 만든다. 세월 속에서 이웃들 사이에 쌓이는 신뢰는 특히 견고하다. 신뢰가 없는 상황에서 희소 자원에 관한 정치적 결정을 내리면, 결국 의심을 불러일으키게 된다.

이런 역학은 사람들의 필요를 채우는 의회의 역량을 약화시켰고, 오늘날 미국인들이 의회를 신뢰하는 비율은 25퍼센트에 불과하다.[45]

오랜 연구에 따르면, 집단, 조직, 지역 사회의 폭넓은 교차 구조는 확실히 지역 사회를 건강하게 하는 강력하고 긍정적인 효과를 미친다.[46] 이 연구는 지역 사회가 다른 민족, 종교, 정치 집단의 구성원이 일과 놀이, 공부, 상거래, 다른 형태의 상호 교류를 통해 평등한 지위, 협력적 접촉, 연대를 촉진할 때 집단 간 갈등을 훨씬 더 통제하기 쉽고 비폭력적으로 해결할 수 있다고 밝혔다. 달리 말하면, 갈등이 격화되거나 양극화되거나 만성화될 가능성이 훨씬 더 낮아진다.

미국이 오늘날 정치적으로 관용적인 커뮤니티들의 본고장이라는 것을 알면 놀랄지도 모르겠다. 실제로 《더 애틀랜틱》은 최근 대화형 지도와 데이터베이스를 발표했다. 이를 이용하면 미국에서 정치적으로 가장 관용적이거나, 가장 관용적이지 않은 3천 개의 카운티를 검색할 수 있다. 그들은 이것을 당파적 편견의 지리학Geography of Partisan Prejudice이라고 부른다.[47] (내가 사는 뉴욕 카운티는 81번째 백분위에 들어간다. 이는 미국의 100개 카운티 중 81개 카운티가 뉴욕 카운티보다 **정치적으로 더 관용적**이라는 뜻이다.) 짐작하듯이 오늘날 정치적으로 더 관용적인 카운티들(노스캐롤라이나와 뉴욕주 북부의 다수 카운티)은 부부, 가족, 종교인의 정치적인 입장이 다른 경우가 더 많고, 그 외에도 여러 가지 교차적인 특징을 보인다.

이는 당신과 지역 사회에 어떤 의미인가? 첫째, 잠시 주변을 돌아보라. 당신이 사는 건물, 동네 또는 도시는 정치적으로, 민족적으로 다양한가? 그렇다면 현재의 분열을 넘어 다른 사람들과 의미 있는 교류와 관계로 이어지고 있는가? 그렇지 않다면, 쇼핑, 스포츠 경기, 예배, 미용실 이용, 가까운 여러 지역 사회 방문을 통해 당신의 지역 사회가 지닌 한계를 뛰어넘을 기회가 있는가?

7장에서 나는 한 가지 중요한 개념에 초점을 맞췄다. 즉 **모순적인 복잡성**이 유해한 형태의 양극화에 더 잘 저항할 수 있는 사고방식, 관계, 조건, 프로세스를 확립하는 힘이라는 개념이다. 여기서 개략적으로 제시된 복잡성의 다양한 버전은 상대 진영을 다르게 보고, 느끼고, 교류할 수 있는 여러 가지 방법을 제공한다. 이런 방법들은 동시에 적용할 수도 있다. 사실, 정치적으로 더 이질적인 환경은 우리의 사회적 네트워크, 우리가 흔히 소비하고 논의하는 미디어, 우리가 생각하고 배우는 사람들의 다양성을 증가시킨다. 궁극적으로 정치적 선호에 관한 우리 자신의 내적 불일치를 인식할 능력을 키워서 그것을 편안하게 받아들일 수 있게 해 준다. 이 모든 것을 검토했으므로 이제 **악순환**의 반대인 선순환의 시작과 갈등 극복에 대한 더 좋은 관점을 살펴보자.

8

THE WAY OUT

움직여라
새로운 경로와 리듬을 활성화하라

〉 벗어나기

2006년 어느 이른 아침, 동료인 안드레아 바르톨리가 문득 깨달음을 얻었다. 해결하기 힘든 갈등을 연구하는 우리 그룹 40여 명은 카지미 에시라는 폴란드의 작은 외딴 마을로 함께 갔었다. 이 마을은 세계에 서 가톨릭이 매우 우세한 지역에 있는, 역사적으로 중요한 유대인 마 을이었다.[1] 며칠 동안 열린 회의는 매우 힘든 갈등에 관한 기술적, 학 문적 연구에 관한 포스터 세션poster session(포스터 크기의 종이에 논문 요약 자료를 붙이고 질문과 답변을 하는 시간—옮긴이)과 논문 발표로 채워졌다. 물론 아주 좋았지만, 약간은 무미건조했다. 셋째 날, 유명한 평화 활 동가이자 독실한 가톨릭 교인이며 세계 곳곳에서 치명적인 갈등을 완화하기 위해 쉼 없이 노력해 온 바르톨리가 상당히 감정적인 발언 을 했다. 이 지역을 나치가 점령했을 때 일어난 위험한 종교 간 만남에 관한 이야기인데, 악에 직면해 연민과 용서의 깊은 힘을 보여 줬다는 내용이었다. 그날 밤, 바르톨리는 잠깐 잠을 잔 뒤 침대에서 일어나 컴퓨터를 켜고, 새벽이 될 때까지 '평화는 움직임 속에 있다'라는 제목의 파워포인트 프레젠테이션 초안을 만들었다.*

내가 그날 아침 회의장에 도착했을 때 바르톨리가 행복감에 젖어 나와 다른 진행자들을 기다리고 있었다. 그날 일정이 꽉 차 있었는데도 그는 자신의 깨달음을 들어달라고 간청했다. 그는 기발하고 소박한 슬라이드를 이용해 자신의 주제에 대해 한 시간 동안 설명했다. 그는 심각하게 논쟁적인 갈등이 토론하고 변화를 일으키기 위해 느끼고, 상상하고, 열망할 수 있어야 한다는 측면에서 우리를 매우 제한하기 때문에, 우리가 감옥에 갇힌 처지가 된다고 주장했다. 그의 말에 따르면, 심각한 갈등 때문에 우리는 '극심한 긴장의 얼어붙은 현실', 즉 이 책에서 말하는 **대대적인 붕괴**big collapse 속에 갇히게 된다. 1908년대 아일랜드 북부, 스리랑카, 모잠비크와 같은 갈등 지역에서 적들에게 손을 내민다는 것은 자신이 속한 지역 사회의 분노를 촉발하기가 십상이어서 생각할 수도 없었다. 이런 환경에서 그는 움직이는 것이 곧 치료라고 결론을 내렸다. 달리 말하면 상상력을 발휘하고, 의혹을 드러내고, 열망이 치솟아 오르게 하는 순간과 행위들 또는 우리를 새로운 장소로 데려가거나 새로운 관점에 노출하는 사건들은 갈등에 빠진 사람들이 간절히 원하는 해방감을 제공할 수

---

* 안드레아 바르톨리에게 이 단락을 검토해 달라고 요청하자, 그는 이메일로 다음과 같이 대답했다. "몇 년 동안 나는 평화가 움직임 속에 있을 뿐만 아니라 선물이라고 확신했습니다. 우리가 두려워하지 않을 때, 트라우마의 고통으로 굳어지지 않을 때, 미래의 괴로움으로 얼어붙지 않을 때, 평화는 관계 속에서 공유하는 선물이며, 흔히 깜짝 선물처럼 주고받습니다."

있다. 움직이는 순간, 해결하기 어려운 갈등의 제약에서 해방되는 순간, 평화가 실현될 수 있다. 바르톨리가 열정적인 설명을 모두 마쳤을 때 회의실에서 박수갈채가 터져 나왔다.

몇 년 후 우리 팀은 해결하기 어려운 지역 사회 갈등에 대한 수학적 모델을 컴퓨터로 시뮬레이션하다가 우연히 비슷한 연구 결과를 발견했다.[2] 안드레자이 노왁이 이끄는 연구 그룹은 시간 경과에 따라 부정성과 적대감이 누적되고, 결국 견고한 요새 같은 상대방을 답습하여 깊은 분열에 빠지는 사회 갈등의 가장 기본적인 역학을 모델링하는 알고리즘을 개발하고 있었다. 우리는 **세포 오토마타**cellular automata라는 컴퓨터 시뮬레이션을 이용했다. 이는 약 300미터 상공에서 바라본 도시 지역과 비슷한 사각형들을 보여 주는데 각 사각형은 지역 사회의 사람들 또는 가구를 나타낸다. 〈그림 8.1〉에서 약간 융기한 사각형은 희소자원을 두고 작은 분쟁이 발생했음을 보여 준다(작은 점이 찍혀 있다).

우리는 언제 지역 사회의 갈등이 완화되거나 악화되는지 보기 위해 다른 조건에서 시뮬레이션을 돌렸다. 어떤 때에는 시간이 흐르면서 분쟁이 미미하게 남아 있거나 완전히 사라졌다. 어떤 경우는 사건이 격화돼 갈등이 매우 적대적이고 깊게 고착돼 〈그림 8.2〉처럼 변화에 더 강렬하게 저항했다. 이는 불안정한 갈등 지형이다. 여기서 일부 지역 사회에 깊이 고착된 적대감과 폭력의 구조가 생겨났고(융기된 지역은 감염된 여드름처럼 보인다[3]), 다른 곳은 상대적으로 평화로워 보인다(평평하고 무색인 부분). 이 모델은 모튼 도이치가 수십 년 동안 수행한 탄탄한 경험적 연구 결과를 입증했다. 그는 사람들 또는

〈그림 8.1〉 컴퓨터로 시각화한 지역 사회 갈등의 초기 단계

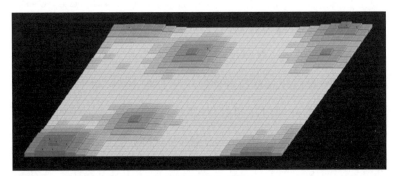

〈그림 8.2〉 컴퓨터로 시각화한 지역 사회 갈등의 후기 단계

집단 간의 강렬한 경쟁(인센티브가 제공되고 견제가 없다면)이 강력한 피
드백 고리를 만들어 서로 파괴하는 지경까지 격화된다고 밝혔다.[4]

멋진 시각화가 아닌가?

이제 우리는 새로운 것을 알게 됐다. 이런 수학 모델에는 개별 주
체(사각형)들이 그들의 환경에서 상호 작용을 제한하는 기본적인 가
정과 규칙이 포함돼 있어 시뮬레이션을 할 때 사건 발생을 촉진하
거나 제한한다. 우리의 연구팀은 사람들이 지역 사회를 넘나들며 **이
동할 수 없다는** 규칙을 임의로 설정했다(이는 초기 모델의 역동을 단순화했
다). 이 운영 규칙을 바꿔 공간 내에서 이동을 허용했을 때 해결하기

힘든 분쟁 성향이 사라졌다. 주체들이 희소한 자원을 놓고 경쟁해야 하는 상황에서도 말이다! 긴장 상태에서 벗어날 수 있다면 사람들은 대부분 그렇게 했고, 이런 이동이 요새 구조에 부정적인 어떤 것이 계속 모이는 것을 감소시켰고, 급기야 시간이 흐르면서 사라지게 했다. 바르톨리가 옳았다! 평화는 움직임 속에 있다.[5]

원칙 5:
새로운 경로와 리듬을 활성화하라

거의 전 인류 역사에서 호모 사피엔스는 작은 집단을 이뤄 수렵하고 채집하며 돌아다녔다. 우리는 비교적 최근에야(약 1만 년 전) 방랑을 멈추고 정착하기 시작했다. 진화심리학자들은 인간의 방랑자 뇌가 대부분 인류 초기에 형성됐으며, 현대 시대에 우리가 직면한 많은 곤경이 인간의 두뇌가 현대 사회의 요구와 마찰을 빚으며 벌어진 직접적인 결과라고 생각한다. 이런 주장을 논리적으로 확장하면, 우리가 사바나 지역을 횡단하면서 해결책을 습득하는 방식과 오늘날 회의실에 앉아서 해결책을 찾는 방식은 다르다고 볼 수 있다.

이동, 흐름 그리고 다른 사람과 함께 하는 활동이 더 긍정적인 심리적 상태, 협력적인 사회관계, 건설적인 갈등 해결 형태에 도움이 된다는 생각은 연구를 통해 분명히 밝혀져 있다.[6] 해결하기 힘든 양극화 지형의 제약에서 벗어나는 데 유용한 연구 분야는 **움직임**locomotion과 **동기화**synchronization이다.

⟩ 흔들어라

밴쿠버와 멜버른에 소재한 대학의 법학 교수이자 교차 문화 갈등해결 전문가인 미셸 르바론은 전 세계의 외교관이 참석한 회의에 관한 이야기를 들려준다. 그녀는 1993년 아일랜드 더블린 근교에서 외교관들을 모아 우리 시대에 가장 고착된 갈등 중 하나인 중동 지역의 이스라엘-팔레스타인 갈등을 해결할 새로운 아이디어를 찾으려고 시도했다.⁷ 르바론과 다른 회의 진행자들의 일차적인 도전 과제는 참석자들이 낡은 사고방식(깊은 어트랙터, 즉 그들의 확실성, 경직된 태도, 극단적인 프레임, 제한적인 가정들)에서 벗어나 중동 지역의 상황을 새롭게 고민하도록 돕는 방법을 찾는 것이었다. 첫 이틀 동안은 표준적인(정확한) 문제 해결 형식을 따랐고, 결과는 신통치 않았다.

하지만 셋째 날, 외교관들은 성금요일 협정(영국과 아일랜드 간의 평화협정-옮긴이) 전 한동안 북아일랜드 벨파스트의 '갈등 지역'이었던 곳(그곳의 삶은 특히 불안정했다)들을 방문하기 위해 낡은 버스에 올라탔다. 흔들리는 버스 안에서 몸을 서로 부대낀 뒤 참석자들은 서로를 다르게, 더 장난스럽게 대하기 시작했다. 그날 내내 그들은 벨파스트 서부의 여러 지역을 돌아다녔다. 가톨릭 지구인 폴스 로드와 개신교 지역인 생킬 로드는 종교적 폭력 사건이 가장 많이 발생한 곳이다. 그들은 두 종교 집단이 참여하는 몇몇 평화 운동 프로젝트를 돌아보는 동안 북아일랜드의 논쟁자들이나 평화 활동가들과 대화를 나누었다. 시간이 흐르면서 외교관들 사이에 동지애가 형성되기 시작했다. 저녁 식사를 마친 후 버스는 다시 더블린으로 향했고, 참석자들은 어둠 속에서 함께 노래를 부르기 시작했다. 나중에 르바론은 이렇게 썼다. "이 여행을 마친 뒤에야 비로소 대화에 생기가 돌았고, 독창성이 나타나고, 이스라엘-팔레스타인의 고질적인 갈등을 해소할 수 있는 창의적인 가능성이 보이기 시작했다."[8]

회의 진행자들은 참석자들의 변화에 감격하면서도 실제로 무슨 일이 일어난 것인지 이해하려고 고심했다. 그러던 중 갑자기 어떤 생각이 떠올랐다. 인간은 물리적 존재인데도 분쟁자, 외교관, 중재자, 다른 문제 해결자를 함께 모아 힘든 문제를 해결하려고 할 때, 보통 우리는 그들을 회의실에 앉혀서 힘들고 깊이 고착된 문제에 관한 해결책을 만들거나 찾으라고 요구한다. 어떤 일을 논의하거나 혁신하거나, 중재할 때 우리의 물리적, 생물적 본질을 무시하거나 부인하는 것은 잘못이다. 이동, 몸의 부대낌, 새로운 프로젝트 현장 방문, 낯선 곳으로 여행하기 같은 물리적 변화는 문제에 대한 우리의 고질적인 반응을 흔들어 바꾸고, 상황을 다르게 보고, 생각하고, 느끼고, 반응하도록 자극할 수 있다.

이는 우리가 신경과학을 통해 배우기 시작한 내용이다.[9] 이 분야의 매우 중요한 연구 결과 중 하나는 인간의 두뇌 회로가 과거에 생각했던 것보다 훨씬 더 유연하다는 점이다. 신경 가소성에 관한 연구에 따르면, 뇌는 초기에 생각했던 것보다 훨씬 더 빨리 외부 자극의 변화에 반응해 스스로 연결할 수 있다.

이러한 신경 재연결은 곤경과 곤경에서 탈출하는 것에 여러 가지 의미를 갖는다. 르바론은 이렇게 썼다.

신경 가소성은 함께 활성화되는 뉴런이 함께 연결되고, 따로 활성화되는 뉴런이 따로 연결된다는 점을 보여 준다. 연결된 뉴런들이 특정 패턴으로 반복적으로 활성화되면 뇌 안에 경로가 만들어져 신경 '슈퍼 고속도로'가 된다. 이 고속도로는 익숙하지 않은 연결 경로인 이용하지 않는 '뒷길'을 점차 접근할 수 없고 사용할 수 없는 경로로 격하시킨다.[10]

요즘 같은 격변기에는 공화당원을 뾰족한 구두를 신은 파시스트 이미지로, 민주당원을 마스크를 쓴 무정부주의자 이미지로 각각 연결하는 매우 선동적인 뉴스를 소비하는 시간이 많아진다. 그럴수록 우리의 뇌는 당파 간 정쟁으로 더 많이 연결된다. 하지만 뉴스로 가장한 순수한 토크쇼와 단절하기로 결정하거나 물리적 속성을 변화하는 등 의도적인 재설정을 통해 이전의 신경 경로를 바꾸고 새로운 경로를 활성화할 기회를 높일 수 있다. 르바론은 그날 벨파스트에서 움직임과 동기화라는 두 가지 물리적인 수단을 통해 갈등 해결을 위한 희망적인 방법을 배울 수 있었다.

원칙 5

움직여라―새로운 경로와 리듬을 활성화하라

지독한 정치적 갈등이 짓누르는 제약 탓에 꼼짝할 수 없을 때, 움직여야 한다. 신경과학과 사회과학의 최근 발전된 연구에 따르면 인지적·동기적·정서적·물리적 움직임은 새로운 경험에 대한 신경 가소성(두뇌 유연성)과 개방성을 증가시키는 데 유익하다. 고착된 패턴에서 벗어나는 출구를 찾기 위해 다른 사람들과 함께 하는 단순한 움직임과 동기화는 우리를 자유롭게 하고 우리의 경험과 관계를 새롭게 해 삶을 더 창의적이고 건설적인 패턴으로 만든다. 그러므로 움직여라.

움직임에 관한 이야기

두 동료 토리 히긴스(내 논문심사 위원회의 일원이었다)와 크리스틴 웹(이전의 학생)은 움직임을 연구했다. 컬럼비아대학의 유명한 이론 심리학자인 히긴스는 동기 부여나 사회적 인지와 같은 주제를 주로 연구했지만, 자기 규제(목표를 추구할 때 자기를 통제하는 방법)와 **움직임**이라고 부르는 규제 모드에 관한 그의 연구는 이 책과 가장 밀접하게 관련돼 있다.[11] 웹은 영장류와 인간의 동기 부여와 갈등 해결(공통점이 아주 많다)을 연구하는데, 학생 시절에는 나, 히긴스, 유명한 영장류 학자 프란스 드 발과 함께 연구했다.[12]

심리학은 오래전부터 움직임에 관심을 뒀다. 시초는 1940년대의 탁월한 사회심리학자인 쿠르트 레빈의 연구에서 시작됐다. 그의 사고는 게슈탈트 심리학과 물리학의 추세에 영향을 받았다.*

레빈은 **장 이론**field theory을 개발했고, 이로부터 동적 시스템 이론이 나왔다. 이 이론은 인간의 행동을 수많은 복잡한 영향의 결과로

---

* 쿠르트 레빈은 유대계 독일인 학자이며 나치 독일을 피해 미국으로 갔다. 그는 사회 심리학의 창설자 중 한 사람이다. 레빈은 MIT에서 모튼 도이치의 연구를 지도했고, 모튼 도이치는 컬럼비아대학교에서 나의 박사학위 논문을 지도했다. 그래서 나는 레빈을 나의 지적 할아버지라고 생각하길 좋아한다.

본다.[13] 이러한 '영향력의 장'에 관한 우리의 심리적 경험을 **삶의 공간**
life space[14]이라고 하며, 우리가 이 공간에서 인지적으로, 정서적으로,
물리적으로 이동하는 것을 **움직임**locomotion이라고 한다. 한 심리학자
는 이렇게 썼다. "움직임에는 모든 종류의 접근 또는 물러남이 포함
된다. 예를 들어 아름다운 대상을 바라보거나 추한 대상에서 물러
나거나, 좋아하는 음악을 듣거나, 싫어하거나 흥미가 없는 음악을
피하는 것이다."[15] 움직임에는 물리적·심리적 이동이 포함된다.

히긴스는 움직임을 인간의 기본적 동기로 보고 연구한다. 한 상
태에서 다른 상태로, 예를 들어 차가운 곳에서 따뜻한 곳으로 이동
하려는 필요나 욕구와 같이 보는 것이다. 그는 이것을 인간의 다른
기본적 동기인 평가 욕구와 종종 비교한다. 평가 욕구는 잠시 멈추
고 우리가 무엇을 하고 있는지(우리의 목표), 어떻게 그것을 가장 잘
달성할 수 있는지(우리의 전략)를 비판적으로 생각하려는 욕구다. 그
의 연구는 우리가 '그냥 실행하는 것'(움직임)을 **더 큰** 행동 동기로 삼
는지 또는 '올바른 일을 하는 것', 즉 최선의 목표와 행동 방침을 선
택하는 것을 더 중요하게 여기는지와 관련한 다양한 시사점을 발견
했다.[16]

웹의 학위 논문은 움직임과 갈등이라는 두 점을 연결했다. 그녀
는 레빈 이후 움직임 동기와 평가 동기를 갈등 해결의 차이와 연결
한 최초의 연구자다.[17] 인간과 영장류에 관한 다양한 연구를 통해 웹
은 움직임이 갈등 해결에 유용하다는 점을 발견했다. 이는 그녀가
측정한 움직임(행동) 대 평가(숙고)에 관한 사람들의 개인적 선호나
실험실에서 그런 선호를 유도하는 것과는 상관없었다. 사람들은 멈

춰 서서 옵션들을 비판적으로 고민하고 판단하기보다 여기서 저기로 움직이려는 동기가 높을수록 개인 간의 갈등을 해결하고 지속적인 논쟁을 바로잡기 위해 더 열심히 노력할 가능성이 증가했다.

웹은 영장류(31마리의 성인 침팬지와 사춘기 침팬지)에서도 비슷한 결과를 발견했다.[18] 몇 년 동안 여러 차례의 통제된 관찰을 통해 자료를 수집했으며, 연구자들은 침팬지의 적대적 상호 작용(잡아당기기, 무뚝뚝하게 달리기, 짓밟기, 물기, 거친 투덜거림, 날카롭게 소리 지르기, 싸우기, 웅크리기, 움츠리기/움찔하기, 이빨을 드러내며 괴성 지르기—미국 의사당에서 보는 것과 똑같다)과 우호적인 상호 작용(키스, 포옹, 몸단장, 접촉, 입안에 손가락/손 넣기, 놀이, 올라타기—의사당에서 공식적으로 보기 드물다)을 모두 기록했다. 웹은 움직이는 행동(어떤 상태에서 다른 상태로 신속하게 움직이는 일반적인 경향)을 더 많이 보이는 침팬지들이 다른 침팬지와 화해할 가능성이 더 높았으며, 적대적인 만남 이후 더 빨리 그렇게 한다는 점을 발견했다. 활동력이 있는 영장류도 평화를 더 선호한다.

이 사실이 왜 중요할까? 인간 갈등 해결 분야에서 중재자, 협상자, 모든 부류의 외교관들, 아울러 부모, 교사, 관리자, 다른 논쟁 해결자들은 문제 분석과 해결책 평가에 몰두하는 데 엄청난 시간(95퍼센트)을 보낸다. 하지만 앞으로 이동하는 데(인지적으로나 물리적으로나)는 거의 시간을 사용하지 않는다. 물론 문제와 해결 방안을 상세하게 검토하는 것은 중요하고 유용하다. 하지만 웹의 연구는 평가보다 움직임에 **더 많은** 관심을 두는 것이 갈등을 해소해 화해하고 앞으로 나아가는 준비와 의지를 촉진하는 데 최선임을 일관되게 보여 줬다.

우리가 DCL에서 수행한 연구도 비슷한 결과를 보였다. 우리는 **감정적 이동** 능력이 격심한 갈등을 헤쳐 나가는 데 도움이 된다는 점을 밝혔다.[19] 우리는 토론 과정에서 발생하는 논쟁자들의 감정적 경험을 측정하기 위해 '생쥐 추적' 방법[20]을 이용해 긍정적인 감정과 부정적인 감정 그리고 두 가지 감정을 언제 넘나드는지를 추적했다. 우리는 감정적 어트랙터 사이를 더 많이 이동하는 (좋은 감정과 나쁜 감정을 느끼는 시간의 비율로 측정한다) 논쟁자들이 대화를 나눌 때 한결같이 심각한 문제에 덜 봉착한다고 밝혔다. 부정적 감정 경험 대비 긍정적 감정 경험 비율이 더 높아서 감정이 더 많이 전달되는 집단일수록 어려운 문제는 줄고, 성과는 더 좋고, 대화를 지속하려는 의지도 증가했다.[21]

움직임의 중요성은 우리 연구진이 이름 붙인 이른바 **갈등 적응성** conflict adaptivity의 측면으로도 확대된다. 갈등 적응성은 다양한 유형의 갈등 상황에서 적합하고 효과적인 방식으로 다양한 해결 전략을 사용하는 능력을 말한다.[22] 이 연구의 결과(《갈등을 조정하는 법Making Conflict》이라는 책에 정리돼 있다)는 **전략적인 움직임**, 즉 변화하는 갈등 환경에 효과적으로 대응하는 데 꼭 필요한 인지적·행태적 유연성이 결정적으로 중요하다는 점을 입증했다. 대부분의 관계와 갈등의 핵심적인 속성이 유동적이어서 순간마다 바뀐다는 점을 고려할 때, 권력관계나 다른 사람들에 대한 의존성처럼 중요한 상황 변화를 읽고, 그런 상황에 더 효과적인 해결 전략을 이용하는 능력은 엄청나게 다른 결과를 낳는다.

다른 사람들의 연구 역시 물리적 움직임이 인지적 유연성과 창의성에 미치는 긍정적인 효과를 입증했으며, 이 두 가지는 특별히 매우 심각한 갈등 상황에서 심리적으로 꼼짝할 수 없을 때 갈등을 건설적으로 해결할 수 있는 결정적인 요소다.[23] 예를 들어, 네 가지 실험에서 참가자들이 물리적 이동(걷기)을 하면, 확산적 사고 테스트(더 개방적이고 창의적인 연결)에서 창의성 점수가 81퍼센트, 수렴적 사고(최선의 선택지로 접근)가 23퍼센트 증가했다고 밝혔다. 이 두 가지 사고 모두 혁신적 문제 해결에 필요하다.[24] 이런 효과는 특히 사람들이 야외에서 이동할 때 더 강력했다. 적당한 신체 활동 역시 긍정적인 영향을 미쳤으며[25], 타당한 정보에 주의를 기울이고 타당하지 않은 정보를 무시하는 인지 통제력과 집중력을 높였다.[26]

종합하면, 이런 연구 결과들은 안드레아 바르톨리의 경험적 통찰, 즉 움직임이 갈등의 제약적인 한계에서 우리를 자유롭게 하는 데 중요하다는 통찰에 상당한 근거를 더해 준다. 행태적·감정적·전략적·물리적 움직임이라는 아이디어를 어떻게 실천 방안으로 바꿀 수 있을까? 이것이 다음 단락의 주제다.

┊ 실천: ┊ 움직여라!

당신과 당신이 속한 지역 사회가 사로잡힌 양극화의 굴레를 느슨하게 만들기 위해 움직임에 관한 통찰을 이용하는 방법은 많다. 아래에 크고 작은 몇 가지 방법을 소개한다.

계속 움직여라

움직임에 관한 연구 결과를 가장 직접적으로 적용하는 방법은 감정과 사고를 자유롭게 하기 위해 일어나서 움직이는 것이다. 야외 산책, 운동, 만들기, 정원 가꾸기, 캐치볼, 달리기는 우리의 마음을 깊은 고정관념에서 벗어나게 하고, 때로 불쾌한 고민과 부정적인 감정의 덫에서 해방시키는 데 유용하다. 아마도 벨파스트에 모인 외교관들 사이에서 이런 일이 일어난 것 같다. 시골 지역으로 이동한 것은 새로운 활력을 주어 회복시키는 효과를 낳았고, 삶의 자연스러운 상태인 변화의 흐름에 다시 집중하도록 도와줬다(우리의 뇌는 정적이고 네모난 방이 아니라 탁 트인 평원에서 진화했다).[27] 특히 꽉 막혀 답답하다고 느껴지면, 끔찍한 분위기, 증오하는 사고 패턴, 고통스러운 관계 역동 속에 있을 때면 움직여라! 키르케고르가 이렇게 썼다. "나는 걷는 동안 사색에 빠졌고 무거운 생각에 짓눌려 걷는 것을 그만둔 적은 없었다."

미래를 지향하는 프레임

공식적이든 비공식적이든, 대부분의 분쟁 해결 과정은 불만스러운 문제들을 깊이 조사하느라 꽤 많은 시간이 든다. 이런 문제들 때문에 갈등 상황이 발생했다는 점에서 이해할만하다. 하지만 움직임과 평가에 관한 연구는 이런 조사만 하는 방식이 더 심각한 교착 상태에 빠지는 지름길임을 보여 준다. 이렇게 비판적인 모드로 시작하면 그에 따라 해결 프로세스의 분위기와 경로가 결정된다(3장의 새로운 시작에 관한 논의를 보라). 여기 새로운 접근 방식이 있다. 먼저 모든 사람이 이상적으로 도달하고 싶은 곳에 관해 논의하면서 시작하면 어떨까? 현재의 긴장 상태를 헤쳐나갈 수 있는 최선의 시나리오는 무엇일까? 원하는 최종 목적지는 어디인가?

평화와 갈등 연구 분야의 개척자 중 한 사람인 엘리제 보울딩Elise Boulding은 먼저 미래를 상상하는 활동을 시작함으로써 갈등을 해결하는 방법을 개발했다.[28] 이 방법은 1970년대 말에 우연히 생겨났다. 그 당시 보울딩은 비폭력 세상을 이루기 위해 힘쓰는 평화 활동가들이 군대가 사라진 세상이 어떻게 돌아가는지를 전혀 알지 못한다는 점을 깨닫기 시작했다. 그들은 상상조차 할 수 없는 것을 성취하기 위해 어떻게 일할 수 있을까? 그녀는 미래 상상하기future imaging라는 프로세스를 개발해 참가자들에게 30년 뒤 외부 집단과 평화롭게 함께 사는 미래의 상황을 상상해 보라고 요청했다. 그녀는 그들과 함께 걸으면서 상상력을 자극하는 활동을 실행했다. 그들은 미래에 '상황이 어떻게 될지'를 상상하고 난 뒤 현재를 다시 돌아보고, 지난날 평화가 어떻게 이뤄졌는지 상상했다. 참가자들이 그렸던 미래를 성취하는 데 도움이 되는 실천을 각각 약속하면서 워크숍은 마무리됐다.

움직임과 평가의 영향에 관한 몇몇 실험은 움직임 또는 평가에 '가장' 적합한 또는 준비된 참가자들에게 이와 비슷한 활동을 요구한다.[29] 평가 성향의 참가자들에게는 다음과 같은 질문을 생각해보게 한다. "당신이 자신과 다른 사람들을 비교하는 상황을 생각해 보라." 또는 "당신이 다른 사람이나 자신이 한 일을 비판하는 상황을 생각해 보라." 동적인 성향의 참가자들에게는 다음과 같이 질문한다. "하나의 프로젝트를 마치고 곧이어 새로운 프로젝트를 시작했던 때를 생각해 보라." 또는 "당신이 목표를 달성하기 직전 흥분했던 때를 생각해 보라."

어려운 대화나 중재를 시작할 때 "당신의 갈등에 대해 말해 보세요. 그리고 이 사람이 얼마나 바보이고 왜 그가 당신의 인생을 비참하게 만드는지 말해 보세요."라고 말하는 대신 다음과 같은 방법을 사용해 보라.

"잠시, 당신을 여기에 오게 한 모든 문제와 긴장에 관해 이야기를 나눌 겁니다. 하지만 먼저 대화가 잘 진행돼 자신에게 자부심을 느끼고, 대화의 결과에 만족하며, 서로에 관해 더 많은 존중감을 느낄 수 있는 대화 방법을 안다면 정말 도움이 될 겁니다. 이 프로세스의 최선의 결과가 어떤 모습일 것 같습니까?"

만약 분쟁자들이 가족, 친구, 직장의 일원이고 오래 관계를 맺은 사이라면, 먼저 과거의 해결책을 탐색하는 것으로 시작해 보라.

"과거에 서로 힘들었을 때 문제에 관해 대화를 나누거나 해결 방법을 찾았던 때를 생각해 보세요. 그런 일이 있었습니까? 만약 그렇다면 상황이 어떻게 전개됐고 어떻게 당신이 그것을 극복했는지 나눠 주세요."

이처럼 작지만 희망적인 '부드러운 권유' 방법들이 심각한 문제를 해결하지는 못할 것이다. 하지만 한동안 경험하지 못했던 관계를 위한 잠재적인 긍정적 어트랙터를 깊이 되돌아보고 그것이 가능하다는 점을 기억하거나 상상하게 만들 수 있다. 대화 초기에 이 방법을 사용하면 분쟁자들이 계속 움직이면서 어려운 단계를 통과할 필요성과 욕구를 자극할 수 있다.

흐름을 보고 느껴라

우리는 대부분 매우 복잡한 정치적 분열(양극화의 슈퍼 태풍을 떠올려보라)을 이해하기 어려워하듯이, 이런 분열의 시기적 역학을 이해하기도 어려워한다. 많은 요소가 상호 작용해 시간 경과에 따라 이런 분열의 흐름, 전개, 패턴 형성, 변화에 영향을 미친다.[30] 하지만 이것을 이해하는 것은 매우 중요하다(이것의 주요 내용은 비선형적 변화의 7가지 대략적인 법칙이다). 어트랙터 지형의 심층 구조들이 가정, 가치, 규칙, 규범의 개별적인 요소로만 구성되지 않는다는 점을 기억하라. 이런 구조는 요소들 간의 영향에 의해 결정된다. 이런 다양한 요소들은 시간 흐름에 따라 서로 조정하거나, 자극하거나, 제약한다.

나는 6장에서 복잡성 지도가 해로운 문제를 더 세밀하게 이해하고 갈등 상황에 관한 분쟁자들의 인지적 복잡성을 높이는 데 중요하다는 점을 설명했다. 지도 제작 기법은 분열에 영향을 미치는 사이클의 흐름을 더 잘 보고 이해하는 데 도움을 주기도 한다. 어떤 요소들이 서로 강화하거나 (예를 들어 급증하는 불안은 정치적 뉴스 이용량을 늘리고, 그에 따라 불안이 더 상승한다), 약화시키는(예를 들어 논쟁적인 이슈에 관한 상대 진영의 사려 깊은 관점을 경청하면 상대 진영에 대한 적대감이 줄고 그들의 견해를 다시 들으려는 가능성을 높인다) 방식을 대략적으로 이해하면 변화를 위한 기회를 찾는 데 도움이 된다.

지도 작성의 인지적 유익 외에도 공동 지도 작성의 **물리적** 속성 (마커와 화이트보드 또는 플립차트를 이용해 함께 문제에 대해 논의하고 스케치하고, 이해하는 활동)도 갈등 역동을 바꿀 수 있다. 일반적으로 우리는 분쟁자들에게 테이블 양쪽에 앉아서 갈등에 관해 이야기를 나누도록 요구한다. 이는 각 분쟁자들이 상대방을 문제로 바라보게 할 가능성을 훨씬 높인다. 즉, 문제를 개인화하는 것이다. 분쟁자들은 지도 작성을 통해 서로의 앞에서 핵심 요인들을 물리적으로 연결함으로써 문제를 구성하는 복잡한 요인들을 함께 이해하는 과제를 수행한다. 이 과정은 공동 작업을 통해 동기화와 협업을 촉진한다.[31] 아울러 문제를 플립차트나 벽에 외부적으로 표현함으로써 문제를 개인적 차원으로만 이해하는 방식을 넘어설 수 있다. 집단이 상호 경멸이라는 수렁에 빠져 있을 때 우리는 이렇게 함께 지도를 만드는 과정이 상황을 극적으로 바꾸는 사건, 즉 게임 체인저가 될 수 있다는 점을 발견했다.[32] 시도해 보라!

마지막으로, 역동을 직접 눈으로 보면 신뢰감이 생긴다. 복잡한 양극화 역동을 이해하기 위해 컴퓨터 시뮬레이션과 시각화를 이용하는 방식의 가장 좋은 점 중 하나는 시간 경과에 따른 역동의 변화를 이해할 수 있다는 점이다. 세포 오토마타나 다른 시각화 도구, 게임과 같은 수단을 이용하면 복잡한 시스템이 시간 흐름에 따라 변화하는, 또는 변화하지 않는 특이한 방식을 이해할 수 있다.*

---

* https://www.washingtonpost.com/news/wonk/wp/2015/04/23/a-stunning-visualization-of-our-divided-congress/를 보라. 또한 https://ncase.me/를 방문하면 비선형적 변화를 보여 주는 여러 가지 재미있는 시각화 게임을 해 볼 수 있다.

낯선 곳으로 여행하라

1800년대 중반, 마크 트웨인은 유럽 횡단 여행을 한 후 자신의 경험에 관한 자전적 이야기를 담은 《마크 트웨인 여행기Innocents Abroad》를 출간했다. 이 책에서 그는 여행이 인류에 대한 신뢰 형성에 미치는 잠재적 영향에 대해 언급했다. 그는 이렇게 썼다. "여행은 선입견, 심한 편견, 좁은 마음을 없앤다. 이런 이유에서 여행이 꼭 필요하다. 지구의 작은 한 모퉁이에서 평생 사는 사람은 인간과 사물에 관한 폭넓고, 건전하고, 자비로운 시각을 갖기 힘들 수 있다."

외국 여행이 경험에 대한 개방성과 차이를 수용하는 태도에 미치는 긍정적인 효과는 오래전부터 자명한 일로 여겨졌지만, 최근까지도 이에 관한 연구는 거의 없었다. 한 연구 프로젝트는 해외 유학이 학생들의 성격 변화에 미치는 영향을 연구한 결과, 해외 유학이 '다섯 가지' 성격 특성 중 두 가지 성격, 즉 경험에 대한 개방성과 우호성의 증가 그리고 세 번째 특성인 신경증적 성격의 감소와 관련이 있다고 밝혔다.[33]

두 번째 연구는 여행에 따른 이동의 구체적인 영향을 보여 주는 증거를 훨씬 더 많이 발견했다. 다섯 차례의 연구에서 연구자들은 경험의 깊이(여행한 시간의 양)가 아니라 '외국 여행의 범위'(여행 국가의 수)가 일반적인 신뢰 수준을 더 향상시켰다고 밝혔다.[34] 더 중요한 것은 여행자들이 폭넓은 형태의 여행을 통해 방문 국가 사람들에 관한 태도를 개선하고 인간에 대한 포괄적인 신뢰감을 갖게 됐다는 점이다. 이런 외국 여행 효과들(개방성, 우호성, 신뢰성의 증가, 신경증적 성격의 감소)은 더 효과적이고 건설적인 갈등 해결에도 도움이 된다.

그렇다면 공화당과 민주당 성향의 학생과 시민들의 상호 교환 또는 외국 여행, 미국 도시 지역 문화 대 미국 시골 지역 문화 여행 아이디어는 어떨까? 비영리단체인 에트가 36은 지금 미국 십대를 대상으로 이런 일을 하고 있다.[35]

그들의 목표는 미국 청소년들이 미국 전역을 여행하며 다양한 문화, 사상, 논쟁 방법을 경험하게 함으로써 정치적 목소리를 내게 하는 것이다. 지금까지 1만 8,000명 이상의 성인과 십대들이 '버스를 탔다.' 이것이 미국을 전진시키는 계획이 될 수 있을까?

강제 이동

보츠와나가 1966년 영국으로부터 처음 독립했을 때 그들은 걱정에 휩싸였다.[36] 최근 식민 지배에서 해방된 다른 아프리카 국가들(말리, 콩고, 나이지리아)의 새로운 국경선이 대부분 이전 식민지 지배 국가에 의해 대략 표시됐다는 것을 알았기 때문에 최악의 상황이 초래될까 두려워했다. 이와 같은 위험한 국경선 설정은 종종 오랫동안 확립된 부족 관할 지역을 관통하고 서로 우호적이지 않은 다른 집단을 강제로 통합시켰다. 이런 조치는 너무나 자주 치명적인 부족 간 충돌과 내전으로 이어졌다.

이와 똑같은 일이 보츠와나에도 일어났다. 이전의 통치자들이 통합한 새로운 국토에는 20개의 다른 부족[37](보츠와나인들이 이 집단들을 위해 사용한 기준)이 포함됐다. 많은 부족의 언어와 전통이 달랐고, 칼라하리 사막 북쪽의 칼란가 부족, 칼라하리 사막 남쪽의 바케나 부족, 중앙 지역의 방와토 부족이 포함됐다. 이런 상황 탓에 새로운 국가 지도부는 매우 불안했다. 필연적인 것처럼 보이는 부족 간 폭력을 막기 위해 그들은 무엇을 할 수 있을까?

그들은 세 가지 일을 했다. 첫째, 집단 간 공통 의사소통 수단을 확보하기 위해 학교에서 영어와 세크와나어만 교육하기로 결정했다. 둘째, 요청하는 모든 사람에게 작은 규모의 토지를 제공하고, 단 그 토지의 지하에 존재하거나 발견되는 모든 것은 공동 소유(예를 들어 정부)라는 조건을 달았다. 이는 다이아몬드 매장과 같은 희소 자원에 대한 긴장을 완화하는 데 도움이 됐다. 셋째, 가장 중요한 조치로서 이 국가의 노동력 중 제일 큰 비중을 차지하는 모든 공무원(의사, 교사, 엔지니어, 모든 행정 관리)에게 **근무지 강제 이동**이라는 정책을 시행했다. 몇 년마다 이 공무원들은 다른 지역으로 재배치됐다. 그들은 이사하거나 이동해 새로운 직책을 맡고, 새로운 지역 사회, 보통 다른 지배 부족이 있는 지역에 정착해야 했다. 달리 말하면, 그들은 강제로 낯선 지역으로 이동해 낯선 사람들과 섞여 살아야 했다.

근무지 강제 이동 정책에는 부정적인 측면도 있다. 보통 이 정책은 불편하고 불만스러운 경험이며, 잠시지만 사실상 가족이 떨어져 살아야 한다(하지만 이런 상황은 바뀌었다). 긍정적인 측면을 보자면, 이 정책은 보츠와나가 부족 간 폭력을 피하고 아프리카에서 부패가 가장 적고 가장 번영하고 민주주의가 가장 잘 작동하는 국가들 중의 하나가 된 주요 이유다. 역사적으로 다른 부족이 사는 지역으로 공무원들을 계획적으로 이주시킨 정책은 충분히 의미 있는 수준의 집단 간 접촉과 부족 간 연대감을 제공해 부족 간 폭력 가능성을 현저하게 낮췄다.

오늘날 미국에서 이와 비슷한 노동정책이나 법률을 시행하는 것은 설득력이 없어 보이지만, 이 아이디어는 타당성이 매우 높다. 당파적 분열을 진지하게 재설정하고 더 통일되고 기능적인 민주주의를 확립하기 위해 당파, 인종, 민족 간 통합을 일으키는 유연한 사회 구조를 어떻게 제도화할 수 있을까?

한 가지 방법은 최근 크리스 쿤 상원의원(델라웨어주 출신 민주당 의원)과 로저 윅커(미시시피주 출신 공화당 의원)가 공동으로 발의한 초당적 법안인 코프스법CORPS Act, Cultivating Opportunity and Response to the Pandemic Through Service Act을 수정하고 지지하는 것이다. 이 법안은 지역 사회 봉사 단체인 아메리코AmeriCorps의 일꾼을 올해 15만 명으로 두 배 늘려 실업 상태의 청년들에게 총 60만 개의 일자리를 제공함으로써 어려운 지역 사회를 지원하겠다고 제안한다. 이 계획은 노동자들이 자신과 정치적 입장이 다른 지역으로 가거나, 도시 지역에서 농촌 지역으로, 농촌 지역에서 도시 지역으로 이동해서 봉사해야 한다는 추가 조건을 달 수 있을 것이다. 이동 조건은 보츠와나의 근무지 강제 이동 정책보다 덜 부담스럽지만, 현재 미국에서 사라진 당파 간 접촉을 재개하는 시발점이 될 수 있다.

모든 형태의 움직임이 우리의 마음을 열고, 이기적이고 집단 중심적이며 민족중심적인 성향을 완화하는 데 분명히 도움이 된다. 움직임의 한 가지 형태인 동시에 움직이기joint synchrony는 우리를 함께 전진시키는 데 특히 유용하다는 점이 밝혀졌다.

영광스럽게도 함께 일한 동료 중 가장 독창적이고 혁신적인 연구자 두 명은 로빈 발라허와 안드레자이 노왁이다. 쿠르트 레빈 이후 그들은 물리학, 응용 수학, 복잡성 과학의 중요한 통찰과 획기적인 성과를 심리학계, 특히 평화와 갈등 연구 분야에 도입하는 데 가장 큰 역할을 한 사람들이다. 사회 심리학자인 두 사람은 가까운 동료로서 수십 년 동안 함께 일하면서 성과를 냈고, 그들의 연구는 경영학, 기술, 스포츠, 미술을 포함한 다양한 학문 분야에 크게 영향을 미쳤다. 또한 내가 아는 연구팀 중 가장 이상한 노동 방식을 갖고 있다.

그들의 일과는 종종 이렇게 진행된다. 엄청난 양의 커피를 마신 후(노왁은 한때 하루에 16잔을 마셨다), 그들은 보카 레이턴의 플로리다 애틀랜틱 대학 연구실에서 아침 늦게 만나 야심 찬 프로젝트에 대한 연구를 시작하거나 재개한다. 영감 넘치는 작가인 발라허는 곧 컴퓨터가 놓인 책상에 앉고, 노왁은 사무실을 돌아다니거나 사무실 바닥에 드러누워서 큰 소리로 말하면서 오랫동안 몸을 회전시키고, 종종 삶과 학문이 만나는 이야기를 두서없이 말한다. 노왁은 이따금 잠시 졸기도 하지만, 발라허는 조금도 수그러들지 않고 계속 타이핑한다. 그들의 연구는 에너지나 통찰력이 고갈되거나, 어떤 문제로 인해 연구가 막힐 때까지 이런 방식으로 진행된다. 그다음 그들은 잠시 산책을 나간다.

바깥에서 이 학자들은 대학 캠퍼스나 마을 주변을 거닐면서 삶에 관해 수다를 떨고 당면한 연구 문제의 다른 측면들을 다루기도

한다. 대화를 나누는 중간에 노왁은 잠시 멈추고 "바로 그거야! 탁월해!"라고 외친다. 매우 방대한 심리학 문헌에 깊이 몰두한 발라허는 종종 이슈를 밀어붙이면서 이미 제시된 해결책에 이의를 제기한다. 그들이 수수께끼에 관해 옳다고 느끼는 해결책을 공유할 때까지 그렇게 산책을 계속한다. 그다음 더 많은 커피를 들고 사무실로 돌아가서 그들의 연구 사이클을 다시 시작한다. 발라허와 노왁이 폭넓게 동기화를 연구해 수학적 모델을 만든 것은 어찌 보면 당연한 결과일지도 모른다.[38]

동기화는 두 개 이상의 사건이 동시에 또는 같은 비율로 발생하는 것을 말한다. 시계, 컴퓨터, 엔진, 공장의 생산 라인은 흔히 동시에 움직인다. **상호 작용적 동기화**는 사회적 상호 작용에서 형태(스타일)와 시간(리듬)이 일치되도록 조율된 운동으로 정의한다.[39] 무용수, 응급실의 의료팀, 오케스트라, 레스토랑의 주방 직원, 올림픽 싱크로나이즈드 수영팀은 모두 동시에 효과적으로 움직여야 한다. 연인들, 펜싱 선수, 부모와 유아들, 테니스 파트너, 협상자들도 이와 마찬가지다. 이런 집단들은 행동을 서로 조율해야 하지만, 더 우수한 집단은 사실상 똑같이 움직인다. 이처럼 같은 시간과 공간에서 함께 움직이는 사람들은 서로가 생각하고 느끼고, 행동하는 방식과 그들의 관계, 성과, 변화를 만들어내는 역량에 상당히 큰 영향을 미치는 것으로 밝혀졌다.

연구에 따르면 상호 작용적 동기화는 효과적인 갈등 관리의 많은 측면에 유용하다. 예를 들어, 개인적인 친밀함과 연결성을 높이고, 자기 개방성을 높이며, 이는 다른 사람과의 관계를 증진하는 것으로 밝혀졌다.[40] 실제로 한 연구는 (두 사람이 손가락 박자를 이용해 소통하는 과제를 통해) 실험실에서 유도된 동기화 경험이 자폐성 피실험자와 비자폐성 피실험자에게서 모두 개인 간 공감력을 높인다는 사실을 보여 줬다.[41] 신경 영상 연구 역시 다른 사람들과의 동기화가 자신과 타인 간 정보 처리와 관련된 뇌 영역을 활성화한다는 사실을 보여 줬고, 이는 파트너의 성과에 관한 관심이 증가하는 것과 관련이 있음이 드러났다.[42] 이는 **거울 신경세포**에 관한 많은 연구로 이어졌다. 거울 신경세포는 우리의 특정 행동을 다른 사람이 똑같이 하는 것을 보면 활성화되어 시냅스가 연결된다.[43] 연구자들은 이것이 기본적인 공감 경험을 담당하는 근본적인 신경세포 메커니즘이라고 믿는다.

분쟁자들 간의 동기화는 어려운 대화에 관한 우리 연구에서 밝혀낸 더 흥미로운 결과 중 하나였다.[44] 두 사람이 도덕적 차이점에 관한 대화를 원만하게 나눴을 경우, 그들은 부정적인 결과를 보인 사람들보다 **감정적 동기화**(비슷한 시간에 비슷한 감정을 느끼는 것)의 수준이 높았다. 더 심하게 다투는 커플의 감정이 음의 상관관계(예를 들어, 서로 정반대의 감정을 느끼는 것)를 보이지 않고, 서로 아무런 관계가 없는 상태 즉, 동기화되지 않는 상태를 보인다는 점은 흥미로웠다. 이런 연구 결과와 비슷하게도, 다른 갈등 실험 연구는 행복한 부부와 불행한 부부[45] 그리고 최고의 성과를 올린 업무팀과 평균 이하의 성과를 올린 업무팀[46]을 대상으로 **감정적 동기화**와 **무기력 또는 감정의 비동기화**라는 비슷한 차이를 분명하게 발견했다.

하지만 우리의 주요 관심과 가장 관련이 있는 내용은 다른 사람들과 **물리적으로 같이 움직이면** 협력, 사회 친화적 행동, 공통 목표 달성 능력을 향상하며, 또한 공감력과 돕는 행동을 증가시킨다는 연구 결과다.[47] 한 연구에 따르면 한 집단의 사람들이 함께 걸으면 집단의 유익을 위해 개인적으로 희생할 마음을 갖게 된다.[48] 동기화가 협력과 돕는 행위에 미치는 영향은 네 살짜리 유아와 유치원생을 대상으로 한 연구에서도 분명하게 드러났다![49]

동기화와 갈등 간의 관계는 약간 더 미묘하다. 여러 연구에서 낯선 사람들이 만나서 논쟁을 벌이면 자연적으로 동기화를 덜 경험한다는 사실이 밝혀졌다. DCL의 분쟁적인 두 사람과 매우 비슷하다.[50] 더 나아가 대면 협상은 협력 행동을 저해하고 상대방을 내려다보는 것처럼 압력과 지배 전략을 사용하려는 경향을 유발한다.[51] 하지만 이런 연구들은 모두 참가자들이 앉은 상태에서 수행됐다.

사람들이 일어나서 함께 움직이기 시작하면 동기화와 갈등 상황이 더 나아진다. 사람들이 나란히 걸으면 주의 집중 동기화가 된다. 즉, 같은 시간에 같은 일에 더 잘 집중한다. 이는 자기중심적이고 이기적인 관점에서 타인중심적이고 공유하는 관점으로 바꾸는 데 도움을 주며, 협력을 증가시킨다.[52] 사실, 진화 생물학 연구에 따르면, 사람들 간의 물리적 동기화는 엔돌핀 분비량을 증가시켜 집단의 연대감을 향상한다.[53]

일어나서 함께 움직이는 것에 관한 연구는 이런 행동이 여러 측면에서 갈등 관리에 긍정적이고 탄탄한 영향을 미친다는 사실을 보여 줬다(감정의 일치, 긍정적인 관계, 연대감, 관심 공유 등). 하지만 내가 알기로 동기화가 갈등에 미치는 직접적인 영향에 관한 연구는 아직 없다.

그럼에도 이런 연구 결과는 함께 움직이는 것이 집단의 심각한 분열을 막는 조건을 조성하는 데 유용하다는 점을 강력하게 시사한다.

실천:
같이 움직여라

여러 사람과 함께 걷거나, 파트너와 테니스를 치거나, 서로 나란히 자전거를 타면 동기화하기 매우 쉽다. 여러 연구에 따르면, 걷거나 옆에 앉아서 다리를 함께 흔들 때 파트너와 따로 움직이도록 지시해도 사람들은 그 지시에 따르기가 쉽지 않다. 우리는 어느 순간 다시 나란히 걷거나 다리를 동시에 흔든다.[54] 어떤 사람과 똑같이 움직이는 것은 그 사람을 좋아하든 그렇지 않든 옆 사람과 리듬을 맞추려는 자연적인 성향이 나타난 것이다. 다음의 몇 가지 설명은 이런 성향을 이용해 갈등의 역동을 바꾸는 방법을 보여 준다.

숲속에서 걷기

1982년 늦여름, 두 명의 핵무기 협상가인 미국의 폴 H. 니츠와 소련의 율리 A. 크비친스키는 제네바에서 열린 군축 회담의 공식회의를 마치고, 도시 밖의 숲에서 함께 비공식적인 산책을 했다.[55] 조용한 숲길을 따라 걸으며 그들은 교착 상태에 빠진 회담의 돌파구를 마련할 수 있었다.[56] 자연 속의 산책이라는 비공식적인 실천 방법은 다른 유형의 분쟁 해결과 평화 건설, 특히 더 깊은 사고와 치유, 회복이 필요한 문제에 조금씩 포함되기 시작했다.[57] 안타깝게도 이러한 약간 변경된 실천 방법은 매우 적게 활용되고 있다.

그럼에도 불구하고 이동과 동기화에 관한 연구들이 보여 준 공통된 연구 결과는 걷기를 갈등 관리 포트폴리오에 포함하기 위해 최대한 노력해야 한다는 것을 강력하게 시사한다. 형제자매, 학교 친구, 상원의원 등 어떤 관계든 함께 걷기가 주는 잠재적 유익(특히, 자연 속에서 나란히 차분하게 이동할 때)은 동기화를 유발하고 다양한 개인과 집단에 유익함을 제공한다는 점을 반복적으로 보여 줬다. 최근 연구는 긴장된 만남을 하기 전에 혼자 걷는 것도 흔히 낯선 사람과의 만남에 수반되는 부정적인 감정과 인식을 완화하는 데 도움이 될 수 있음을 보여 준다.[58] 그렇다면 우리가 버려야 할 것은 무엇일까? 성서에 이렇게 기록돼 있다. "두 사람이 뜻이 같지 않은데 어찌 동행할 수 있겠는가?"

평화를 위해 함께 요리하기

내가 패널로 참석한 토론회에서 한 동료 중재자는 자신이 중재를 할 때마다 함께 음식을 준비했다고 말했다. 아프리카계 미국인이자 탁월한 업적을 쌓은 분쟁 해결 전문가인 재니스 투디 잭슨Janice Tudy-Jackson은 자신이 지금껏 경험한 가장 강력한 첫 번째 중재자가 자신의 할머니(가족의 여자 가장)였다고 말했다. 할머니는 모든 찢어지거나 망가진 펜스를 직접 수선했다. 할머니는 누구도 범접할 수 없는 분이었다. 대가족 사이에 문제가 불거지면 할머니는 관련 당사자들을 모두 불러 모았다. 그들은 모두 자리에 앉아서 갈등을 빚고 있는 이슈를 듣기 전에 잔치를 준비하는 것을 도왔다. 투디 잭슨은 함께 음식을 준비하면서 생겨난 긴밀한 공동체 의식이 그녀가 특히 더 어렵고 오래된 문제를 해결하는 핵심적인 요소였다고 말했다.

다른 사람들은 할머니의 발자취를 따랐다. 갈등 카페^{Conflict Cafe}와 갈등 키친^{Conflict Kitchen}은 음식이 어떻게 사람들을 단합시키고 영향을 미치는지를 보여 주는 프로그램이다.**59** 이런 카페와 키친은 전쟁으로 파괴된 국가에서 온 요리사들이 자신들의 전통 요리를 제공해 미국인들이 이런 국가를 바라보는 편견을 없애기 위해 노력한다. 미국 전역에 12개 지부를 갖춘 《메이크 아메리카 디너 어게인^{Make America Dinner Again}》은 미국의 공화당원과 민주당원을 단합시키려는 직접적인 노력의 일환이다. 이 단체에서는 사람들을 초청하는데, 이때 각자 음식을 조금씩 준비해 와서 함께 앉아 나눈다. 그러면서 서로 더 잘 이해하고 함께 나아가게 된다. 이런 작은 식사 모임은 서로 존중하는 대화, 안내자가 함께 지원하는 활동, 정치적 견해가 다르지만 '미국을 위한 최선의 이익'**60**을 고민하는 6~7명의 초대 손님끼리 즐기는 맛있는 음식 나눔으로 구성된다.

동시에 같은 일을 수행하는 수많은 활동을 통한 단합 가능성을 상상해 보라. 예를 들어, 불우한 가정을 위해 당파적 노선을 초월하여 집을 수리하거나 짓는 모임, 코로나19 바이러스에 감염된 가정을 위한 기금 마련 5km 달리기 행사, 양당 지지자들로 구성된 집단이 분쟁 중인 학교의 교사와 관리자를 위해 재원을 자발적으로 지원하기 등이 있다. 당신이 사는 지역 사회에서는 사람들이 몸을 움직이며 함께 일함으로써 유익한 사회 심리적 순환 고리를 만들 필요성이 있는가?

세상에서 걷기

함께 걷기를 통한 평화 건설 활동을 보여 준 가장 두드러지고 야심 찬 사례 중 하나는 〈아브라함의 길Abraham's Path〉이라는 프로젝트다.[61]《Yes를 이끌어내는 협상법Getting to Yes》의 공저자인 윌리엄 유리가 2006년에 설립한 이 프로젝트의 목표는 지구상에서 역사적으로 가장 분열된 지역 중의 한 곳인 중동 지역의 단합을 실현하는 것이다. 이 프로젝트는 아브라함 가족의 역사적 여정을 따라 걸을 수 있도록 이 지역의 10개 국가를 넘나드는 순례길과 문화 루트를 찾아서 조성했다. 아브라함은 그에게서 시작된 유대교, 기독교, 이슬람교의 공통 족장이며, 많은 사람이 이들 종교가 가진 공통 유산의 가장 중요한 원천 중 하나라고 생각한다. 이 여정은 터키 남동부의 우르파에 있는 아브라함의 출생지에서 시작해 팔레스타인 서안 지구의 헤브론에 있는 그의 무덤에서 끝난다.

이 프로젝트의 아이디어는 단순하면서도 탁월하다. 전 세계 사람들(특히 유대교인, 이슬람교인, 기독교인)이 여러 집단에 속한 다른 사람들과 어깨를 나란히 한 채 아브라함의 여정을 걸으며 길에서 만나는 많은 가족, 집단, 문화의 특별한 환대를 경험하도록 자극한다. 그리고 이런 과정에서 고정관념과 평화를 가로막는 다른 장벽을 깨고, 이 지역을 긍정적으로 주목하고 경제 개발을 이룩하도록 돕는다. 이 순례길은 총 길이가 1,204km에 이르며, 134개의 다른 지역 사회를 연결하고, 일 년에 약 7,000명의 순례자(동시에 이동하는 사람들)가 이용한다. 또한 이 프로젝트는 미국을 포함한 전 세계의 여러 도시에 있는 모스크, 교회, 회당 사이를 이어주는 또 다른 걷기 운동을 일으켰다.

현재 미국의 정치적 분열을 해결하기 위한 연결은 간단하다. 우리는 초당적 집단을 조직하고 자금을 지원해 아브라함의 길을 따라 함께 걷고 배우도록 할 수 있다. 또한 제인 애덤스, 에이브러햄 링컨, 마틴 루서 킹이 걸었던 길을 떠올릴 수 있다. 그들은 국가적 단합을 추구했던 미국인의 전통과 원천과 삶을 높이 평가하고 기렸다.

미국을 위한 단합 행진

마지막으로, 동기화와 이동을 통해 수많은 미국인이 〈전 국민 단합 행진National Unity March for America〉에서 경험할 수 있는 목표의식과 더 큰 범위의 소속 의식을 불러일으킬 수 있다. 여기에는 동시 행동을 통한 연대를 지원하기 위해 공화당원과 민주당원이 함께 행진하는 것을 목표로 삼는 국가 차원의 행진 또는 미국 전역 수천 개의 지역 행진이 포함된다. 최근의 한 연구에 따르면, 다른 외부 집단에 속한 사람들과 함께 걷기만 해도, 심지어 직접적인 접촉이나 대화가 없어도 외부 집단(특정 외부 집단과 외부 집단 전체)의 구성원에 대한 명시적·묵시적 편견과 고정관념을 상당히 줄일 수 있다고 한다.[62] 이것이 함께 걷기의 놀라운 힘이다.

8장의 목표는 사람들을 움직이게 만드는 것이다. 움직임과 동기화는 확실히 사람과 집단을 이어주는 긍정적인 영향력을 발휘한다. 이는 사람들이 자신의 생각과 경험을 들여다보게 하는 특별한 지렛대와 활동들을 제공해 더 빠르게 출구를 찾도록 도와준다.

9

THE WAY OUT

유연하게 적응하라
근본적 변화를 위해 점진적 변화를 추구하라

실패의
논리

당신이 이스라엘 총리로서 외국의 고위 관리들과 활발하게 회의를 주재하고 있을 때 보좌관으로부터 긴급한 메모를 받았다고 상상해보라. 쪽지에는 다음과 같이 쓰여 있다.

"팔레스타인 자살 폭탄 테러범이 예루살렘에서 버스를 탄 채 볼베어링이 가득 찬 폭탄을 방금 폭발시켰습니다. 아이를 포함해 18명이 죽고 100명 이상이 다쳤습니다. 이스라엘 관리들은 분노와 좌절감 속에서 대응하고 있으며, 이슬람 지하드 조직이 자신의 소행이라고 주장했습니다."

눈에 보일 정도로 크게 동요하는 보좌관이 당신의 귀에 대고 조용히 말한다.

"총리님, 명령을 기다리고 있습니다."

게임은 이렇게 시작한다. 워싱턴 DC에 있는 세계은행 그룹 본사의 지하실에 있는 컴퓨터 연구실에서 이 은행의 노련한 변호사, 관리자, 경제학자 20명은 우발적인 폭력이 격화되고 파괴적인 전쟁이 일어나는 중동 지역 상황에서 의사 결정을 내린다. 연구실에 있는 평화와 갈등 해결 전문가들의 컴퓨터 모니터는 폭발이나 다른 형태의 인도적 재난에 관련된 플래시 경고로 번쩍인다. 컴퓨터 연구실은 확연하게 좌절감에 휩싸인다. 보통 유능하고 선의가 넘치는 리더들이 의사 결정을 내리고 조치를 취하면 이스라엘과 팔레스타인의 비참함과 고통은 점점 커지고, 결국 정치적 파국이 초래되기 때문이다. 어느 순간, 이런 의사 결정자들은 한 사람씩 컴퓨터 모니터 앞에서 일어나 매우 불안한 모습으로 연구실을 나간다. 한 사람이 이렇게 외친다.

"이는 불가능한 게임이야."

이 20명은 긴장되고 복잡하며 고위험 환경에서 수행하는 의사 결정에 관하여 우리가 추진한 일련의 연구에 참여했다. 이 연구에서 참가자들은 피스메이커PeaceMaker라는 '미시 세계' 게임을 수행한다. 이 게임은 매우 흥미롭고 사용자 친화적인 시뮬레이션으로서 진행 중인 이스라엘-팔레스타인 갈등 상황에서 의사 결정을 수행하는 특별한 도전 과제를 재현한다.[1] 게임 참가자들은 이스라엘 총리나 팔레스타인 대통령의 역할을 맡아서 45분 동안 갈등을 완화하고 해결하는 과제를 수행해야 한다. 게임은 폭탄 폭발 뉴스로 시작한다. 참가자들은 이 상황에서 대응 방법을 선택해야 하는데, 안보, 정치, 사회 간접 자본, 원조의 범주에 해당하는 76개 대안 중에서 선택할 수 있다. 그들은 어떤 결정이 가장 적절한지에 대해 아무런 암시도 받지 못한다. 하지만 그들이 선언한 목표는 팔레스타인 사람들과 이스라엘 사람들의 '지지 점수'를 올리는 동시에 이 지역을 안정시키는 것이다(점수가 너무 낮거나 전쟁이 터지면 게임은 종료된다).

우리의 연구를 위해 피스메이커를 처음 사용하기로 했을 때 나는 연구자들에게(컬럼비아대학교에서 최고로 뛰어난 대학원생들) 시험 삼아 게임을 해 보라고 요구했다. 결과는 놀라웠다.

국제관계학 석사학위를 받은 사람이자, 내 연구실의 코디네이터인 경kyung이 다음과 같이 말했다.

"전쟁이 5분 만에 끝났습니다."
"5분이나요? 난 2분 만에 끝났어요!"
심리학 박사 과정 학생인 레지나가 외쳤다.
"날 미치게 만들었어요!"
갈등 해결 분야 석사 과정 학생이자 전직 가족 기업의 최고 운영책임자였던 크리스가 말했다. "폭탄이 폭발한 후 나는 곧장 공황 상태가 돼 군대를 파견했어요. 그 후로 내리막길로 접어들었어요."

이런 반응들은 우리 연구에 참여한 수백 명의 참가자가 보인 전형적인 반응이다. 게임을 가장 낮은 수준으로 설정하고, 참가자들이 건설적인 갈등 관리와 평화 활동에 관하여 상당한 경험과 전문 지식을 가진 사람들이었는데도, 그들은 게임의 복잡한 특성 때문에 숨이

막혔다.

"나는 그런 상황에서 정말 정신이 없었습니다. 긍정적인 영향을
미칠 방법을 도저히 알 수 없을 것 같았습니다."

그렇지 않다. 피스메이커는 불가능한 게임이 아니다. 참가자 중
소수는 첫 시도에서 게임을 잘 수행했으며, 일부 다른 사람들은 게
임을 매우 빨리 수행하는 법을 배웠다. 하지만 우리 연구에서 똑똑
하고 선의로 가득한 사람들의 대다수가 중동 지역 사람들에게 큰 피
해를 줬다. 게임을 몇 번 시도한 후에도 참가자들은 이 게임 이면에
있는 논리를 파악하지 못했고, 대학살은 계속됐다.

안타깝게도 이런 결과는, 예를 들어, 개인들이 가변적이고 예측
할 수 없으며 다면적인 문제에 직면하는 경영, 교육, 개발, 정부와
같은 분야에서 복잡한 시뮬레이션을 수행하는 비슷한 유형의 연구
에서도 흔히 나타난다. 복잡성, 불투명성, 불확실성의 조건에서 내
리는 **실제적인** 의사 결정에 관한 연구에서도 마찬가지였다. 심지어
전문가들이 참여하는데도 말이다. 몇몇 연구에 참여한 연구자들은 시스
템 내의 의사 결정과 그 결과의 관계가 불명확한 상황에서 전문가들
의 의사 결정 성공률이 초보자들보다 더 높지 않다는 사실을 발견했
다. 유명한 심리학자 필립 테틀록은 언론계, 학계, 정부, 주요 국제
기구에서 활동하는 전문적인 정치 및 경제 예측가 284명을 대상으
로 한 연구에서 이런 사실을 발견했다.[2] 그는 가장 성공적인 전문가
조차도 다양한 범위의 국내(미국) 문제와 세계 문제에 대해 20퍼센

트 정도만 예측할 수 있었다고 밝혔다. 테틀록은 이렇게 결론을 내렸다. "평균적인 예측가들의 정확도는 대체로 침팬지가 다트를 던져 맞추는 수준이다."

나의 박사 과정 학생들과 다른 전문가들은 왜 복잡한 문제를 대처하는 능력이 형편없을까? 물론, 그 이유는 매우 복잡하다. 하지만 한 가지 매우 중요한 요인은 그들이 복잡한 상황에서 직면하는 충격적인 변화, 특히 불가피한 실수에서 배우고 조정하면서 긴 게임을 수행하는 자신의 능력에 대해 생각하는 방식이다. 달리 말하면, 그들이 자신의 실패에 **적응하는** 방식이다.

E^4
소용돌이

몇십 년 동안의 의사 결정 연구에서 일관되게 배우는 것 중 하나는 인간의 의사 결정 능력이 매우 부족하다는 것이다. 문제가 복잡할수록 그리고 결정을 내려야 할 시간이 촉박할수록 우리는 더 잘못된 결정을 내린다. 이러한 사실은 1940년대의 제롬 S. 브루너, 1950년대의 제임스 G. 마치, 허버트 A. 시몬, 1970년대에 시작한 대니얼 카너먼, 아모스 트버스키, 최근의 디트리히 되르너, 필립 E. 테틀록과 같은 인지 과학자들에 의해 잘 밝혀졌다. 이런 학자들과 다른 많은 연구자는 대부분의 인간이 문제를 해결할 때 필연적으로 걸려 넘어지는 오류, 편견, 편법, 흔한 어리석음과 같은 다양한 특성을 자세히 입증했다.[3]

인간이 형편없는 의사 결정자인 **이유**에 관한 간단한 배경은 내가 이름 붙인 E⁴ 소용돌이, 즉 효율성efficiency, 현실existence, 존중감esteem, 환경environment의 동시적 압박으로 요약할 수 있다. **효율성**은 다음과 같은 사실을 나타낸다. 호모 사피엔스가 대부분의 다른 지구 생물에 비해 탁월한 뇌를 가졌음에도 우리의 뇌는 대부분 아프리카의 수렵 및 채집 시기에 발달했다. 오래되고 느린 탓에 점점 빨라지는 시대의 속도를 따라잡기 힘들다. 그래서 우리의 뇌는 정보 처리의 효율을 개선하기 위해 대부분 인지적 편법을 사용하도록 선천적으로 프로그래밍 돼 있다. 결과적으로 이런 정보 처리 방식으로 인해 우리가 받아들이는 정보는 왜곡된다. 아울러 이러한 제한된 정보량마저도 처리하고 기억하는 데 어려움을 겪는다.

현실은 인간이 존재하지 않은 상황을 생각하고, 계획하고, 대응하기가 매우 어렵다는 단순한 사실을 나타낸다. 이전에 한 번도 본 적이 없는 예기치 못한 사건이나 결과에 직면할 때 우리는 어쩔 줄 모른다. 9·11테러 사건 이전에는 연료를 가득 채운 항공기가 94층 빌딩을 파괴하는 미사일 무기가 될 수 있으리라고 상상한 사람이 거의 없었다. 우리의 상상력과 대응 능력으로는 이런 시나리오가 몇 달 전에 최고 의사 결정자에게 간략한 정보 형태로 제공됐음에도 이 사건을 도저히 감당할 수 없었다.[4] 이처럼 우리는 지금의 현실에 사로잡혀 있다.

존중감은 많은 연구가 밝혀낸 다음과 같은 사실을 나타낸다. 자신(자기 존중감)과 소속 집단(집단적 자기 존중감과 소속감)에 긍정적인 느낌을 갖고 싶은 욕구와 의사 결정에 관한 정확한 정보의 필요성 사이에서 선택할 때 우리는 거의 항상 정확성보다 좋은 느낌을 선택한다.[5] 우리의 정서적 욕구와 소속 욕구는 대개 진실에 대한 욕구보다 더 강하다.

마지막으로 **환경**은 이미 힘든 우리의 인지 능력에 스트레스를 주고 손상하는 수많은 부담스러운 상황(복잡성, 가변성, 불투명성, 생소함, 시간 압박, 위협, 극단적인 신체적 조건 등)을 간단히 표시한 것이다. 오늘날 흔히 직면하듯 이런 조건이 많고 극단적일수록 우리의 의사 결정 능력은 더 나빠진다. 효율성×현실×존중감×환경[E4]의 영향이 상호 작용을 일으켜 증폭될 때 주의해야 한다! 아침에 어떤 신발을 신을지 결정할 수 있다면 그나마 다행스러운 일이다.

❘ 밤베르크의 갈팡질팡

복잡한 문제에 직면해 효과적인 결정을 내리는 우리의 능력과 곤경에 관한 가장 중요한 연구 중 일부는 독일 심리학자 디트리히 되르너가 밤베르크에 있는 오토프리드리히대학교 이론심리학연구소에서 수행한 것이다.[6]

수십 년 동안 되르너는 컴퓨터에 기반을 둔 자신이 만든 '가상의 지역 사회'인 서아프리카 마을(타나랜드Tanaland) 또는 영국의 작은 마을(그린베일Greenvale)을 포함한 복잡한 환경에서 수행하는 의사 결정을 연구했다. 그는 참여자들을 연구실로 데려와서 그들이 충분한 자원과 지역 사회의 주민들에 대한 완벽한 통제권을 갖고 있다고 알려

준다. 그다음 그들에게 주민과 주변 지역의 복지를 증진하는 과제를 맡긴다. 참가자들은 시뮬레이션 과정 중에서 시간 간격을 두고 여섯 번에 걸쳐 어떤 반대도 없이 모든 것, 예를 들어 사냥을 규제하고, 밭을 비옥하게 하거나 물을 대고, 마을에 전기를 공급하고, 의료 서비스를 개선하고, 출산을 제한할 수 있다는 설명을 듣는다. 되르너는 컴퓨터 시뮬레이션 속에서 20년 동안(현실에서는 대략 2시간이 소요됐다) 참가자들의 의사 결정 과정을 관찰했다.

가상의 아프리카 마을인 타나랜드의 경우 일반적인 연구 시나리오는 이렇게 전개됐다. 참가자들은 먼저 마을 상황에 관한 정보를 검토한다. 여기에는 가뭄, 다양한 생물의 확산, 빈약한 의료 서비스, 인구 감소와 같은 내용이 포함된다. 그다음, 새로운 트랙터, 토지 비옥화 및 관개 작업을 통해 식량 공급을 증가시켜 타나랜드 주민의 삶을 개선하고 백신 접종 프로그램과 병원을 설치해 의료 서비스를 개선한다. 그 결과 타나랜드의 식량 공급 사정은 개선되고 시간이 흐르면서 아동의 수가 늘고 사망자가 감소한다. 기대 수명이 증가하고 문제가 해결된다. 120개월 동안의 실험 기간에서 긴 88개월을 제외하면 인구가 갑자기 기하급수적으로 증가해 식량이 부족해진다. 그 결과 돌이킬 수 없는 기아가 발생해 급기야 마을의 가축이 대대적으로 도축되고 지하수가 고갈돼 주민의 사망률이 급격히 높아진다. 이를테면 재난이 발생한다.

이런 결과는 되르너의 연구에서 아주 일반적 현상이었다. 참가자들은 충분한 고려 없이 기존 문제들을 '해결'하지만 그 해결책으로 인해 의도하지 않은 결과가 초래됐고, 그것은 부지불식간에 지역 사회를 무너뜨렸다. 안타깝지만 이는 개발과 평화 건설 분야에서 이례적인 현상이 아니다. 이는 선의의 '해결책이 실패로 끝나는' 오래된 이야기다.[7]

되르너의 연구는 대부분의 의사 결정자들이 복잡한 문제를 다룰 때 일반적인 의사 결정 오류를 범한다는 것을 보여 줬다.

- 사전에 상황을 충분히 분석하지 않거나 명확한 목표와 우선순위를 설정하지 않고 행동한다.
- 행동의 부작용이나 장기적인 부정적 영향을 예상하지 못한다.
- 부정적 영향이 즉각적으로 분명히 나타나지 않으면 그들의 조치가 성공적이라고 가정한다(놀라운 성공!).
- 특별히 관심을 두는 하위 프로젝트에 대한 과도한 관심 때문에 현장의 새로운 필요와 다른 중요한 변화를 보지 못한다.
- 최선의 해결 노력이 거듭 실패하면 피해자나 협력자들을 비난하는 등 냉소적인 반응을 보이는 경향이 있다.

이는 점점 더 심해진다.

〉 분통 〉 터트리기

되르너가 관찰한 바에 따르면, 문제 해결자들이 자신의 결정으로 인해 역효과가 발생할 때 빠지는 중요한 함정 중 하나는 이른바 '분통을 터뜨리는 행동' 또는 많은 사람이 언급하듯이 똑같이 나쁜 해결책에 몰두하는 것이었다. 예를 들어, 타나랜드 사례와 비슷한 한 연구에서 여러 팀에게 20년 동안 개발지원금을 (가상의) 아프리카 지역인 다구스에 지원해 그 지역의 복지를 개선하고, 지역민들에게 미치는 영향을 추적해 보라고 요구했다. 이 시뮬레이션에서 10년 만에 위기가 발생했다. 이웃 국가가 뻔뻔스럽게도 다구스 지역의 약 30퍼센트를 점령하고 소유권을 주장한 것이다. 통상적인 조사와 더불어, 연구자들은 참가자들이 자신의 개입 활동을 얼마나 자주 '통제'하고 또 이전 개입 시도의 효과를 조사하는지를 추적했다.

그 결과는 끔찍했다. 첫째, 위기가 발생하기 전에도 참가자들은 시뮬레이션 시간 중 30~50퍼센트 시간에 대해서만 과거 개입 활동의 효율성에 관한 정보를 요구했다. 그들은 대부분의 시간에 전략을 반복적으로 시행하고 그에 관해 의문을 갖지 않았다. 하지만 위기가 닥치자 정보 조사 시간이 10퍼센트 미만으로 떨어졌다. 이는 참가자들이 90퍼센트의 시간 동안 조사도 하지 않은 채(갑작스럽게) 결정을 내리고 되돌아보지도 않았다는 것을 의미한다.

참가자들이 이런 인도적 개발 시뮬레이션에서 발생한 '위기'에 극단적이고 도덕적으로 의문이 드는 방식으로 일관되게 대응한 것 역시 끔찍했다. 이 연구를 수행한 연구자들은 참가자들의 대응을 이렇게 설명했다.

참가자들은 거의 예외 없이 무기를 구매해 군사 경험이 전혀 없는 주민들에게 군사 훈련을 하기로 결정했다. 그들은 추가 지출

재원을 마련하기 위해 농업과 축산업의 생산량을 크게 늘려야 한다고 결정했다. 이를 위해 비료와 살충제의 사용량을 급격히 늘리고 지하수 공급량을 대폭 증가시켰다. 참가자들은 남성의 징집으로 노동력이 감소하자 이를 보충하기 위해 남은 노동자들, 특히 여성과 아이들에게 더 많은 노동을 요구했다. 이 조치로 인해 종종 식량배급제가 실시됐다.

물론 우리가 도우려는 국가의 영토가 점령당하는 위기는 누구에게나 큰 도전이 된다. 하지만 **개발 원조 시나리오상**에서 활동하는 의사 결정자들은 한결같이 위기에 직면해 목가적이고 반유목 형태의 생활을 하는 지역민들에게 전쟁을 준비하도록 했다. 이런 결정은 흔히 파괴적이고 통제 불능의 반개발 사이클을 촉발한다.

시뮬레이션을 마친 후 참가자들에게 그들이 취한 각각의 행동에 대해 '자신의 도덕적, 윤리적 기준에서 어느 정도 벗어났는지' 평가해달라고 요구했다. 결과는 충격적이었다. 도덕적 일탈 정도가 위기 이전 단계에서는 상대적으로 작았지만, 위기 대응 단계에서 크게 증가했다. 이는 E^4 소용돌이에 빠진 인간들에게 놀라운 결과가 아니다. 다시 말하지만 그들이 부여받은 과제는 **사람들과 지역의 복지를 촉진하는 것**이었는데도 그들의 반응은 정반대의 결과를 초래했다.

복잡한 상황에서 내리는 의사 결정에 관한(지금까지는 우울한) 연구에서 우리는 무엇을 배울 수 있을까? 첫째, 이는 대략적인 법칙 7, 즉 사람들, 집단, 기관이 복잡한 상황에서 선의의 행동을 할 때 거의 대부분 예기치 못한 또는 의도하지 않은 영향을 미친다는 사실을 생생하게 보여 준다. 나의 박사 과정 학생들과《디 차이트》소속 언론인과 마찬가지로 되르너 연구의 참가자들은 돕기 위해 최선을 다했지만 대부분 역효과를 내고 상황을 더 악화시켰다. 되르너는 이렇게 경고한다.

> '좋은 의도와 어리석음' 또는 '나쁜 의도와 똑똑함' 중 어느 쪽이 세상에 더 해로운지는 분명하지 않다. 보통 선한 의도를 가진 사람들은 목표를 추구할 때 거의 거리낌이 없다. 따라서 그렇지 않았다면 무해했을 무능이 위험해진다. 특히 선한 의도를 가진 무능한 사람들이, 나쁜 의도를 가진 유능한 사람들의 행동을 종종 억제하는 '양심의 가책'을 거의 느끼지 않을 때가 이러한 경우에 해당한다. 우리의 의도가 의문의 여지없이 선하다는 확신은 가장 의문스러운 수단을 정당화한다.[8]

슬프게도, 이 연구는 우리가 의도하지 않은 잘못 때문에 복잡한 문제를 더 악화시킨다는 것을 보여 준다.

둘째, 이 연구들은 복잡한 상황에서 효과적인 의사 결정을 내려야 하는 우리의 힘든 과제가 시간이 갈수록 더 악화된다는 점을 보여 준다. 우리는 직면한 상황의 유해한 역학 관계(격노한 감정, 악화되는 상호 작용, 뜻밖의 부정적 결과 등)와 자신의 나쁜 의사 결정을 섞어버리는 성향 때문에 나쁜 결정을 똑같이 거듭하는 경향이 있다. 그리고 상황이 더 나빠질수록 자신의 대응을 되돌아보거나 수정할 가능성이 더 낮아진다. 이는 트럼프 행정부가 코로나19 바이러스 팬데믹 상황에 재난에 가까울 정도로 무능하게 대응한 것에서 명확하게 드러난다. 아울러 위기가 닥치면 우리는 보통 수준의 도덕 기준을 버리고 더 논쟁적이고 극단적인 방법(문제를 끔찍하게 만드는 훌륭한 대책)을 사용하는 경향이 있다. 되르너는 다음과 같이 요약한다.

여기서 어떤 유형의 심리를 볼 수 있을까? 우리는 시간 압박이 있는 경우 지나치게 기존의 방법에 의존하는 경향을 보인다. 우리는 비선형적 인과 관계의 관점에서 사고할 능력이 없다. 즉, 어떤 행동의 역효과와 간접적인 영향을 적절하게 평가할 능력이 없다. 우리는 어떤 조치의 급격한 전개 과정을 충분히 이해하지 못한다. 즉, 급격한 전개 과정이 일단 시작되면 믿기 어려울 정도의 속도로 결론에 도달한다는 사실을 알 수 없다. 이것들은 모두 인식의 오류다.[9]

셋째, 이 연구는 복잡한 상황에서 원인과 결과가 어떻게 혼란스러울 수 있는지 잘 보여 준다(대략적인 법칙 6). 일반적으로 우리는 Y를 이루기 위해 X를 실행한다. 하지만 여기서는 그렇지 않다. 되르너의 연구 참가자들이 타나랜드에서 식량 공급을 늘리고 의료 서비스 수준을 높였을 때 사망률이 감소했다. 하지만 게임은 계속됐고, 이러한 새로운 조건이 인구 증가라는 시한폭탄을 서서히 돌아가게 만들고, 결국 생태계 전체가 혼란에 빠지게 되리라고 예측한 사람은 거의 없었다.

《디 차이트》의 기자 바스티안 베르브네르가 트럼프의 적들을 모앉을 때 처음엔 그가 예상했던 대로 잘 지내는 것 같았다. 하지만 둘째 날 저녁 늦게 그들이 서로에 대해 진지할 정도로 충분히 편안해지자 그동안 억눌렀던 분노가 터져 나왔다. 연구에 참여한 나의 학생들이 동예루살렘의 폭력 사태 이후 보안 조치를 강화했을 때 그들은 그 조치가 지하 반체제 운동을 더욱 자극해 향후 더 심한 폭력 사태가 나타날 것이라고 상상하지 못했다.

복잡한 상황에 개입할 때 이런 유형의 비선형적 영향을 예측하기는 어렵고, 그것은 당연한 일이기도 하다. 복잡한 문제는 일정하게 정형화된 문제가 아니라 정해진 것이 없는 문제다.[10] 일관된 규칙과 시작, 중간, 끝이 있는 시계 문제와 달리, 복잡한 문제는 관계나 상황이 계속 전개되면서 조건과 규칙, 역학 관계가 계속 바뀌고, 따라서 다양한 유형으로 대응해야 한다. 이런 문제에는 유연한 적응이 필요하다.

｝ 원칙 6: 유연하게 적응하라
｝ 근본적 변화를 위해 점진적 변화를 추구하라

이 원칙은 삶의 오래된 패턴을 근본적으로 바꾸려고 할 때 가장 중요한 고려 사항 중의 하나를 강조한다. 바로 **시간**이다. 우리의 목표, 즉 우리가 빠진 사회정치적 수렁에서 벗어날 수 있는, 만족스럽고 지속가능한 방법을 찾는 것을 상기해 보자. 우리는 그동안 살면서 더 어려운 시기, 높은 언덕과 깊은 계곡을 헤쳐왔을 뿐만 아니라 삶의 지형을 다시 만들어 왔다. 우리는 삶의 해로운 단계를 끝내고자 간절히 염원할 것이다. 우리가 추구하는 것은 일종의 혁명, 완전한 회복 또는 더 심층적인 사고와 감정, 관계, 삶의 패턴을 바꾸는 것이다.[11] 하지만 이것을 이루는 **방법**이 무엇보다 중요하다. 지금의 긴장도를 낮추는 것과 같이 갈등으로 가득한 관계를 약간 바꾸는 것은 직접적으로 눈에 보이므로 상대적으로 쉽게 달성할 수 있다. 하지만 갈등을 겪고 있는 관계의 어트랙터 지형을 근본적으로 바꾸려면 인내하고 적응할 시간이 필요하다.

우리는 조급하며, 즉각적인 만족의 시대에 살고 있다. 우리는 종종 문제에 관한 신속한 해결책을 기대한다. 걱정이 있을 때 기다리는 것은 참을 수 없다고 느낀다. 하지만 중대한 분열 상황에서 긍정성과 신뢰를 구축하거나 재구축하려면 상당한 시간이 흘러야 한다. 오늘날 많은 전문가가 사람들에게 분열을 겪는 문제에 관해 모여서 솔직하게 대화를 나누라고 권고한다. 이를 통해 우리는 상대방 역시 인간임을 알 수 있다. **부정성 효과**negativity effect[12]의 힘과 의미 있는 **관계 회복**relational repair[13]을 위한 도전 과제에 관한 오랜 연구는 적절한 조건이 조성될 경우에만 관계를 회복할 수 있다는 점을 말해 준다. 이 조건이란 먼저 충분히 오랜 시간 동안 만남을 가져 관계의 밑바탕에 긍정적인 영향을 주는 것이다. 동료인 독일 기자는 트럼프로 인한 분열을 치유하기 위해 선의의 노력을 기울였지만, 한두 차례의 만남으로는 회복이 불가능했다.

유연하게 적응하라 — 근본적 변화를 위해 점진적 변화를 추구하라

일반적으로 우리는 갈등(특히 과열됐거나 폭력적일 때)으로 인한 긴장의 직접적인 원인을 해결하는 데 대부분의 관심과 자원을 투여한다. 하지만 복잡한 문제에서 이런 노력의 효과는 오래가지 못한다. 아울러 긴장을 유발하거나 억제하는 어트랙터들은 흔히 간과되며, 완전히 다른 시간 단위에 따라 바뀐다. 장기적인 분쟁과 관련된 관계의 속성을 지속적이고 긍정적으로 바꾸려면 미래 관계를 위한 오늘의 행동이 초래하는 직접적인 영향과, 의도하지 않은 간접적인 결과를 동시에 고려하면서 현재 상황에 대응해야 한다.

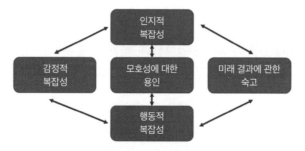

〈그림 9.1〉 복잡하고 장기적인 문제에 적응하기 위한 다섯 가지 능력

오래되고 힘든 역사적 배경이 있는 복잡한 상황 속에서 변화 프로세스가 유연하게 전개될 때 그에 맞게 우리의 열망, 기대, 접근 방법을 조정하는 일은 근육을 다시 단련하는 것과 같다. 이런 사실을 인식하면 강제적인 변화를 시도하려는 압박감을 약간 줄일 수 있다. 변화는 인내와 장기적 관점이 필요하다. 다행히도 이런 환경에

서 수행하는 의사 결정에 대해 우리가 디트리히 되르너, 필립 테틀록, 그 외 다른 연구자들과 공동으로 수행한 연구는 복잡하고 예측할 수 없는 갈등에 더 잘 대처하고 적응할 수 있는 기본적인 능력과 방법을 보여 줬다(《그림 9.1》).

〉실천: 〉적응력을 높여라

우리는 피스메이커 시뮬레이션을 이용해 복잡한 문제에 관한 건설적인 대응과 관련된 다섯 가지 기본적인 능력의 영향을 연구했다. 다섯 가지 능력은 모호성 용인, 인지적 복잡성, 감정적 복잡성, 미래 결과에 관한 숙고, 행동적 복잡성이다(《표 9.1》).[14] 우리는 참가자들이 시뮬레이션에서 이스라엘-팔레스타인의 복잡한 갈등에 대처하고 평화적 해결책을 제시하는 정치 리더의 역할을 하기 전에 표준화된 조사 지표를 이용해 그들의 다섯 가지 능력을 평가했다.

모호성 용인	모호성 용인은 생소하고 복잡하며 불확실하거나 모호한 상황에서 불안해하지 않고 대응하는 능력을 말한다. 좀 더 구체적으로 말하면, 사람들이 모호한 상황을 편안해하거나 그것을 바라는 정도를 말한다.
연구 결과, 모호성 용인의 영향은 다음과 같다.	• 조직 변화를 촉진하는 데 더 효과적이다. • 보다 해결지향적 갈등 관리 스타일을 이용한다. • 협상 결과가 더 긍정적이다. • 갈등을 오래 지속시키지 않는다.

인지적 복잡성과 통합적 복잡성	인지적 복잡성은 상황 속에서 다수의 관점과 정보의 원천을 구별하는 능력, 통합적 복잡성은 먼저 정보를 구별한 다음 다시 통합해 의사 결정을 내리는 능력을 말한다.
연구 결과, 인지적 복잡성과 통합적 복잡성의 영향은 다음과 같다.	• 매우 요동치는 환경에서 리더의 성공률이 증가한다. • 혁명적 리더십이 성공을 거둔다. • 상호 유익한 타협안을 도출할 가능성이 더 크다. • 외교적인 소통에 성공적이다. • 협상할 때 협력적인 방법을 사용한다.
감정적 복잡성	다양한 범위의 긍정적 감정과 부정적 감정을 동시에 경험하고 견뎌 낼 수 있으며, 감정의 구체적인 범주들 간의 미묘한 차이를 구별하는 능력, 또한 타인의 긍정적 감정과 부정적 감정을 식별하는 능력을 일컫는다.
연구 결과, 감정적 복잡성의 영향은 다음과 같다.	• 더 많은 활동에 참여한다. • 창의력이 증가한다. • 조직의 변화를 더 효과적으로 이끈다. • 더 건설적인 갈등 프로세스를 활용해 더 나은 결과를 이끌어낸다.
행동적 복잡성	수많은 행동의 차이를 식별하고 다수의 행동을 통합하고, 때로 역할의 차이를 인식하는 능력, 복잡한 시스템을 다룰 때 필요한 여러 역할을 식별하는 개인의 능력, 아울러 시기에 맞는 다양한 요구에 적합한 행동을 적절하게 수행하는 능력을 말한다.
연구 결과, 행동적 복잡성의 영향은 다음과 같다.	• 리더가 조직의 요구에 부합할 가능성이 더 높다. • 성과 척도에서 효과성 평가가 더 높다. • 더 건설적인 갈등 역동을 보인다.
미래 결과에 대한 숙고	미래 결과를 현재 숙고하는 정도 그리고 현재 행동의 잠재적 결과를 의식하면서 행동하는 정도, 단기적 요구와 장기적 비전 사이의 균형을 맞추는 능력을 말한다.
연구 결과, 미래 결과에 대한 숙고의 영향은 다음과 같다.	• 공격성이 낮고 더 사회 친화적이며 학문적 성취도가 높다. 환경을 고려하는 행동이 증가한다. • 비전 제시, 높은 기대 설정, 탄력적인 지원 제공, 미래의 결과와 관련된 요인을 파악하기 위한 더 빈번한 환경 검토, 추상적인 문제에 대한 더 창의적인 해결책 개발과 같은 혁신적인 리더십 성향을 보인다. • 협력적인 집단 개입 전략을 선택하는 성향을 보인다.

〈표 9.1〉 다섯 가지 복잡성 적응 능력

우리는 카네기멜론대학교에서 피스메이커 설계자들과 함께 일하면서 참가자들이 게임을 하는 **방법**만이 아니라 득점하는 방식까지 측정할 수 있도록 프로그램을 조정할 수 있었다. 이를 통해 가상의 이스라엘-팔레스타인 갈등에서 나타난 도전 과제를 더 효과적으로 대처하는 방식과 밀접하게 관련된 다섯 가지 적응 능력을 발견했다. 구체적으로 보자면, **모호성 용인**(모호한 상황에서 불안해하지 않고 대응하는 능력)에서 높은 점수를 올린 참가자들은 분쟁 당사자들 간의 신뢰도를 높이는 결정을 더 많이 내리고, 자신의 힘만을 늘리거나 상대방의 힘을 줄이거나 상대방의 목표 추구를 방해하는 결정은 적었다. 아울러 이스라엘 사람들과 팔레스타인 사람들의 지지 점수 차이가 더 줄어들었다(이는 결과적으로 전쟁 가능성을 낮춘다).

인지적 복잡성(다양한 관점과 정보의 원천을 구별하는 능력)이 높은 사람들은 분쟁 당사자들 간의 의사소통을 증진하며 폭력적인 행위를 할 가능성이 낮았고, 상황을 개선하기 위해 한 가지 접근 방법을 고집하기보다 다양한 방법을 사용할 가능성이 더 높았다. 이런 전략은 더 효과적으로 복잡한 문제를 해결할 가능성과 관련돼 있다. **감정적 복잡성**(다양한 범위의 긍정적 감정과 부정적 감정을 동시에 경험하고 받아들이는 능력)이 강한 참가자들은 갈등과 관련된 더 폭넓은 주체들을 확인하고, 장기적으로 부정적 영향을 초래할 극단적인 조치를 덜 사용하는 경향이 있으며, 대체로 게임을 더 성공적으로 수행했다. **행동적 복잡성**(필요할 경우 상반된 행동을 다양하게 사용하는 능력) 점수가 높은 사람들은 의사소통을 증진하는 결정을 더 많이 내리고, 이스라엘인과 팔레스타인인 사이에서 균형 있는 지지 점수를 얻었다(전쟁 가능성이 낮아진다). **미래 결과에 대한 숙고**와 관련된 점수가 높은 사람들은 의사 결정에 더 많은 시간을 투입하고, 게임 시작 후 처음 10회 동안 폭력적인 조치를 덜 사용하는 경향을 보였다.

마지막으로, 인지적 복잡성, 감정적 복잡성, 모호성 용인을 종합한 점수가 높은 사람들은 이런 능력이 부족한 사람들에 비해 시뮬레이션 내내 더 건설적인 조치를 취했다. 전반적으로, 이런 참가자들은 의사소통을 증진하고, 신뢰를 쌓고, 활동을 조정하고, 상대방(팔레스타인 또는 이스라엘)의 필요에 반응하는 데 더욱 초점을 맞추었다. 연구 결과는 이런 능력들이 오랫동안 긴장감이 높은 갈등 상황에서 대처 능력을 높이기 위해 우리가 개발할 수 있는 구성 요소 또는 기술임을 보여 준다.

이 연구를 통해 알 수 있는 교훈은 바로 최대한 복잡성을 높이고 인내하고 미래지향적 태도를 길러야 한다는 것이다.[15]

⟩ 실천:
실패를 통해 배우겠다고 계획하라

칼 포퍼는 우리가 사는 세계가 부정확함과 모호함이 가득하다는 점을 고려하면서 모호하고 복잡한 문제에 관한 우리의 해결책을 비판적이고 엄격하게 바라봐야 하며, 불가피한 오류를 신중하게 찾고 바로잡아야 한다고 주장했다. 그는 물리학자 존 아치볼드 휠러의 말을 인용한다. "우리의 과제는 최대한 빨리 실수하는 것이다." 이 과제는 의식적으로 비판적인 태도를 지속함으로써 해결된다. 포퍼는 이렇게 쓴다. "나는 이것이 이제까지 제시된 가장 높은 수준의 합리적 태도 또는 합리성이라고 믿는다."**16**

좋다. 하지만 아무도 실패를 좋아하지 않는다. 그러나 고질적이고 모호한 문제 상황 속에서 활동한다는 것은 사실상 실패와 다름없다. 이런 상황에서 중요한 것은 실패를 피하는 방법이 아니라 가장 효과적으로 그리고 부정적 결과를 최소화하면서 실패로부터 배우는 방법이다. 이쯤에서 실패에 대해 가장 잘 아는 캐럴 드웩Carol Dweck에게 조언을 구해 보자. 드웩은 스탠퍼드대학교의 심리학 교수(나의 박사학위 논문 심사위원이기도 하다)이며 수십 년 동안 학습과 문제 해결에서 실패의 핵심적인 역할과 실패를 회피하려는 시도가 초래하는 부정적인 결과를 연구했다. 그녀는 연구 초기에 아이들이 지능에 관해 어떻게 생각하는지를 연구했다.**17** 일련의 획기적인 연구를 통해 그녀는 아이들이 지능에 관해 갖는 불명확한 가정 또는 암묵적인 이론에서 기본적인 차이점을 발견했다. 어떤 아이들은 지능을 독립된 실체 또는 선물이라는 선천적인 특성으로, 사람에 따라 있을 수도 있고 없을 수도 있는 것으로 바라봤다(그녀는 이런 아이들을 '실체 이론가entity theorists' 또는 '고정형 사고방식'을 가진 사람이라고 불렀다). 어떤 아이들은 지능을 점진적으로 개발하고 성장시킬 수 있으며, 노력과 경험을 통해 향상할 수 있는 것으로 봤다(그녀는 이런 아이들을 '점진적 이론가' 또는 '성장형 사고방식'을 가진 사람이라고 불렀다). 이런 차이는 학생들이 실패를 바라보고 새로운 문제를 받아들이는 방식에 엄청난 영향을 미친다.

아이들이 지능을 고정된 특성으로 볼 때 그들은 새로운 문제를 드웩이 말한 바 **성과 지향적**으로 접근하는 경향이 있다. 즉, 그들은 자신의 지능을 증명하기 위해 시작하자마자 최선을 다하려고 시도한다. 반면, 지능을 성장·발전시킬 수 있는 것으로 보면 새로운 문제를 **숙련하는 방식이나 학습 지향적**으로 접근하는 성향을 훨씬 더 많이 보인다. 이를테면 시행착오를 통해 최대한 빨리 문제에 대해 많은 것을 배워 익히는 것에 초점을 맞춘다. 학습 지향적인 학생들이 새로운 문제를 단기간에 해결하려고 하면 성과가 훨씬 더 좋지 않은 경향이 있다. 하지만 그들은 성과 지향적인 학생들에 비해 문제에 대해 더 많이 배우고 더 자주 완벽하게 익힌다. 분명한 것은 문제가 더 복잡할수록 학습 지향적 접근 방법이 성공을 촉진하고 재난을 회피할 가능성이 더 높다는 점이다. 이는 수십 년 동안의 연구에 의해 뒷받침된다.[18]

학습 지향적인 사람은 어려운 도전 과제에 직면했을 때 성과 지향적인 사람보다 자신의 역량 증진과 자기 계발에 초점을 맞추며 더 많이 인내하고 노력하는 경향을 보인다. 연구에 따르면, 학습 지향자들은 어려운 과제를 자신의 한계를 확장하고 능력을 키우는 기회로 경험하고, 반면 성과 지향자들은 힘든 과제를 막다른 상황으로 경험하며 자기 지능의 한계가 드러나는 것으로 여긴다.[19] 이 연구는 학습 지향과 성과 지향의 차이가 성격 또는 인간 중심적 변수라는 데 초점을 맞추고 시작됐다. 하지만 여러 연구와 교육적 실천에 따르면, 사람들이 이런 차이를 만들고 발전시킬 수 있는 것으로 드러났다.[20]

한 가지 학습 전략은 **현명하게 실패하는 것**이다. 경험이 많은 컴퓨터 게이머들은 다른 사람들과 매우 다른 방식으로 새로운 게임 시뮬레이션에 접근한다. 그들은 단번에 게임을 이기려고 시도(성과 지향자들이 그렇듯이)하는 대신, 게임에 실패해 게임을 규정하는 근본적인 규칙을 더 잘 이해하려고 노력한다. 기업과 정부는 종종 새로운 해결책을 테스트하거나 시범 사업을 시작함으로써 시스템이 실패에 어떻게 반응하는지를 학습하는 수단으로 삼는다. 사회적 상황에서는 이런 시험을 매우 신중하게 시행해야 한다. 하지만 비선형적 시스템이 작동하는 방식을 확실하게 이해하면 우리의 계획이 예상치 못한 효과(전혀 효과가 없거나, 지속적이지 않거나, 늦게 나타남, 반직관적인 효과 등)를 나타낼 가능성을 예상할 수 있다. 이렇게 함으로써 우리는 겸손해지고 더 신중하고 유연한 태도를 갖게 된다.

이는 앞뒤가 꽉 막혀 매우 힘든 관계나 지역 사회의 역학을 해결해야 하는 상황에서 어떤 모습으로 드러날까? 1990년대 제프리 캐나다는 할렘에서 사주 발생하는 도시 폭력을 막고 젊은 흑인과 아시아인들이 조기에 사망하고 투옥되는 것을 '구하기' 위해 나섰다. 이를 위해 그는 지역 사회의 젊은 사람들을 위한 프로그램을 만들었다. 이 프로그램은 무술과 갈등 해결 훈련을 통합해 청소년들에게 극기, 안전 의식, 건설적인 협상과 문제 해결 기술을 제공했다. 2년 뒤 제프리는 이 프로그램이 실패했다는 사실을 깨달았다. 소수의 청소년을 도울 순 있었지만, 대다수는 마약 중독자, 갱단과 폭력배의 생활로 되돌아갔다.

이 시점에 제프리는 다시 마음을 가다듬었다. 할렘 지역에서 몇 년 동안 살고 활동하면서 현장의 상황을 더 자세히 알게 된 그는 1990년대 할렘 지역 사회의 학교 중퇴자, 마약, 폭력, 빈곤 지형의 엄청난 복잡성과 힘을 충분히 이해하지 못했다는 점을 깨달았다. 처음에 그는 개별 청소년에게 충분한 보살핌, 관심, 비폭력적인 문제 해결 기술을 제공하면 그들이 잘 살 수 있을 것으로 믿었다. 하지만 이제는 청소년을 직접 훈련함으로써 당면한 폭력 문제를 해결하려는 선의의 시도가 청소년들의 삶을 사로잡은 복잡하고 파괴적인 역학을 유의미하게 바꿀 수 없다는 사실을 깨달았다. 그래서 그는 접근 방향을 완전히 바꿨다.

제프리는 할렘 아동 지역HCZ이라는 혁신적인 사회적 실험에 착수했다. 이는 출생에서부터 대학까지 아동과 가족을 위한 교육, 사회, 의료 서비스를 통합해 지역 사회 전체를 지탱하는 연결망에 포함하는 것이었다. 그와 HCZ의 다른 동료들은 많은 도시 문제가 서로 긴밀히 연계돼 자포자기와 폭력의 악순환을 만들어낸다는 점을 인식했다. 그래서 처음에는 하나의 블록 안에서 체계적으로 활동하고, 그다음 24개 블록, 최종적으로 할렘 지역 사회의 97개 블록에서 포괄적인 서비스를 제공했다. 그들은 부모 학교, 어린이집에서부터 12학년에 이르는 학교 프로그램, 대학 준비 프로그램, 직업 상담, 커뮤니티 센터, 가정 대상 법률 및 세무 서비스, 피트니스 프로그램, 의료 자원 등을 제공해 가장 위기에 처한 아이들이 잘 자랄 수 있도록 도와줬다. 이 활동에는 HCZ 활동가들의 엄청난 인내와 적응하는 시간, 무엇보다 지혜가 필요하다.

할렘 지역의 도시 학교 폭력에 관여한 제프리의 이야기는 여러 모로 다양한 전략과 전술을 시도하고 성공과 실패로부터 배우고, 상황에 맞춰 적응한 이야기다. 심지어 적응을 위해 접근 방법을 완전히 바꾸기도 했다. 이는 문제(청소년 폭력)에 정면으로 대응하기보다 문제의 근원을 '주변부'에서부터 다가가는 대단히 야심 차고 포괄적이며 체계적인 접근 방법을 보여 주는 사례다. 이런 전략이 효과를 거둔 프로세스는 파악하기 어렵고 흔히 알 수도 없다. 그렇기 때문에 대단히 적응적이고, 체계적이며, 현명한 실패를 통해 문제에 접근하는 것이 더욱더 중요하다.

⟩ 실천:
작게 시작하라

복잡한 시스템의 변화에 관한 대략적인 법칙 5는 때로 패턴의 중대한 변화가 상호 작용에 관한 가장 단순하고 기본적인 규칙의 변화에서 비롯된다는 발견에 기초한다. 이런 규칙은 흔히 작거나 아주 사소한 내용이다. 예를 들어, '갈등 상황에서 상대방의 행동에 대응하기 전에 숨을 깊이 들여마셔라.' 또는 '논쟁할 때 자신이 타당하다고 생각하는 상대방의 논리를 발견하려고 노력하라.'와 같은 것들이다. 작은 규칙을 바꾸면 시간이 흐르면서 중요하고 새로운 변화로 이어질 수 있다.

존 가트맨은 자신의 사랑 연구소Love Lab에서 **근본적 변화 실험** proximal change experiments[21]을 통해 이 아이디어를 연구한다. 전통적인 부부 상담 치료의 목표보다 훨씬 더 작은 이 실험의 목표는 부부의 구체적인 소통 패턴의 일부를 바꾸는 것이다. 예를 들어, 그들이 논쟁을 시작하는 방법이나 배우자의 첫 의사소통 노력에 반응하는 방식에 관한 것들이다. 연구자들은 부부의 논쟁을 살펴본 다음 조금씩 조정하고, 그 이후 그것이 논쟁에 어떤 영향을 미치는지 관찰하여, 이 정보를 변화의 소중한 가치를 강조하기 위해 이용한다. 부부와 심리상담사는 시스템의 작은 부분을 바꿈으로써 시스템을 개선하는 잠재적 지렛대를 실험하고, 이를 통해 각각의 조정이 시간이 흐르면서 관계에 어떤 영향을 주는지 더 제대로 알 수 있다.

가트맨 그룹은 고통을 겪는 부부를 대상으로 한 실험에서 그들의 우정을 개선하는 데 초점을 맞추는 간단한 개입이 이후의 부정성을 상당히 낮춘다는 사실을 발견했다. 부부들은 불확실한 성과를 보이는, 길고 복잡한 심리치료를 받지 않고도 단 한 차례의 상담 이후 작고 긍정적인 변화를 확인할 수 있었다. 비록 이런 개입의 목표가 일반적으로 대단한 것은 아니지만, 복잡한 시스템에 관한 지식(예를 들어, 초기 조건과 발생의 힘)에 기초해 잠재적으로 의미 있는 '작은' 조정을 목표로 삼는다.

휴스턴대학교의 줄리아 밥콕과 동료들은 데이트 폭력Intimate Partership Violnce, IPV을 저지른 남자들을 대상으로 주변부 실험의 효과를 조사했다. 연구자들은 남자와 그의 파트너가 충돌하는 만남을 두 차례 살펴보고, 갈등 상황에서 직접적인 부정적 반응을 좀 더 중립적인 반응으로 바꿀 수 있게 하거나, 남자들이 여성 파트너가 주장하는 내용 중 자신이 동의할 수 있는 '진실의 일면'을 찾도록 권유했다. 또한 이러한 작은 개입이 논쟁을 완화하고 서로 타협하게 만드는지 조사했다. 데이트 폭력을 저지른 남자들과 그들의 파트너는 모두 실험 외 조건보다 개입 훈련 조건에서 공격적인 감정이 크게 감소했다.

주변부가 어떻게 변화하는지에 관한 실험의 목적은 악순환을 막고 선순환을 시작하는 연속적인 프로세스를 유발하도록 역기능적인 사회적 상호 작용 패턴의 여러 측면에서 조정할 부분을 찾아서 테스트하고 실행하는 데 있다. 첫 번째 도미노를 넘어뜨리는 것처럼, 시작은 작지만 더 광범위한 영향을 미칠 수 있다.[22] 비록 개선 정도가 미미하다 해도 그것은 긍정적인 감정, 동기, 인식을 불어넣는다. 사람들은 나아지고 있다는 의식을 더 자주 경험할수록 장기적으로 인내할 수 있는 자신감이 고취된다.[23] 궁극적인 목표는 관계 시스템 안에서 긍정적인 어트랙터를 더 강화하거나 통합시키는 것이다.

실천: 장기적인 비전에 적응하라

우리 연구실을 비롯해 되르너, 테틀록, 그 외 연구자들은 복잡한 문제 상황에서 이뤄지는 의사 결정에 관해 많은 연구를 수행했다. 이연구는 대부분의 사람에게 낯설지만, 유연한 의사 결정 과정의 가치를 보여 준다. 더 신중하고 체계적인 의사 결정(매우 흔하지 않은 경험)을 내리기만 해도 일단은 좋은 출발이다. 또한 이 연구는 모호한 상황에서 특히 성과가 있는 것으로 밝혀진 구체적인 행동 원칙을 제공한다(〈그림 9.2〉).

이런 원칙에서 비롯된 지침을 바탕으로 자신의 생각을 비판적으로 바라보고 성찰해 보라. 되르너의 연구는 자신의 의사 결정 과정

표준적인 의사 결정	유연한 의사 결정
• 쓸데없이 자신의 생각에 대해 고민하지 마라. 중요한 것은 실행이다! • 실현할 수 있고 측정할 수 있는 분명한 목적과 목표를 설정하라. • 집중하라. 의사 결정을 내릴 때 너무 다양한 정보로 인해 혼란에 빠지지 않아야 한다. • 초기 분석 단계에서 많은 결정을 내리고 그대로 계속 유지하라. • 단순함을 유지하라. 목표를 달성할 수 있는 최선의 행동 방침을 찾고 그것을 계속 유지하라. 가장 중요한 일을 제일 먼저 해야 한다. • 소리가 나는 바퀴를 해결한다. 문제의 첫 번째 측면을 먼저 해결하라. • 행동의 영향에 관한 가설을 만들고 즉시 그것을 적용하라. • 사건을 액면 그대로 받아들여라. 때로 사건의 원인은 아주 단순하다. • 문제에서 유독 어려운 부분을 마주하면 다른 부분으로 넘어가라. • 즉각적으로 대처하라. 지금 현재 가장 중요한 사건을 따라간다.	• 이런 원칙에서 비롯된 지침을 바탕으로 자신의 생각에 대해 비판적으로 바라보고 성찰하라. • 여정을 헤쳐 나갈 때 도움이 되는 북극성, 즉 당신이 나아갈 방향을 보여 주는 것을 찾으라. • 문제에 관한 다양한 정보와 자신의 아이디어에 피드백을 제공해 줄 사람을 찾아라. • 의사 결정을 많이 하고, 그다음 시간의 흐름에 따라 그 결정을 계속 조정하라. • 더 복잡한 방식으로 행동하라. 동일한 목표를 달성하기 위해 다양한 방식으로 실천하라. • 문제의 실제적인 근본 원인이 무엇인지 찾고 그것을 먼저 해결하라. • 실천 방안의 효과에 관한 가설을 만들고 그것을 적용하기 전에 먼저 테스트해 보라. • 문제를 유발하는 인과관계를 이해하기 위해 '왜'라는 질문을 더 많이 던져라. • 다양한 방법을 시도하면서 가장 어려운 문제를 해결하는 데 계속 집중하라. • 자신의 행동을 최대한 체계화하고 가능한 실천 방안의 우선순위를 정하라.

〈그림 9.2〉 표준적인 의사 결정 모델과 유연한 의사 결정 모델

에 대해 생각만 해 보라고, 즉 각 단계에서 더 복잡한 문제를 해결하기 위한 자신의 사고 과정을 성찰하라고 안내받은 사람들이 상당히 더 나은 문제 해결자가 된다는 사실을 발견했다. 나중에 그들은 시스템 개념(예를 들어 긍정적, 부정적 피드백 루프와 비선형적 변화)을 사람들

에게 훈련시켜 약간의 효과를 확인했고, 또한 그 훈련이 참가자들의 '언어 지능'을 향상하고 자신의 성찰을 분석하는 데 필요한 새로운 언어와 전문 용어를 제공한다는 점을 인정했다. 궁극적으로 그들은 훈련과 성찰을 결합하는 것이 의사 결정자에게 가장 유용하다는 점을 발견했다. 따라서 자신의 의사 결정 과정을 비판적으로 성찰하고 필요한 경우 그것을 수정하려고 노력해야 한다.

당신의 여정을 헤쳐 나갈 때 도움이 되는 **북극성을 찾으라**. 복잡하고 매우 부담스러운 과제(삶을 재설정하는 것처럼!)에 직면한 문제 해결자들은 넉넉한 시간을 갖고 자신의 최종적인 목적지와 그 방향으로 가는 데 필요한 단계를 충분히 파악하면 좋다. 복잡한 상황을 다룰 때 문제 해결에 집중하는 것만으로는 결코 충분하지 않기 때문에, 우리는 문제를 일으키는 시스템에 영향을 미치는 방법을 집중적으로 배워야 한다. 이를 위해서는 다음과 같은 질문으로 **길잡이**(이것은 당신이 끝없이 조정하며 길을 찾도록 도와주는 도구다)를 찾는 법을 배워야 한다. '장기적으로 관계 또는 지역 사회에서 어떤 광범위한 변화를 보고 싶은가?' 당신의 궁극적인 최종 목표는 더 건강한 시스템 측면에서(예를 들어 나의 하루, 관계, 삶에서 유해한 요소를 줄이는 것) 정의돼야 한다.

문제에 관한 **다양하고 복잡한 정보와 자신의 아이디어에 대해 피드백을 제공해 줄 사람**을 찾아라. 필립 테틀록은 미국 중앙 정보국이 더 우수한 사건 예측자들을 찾기 위해 의뢰한 좋은 판단 프로젝트[Good Judgement Project]24를 수행했다. 이 연구의 흥미로운 결과 중 하나는 슈퍼예측자들이 증언한 네트워크의 질이었다. 이 탁월한 의사 결정자들은 대부분 자신의 견해와 매우 다른 의견과 관점을 가진 똑똑한 친구와 동료들로 구성된 폭넓은 네트워크를 갖고 있었다. 상황을 예측할 때 상반된 의견을 가진 사람들은 오류를 바로잡는 피드백의 중요한 원천이었다. 도전 과제의 세부 내용에 관한 미묘한 차이점을 이해하고, 어떤 선택의 잠재적 결과를 예상하는 측면 모두에서 그랬다.

설사 의사 결정을 내렸다고 하더라도 시간의 흐름에 따라 **더 많은 결정을 내려야 한다.** 피스메이커 시뮬레이션에 관한 되르너와 우리의 연구에 따르면, 복잡한 상황에서 가장 효과적인 의사 결정자들은 상황을 평가하고 진로를 설정하는 경향이 있을 뿐만 아니라 그 결정을 지속적으로 적용하고, 조정하고, 피드백하며, 필요할 때마다 경로를 재검토하거나 수정한다. 그들은 자신의 계획이 시간이 흐르며 전개됨에 따라 그와 관련된 많은 결정을 내린다. 또한 사건의 속내, 이를테면 지역 사회의 네트워크를 구성하는 인과적 연결 고리를 적극적으로 조사한다.

좀 더 복잡한 방식으로 행동하라. 동일한 목표를 달성하기 위해 **다양한 방식으로 실천하라.** 이 연구들을 보면 더 나은 의사 결정자들은 그들이 직면한 많은 문제가 자신이 크게 영향을 미치는 다른 문제와 밀접하게 연결된다는 사실을 이해하는 것 같았다. 따라서 그들은 대부분 하나의 목표를 달성하기 위해 더 폭넓고 다양한 조치를 취했다('나는 그린베일 시의 수입을 늘리기 위해 새로운 일자리를 만들고 제품 개발과 광고에 투자할 것이다'). 이는 하나의 목표에 하나의 결정만 내리고 실패한 해결책을 다시 시도하는 사람들과 대조적인 모습이었다('나는 그린베일시의 수입을 늘리기 위해 세금을 올릴 것이다').

문제의 근본 원인이 무엇인지 찾고 간접적인 방식일지라도 그것을 먼저 해결하라. 우수한 의사 결정자들은 시간을 들여 충분한 정보를 수집하고, 그다음 해결해야 할 핵심적인 문제를 결정한다. 그들은 서둘러 행동에 뛰어들지 않았으며, 해결하면 기분이 좋다는 이유에서 해결할 수 있는 문제에만 초점을 맞추지도 않았다. 또한 다양한 방법을 시도하면서 가장 어려운 문제를 해결하는 데 계속 집중했다. 비효과적인 의사 결정자들은 쉽게 산만해지고 관심이 분산됐다. 그들은 문제가 발생할 때마다 관심사가 이 문제에서 저 문제로 바뀌었다. 효과적인 의사 결정자는 하나의 해결책에만 사로잡혀 골몰하지 않았다. 어떤 해결책의 비용이 너무 과다하거나 비효과적이라는 피드백 정보를 얻으면 접근 방법을 바꿨다.

실행 방안의 효과에 관한 가설을 만들어라. 그리고 그것을 적용하기 전에 먼저 테스트해 보라. 가트맨이 근본적 변화 실험을 이용한 것처럼 효과적인 의사 결정자들은 시범 사업을 통해 자신의 해결책을 시험해 그 효과를 평가한 다음 실행에 옮겼다. 이는 곧장 행동으로 뛰어들어 손해를 자초하는 사람들과 대조적이었다.

행동을 최대한 체계화하라. 그리고 가능한 한 실행 방안의 우선순위를 정하라. 매우 비체계적이고 가변적인 문제 앞에서 의사 결정을 할 때 문제를 체계화하면 도움이 된다. 이는 되르너가 발견했다. 최고의 의사 결정자들은 실천의 우선순위를 정한다. 예를 들어, 먼저 A, 그다음 B를 실행하지만, 동시에 C도 잊지 않는다는 식이다. 또한 그들은 상황이 전개됨에 따라 실행 방안을 조정할 준비가 돼 있었다. 체계화와 임기응변 사이에서 균형을 맞추는 것이 가장 효과적인 것으로 밝혀졌다.

지금까지 설명한 문제 해결 방법은 모호성에 더 개방적이고, 복잡하며, 유연하고, 수용적이다. 이 방법은 우리가 문제를 생각하고 해결하는 방식에 대해 더 많이 고민하게 만든다. 그뿐만 아니라 예기치 않게 발생하는 일에 대해 철저하게 인식하게 한다. 우리는 해결책을 찾아야 하고 필요할 경우 기꺼이 조정해야 한다. 또한 피드백이 주어졌을 때 무시하지 말고 더 많이 주의를 기울이면서, 필요하면 기존 결정을 고수하지 않고 더 자주 다시 결정을 내려야 한다. 현명하게 시작하고, 중간에 수정하고, 실수로부터 배워야 한다.

모든 상황은 특별하고, 상황은 항상 바뀌기 때문에, 매우 복잡하고 가변적인 문제를 성공적으로 해결하려면 실시간으로 접속해야 한다. 특히 우리가 문제를 해결했다고 생각할 때 더 그렇다. 최선의 결과 또는 더 건설적인 참여와 지속 가능한 해결책으로 이어지는 결과는 시스템의 불가피한 변화에 적응하는 과정에서 비롯된다. 근본적인 역량을 증진해 문제 대응 능력을 키우면 이해 당사자들은 새로운 역동에 적응하고 새로운 차원의 건설적인 대화와 협업을 유지하는 법을 배울 수 있다.

10

THE WAY OUT

결론
새로운 탈출 규칙

지금까지 우리는 많은 지형을 함께 살펴봤다. 우리는 먼저 직면한 문제, 즉 양극화 개념 정의, 현재 직면한 우려스러운 트렌드 요약(예를 들어 미국인의 정신 상태), 이런 상황에 꼼짝없이 정체된 이유(각 이론은 부분적으로 타당하지만, 대부분 틀린 이유)를 설명하는 50개 이상의 이론에 대한 소개에 초점을 맞추었다. 그다음 양극화라는 슈퍼 태풍이 50개 이론 중 다수의 이론을 어떻게 이어주며, 그 결과 **대규모 붕괴**를 초래한다는 것과 우리의 생각, 감정, 삶의 과도한 단순화가 우리를 동일한 패턴에 만성적으로 고착되게 만든다는 점을 간략히 다루었다. 그리고 어트랙터 지형 이야기, 비록 작은 식당의 예이지만 어트랙터가 특정한 형태의 복잡한 문제에서 형성되는 방식과 그것이 위험한 사회 심리적 영역을 형성하는 방식을 설명하고, 어트랙터가 때로 기이하게 바뀌는 방식을 언급했다.

그 다음에 본론으로 들어가 이 동굴 같은 함정에서 벗어나는 길을 찾기 위해 **오늘날 우리가 삶 속에서 무엇을 할 수 있는지** 살펴봤다. 먼저 상황이 바뀌는 방식을 다르게 생각하기 시작했다. 즉, 기계적인 시계가 아니라 역동적인 구름처럼 바뀐다. 상황 변화를 위해서는 중대한 재설정이 필요하다. 이는 잠시 멈추고 우리의 길을 진지하게 성찰하고 다시 조직하고 패턴을 다시 만드는 것이며, 간단한 일이 아니다.

우리가 다음에 취할 최선의 행동은 이미 세상에서 대의를 위해 활동하고 있는 사람들과 새로운 패턴을 만들고 기존 패턴을 부수어 사람들이 적대감을 피하도록 도와주는 활동들을 찾아 동참하는 것이다. 나는 우리의 삶을 복잡하게 이해하고, 그런 복잡성을 살아내고, 더 나은 건강, 기능성, 행복을 만들어내는 방식으로 갈등의 지형을 다시 만드는 긴 여정에 관한 학문적 성과를 소개했다. 마지막으로 왜 이 여정에 시간이 걸리는지 설명했다. 현 상태에 대해 좌절감과 조급함을 느끼지만, 그럼에도 불구하고 핵심적인 열쇠는 지속적으로 출구에 접근하는 것이다. 비록 우리가 끝이 없는 게임과 고투를 벌이고 있다 해도 말이다. 이 게임에는 실천하고 실패하며, 이에 적응하는 노력이 필요하다.

이제 정상에 도착했으므로 당신에게 두 가지 이별 선물을 드리고 싶다. 첫 번째 선물은 일종의 길잡이로서, 우리의 궁극적인 목적지를 알려주는 나침반이다. 두 번째 선물은 여정 중에 당신을 도와주는 이정표 역할을 하는 몇 가지 유익한 도구(이 책의 여러 곳에서 언급한 간단한 몇 가지 원칙)들이다.

오늘날 출구는 실제로 어떤 모습일까?

뉴욕주 북부 온타리오 호수 위쪽에 있는 제퍼슨 카운티는 트럼프를 지지하는 곳이다. 이곳 노동자의 3분의 1이 근처 드럼항 해군기지에서 일하며, 보수주의 성향의 제퍼슨 시민들은 2016년 선거에서 20퍼센트 포인트, 2020년 선거에서 거의 30퍼센트 포인트 격차로 도널드 트럼프에 표를 몰아줬다.[1] 또한 이곳은 미국에서 정치적으로 가장 관용적인 카운티라는 별명으로 불린다.[2] 그렇다, 정치적으로 가장 관용적인 곳들 중 하나다.[3]

나의 동료 아만다 리플리는 2019년에 쓴 기사에서 제퍼슨 카운티의 소재지인 뉴욕주 워터타운의 개방성에 관한 놀라운 이야기를 언급하며 정치적으로 가장 관용적인 이들 지역의 비밀을 폭로했다.[4] 이 전국 순위의 근거는 《더 애틀랜틱》 신문사가 여론 조사 기업인 《프레딕트와이즈PredictWise》와 공동으로 조사한 결과였다. 그들은 미국의 3천 개 카운티 주민들이 나타내는 감정적 양극화의 정도를 조사해 차이점을 발견했다. 카운티와 그들이 속한 주들은 가족 중 누군가가 정치 성향이 다른 사람과 혼인할 가능성에 대해 유권자들이 느끼는 불편함의 수준이 사람마다 상당히 달랐다. 그리고 다른 정당의 구성원이 이기적이고 무지한 사람 또는 동정적이고 애국적인 사람이라고 느끼는 정도도 각자 매우 달랐다.

워터타운은 정치적 관용에서 최상위 1퍼센트에 포함돼 최고 순위에 올랐다. 당신은 '왜'라고 물을 것이다. 물론 대답은 복잡하며 모순적이다. 예를 들어, 정치적 입장이 다른 사람들끼리 혼인한 숫자가 1973년 이후 미국에서 50퍼센트 감소했다는 사실에도 불구하고, 워터타운에서는 25퍼센트가 공화당원과 민주당원 간의 혼인이었다. 이에 비해 정치적으로 관용적이지 않은 지역은 10퍼센트에 불과하다. 조사 결과에 따르면, 이런 특이한 혼인 커플(교차 결혼의 진정한 예)로 인해 관용의 수준이 더 높아지고 정치적으로 더 다양한 후손이 태어난다. 이는 워터타운의 미래 세대에 좋은 징조다. 또한 이곳은 거주민이 2만 9,000명 정도에 불과할 정도로 비교적 작은 지역사회이며, 주민은 대체로 더 젊고, 교육 수준이 낮지만 정치적으로 혼합된 동네에 사는 경향을 보인다. 워터타운은 또한 탄탄한 시민문화를 갖고 있으며 1개의 지역 신문(이곳 편집자는 자신의 정치적 입장을 "국가 재정 측면에서는 약간 보수적이지만, 그 밖의 분야는 매우 진보적"이라고 말한다. 이는 사회적 정체성의 복잡성을 전형적으로 보여 주는 인물이다), 불교 사원 2개와 이슬람 사원 1개를 포함한 종교 시설 23개, 로터리클럽 2개, YMCA 1개가 있다. 이 모든 것을 종합하면, 워터타운은 두 정당에 속한 시민들이 서로 잘 알고, 서로의 필요를 이해하는 지역으로서, 비록 사안에 따라 다르지만, 정치적으로 소리를 지르며 싸우는 경우가 매우 드문 환경이 조성된 곳이다.

또한 이곳은 중요한 정치적 역사를 갖고 있다. 1세기 전 워터타운 시위원회는 정당이 자신의 지역 문제에 개입하지 못하게 하는 대담한 조치를 취했다. 그 결과 공화당과 민주당의 정치적 독점 세력과 그들의 기부자들이 이 지역을 지배하지 못했다. 지역의 선출직 공무원들은 대체로 다양한 정당 출신들이고 카운티 의회의 위원회는 공화당원과 민주당원이 항상 하나의 위원회에 모이는 경향을 거부한다. 이는 이 지역 사회가 미국의 극단적인 정치 성향의 유해한 영향을 차단하는 데 도움을 주는 것 같다.

그리고 월요일 아침 식사Monday breakfasts와 같은 작은 모임들이 있다. 이 지역의 목사인 프레드 게리는 자신을 '공산주의자보다 더 나은 사람'이라고 묘사한다. 그는 퍼스트 프레비테리언 교회에서 월요일 아침마다 정치적 성향이 다른 남자들을 위한 조식 모임을 운영한다. 12명 정도의 남자들이 참석해 책과 삶, 정치에 대해 토론한다. 그리고 그들은 계속 참석한다. 게리는 이 모임의 성공 비결을 세 가지라고 생각한다. (1) 직접 만난다. (2) (그가) 집에서 만든 좋은 음식을 나눈다. (3) 함께 시간을 보낸다. "우리는 충분한 시간을 갖고 (이슈에 대해) 토론한 후 모르는 것이 있다는 사실을 깨닫습니다. 얼마나 많은 것을 모르고 있는지 깨닫게 되면 그때부터 정직한 대화가 시작됩니다."

이런 유형의 정치적 혼합에 기초한 토대가 탄탄한데도, 최근 들

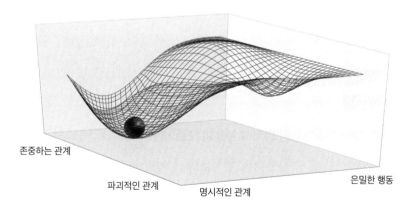

존중하는 관계

파괴적인 관계　　　명시적인 관계　　　은밀한 행동

〈그림 10.1〉 이상적인 갈등 지형

어 이러한 최고 순위 지역에서도 관용적 정치 성향에 부담을 느끼고 있다. 비규범적인 소셜 미디어의 비하, 케이블 뉴스의 독설과 심각한 야유, 공개적으로 경멸하는 정치 엘리트들의 모습이 피해를 유발하기 시작했다. 이런 상황으로 인해 워터타운의 일부 사람들 사이에서도 공공장소에서 정치에 대해 언급하는 것을 피하는 추세가 나타나고 있다.

그럼에도 워터타운의 대다수 사람은 계속 서로 교류하면서 밀접하고 기능적이고 회복력 있는 지역 사회를 유지하고 있다(〈그림 10.1〉). 때로 말다툼이나 자존감의 상처를 입음에도 불구하고, 그들은 식당, 스포츠 경기장, 학교에서 정치적 분열을 넘어 자주 교류한다. 정치적으로 격렬하게 논쟁할 수도 있지만, 상대 당원에게 분노를 표출하거나 비난하는 정도는 일반적인 지역보다 상당히 덜하다. 보도에 따르면, 다른 당원 간 만남은 불편하지만 사람들이 그것에 익숙해진 것처럼 보이며, 그 결과 이슈에 관해 이해도가 더 높고 상대방에 대해 개방적이고 수용적인 태도를 보인다.

워터타운의 관점

이것이 지속가능한 정치적 관용의 모습이다

우리는 트럼프 카운티의 한복판에서 어떤 기운을 볼 수 있을까? 우리가 살펴본 지역은 다양한 정체성을 지닌 사람들이 정치적 관점이 다른 사람들과 함께 살고, 일하고, 노는 곳이다. 이곳 사람들은 서로의 차이에도 불구하고 서로 알고, 결혼하고, 친구가 되고, 의존한다. 그들은 어려운 대화와 의미 있는 관계를 유지하고 발전시키려면 시간이 필요하다는 것을 안다. 이곳은 의도적으로 1세기 전 상황으로 재설정하기로 선택하고 외부의 주요 정치적 영향으로부터 지역의 이익을 보호하기 위해 대담한 조치를 취했다.

그 결과 이곳은 분열을 유발하는 중앙 정치 세력으로부터 어느 정도 단절됐고, 사람들은 정치적 차이에 따른 불편함을 받아들이면서 동시에 지역의 이슈에 계속 관심을 가질 수 있게 된 것 같다. 달리 말하면, 이곳은 이 책이 제시한 기본적인 원칙을 증명한다. 이를테면, 재설정, 복잡성, 함께 움직이기, 긍정적인 이탈 등이다. 또한 이러한 많은 긍정적인 힘이 어떻게 함께 작동해 존재하고, 느끼고, 관계를 맺고, 가정과 지역 사회를 구성하고, 그 결과 더 균형 있고 건강하며 기능적인 삶을 살 수 있는지에 영향을 미치는 **선순환**을 보여 준다. 아울러 이런 상태에 도달하려면 상당한 시간과 의도성, 적응 기간이 필요했고, 앞으로도 필요하다는 것을 보여 준다.

컬럼비아대학교의 우리 연구팀이 전 세계를 대상으로 정치적으로 관용적이고 평화로운 지역을 조사한 바에 따르면 많은 지역이 비슷한 조건과 역사적인 변곡점을 갖고 있다.[5] 70년 전 코스타리카는 참혹한 내전(극단적인 정치적 충격)을 거친 뒤 세계에서 유일하게 의도적으로 군대를 포기하고 상당한 국가 자원을 교육, 보건, 환경에 투자하기로 결정했다.[6] 그 당시 그들은 선견지명을 발휘해 더 평화로운 시민을 기르기 위해 많은 학교에서 관용을 가르치기 시작했다. 1997년 코스타리카는 모든 학교에서 평화 교육을 의무화하는 법안을 통과시켰고, 이로 인해 이 국가의 탄탄한 평화 문화에 기여한 기술과 지식을 개발한 공로를 인정받고 있다.[7] 세계에서 가장 빈번한 마약 수송 루트에 속해 있어 어려운 지정학적 상황에 놓여 있지만, 코스타리카는 세계에서 가장 행복하고 평화로운 국가들 중의 하나라고 평가받는다.[8]

남서 태평양에 있는 섬나라 뉴질랜드를 생각해 보라. 이곳은 인간이 마지막으로 발견한 거주지였다. 마오리족으로 불리는 이곳의 최초 원주민들은 13세기 동폴리네시아에서 이주한 뱃사람들이었다. 백인 유럽인 정착자들은 한참 늦은 18세기에 이곳에 도착했다. 1840년 영국인과 5,000명 이상의 마오리족 추장이 마오리족이 영국의 지배를 받아들이는 것을 공식화하는 와이탕이 조약Treaty of Waitangi을 맺었다. 이 조약은 유럽인이 이곳에 정착할 수 있지만, 그 대가로 마오리족은 관습, 토지, 추장들의 전통적인 권위를 유지할 수 있다고 규정했다. 엄밀히 따지면 뉴질랜드는 아직도 대영제국의 영토지만, 실제로 완전히 독립적인 국가로 간주된다. 현재 뉴질랜드는 원주민은 물론 여성과 다른 소수 민족을 포용하기 위한 정책을 많이 갖고 있다.[9] 그 결과 이곳은 종종 전 세계에서 평화지수가 가장 높은 곳으로 평가받는다.[10]

전 세계에서 이와 비슷한 조건을 찾을 수 있는 곳은 캐나다, 일본, 보츠와나, 북유럽 국가들(내부 갈등을 평화적으로 해결한 전통이 200년 이상 된 곳이다[11]), 호주의 서부 사막 지대의 원주민들, 인도의 닐기리 고원의 사람들, 브라질의 싱구 강 상류 유역 그리고 평화적 통치가 이뤄지는 다른 여러 지역 등이다. 미국의 노스캐롤라이나주 야드킨 카운티, 텍사스주 맥멀렌 카운티, 유타주 밀라드 카운티는 정치적 관용 순위가 상위 1퍼센트에 속한다.[12] 뉴욕주 워터타운과 비슷하게 이곳들 역시 평화를 관리하고 지속하기 위해 중대한 변곡점, 의도적인 재설정, 상당한 시간 소요, 의도성, 적응을 실천한 오랜 역사를 갖고 있다. 이제 이런 조건들을 오늘날 당신의 삶에 영향을 줄 새로운 규칙들과 실천 방안으로 바꾸는 방법에 집중해 보자.

공식

물리학을 전공한 나의 동료들은 공감, 복잡성, 움직임, 관용과 같은 모호한 개념의 핵심을 최대한 구체적이고 수학적인 용어로 표현하려고 노력한다. 그렇게 하면 우리의 근본적인 가정에 관해 많은 것을 배워 더 명확하고 더 예측성 높은 모델을 개발할 수 있다고 생각한다. 핵심 내용을 추가해 보자. 다음은 파괴적이고 양극화된 역동에 사로잡힌 해로운 관계를 피하기 위해 이 책이 제시하는 핵심 내용이다.

- **동기부여의 임계점 넘어서기**

  양 진영이 모두 충분히 고통을 경험하고 탈출 가능성을 깨닫는다. 양 진영이 서로 상처를 주는 정체 상태가 이어지고 탈출할 기회가 있다고 느낄 때 탈출을 시도하려는 충분한 동기가 부여된다.

- **재설정하기**

  매우 불안정한 사건을 활용해 우리의 삶을 잠시 멈추고 접근 방법을 재조정하고 바꾸려고 시도하는 자신의 모습을 인식한다. 질적으로 다른 미래를 위한 새로운 초기 조건을 설정하기 시작한다.

- **다르게 생각하기**

  오래된 문제를 완전히 새로운 방식으로 바라보되, 문제를 바라보고 해결하는 표준적인 방식이 구름 문제를 해결하기에 충분하지 않고, 종종 문제를 영구화하는 데 기여한다는 점을 인정한다.

- **강화하기와 부수기**

  우리 자신, 관계, 지역 사회 내부에 존재하는 자발적인 역동과 함께 일하는 법을 배운다. 이를 통해 그들 내부에 존재하는 긍정적인 이탈을 활용해 우리의 온정적인 성향, 선순환, 건설적인 어트랙터를 강화하고, 동시에 부정적이고 파괴적이며 나쁜 패턴을 부순다.

- **복잡도 높이기**

  우리의 경험, 인식, 분석, 만남, 환경과 관련된 모순적인 복잡성을 증가시켜 균형을 잡고, 미묘한 차이를 살리며, 정확성을 더욱 높인다.

- **움직이기**

  인지적, 감정적, 육체적으로 우리의 경험과 관계를 자유롭게 하고 재동기화하며, 정적 상태에서 동적 상태로 주의를 돌리는 방식으로 몸을 움직인다.

- **유연하게 적응하기**

  실패를 고려해 계획하고, 의도하지 않은 불가피한 결과에 유연하게 대응한다. 복잡하고 모호한 문제를 해결하기 위해 더 많이 결정하고 더 많이 행동하고 조정하면서도 더 나은 미래를 위한 비전을 계속 유지한다.

- **연결하기**

  대의를 위해 노력하는 다른 사람들과 함께 활동한다. 탄탄하고 확산성이 높고 지속 가능한 출구를 찾기 위해, 이 책에서 공유한 원칙과 실천 방안을 실행하기 위해 헌신하는 지역 사회의 다른 사람들, 가족, 집단, 기관을 찾고 연대한다.

위의 내용은 관용적인 지역 사회를 만들고 유지하는 데 결정적으로 중요하다. 이는 과학적인 연구와 워터타운 사람들, 코스타리카 사람들, 분열돼 있으면서도 평화로운 사회에 사는 다른 지역 사람들의 삶과 경험에서 얻은 것이다. 이는 사회정치적 행동(새로운 정치 윤리)을 위한 새로운 규칙으로도 적용할 수 있는 요소들이다.

❭ 근본적인 규칙 뒤엎기

1940년대의 상상력 넘치는 공상 과학 소설가인 아이작 아시모프는 이제는 고전이 된 연작 소설 《아이, 로봇》을 집필하기 시작했다. 이 책에서 그는 인간의 미래를 위한 기본적인 운영 규칙의 핵심 내용을 미리 보여 줬다. 〈런 어라운드Run around〉에서 아시모프는 이제는 유명한 로봇 공학의 3원칙을 소개했다.

1. 로봇은 인간에게 해를 가하거나 아무런 행동을 하지 않음으로써 인간이 해를 당하게 하지 않는다.
2. 로봇은 첫 번째 원칙에 위배되지 않는 한 인간의 명령에 복종해야 한다.
3. 로봇은 첫 번째 원칙과 두 번째 원칙에 위배되지 않는 한 자신을 보호해야 한다.

이야기가 전개되면서 매우 정교한 로봇인 스피디가 화성 탐사 임무를 떠나는 사람들을 돌보고 보호하기 위해 파견된다. 스피디는 예상치 못한 상황에 빠지고 세 가지 원칙의 논리에 갇혀 꼼짝하지 못하게 된다. 프로그램의 작은 문제는 결국 인간 '주인'의 생명을 위태롭게 한다.

이 소설 작품은 기본적인 규칙의 의도하지 않은 결과처럼, 위험한 방식으로 움직이는 과학 기술이 모든 문학 장르에 포함되는 데 일조했다. 또한 과학 기술로 넘쳐나는 지금 세상(무인 자율자동차, 체내의 바이오센서, 인터넷 분류 알고리즘, 봇, 컴퓨터 바이러스, 인공지능 등)에서는 인간의 건강과 안전을 위한 규칙이 조금만 바뀌어도 매우 중요한 의미를 갖는다는 점을 미리 보여 줬다. 가장 중요한 것은 우리의 기본 규칙이 도리어 우리에게 해를 가할 수 있다는 점을 고려해 볼 수 있는 비유를 제공한다는 사실이다(대략적인 법칙 5).

문명이 시작된 이후 인간은 대부분 규칙에 의해 통치를 받았다. 규칙 중심 문화는 18세기에 강력해지기 시작했고, 오늘날 규칙은 사실상 인간 행동과 소통의 모든 형태를 체계화한다. 황금률('남에게 대접받고자 하는 대로 남을 대접하라.'), 윤리학과 예절의 규칙, 로버트의 회의 규칙, 법률 규칙, 전쟁 규칙(제네바 회의), 가장 최근의 코로나19 바이러스 확산 방지를 위한 공공 안전 규칙은 오늘날 우리의 삶을 안내하고 제한하는 많은 규칙 중 일부에 지나지 않는다.

규칙은 기본적으로 원칙의 진술 또는 행동의 기준이다(X하면 Y하라). 이는 수학, 물리학, 공학, 논리학, 언어, 문법, 음악, 그리고 구글과 아마존이 우리를 소비자 그룹으로 분류하기 위해 사용하는 알고리즘의 토대다. 일반적으로, 규칙은 우리의 삶을 예측 가능하고 안전하며 효율적이고 안정적으로 만들고, 흔히 세상을 살아가는 실제적인 지침 역할을 한다. 반면, 통제하고, 제외하고, 공격하고, 약화시키고, 착취하고, 억압하는 데도 이용할 수 있다.

사회적 규칙은 성서, 법률, 하향식 의사 결정자, 지역의 문화적 전통과 같은 매우 다양한 원천에서 유래될 수 있지만, 과학에서 얻은 규칙은 경험적으로 테스트하고 체계적인 조사를 통해 다듬어졌다는 점에서 유익하다. 실제로, 과학에 기반을 둔 많은 규칙은 더 자동적으로 적용된다. 이를테면 **'차에 타면 안전벨트를 매라', '기침을 할 때 입을 가려라', '수술을 할 때 2분 동안 손을 문지르고 …(중략)… 수술이 끝난 뒤 스펀지를 세어보라'**라는 규칙은 수많은 생명을 구했다.

새로운 규칙은 일단 제정되고 받아들여지면 대개 의사 결정과 행동을 위한 자동적이고 암묵적인 지침이 된다. 집단 내 다른 사람들과 공유하면 사회적 규범이나 윤리적 관습으로 확장돼 문화로 형성된다. 달리 말하면 규칙은 종국적으로 지역 사회에서 좋은 것과 나쁜 것, 옳은 것과 틀린 것, 정상 행동과 일탈 행동으로 간주되는 새로운 패턴을 만드는 기본 구성 요소다. 규칙은 우리의 의사 결정 DNA다.

하지만 어떤 규칙은 다른 규칙보다 더 중요하다. 인공지능에 관한 연구는 인간 집단에 중요성, 범위, 영향력이 다른 규칙의 위계질서가 항상 존재한다고 분명하게 밝혔다. 예를 들어, 지역에만 국한되는 사회적 에티켓이 있다. '음식을 입에 넣고 말하지 마라', '공공장소에서 생식 기관을 가리는 옷을 입어라' 그리고 티벳 가정에서는 '식사를 한 후에 주인과 함께 화로 앞에 조용히 앉아라. 그리고 한 번에 몇 시간씩 말하지 마라'라는 규칙이 있다. 더 중요하고 널리 공유된 안전 규칙으로는 '대중 강당에서는 절대로 "불이야!"라고 소리치지 마라', '총알이 장전된 총을 사람에게 절대 겨누지 마라', '들판에서 곰을 만나면 움직이지 마라'가 있다. 마지막으로 기본적이고 결정적인 규칙으로는 '고통을 참고 기쁨을 추구하라', '안정과 질서를 확보하라', '치명적인 포식자를 피하라', '자녀를 지켜라'가 있다. 마지막 규칙들은 근본적인 규칙으로서, 우리의 삶을 지배하는 기본적이고 무의식적이며 본능적인 규칙이다. 이런 규칙들은 수십 세기 동안의 진화 과정에서 확립됐고 인간과 침팬지 집단이 널리 공유한다. 이것들은 안전, 번식, 생존을 위한 가장 기본적인 욕구에 깊이 뿌리박혀 있다.

오늘날 우리가 일상생활에서 양극화의 태풍에 대응하는 방식은 우리의 기본적인 규칙에 크게 영향을 받는다. 집단 간(공화당원 대 민주당원)의 위협, 좌절, 적대감이 심각한 상황에서 우리는 대부분 위험과 불확실성에 대처하기 위해 발전시켜온 근본적인 규칙에 의존한다. 이런 조건에서 우리는 자동적으로 단순화하고, 본질화하고, 진영끼리 똘똘 뭉치고, 방어하고, 비난하고 공격한다. 달리 말하면, 우리는 상대적으로 더 개방적이고, 호기심이 많고, 미세한 차이를 식별하고, 쉽게 다가가는 모드에서 폐쇄적이 된다. 그리고 자기 확신적이고, 방어적인 모드로 바뀐다. 그렇게 행동하도록 우리 몸에 사실상 각인돼 있다.

이러한 자동적인 **비상 대응 규칙**들은 오랜 세월 형성된 본질적인 안전 욕구에서 비롯된 것이다. 이것들은 우리가 느끼고, 인지하고, 생각하고 행동하고 다른 사람과 교류하는 방식에 엄청난 차이를 유발하며, 보통 우리에게 매우 유익하다.

하지만 이런 규칙들은 심각한 위험에 대응할 때 **일시적으로** 지켜야 할 내용이다. 이는 비상 보안 모드이며, 뇌의 생리적 변화가 수반돼 호르몬과 신경 전달 물질이 변하고, 극심한 스트레스 반응이 증가한다. 위험이 가라앉으면 우리는 더 예민하고 개방적이며 호의적인 기능 모드로 돌아가게 돼 있다. 우리에게는 두 가지 모드가 모두 필요하지만, (우리 안에서 싸우는 두 마리 늑대를 도와주는) 건강한 사회적 기능은 개방적이고 적절한 스트레스 모드에서 가장 잘 작동한다.

자세히 설명해 보자. 우리가 진화를 통해 따르도록 각인된 더 오래된 규칙 중 하나는 '비슷한 것을 가까이하고 다른 것을 멀리하라.'라는 규칙이다. 오랜 세월 동안 이 규칙은 미지의 것에서 비롯된 잠재적 위협을 멀리함으로써 피해를 당하지 않도록 도와줬다. 외부 집단 구성원의 이미지에 잠시만 노출돼도 뇌의 공포 영역인 편도체가 활성화된다.[13] 그러나 오늘날 이는 비슷한 집단 속에서 자신을 분류하는 성향을 갖게 해 권력을 추구하는 정치가들에 의한 의도적인 분열, 정복, 통제에 더 취약하게 만든다. 이 규칙이 만성화되면 우리 삶의 폭이 좁아지고 가정, 지역 사회, 사회 전체가 파벌로 갈라지게 된다.

네 가지 비상 대응 규칙 모두 마찬가지다. 이것들은 극단적인 위협 상황에서 유용하지만, 지속되거나 극단화되면 신체적·정신적·사회적 문제가 발생한다. 만성적인 단순화는 성급한 판단, 선입견, 오해, 비인간화, 결함 있는 의사 결정으로 이어진다. 지속적인 폐쇄적 정보 처리는 경직성, 교조주의, 강박적인 무질서와 관련돼 있다. 지속적으로 방어적인 행동과 공격적인 태도를 취하면 다른 사람들을 멀리하고, 갈등을 격화시키고, 다른 사람으로부터 부정적인 상호 보복을 자초한다. 아울러 인간의 아드레날린 기능을 사정없이 파괴한다. 물론 이와 같은 반응 행동은 지금의 격렬한 양극화 태풍에 더 많은 에너지를 더할 뿐이다.

〉 새로운 탈출 규칙

원초적인 본능과 규칙이 자동적으로 당파적 싸움을 벌이게 하고 우리의 정치적 풍토가 어쩔 수 없이 이런 방식으로 끌어당긴다는 사실에도 불구하고, 우리는 의도적으로 우리 내부의 이런 힘들을 뒤엎고 아이들에게 다른 길을 제시할 수 있다.[14] 먼저 당신은 이를 위해 사회적 상호 교류의 비상 대응 규칙들이 어떻게 '우리 대 그들'이라는 역기능적 패턴에 우리를 갇히게 하는지 이해하고, 출구를 제시하는 새로운 규칙을 찾는 것부터 시작할 수 있다(《그림 10.2》).

만약 당신이 해로운 역동에 갇혀 무력감을 느끼고, 지긋지긋하며 완전히 지쳐 간절히 변화를 갈망한다면, 다음을 실천하라.

준비하라

- **보라**: 출구를 보라. 분열된 진영의 상대편 사람들도 함정으로부터 벗어날 출구를 찾고 있다는 점을 인식하라. 희망이 있다. 변화의 가능성을 믿어라.
- **멈추라**: 재조정하고, 재조직하고, 다시 시작하기 위해 중대한 재설정에 필요한 시간을 투자하라. 이는 어려운 일이다. 더 나은 미래를 바라보면서 신중하게 재설정하라.
- **바꿔라**: 당신의 사고 습관을 바꿔라. 갈등에서 상황으로, 당면 문제에서 그 문제를 유발하는 수많은 힘으로 당신의 주의를 돌려라. 당신의 변화 이론을 바꿔라.

경로를 바꿔라

- **찾아라**: 긍정적 이탈을 찾고 파괴적인 패턴이 악화되지 않도록 막거나 완화하기 위해, 더 건강하고 건설적인 패턴을 촉진하기

위해 지역 사회에서 이미 활동하고 있는 사람이나 단체를 찾아라. 그런 가능성의 싹을 키워라.

- **단순화하라**: 먼저 당신의 경험과 상황에 대한 이해를 충분히 복잡하게 한 후에, 문제를 단순화하라. 문제에 대한 시각을 확대한 다음 축소하라.

- **함께 움직여라**: 다른 사람들과 물리적으로, 심리적으로 함께 하라. 이렇게 하면 우리는 자유로워지고, 서로를 공감하고 연민할 수 있으며, 나아가 새로운 가능성과 연결된다.

- **적응하라**: 이 여정은 상당한 주의와 적응, 조정이 요구되며, 길고, 어쩌면 한참 돌아가야 할 수도 있다. 그러나 적응하라. 작게 시작하고, 현명하게 실패하고, 길잡이에서 눈을 떼지 마라.

- **지원하라**: 지역 사회에서 당신이 연결할 수 있고 지원을 받을 수 있는 다른 사람들을 찾아라. 그들과 대의를 위해 함께 하라. 당신은 혼자가 아니다. 당신은 강력하고 새로운 운동의 일부다.

사람들이 반응하는 행동을 바꾸기로 의도적으로 선택하고 우리 시대와 같이 거센 문화적 파도를 거슬러 헤엄친다는 것은 어떤 모습일까? 그것은 보스턴의 여섯 리더와 같은 모습이다. 그들은 낙태에 관한 비폭력적인 대화와 행동을 촉진하겠다는 어렵지만 근본적인 변화의 여정을 위해 멈추고, 바꾸고, 적응하려고 자신의 안전과 경력이 위태로워지는 상황을 감수했다. 또한 1999년 여름, 내가 재직하는 대학에 모여 활동한 '커뮤니티와 다양성을 위한 특별 위원회'와 같다. 그들은 차별하지 않고 포용적인 직장을 만들기 위해 새로

준비하라

보라

출구를 보라. 분열된 진영의 상대편 사람들이 함정에서 벗어날 출구를 찾고 있다는 점을 인식하라. 희망이 있다. 변화의 가능성을 믿어라.

멈추라

재조정하고, 재조직하고, 다시 시작하기 위해 중대한 재설정에 필요한 시간을 투자하라. 이는 어려운 일이다. 더 나은 미래를 바라보면서 신중하게 재설정하라.

바꾸라

당신의 사고 습관을 바꿔라. 갈등에서 상황으로, 당면문제에서 그 문제를 유발하는 수많은 힘으로 당신의 주의를 돌려라. 당신의 변화 이론을 바꿔라.

찾아라

긍정적 이탈을 찾고 파괴적인 패턴이 악화되지 않도록 막거나 완화하기 위해, 더 건강하고 건설적인 패턴을 촉진하기 위해 지역 사회에서 이미 활동하고 있는 사람이나 단체를 찾아라. 그런 가능성의 싹을 키워라.

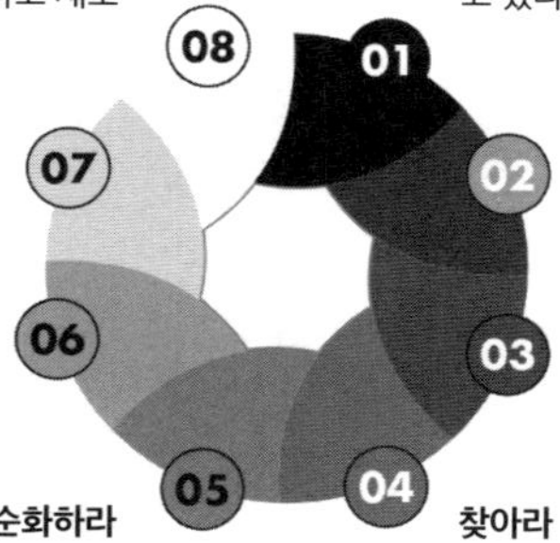

경로 변경

지원하라

지역 사회에서 당신이 연결할 수 있고 지원받을 수 있는 다른 사람들을 찾아서 대의를 위해 함께 하라. 당신은 혼자가 아니다. 변화를 강화하고 새로운 운동의 일부다.

적응하라

상당한 주의, 적응, 조정이 요구되는, 길고 돌아가는 여정에 적응하라. 작게 시작하고, 현명하게 실패하고, 감정에서 눈을 놓지 마라.

함께 움직여라

다른 사람들과 물리적으로, 심리적으로 함께 앞으로 나아가라. 이렇게 하면 우리는 자유로워지고, 공감, 연민, 새로운 가능성과 연결된다.

단순화하라

먼저 당신의 경험과 상황에 대한 이해를 충분히 복잡하게 한 후에, 문제를 단순화하라. 문제에 대한 시각을 확대하는 다음 축소하라.

〈그림 10.2〉 새로운 탈출 규칙

운 여정을 시작했다. 아울러 그것은 일부러 시간을 내서 지속적으로 잘 조율된 정치적 대화 그룹에 참여하기로 선택한 오늘날의 수많은 미국인과도 같다. 예를 들어, 《베터 엔젤스 앤드 크로싱 파티 라인즈Better Angels and Crossing Party Lines》가 운영하는 대화 모임에 참석하고 미국의 분열을 유발하는 구조를 개혁하기 위해 행동에 나선 사람들이다. 또한 공동의 대의를 위해 다양한 측면에서 기사 내용을 전달하고, 첨예한 양극화 사회를 조장하는 자신들의 영향력을 줄이는 일에 함께 참여하는 미디어 종사자들이다. 국제 규범을 깨고 세계에서 가장 폭력적인 군사 조직과 소통하며, 그들 내부에서 조그만 변화의 기미를 찾아 탈출을 지원하려고 노력하는 《산테지디오》 공동체도 역시 마찬가지다. 모리셔스, 코스타리카, 노르웨이, 뉴질랜드, 뉴욕주 제퍼슨 카운티, 노스캐롤라이나주 야드킨 카운티, 텍사스주 맥멀렌 카운티, 유타주 밀라드 카운티도 모두 재설정을 선택했다. 그들은 자신들의 가정과 지역 사회에서 정치적 관용을 증진하고 유지하기 위해 적극적이고 유연하게 계속 활동하고 있다.

이 모습은 어쩌면 당신의 모습일 수도 있다. 당신은 내일 아침에 일어나 당신의 삶에서 독한 마음과 증오를 줄이고, 부서진 관계를 회복하고, 새로운 경로를 시작하기 위해 가정, 직장, 지역 사회의 새로운 미시 문화를 만들거나 동참하기로 결단한다. 바로 그런 모습이다.

후기

개인적인 이야기로 이 책의 서문을 시작했으니 역시 개인적인 이야기로 마무리하겠다. 올해는 끔찍하게 힘들고 지친 한 해였다. 여러 가지로 호된 시련의 시간이었다. 엄청난 고통, 불안, 상실감이 계속 찾아왔다. 두 세계 대전과 대공황 때 보았던 슬픔과 곤경의 광경이었다. 완전히 탈진한 일선 노동자들, 텅 빈 주요 도로, 교실, 야구 경기장, 판자로 막아놓은 브로드웨이의 상점들 그리고 코로나19 바이러스 전염병과 급증한 마약 복용, 경찰로 인해 숨진 사람들에 관한 뉴스를 공유하는 수많은 사람들…. 올해 내가 겪었던 경험과 내가 봤던 이미지는 결코 잊을 수 없을 것이다.

이 시기에 놀랄 만한 일도 있었다. 멈추고, 검역을 받고, 실내에 머물고, 사회적 거리 두기를 하고, 외과 수술용 마스크와 장갑을 착용해야만 했다. 사랑하는 사람, 심지어 사랑하지 않는 사람을 만나기 위해 움직이려고 해도 여행은 허락되지 않았다. 현장 노동자들의 이타적인 용기를 칭찬하기 위해 몇 달 동안 매일 저녁 7시에 창가에서 냄비를 두드렸다(엄청 시끄러웠다!). 쳇바퀴처럼 돌아가는 지루한 삶을 가득 채웠던 많은 오락거리나 핑곗거리도 사라지는 바람에 우리는 자신의 생각과 걱정, 희망, 꿈, 집에서 함께 사는 극소수의 사람들에게 의지할 수밖에 없는 지경이다.

이는 엄청난 재설정이다. 이것을 인식하든 그렇지 않든 상관없다. 앞으로 우리는 지금 순간을 시간으로 표현할 것이다. 그 일이 2020년 전 또는 후에 일어났던가? 불안정한 시기 이전이었나, 아니면 이후였나? 이는 지역 사회가 지진이나 해일로 크게 파괴됐을 때 흔히 우리가 볼 수 있는 모습이다. 이는 명확한 시간적 구분으로, 잠재적 변곡점이기도 하다.

그렇다면 내가 당신에게 던지는 질문은 이렇다. "이제 당신은 어떤 길을 선택할 것인가?" 당신은 오늘 당신과 당신의 가족, 지역 사회를 위해 어떤 새로운 출발을 할 것인가? 그리고 가장 놀라운 이 시대를 통해 어떤 교훈을 얻길 바라는가? 세계는 급격하게 바뀌고 있다. 주변의 모든 것이 근본적으로 바뀌고 있다. 당신은 무엇을 할 것인가?

남아프리카공화국에서 불의를 없애고 국민의 자유와 단합을 실현하기 위해 평생 힘든 삶의 여정을 살며 감옥에서 27년을 보낸 넬슨 만델라는 자서전 말미에 이렇게 썼다.

나는 자유를 향해 기나긴 길을 걸었다. 나는 흔들리지 않으려고 노력했다. 도중에 실수도 저질렀다. 하지만 큰 언덕을 오른 뒤에

올라야 할 언덕이 훨씬 더 많이 있다는 사실을 발견했다. 여기서 잠시 쉬면서 주변의 멋진 풍경을 바라보고 내가 걸어온 길을 되돌아본다. 나는 잠시 쉴 수 있을 뿐이다. 자유에는 책임이 따르기 때문이다. 오래 머물지 않을 것이다. 나의 긴 여정은 아직 끝나지 않았다.[1]

나는 원래 만델라의 메시지로 이 책을 끝내려고 계획했다. 그런데 얼마 후 2020년 7월 30일, 비폭력 민권 운동의 훌륭한 리더이자 국회의원인 존 루이스가 세상을 떠나며《뉴욕 타임스》에 마지막 메시지를 남겼다. 그는 다음과 같이 썼다.

이 세상에서 나의 시간은 이제 끝나지만, 내 인생의 마지막 날까지 여러분이 나에게 영감을 줬다는 점을 말씀드리고 싶습니다. 여러분이 우리 사회를 바꾸기 위해 노력하는 것을 보면서 나는 앞으로 펼쳐질 위대한 미국에 대한 희망으로 가득 찼습니다. 오로지 인간을 향한 연민으로 고무된 수많은 사람이 분열의 무거운 짐을 내려놓았습니다. …(중략)… 오늘날 많은 젊은 사람들처럼 나는 출구를 찾아왔습니다. 어떤 사람들은 입구라고 말할 수도 있습니다. …(중략)… 역사가들이 펜을 들어 21세기를 기록할 때, 마침내 증오의 무거운 짐을 내려놓은 것은 바로 여러분의 세대였고, 드디어 평화가 폭력, 공격, 전쟁과 싸워 이겼노라고 쓰게 만듭시다. 여러분에게 말씀드립니다. 바람과 형제와 자매와 함께 걸으십시오. 평화의 정신과 영원한 사랑의 힘을 길잡이로

삼으십시오.[2]

이는 우리가 이정표로 삼아야 할 말이다.

부록 A
요약

1장: 서론

- 오늘날 미국은 역사상 어느 시기보다 더 양극화돼 있다.
- 나쁜 소식은 이 분열이 심하고 민족적이며 중대하다는 점이다. 분열은 이상한 유형의 미국적 정신질환이 됐다.
- 분열은 최우선적인 문제다. 이는 유해하고 전염성이 강하며, 현재 미국이 직면한 다른 생존 문제(코로나19 바이러스에서부터 기후변화까지)를 해결할 수 없게 만든다.
- 한편으론 미국의 극단적인 고통과 불안정이 약간 좋은 소식이기도 하다. 이것들은 근본적인 변화에 필요조건이기 때문이다.
- 이제 우리에게 필요한 것은 해결책이 되는 출구를 찾는 눈이다.
- 이 책은 이런 시각을 제시한다.
- 1990년대 보스턴의 이야기는 이 시각이 어떤 것인지 보여 준다.

2장: 미국이 진퇴양난에 빠진 이유

- 양극화는 비슷하고 긍정적인 것에 끌리고 다르고 낯선 것을 멀리하는 자연스러운 반응이며 유익한 결과와 부정적인 결과를 초래할 수 있다.
- 몇 가지 유형의 양극화가 정치 집단에 영향을 미친다. 특히 양극화는 감정, 이념,

정치, 인지 측면에 영향을 미친다.

- 미국은 양극화에 관한 세 가지 트렌드를 보여 준다. (1) 50년 이상 지속된 양극화의 심화, (2) 격심한 수준의 감정적 양극화, (3) 가장 분열적인 이슈 상위 10개에 대해 각 정당 내 다양한 견해의 실종과 과도한 단순화.
- 다양한 이론에도 불구하고, 이런 추세를 설명하는 단일한 지배적인 원인은 존재하지 않는다. 그보다는 다양한 요소가 결합해 악순환, 태풍, 슈퍼 태풍을 만든다.
- 이런 양상은 변화를 거부하는 유해한 양극화를 초래할 수 있다.
- 이는 구름 문제라고 하며 우리가 삶에서 직면하는 대부분의 시계 문제와는 근본적으로 다르다.
- 인간은 매우 복잡한 문제를 싫어한다. 복잡한 문제에 대한 경험과 이해를 회피한다. 이런 태도는 복잡한 문제를 악화시킬 뿐이다.
- 구름 문제가 파국으로 치달으면 어트랙터가 만들어진다.

3장: 갈등을 유발하는 어트랙터

- 관련이 없는 여러 요소가 일관된 패턴을 만드는 방식으로 서로 조정하고 영향을 미칠 때 어트랙터가 생겨난다.
- 이 패턴이 우리가 세계를 경험하는 바탕이 된다.
- 어트랙터는 본질적으로 저에너지 상태다. 어트랙터로 굴러떨어지기는 쉽지만, 그곳에서 탈출하려면 큰 노력이 필요하다. 어트랙터는 세포에서부터 은하에 이르기까지 모든 것에서 변화에 저항하는 패턴을 설명하는 데 사용된다.
- 다양한 상황에 대한 우리의 경험은 그 상황의 사회·심리적 지형에 따라 쌓인다. 이 지형은 과거에 만들어진 다양한 어트랙터와 리펠러로 이뤄진다.
- 어트랙터 지형은 분쟁 중인 이슈를 넘어 양극화와 갈등에 관한 우리의 경험과 반응에 영향을 미친다.
- 어트랙터 지형이 자기 조직적이고 매우 일관되고 단순하게 되면 다루기 힘들어진다. 그렇게 되면 모든 것이 병리적 양극화로 이어진다.
- 이 단계에서 어트랙터 역학은 보통 프랙털 구조를 갖는다. '우리 대 그들' 패턴이 우리의 뇌에서부터 사회관계와 문화에 이르기까지 반복적으로 나타난다는 의미다.

- 이렇게 되면, 상황 변화의 규칙이 바뀐다.
- 비선형적 변화에 관한 7가지 대략적인 법칙이 변화의 법칙을 설명한다.

4장: 다르게 생각하라

- 분열적이고 다루기 까다로운 갈등을 해결하려는 최선의 노력이 종종 역효과를 낳거나 지속적인 효과를 거의 내지 못한다. 이는 근본적인 지형을 바꾸지 않고 현재의 갈등이 되는 바위를 치우려는 데 집중한 탓이다.
- 우리는 모두 최악의 갈등을 변화시키는 방법에 관한 변화 이론을 암묵적으로 갖고 있다. 가장 일반적인 이론은 시계를 수리하기만 하면 된다고 생각하는 기계적인 시계 이론이다.
- 익숙하지 않은 대안적 변화 이론은 근본적인 지형 재형성 이론 또는 R^2다. 이는 비선형적 변화에 관한 7가지 대략적인 법칙에 따라 변화를 바라본다.
- 하지만 우리의 변화 이론, 특히 우리가 성장하면서 습득한 이론을 바꾸는 것은 결코 작은 일이 아니다.
- 따라서 우리는 그 일을 돕기 위해 다섯 가지 실천 방안을 개발했다. 여기에는 재설정하기, 강화하고 부수기, 복잡도 높이기, 움직이기, 유연하게 적용하기가 있다.
- 이 실천 사항은 연속적인 순서가 아니라 서로를 보완하는 하나의 세트로 제시되며, 유해한 양극화의 출구를 찾을 수 있는 유용한 지렛대를 제공한다.

5장: 재설정하라

- 우리를 분열시키는 어트랙터들의 압도적인 힘이 이런 역동 속에서 진정으로 바뀌려면 중대한 재설정이 필요하다는 점을 보여 준다.
- 그렇게 하는 한 가지 방법은 폭탄 효과다. 중대한 충격이 우리 자신과 지역 사회의 심층 구조를 뒤흔들어 우리가 근본적인 변화를 추구하도록 준비시키는 것이다.
- 근본적인 변화를 실현하기 위해 이런 충격을 활용하는 세 가지 시나리오가 있다. 바로 외부 이방인에 의한 재구조화, 완전히 새로운 내부자의 탄생, 이 두 가지의 신중한 동시 발생이다.

- 또 다른 재설정 방법은 나비 효과를 활용하는 것이다. 초기에는 조건이 조금만 바뀌어도 복잡한 시스템이 훨씬 민감하게 바뀐다. 이를 만남에 적용하는 것이다. 새로운 만남을 통해 그 관계가 출발하는 방식을 바꾸면 그 이후의 관계 형태를 훨씬 다르게 만들 수 있다.
- 이를 위해 변화에 관한 당신의 가정을 점검하고, 의도를 명확히 하며, 관계에서 긍정적인 감정을 쌓고, 익숙하지 않은 언어로 만남을 표현하고, 시간과 공간의 힘을 활용할 수 있다.

6장: 강화하고 부숴라

- 심각하게 양극화된 지역 사회의 거센 파도를 만났을 때 출구를 찾기 위해서 갈등 상황의 에너지 흐름을 함께 타는 법을 이해하는 것이 가장 좋다.
- 이를 위해선 밝은 점을 찾아 발전시키는 것이 최선이다. 밝은 점은 이미 분열 상황을 넘나들며 효과적으로 활동하는 사람들과 프로그램을 말한다.
- 이런 유형의 긍정적인 이탈을 하고 있는 사람들이나 프로그램과 친구가 되려면 먼저 그들에 대해 질문하고, 격렬한 갈등의 소용돌이에서 떨어져서 활동하고, 지역 사회의 통찰력과 전문 지식을 신뢰하고, 그런 집단 사이를 연결하고, 그들에게 피해를 주지 않도록 신중하게 행동해야 한다.
- 적합성과 두려움, 친구 문제와 해결사 문제 때문에 이것을 실행하기 힘들 수 있다.
- 성공적인 활동을 지원하는 것 외에도, 우리는 인간의 매우 나쁜 성향을 억제하는 방법을 찾아야 한다. 이를 위해선 파열을 활용하고, 변화에 대한 저항을 줄이고, 리펠러(금기)를 늘려야 한다.

7장: 복잡도를 높여라

- 이 책에서는 두 가지 유형의 복잡성을 간략하게 제시했다. 이는 일관된 복잡성과 모순적인 복잡성이다. 일관된 복잡성은 우리의 비타협적인 사고와 감정, 행동의 주요 원천이다. 모순적인 복잡성은 일관된 복잡성의 치료제가 된다.
- 두 가지 형태의 복잡성은 여러 차원에서 작동하는데, 우리의 뇌 구조와 사고, 감

정에서부터 가족, 지역 사회 구조, 국제 관계에 이르기까지 영향을 준다.

- 높은 수준의 일관된 복잡성은 흔히 해롭고 통제할 수 없는 악순환의 원천이다. 반면 모순적인 복잡성은 대개 갈등 악화를 막을 수 있다.
- 연구에 따르면 모순적인 복잡성을 활용하면 갈등을 더 건설적으로 관리할 수 있다.
- 모순적인 복잡성을 증진하는 매우 다양한 방법이 있다. 자신의 내적 모순을 인식하고, 정치적 견해가 다른 현명한 사람들과 함께 생각하는 법을 배우고, 문제를 분석하고, 정치적인 대화를 나누고, 미디어를 선택하며, 지역 사회 단체에 대한 이해의 복잡도를 높이는 것이다.

8장: 움직여라

- 고통스럽고 적대적인 갈등은 대대적인 붕괴를 초래하고, 우리를 '우리 대 그들'이라는 양극화된 시각에 갇히게 한다. 이를 해결하기 위한 방법으로 움직임을 고려해 볼 수 있다.
- 경험적이고 임상적인 증거에 따르면, 움직임은 사고와 감정, 행동의 협소하고 고착된 패턴을 자유롭게 하는 데 도움이 될 수 있다.
- 신경 과학 연구는 우리 뇌가 이전에 생각했던 것보다 훨씬 더 큰 가소성과 유연성을 갖고 있으며 성인기에도 역시 그렇다는 사실을 밝혔다. 이는 특정 유형의 움직임이 신경 구조에 이미 각인된 태도와 행동 양식을 바꿀 수 있다는 점을 보여준다.
- 연구에 따르면 움직임이 건설적인 갈등의 많은 요소, 예를 들어 창의성과 유연성, 긍정성을 증진하는 데 유용하다고 한다.
- 움직임은 양극화를 극복하는 실천 방법이 될 수 있다. 함께 운동을 하거나, 지도를 작성하고, 여행하며, 상호 교류하는 활동을 통해 양극화를 극복할 수 있다.
- 상대방과 나란히 움직이거나, 외부에서 함께 움직이는 것은 분쟁자들을 이어주고, 더 많이 공감하고, 좋은 관계를 형성하며, 각자의 유연성을 증진하는 데 도움이 된다.

9장: 유연하게 적응하라

- 복잡한 문제를 풀기 위해 최선의 노력을 했음에도 우리는 종종 이상하고 분통 터지는 결과를 맞을 수 있다.

- 변화무쌍하고 당혹스러울 정도로 복잡한 문제에 직면할 때 우리는 효율성과 현실, 존중감, 환경의 요구를 받게 되며, 이를 나타내는 E^4 소용돌이에 말려 들어가 현기증을 느끼게 된다.

- 복잡한 상황에서 수행하는 의사 결정에 관한 연구에 따르면, 우리가 상황에 반응하는 방식에 따라 결과가 크게 달라지며, 장기적인 관점에서 게임을 하는 것이 문제 해결의 열쇠다.

- 역동적인 문제에 유연하게 대응하는 법을 아는 것은 매우 중요하다. 이를 위해 흔히 취할 수 있는 방법이 있다. 그것은 현명하게 빨리 실패하고, 그다음 행동 경로를 약간 조정하는 법을 아는 것이다.

- 여기에는 시험 삼아 시스템을 테스트하는 방법이 포함된다. 우리의 생각과 접근 방법에 약간의 오류가 있더라도, 이것은 미리 상황을 파악하고 시스템의 규칙을 이해하는 데 도움이 된다.

- 9장은 이런 환경을 더 잘 다루는 데 유용하고 습득 가능한 역량 몇 가지를 제시한다. 이 역량들은 먼저 새로운 문제에 직면해 학습 방법을 배우는 것에서 시작된다.

10장: 결론

- 우리는 정상적이고 건강한 유형의 양극화에서부터 병리적인 양극화까지, 기계적인 변화 이론에서부터 복잡하고 비선형적인 변화 이론까지, 표준적인 문제 해결 방법과 근본적인 지형 재형성을 위한 다섯 가지 도구를 살펴봤다.

- 이 책은 두 가지 결론을 제시한다.

- 첫째는 일종의 길잡이가 되는 것들을 살펴보는 것이다. 미국과 전 세계 국가에 존재하는 정치적으로 더 관용적인 지역 사회의 모습은 어떤지 바라보는 것이다.

- 둘째는 이 책에 언급한 연구에서 제시된 실행 가능한 중요한 통찰을 간단히 정리한 새로운 탈출 규칙이다.

- 이를테면, 가정, 직장, 지역 사회, 국가가 병리적인 형태의 양극화에 갇혔을 때 실천하고 따라야 할 8가지 행동 규칙이다.
- 이 새로운 규칙은 삶의 양극화를 해결할 수 있는 정답이 아니다. 그런 변화를 가능하게 만드는 재료를 제공하는 것이다. 나머지는 당신에게 달렸다.

부록 B
활동 및 평가 자료

이 책을 위한 웹 사이트인 https://www.thewayoutofpolarization.com/resources
-exercises에는 각 장을 보충하는 부록과 활동 자료가 있다. 이 자료는 각 장에 소개
된 개념들을 다양한 방식으로 깊이 이해하도록 도와준다. 개념들의 구체적인 예들,
개념을 더 깊이 생각하게 만드는 성찰 질문, 양극화된 세계를 근본적으로 변화시키
는 방법을 배울 수 있는 실천 목록과 자신의 성향, 가정, 역량에 대해 더 잘 알 수 있
도록 도와주는 자기 평가 자료가 제공된다.

각 장을 읽고 난 후 이 웹 사이트를 방문해 해당 부록을 정독하길 권한다. 곧장 활
동과 질문을 해도 되고, 아니면 대충 훑어보고 이 책을 계속 읽으면서 나중에 웹 사
이트를 다시 방문해도 된다. 이 자료의 목적은 이 책의 교훈과 새로운 규칙을 적용할
때 휴대용 '도구'로 사용하는 것이다.

이 자료에는 명확한 대답이 없는 어려운 질문들이 포함돼 있다. 이런 문제를 깊이
숙고하면 해결하기 어려운 분열을 사려 깊고 효과적이며 지속가능한 방식으로 다룰
수 있을 것이다.

감사의 글

이 책을 출판할 수 있도록, 지금의 상황을 누릴 수 있도록 도와준 몇몇 사람들에게 감사드리고 싶다.

먼저 내 인생의 토대인 레아, 한나, 애들레이에 감사한다. 매일 매 순간이 우리의 사랑으로 따뜻해지고 밝아진다. 다음은 사랑하는 친구들 데비, 데이비드, 샘, 티니가 있다. 우리의 삶은 기쁨과 슬픔을 함께 나누는 가운데 영원히 얽혀 있다. 이 책의 많은 부분은 친구들의 용기와 회복력에서 영감을 받았다. 또한 베카 바스에게 감사하고 싶다. 그녀의 파트너십과 지속적인 지원은 없어서는 안 될 소중한 것이었다. 베카의 날카로운 지성, 창의성, 감수성, 성실성, 진정성 덕분에 나와 이 책이 훨씬 더 나아졌다.

가장 가깝고 탁월한 동료이자 친구 카트리나 쿠글러, 안드레아 바르톨리, 래리 리보비치, 나이라 무살람에게도 깊이 감사한다. 그들이 이 책에 제공한 지적·실천적·정서적 기여는 그 값어치를 헤아릴 수 없다. 특별히 나의 훌륭한 동료 보디 레이건, 알레그라 첸 캐럴, 로버트 앤더슨, 대니엘 쿤, 자스파르 레이히, 앤디 찬에게 감사한다. 이 책의 개념들을 전달하고 가르치는 방법에 대한 그들의 통찰은 꼭 필요했다.

또한 저작권 대리인 제시카 파핀에게 깊이 감사한다. 그녀는 오랫동안 나를 신뢰하고 이 책을 쓰도록 격려해 줬다. 또한 나를 지원하고 참아 준 CUP의 편집자들, 에릭, 슈위츠, 로웰 프라이에게도 감사한다. 마지막으로, 이 책을 출간하는 데 알게 모르게 기여한 아래의 동료들에게 모두 감사드리고 싶다.

모튼 도이치, 메리 파커 폴렛, 윌리엄 자트먼, 로빈 발라허, 안드레자이 노왁, 란 브르초진슈카, 존 가트맨, 줄리 가트맨, 폴 디엘, 게리 고에르츠, 코니 거식, 디트리히 되르너, 조너선 하이트, 캐럴 드웩, 로라 차신, 수전 포드지바, 더글러스 프라이, 존 폴 레더라크, 롭 리치글리아노, 대니 번스, 체드릭 드 코닝, 조시 피셔, 닉 레딩, 경 마자로, 윌리엄 유리, 미쉘 르바론, 토리 히긴스, 크리스틴 웹, 대니 바 탈, 에런 할퍼린, 보아즈 하메리, 필립 E. 테틀록, 오리트 갈, 메건 펠프스 로퍼, 아만다 리플리, 노먼 커즌스, 협력 및 갈등 해결을 위한 모튼 도이치 센터Morton Deutsch Center for Cooperation and Conflict Resolution의 팀원, 《모어 인 커먼More in Common》의 팀원, 그 외 많은 사람이 있다. 이들은 어둠 속에서 빛을 보는 선지자들이다.

주

서문: 로마가 불탈 때

1 Douglas McGregor, *The Human Side of Enterprise* (New York: McGraw-Hill, 1960).《기업의 인간적 측면》, 미래의창.

2 Mary P. Follett, *Creative Experience* (New York: Longmans, Green, 1924); Mary P. Follett, "Power," in *Dynamic Administration: The Collected Papers of Mary Parker Follett*, ed. ElliotM. Fox and Lyndall F. Urwick (London: Pitman, 1973), 66–87.

1장 서론: 미국의 위기와 기회

1 필립 왕 전쟁의 배경에 대해 더 알고 싶다면, History.com Editors, "King Philip's War," November 13, 2019, https://www.history.com/topics/native-american-history/king-philips-war을 보라.

2 빌 벨리칙 감독이 이끌었던 뉴잉글랜드 패트리어트의 속임수 스캔들에 관한 간략한 역사를 원한다면, Scott Davis, "The Patriots Are Once Again Embroiled in a Cheating Controversy," *Business Insider*, December 12, 2019, https://www.businessinsider.com/patriots-cheating-scandals-accusationsexamples-2019-12를 보라.

3 Betsy Klein, "Trump's Invitation Leads Red Sox Players to Split Across Racial Lines," *CNN*, May 19, 2019, https://www.cnn.com/2019/05/09/politics/red-sox-white-house-cora -trump/index.html.

4 NFL.com, "Donald Trump on Kaepernick: Find Another Country," *NFL*, August 29, 2016, http://www.nfl.com/news/story/0ap3000000692256/article/donald-trump-on-kaepernick-find-another-country.

5 Alex Silverman, "Most Sports Fans Back Teams' White House Visits Under Trump Administration," *Morning Consult*, November 22, 2019, https://morningconsult.com/2019 /11/22/most-sports-fans-back-teams-white-house-visits-under-trump-administration/.See also, Molly Olmstead, "Which Championship Teams Still Make White House Visits?," *Slate*, May 9, 2019, https://slate.com/culture/2019/05/trump-white-house-visits-championship-teams-sports.html.

6 Nick Selbe, "Red Sox Back Up Torii Hunter's Claims of Racism in Boston," *Sports Illustrated*, June 10, 2020, https://www.si.com/mlb/2020/06/10/boston-red-sox-confirm-torii-hunter-racist-slurs-fenway-park.

7 Amanda Ripley, Rekha Tenjarla, and Angela Y. He, "The Geography of Partisan Prejudice," *The Atlantic*, March 4, 2019, https://www.theatlantic.com/politics/archive/2019/03/us-counties-vary-their-degree-partisan-prejudice/583072/.

8 미국 선거 연구와 전국출구조사의 자료에 따르면, 1970년대 이후 이념적 양극화가 미국 대중과 정치 엘리트들 사이에서 급격하게 심화됐다. 이런 분열은 소수의 정치 활동가에만 국한되지 않는다. 많은 일반 대중이 분열돼 있으며, 분열이 가장 심한 부류는 정치에 가장 관심이 많고 정보도 많이 알고 있으며 적극적으로 활동하는 시민들이다.

9 2016년 선거 몇 달 전, 퓨 연구센터가 수행한 전국 여론 조사에 따르면, 민주당원과 공화당원은 상대 진영에 대해 심각할 정도의 부정적 감정을 갖고 있었다. 말할 필요도 없겠지만, 선거는 이런 감정을 전혀 누그러뜨리지 못했다. 구

체적으로, 상대 진영을 '매우 비호감'으로 바라보는 공화당원과 민주당원의 비율이 1994년 이후 두 배 이상이 됐다. 공화당원의 53퍼센트는 민주당원에게 '매우 냉담한' 감정을 품었고, 민주당원의 52퍼센트는 공화당원에게 똑같은 감정을 갖고 있다. 또한 정치 참여 성향이 높은 공화당원(62퍼센트)과 민주당원(70퍼센트)의 다수가 상대 당이 자신을 '불안'하게 한다고 말했다. Pew Research Center, "Partisanship and Political Animosity in 2016," June 22, 2016, https://www .pewresearch.org/politics/2016/06/22/partisanship-and-political-animosity-in-2016/. 이와 비슷한 '냉담한' 추세는 2019년 우리 연구소가 수행한 당파적 입장에 관한 연구에서도 확인된다.

10 Karen Gift and Thomas Gift, "Does Politics Influence Hiring? Evidence from a Randomized Experiment," *Political Behavior* 37, no. 3 (2015): 653–75, https://link.springer.com /article/10.1007/s11109-014-9286-0을 보라.

11 다른 정파에 속한 사람들을 연결하기 위해 노력하는 단체인 《모어 인 커먼》은 이른바 인지 격차(하나의 사안에 관해 서로 다르게 이해하는 정도의 차이-편집자)를 분열 원인의 일부로 지적한다. 2018년 말 양극화를 유발하는 프로세스를 더 잘 이해하기 위해 수행한 연구에 따르면, 공화당원과 민주당원의 55퍼센트가 상대 당이 극단적인 시각을 갖고 있다고 생각한다. 하지만 실제로는 각 당의 약 30퍼센트만이 극단적인 시각을 갖고 있다. 아울러, 여론 조사에서 공화당원은 민주당원의 32퍼센트가 게이, 레즈비언 또는 양성애자(민주당원의 6퍼센트가 그렇다고 말한다)라고 믿으며, 민주당원은 공화당원의 38퍼센트가 매년 25만 달러 이상(2퍼센트만 그 정도 번다)을 번다고 추정했다. 이런 격차는 미국인들이 서로에 대해 왜곡된 관점을 갖고 있고 이로 인해 분열이 심화된다는 점을 말해 준다. 이 연구는 전체 내용을 읽어볼 가치가 있으며 흥미로운 내용이 많이 실려 있다. 예를 들어, 뉴스를 많이 소비할수록 평균적으로 인지 격차는 더 크다. David Yudkins, Stephen Hawkins, and Tim Dixon, "The Perception Gap: How False Impressions are Pulling Americans Apart," *More in Common*, June 2019, https://perceptiongap.us/. 다른 그룹이 2020년 6월에 수행한 분석도 비슷한 인지 격차를 발견했다. 따라서 이런 현상은 계속되고 있는 것으로 보인다. "American's Divided Mind: Understanding the Psychology That Drives Us

Apart," *Beyond Conflict*, June 2020, https://beyondconflictint.org/americas-divided-mind/.

12 열렬한 지지자들은 당대의 주요 이슈에 대해 더 전통적인 진보적 입장과 더 전통적인 보수적 입장을 함께 갖고 있었다. 오늘날 사람들은 정당의 노선을 더 철저하게 따르는 관점을 점점 더 많이 갖고 있다. 퓨 연구센터는 이런 현상을 '이념적 일관성'이라고 부른다. "The Shift in the American Public's Political Values: Political Polarization, 1994–2017," *Pew Research Center* October 20, 2017, https://www.people-press.org /interactives/political-polarization-.1994-2017/을 보라.

13 Nolan McCarty, Keith Poole, and Howard Rosenthal, *Polarized America: The Dance of Ideology and Unequal Riches* (Cambridge: MIT Press, 2006). Adam Boche, Jeffrey B.Lewis,Aaron Rudkin, and Luke Sonnet, "The New Voteview. com: Preserving andContinuing Keith Poole's Infrastructure for Scholars, Students, and Observers of Congress," *Public Choice* 176, no. 1 (2018): 17–32을 보라. 이 탁월한 연구에서 연구자들은 1879년 이후(미국 남북전쟁 이후) 미국 의회의 모든 투표를 정리한 데이터베이스와 웹 사이트를 만들었다. 이 자료는 시간 경과에 따라 당파적 투표의 증가와 감소, 양당의 양극화를 보여 준다. 확인해 보라. 우리가 지금 봉착한 50년 이상의 트렌드에 특별히 주목하기 바란다.

14 the full *New York Times* op/ed following the February 5, 2019, State of the Union address. New York Times Editorial Board, "A Message of Unity from an Agent of Discord," *New York Times*, February 5, 2019, https://www.nytimes.com/2019/02/05/opinion/state-of-the-union-trump.html을 읽어 보라.

15 정신 질환에 대한 전체 설명을 원한다면, National Institute of Mental Health, "What Is Psychosis?," accessed November 15, 2020, https://www.nimh.nih.gov/health/topics /schizophrenia/raise/what-is-psychosis.shtml.

16 "Stress in America 2020: Stress in the Time of COVID-19, *vol. 2, American Psychological Association*, June 2020, https://www.apa.org/news/press/releases/stress/2020/stress-in-america-covid-june.pdf.

17 Mohd. Razali Salleh, "Life Event, Stress and Illness," *Malaysian Journal of*

Medical Sciences 15, no. 4 (October 2008): 9–18, https://www.ncbi.nlm.nih.
gov/pmc/articles/PMC3341916/.

18 "Public Opinion Poll—Annual Meeting 2019," *American Psychiatric
Association*, April 6–10, 2019, https://www.psychiatry.org/newsroom/apa-
public-opinion-poll-annual-meeting-2019.

19 "Facts and Statistics," *Anxiety and Depression Association of America* accessed
July 27, 2020, https://adaa.org/about-adaa/press-room/facts-statistics.

20 "Major Depression," *National Institute of Mental Health* accessed February 1,
2019, https://www.nimh.nih.gov/health/statistics/major-depression.shtml.

21 Mary E. Duffy, Jean M. Twenge, and Thomas E. Joiner, "Trends in Mood
and Anxiety Symptoms and Suicide Related Outcomes Among U.S.
Undergraduates, 2007–2018: Evidence from Two National Surveys," *Journal
of Adolescent Health* 65, no. 5 (2019): 590–98.

22 Holly Hedegaard, Sally C. Curtin, and Margaret Warner, "Increase in Suicide
Mortality in the United States, 1999–2018," *National Center for Health
Statistics* Data Brief, no. 362, April 2020, https://www.cdc.gov/nchs/data/
databriefs/db362-h.pdf을 보라. 추가로, 레즈비언, 게이, 양성애자, 트랜스젠
더, 퀴어(LGBTQ)들은 2016년 선거 이후 "성적 지향과 관련된 스트레스 수준이
더 높아졌으며, 매일 학대와 차별을 경험한다."라고 밝혔다는 점을 강조할 필요
가 있다. 아울러 여성과 유색 인종은 상당히 더 높은 스트레스, 불안, 우울을 보
인다. Kirsten A.Gonzalez, Johanna L. Ramirez, and M. Paz Galupo, "Increase
in GLBTQ Minority Stress Following the 2016 U.S. Presidential Election,"
Journal of GLBT Family Studies 14, nos. 1–2 (2018): 130–51. See also, Masha
Krupenkin, David Rothschild, Shawndra Hill, and Elad Ymo-Tov, "President
Trump Stress Disorder: Partisanship, Ethnicity, and Expressive Reporting of
Mental Distress After the 2016 Election," *SAGE Open* 9, no. 1 (March 2019):1–
14, https://journals.sagepub.com/doi/full/10.1177/2158244019830865.

23 American Psychological Association, "Stress in America 2020," 1.

24 Nathan P. Kalmoe and Lilliana Mason, "Most Americans Reject Partisan

Violence, but There Is Still Cause for Concern," Democracy Fund Voter Study Group (blog), May 7, 2020, https://www.voterstudygroup.org/blog/has-american-partisanship-gone-too-far.

25 《모어 인 커먼》의 공동 설립자인 팀 딕슨은 양극화가 전 세계적으로 확대되면서 우리 자신의 모습을 발견하는 특별한 순간에 대해 썼다. 아울러 그는 이런 위기를 극복하는 방법에 대한 몇 가지 아이디어를 제공했다. Tim Dixon, "Here's How We Solve the Global Crisis of Tribalism and Democratic Decay" (paper presented at the World Economic Forum Annual Meeting, Davos, January 9, 2019), https://www.weforum.org/agenda/2019/01/can -globalization-tackle-tribalism-and-democratic-decay/.

26 이런 조건에 관한 포괄적인 논의를 원한다면, I. William Zartman, *Ripe for Resolution* (New York: Oxford University Press, 1989); I. William Zartman, "Ripeness: The Hurting Stalemate and Beyond," in *International Conflict Resolution After the Cold War*, ed. P. C. Stern and D. Druckman (Washington, DC: National Academy of Sciences, 2000); Peter T. Coleman, Antony G. Hacking, Mark A. Stover, Beth Fisher-Yoshida, and Andrzej Nowak, "Reconstructing Ripeness I: A Study of Constructive Engagement in Protracted Social Conflicts," *Conflict Resolution Quarterly* 26, no. 1 (2008): 3–42를 보라.

27 Connie J. G. Gersick, "Revolutionary Change Theories: A Multilevel Exploration of the Punctuated Equilibrium Paradigm," *Academy of Management Review* 16, no. 1 (1991): 10–36; Robin R. Vallacher and Daniel M. Wegner, "Action Identification Theory," in *Handbook of Theories in Social Psychology*, ed. P. A. M. Van Lange, A. W. Kruglanski, and E. T.Higgins (Thousand Oaks, CA: Sage, 2012), 327–48.

28 Paul F. Diehl and Gary Goertz, *War and Peace in International Rivalry* (Ann Arbor: University of Michigan Press, 2001).

29 Elaine Romanelli and Michael L. Tushman, "Organizational Transformation as Punctuated Equilibrium: An Empirical Test," *Academy of Management*

Journal 37, no. 5 (1994): 1141–66.

30 I. William Zartman, "Ripeness Revisited, the Push and Pull of Conflict Management," in *Negotiation and Conflict Management: Essays on Theory and Practice*, ed. I. William Zartman (London: Routledge, 2007). Diehl and Goertz, War and Peace in International Rivalry를 보라.

31 《모어 인 커먼》의 웹사이트 https://www.moreincommon.com/에서 그들의 국제활동에 대해 더 많은 자료를 읽을 수 있다. 이 단체는 차이를 넘어 사람들을 단합시키고 공동의 관심사를 촉진하는 시험적 활동에 초점을 맞춘다. 그들은 우리의 현재 위치, 그 이유, 해야 할 일에 관한 많은 연구와 심도 있는 논평을 제공한다.

32 비극적인 총격 사건에 대한 최초 보도를 원한다면, Fox Butterfield, "Insanity Drove a Man to Kill at 2 Clinics, Jury Told," *New York Times*, February 15, 1996, http://www.nytimes.com /1996/02/15/us/insanity-drove-a-man-to-kill-at-2-clinics-jury-is-told.html을 보라.

33 보스턴 낙태 대화 프로세스에 관한 더 자세한 내용을 원한다면, Susan L. Podziba, *Civic Fusion: Mediating Polarized Public Disputes* (Chicago: American Bar Association, 2013)을 보라.

34 이 획기적인 논의에 함께 참여한 여성들이 자신의 경험에 대한 글을 발표했다. Anne Fowler, Nicki Nichols Gamble, Frances X. Hogan, Melissa Kogut, Madeline McCommish, and Barbara Thorp, "Talking with the Enemy," *Boston Globe*, January 28, 2001; 전체 내용은 https://www.feminist.com/resources/artspeech/genwom/talkingwith.html.에서 이용할 수 있다.

35 낙태 찬성과 낙태 반대 지도들이 참여한 대화 프로세스에 대해 더 알고 싶다면, "Pro-Choice and Pro-Life Leaders on Dialogue" (video), Women and Power 2005 Conference, VDAY and the Omega Institute, June 10, 2011, https://youtu.be/52Q9FV5eWK0를 보라.

36 여성 리더 대화 계획은 보스턴 대도시 권역에서 낙태 논쟁을 둘러싼 분위기를 완화하기 위한 공공 대화 프로젝트Public Conversation Project의 더 폭넓은 전략 중 한 부분에 불과했다는 점을 강조하는 것이 중요하다. 동시에 진행된 사업으로는 낙

태 대화 입문, 낙태 찬성과 낙태 반대 촉진 팀을 위한 훈련 프로그램, 지속적인 대화와 협력 기회에 관심이 있는 낙태 대화 입문 '졸업생'을 위한 네트워크 구축, 찬사를 받은 〈낙태 대화 핸드북^{Abortion Dialogue Handbook}〉의 배포가 있다.

37 Mary Barton, "Reducing Angry Rhetoric Helped Abortion Dialogue," *National Catholic Reporter*, January 22, 2009, https://www.ncronline.org/news/reducing-angry-rhetoric-helped-abortion-dialogue.

38 다양한 상황과 관점 차이로 인해 발생하는 까다로운 갈등에 관한 더 폭넓은 탐색을 원한다면, Robin Vallacher, Peter T. Coleman, Andrzej Nowak, Lan Bui-Wrzosinska, Katharina Kugler, Andrea Bartoli, and Larry Liebovitch, *Attracted to Conflict: Dynamic Foundations of Malignant Social Relations* (Berlin: Springer, 2013). PeterT. Coleman, The Five Percent: Finding Solutions to (Seemingly) Impossible Conflicts (New York: Perseus Books, 2011)을 보라.

2장 미국이 진퇴양난에 빠진 이유

1 Sheera Frenkel, Nicholas Confessore, Cecilia Kang, Matthew Rosenberg, and Jack Nicas, "Delay, Deny and Deflect: How Facebook's Leaders Fought Through Crisis," *New York Times*, November 14, 2018, https://www.nytimes.com/2018/11/14/technology/facebook-data-russia-election-racism.html.

2 2018년 말 뉴스를 꼼꼼하게 읽고 있었다면 미국 선거에 개입하려는 러시아의 시도에 페이스북이 의도치 않게 도구와 플랫폼으로 활용됐다는 기사를 놓치지 않았을 것이다. 그 당시의 상황과 페이스북 사이트에 확산된 '허위 정보, 분열적 메시지, 가짜 뉴스'에 대응하기 위한 페이스북의 노력을 다시 살펴보려면, Sheera Frenkel and Mike Isaac, "Facebook 'Better Prepared' to Fight Election Interference, Mark Zuckerberg Says," *New York Times*, September 13, 2018, https://www.nytimes .com/2018/09/13/technology/facebook-elections-mark-zuckerberg.html을 보라.

3 페이스북 플랫폼이 다른 국제적 갈등에서 수행하는 역할은 미국 대중의 중심적인 관심사가 아닌 것 같다. 미얀마 군부가 페이스북을 활용해 체계적으로 반 로힝

야 선동을 퍼트려 이슬람 소수파인 로힝야족의 집단 학살을 부추긴 방법에 대해 더 알고 싶다면, Paul Mozar, "A Genocide Incited on Facebook, with Posts from Myanmar's Military," *New York Times*, October 15, 2018, https://www.nytimes.com/2018/10/15/technology/myanmar-facebook-genocide.html을 보라.

4 또한 페이스북은 남수단의 광범위한 정부 불안과 내전 와중에 부정확하고, 공포를 유발하는 뉴스를 빠르게 공유하는 플랫폼을 제공했다. 저스틴 린치Justin Lynch 는 《슬레이트Slate》 잡지에 기고한 기사에서 허위의 선동적인 이야기, 선전 선동, 증오의 말이 확산돼 남수단에서 민족 갈등이 어떻게 격화됐는지 잘 보여 줬다. Justin Lynch, "In South Sudan, Fake News Has Deadly Consequences," *Slate*, June 9, 2017, https://slate.com/technology/2017/06/in-south-sudan-fake-news-has-deadly -consequences.html을 보라.

5 Lisa Schirch, "Peacebuilding Takes on Tech and Terror" (paper presented at the Building Sustainable Peace Conference, University of Notre Dame, Notre Dame, IN, November 7–10,2019). Schirch는 (중독 증가에 관한 심리학에 기초한) 주목 경제attention economy가 인공 지능과 이용률를 극대화하는 알고리즘, 감시 자본주의surveillance capitalism 사업 모델(기술 기업이 우리에 관한 데이터를 수집, 판매해 돈을 버는 것)과 결합해 우리 뇌, 사회, 사회 제도의 취약성을 의도적으로 이용하며, 그 결과 사회적 고립, 우울에서부터 양극화, 폭력에 이르는 수많은 유해한 결과가 발생한다고 주장했다.

6 Jean-Paul Sartre, "Paris Alive: The Republic of Silence," *The Atlantic* 174, no. 6 (December 1944): 39.

7 게스탈트 심리학과, 특히 장 이론에 관한 쿠르트 레빈의 연구, 인지 부조화에 관한 레온 페스팅거의 연구, 개인 관계에서 감정 균형의 중요성에 관한 프리츠 하이더의 연구에서 비롯됐다. 이는 심리학 전반과 소비자 행동 연구의 근본적인 행동 동기 원리다.

8 Edward S. Herman과 Noam Chomsky는 《타임》지가 미국이 연루된 세계 문제(지면량이 더 적다)와 미국이 연루되지 않은 세계 문제(더 많다)를 보도하는데 각각 할애한 지면의 양이 엄청난 차이를 보인다는 내용을 자세히 언급한다. 그들은 이 내용을 주요 미디어의 선동적 특성을 보여 주는 하나의 예로 제시한다.

Edward S. Herman and Noam Chomsky, *Manufacturing Consent: The Political Economy of the Mass Media*, 3rd ed. (New York: Pantheon, 2002), 1:480.

9 Aaron Bramson, Patrick Grim, Daniel J. Singer, William J. Berger, Graham Sack, Steven Fisher, Carissa Flocken, and Bennett Holman, "Understanding Polarization: Meanings, Measures, and Model Evaluation," *Philosophy of Science* 84, no. 1 (2017): 115–59를 보라.

10 감정적 양극화와 이념적 양극화는 별개의 집단 간 그리고 집단 내 역학과 관련 된다. 예를 들어 집단 양극화(위험 이전 효과로 알려져 있다)의 경우, 집단 내 부 구성원의 태도가 더 극단적인 입장으로 바뀌거나 더 극단적인 하위 집단으로 쪼개진다. 집단 간의 태도는 서로 더 멀어지거나(양극화), 더 가까워지는(양극 화 해소) 경향을 보인다. 전체 내용을 원한다면, Jin Jung, Patrick Grim, Daniel J. Singer, Aaron Bramson, William J. Berger, Bennett Holman, and Karen Kovaka, "A Multidisciplinary Understanding of Polarization," *American Psychologist* 74, no. 3 (2019): 301–14.

11 다수의 흥미로운 경험 연구는 정치적 양극화가 다른 중요한 현상과 어떻게 관련 되는지 조사한다. 예를 들어 다음과 같은 연구들이 있다.

a 정치적 양극화와 외부 집단에 대한 공격성과 적대감의 관련성을 알고 싶 다면, De AgnieszkaGolec De Zavala, Aleksandra Cislak, and Elzbieta Wesolowska, "Political Conservatism, Need for Cognitive Closure, and Intergroup Hostility," *Political Psychology* 31, no. 4 (2010): 521–41을 보라.

b 민족의 집단 정체성을 형성하는 우리의 성향이 폭넓은 사회적 갈등을 유발하 는 것에 대해 알고 싶다면, Joan Esteban and Debraj Ray, "On the Salience of Ethnic Conflict," *AmericanEconomic Review* 98, no. 5 (2008): 2185–2202를 보라.

c 다양한 유형의 정치적, 사회적 양극화가 폭력적인 갈등을 증가시키는 것에 대해 알고 싶다면, Joan Esteban and Gerald Schneider, "Polarization and Conflict: Theoretical and Empirical Issues," *Journal of Peace and Conflict* 45, no. 2 (2008): 131–41을 보라.

d 민주당원과 공화당원의 상대방에 대한 혐오 표현 증가가 정책적 태도 변화와

대체로 무관하며, 부정적 캠페인과 더 많이 관련된다는 내용을 알고 싶다면, Shanto Iyengar, Gaurav Sood, andYphtach Lelkes, "Affect, Not Ideology: A Social Identity Perspective on Polarization," *Public Opinion Quarterly* 76, no. 3 (2012): 819를 보라.

12 "America's Divided Mind: Understanding the Psychology That Drives Us Apart," *Beyond Conflict* June 2020, https://beyondconflictint.org/americas-divided-mind/.

13 American Political Science Association's Committee on Political Parties, *Toward a More Responsible Two-Party System* (New York: Rinehart, 1950).

14 Feng Shi, Misha Teplitskiy, Eamon Duede, et al., "The Wisdom of Polarized Crowds," *Nature Human Behavior* 3 (March 2019): 329–36; Feng Shi, Misha Teplitskiy, Eamon Duede, and James A. Evans, "Are Politically Diverse Teams More Effective?," *Harvard Business Review*, July 15, 2019, https://hbr.org/2019/07/are-politically-diverse-teams-more-effective.

15 최근 양극화에 관한 심층적인 논의에 대해 더 알고 싶다면, Pew Research Center, "Political Polarization" (website page), https://www.pewresearch.org/topics/political-polarization/; Ezra Klein, *Why We're Polarized* (New York: Simon and Schuster, 2020); Nolan McCarty, Keith T. Poole, and Howard Rosenthal, *Polarized America: The Dance of Ideology and Unequal Riches* (Cambridge, MA: MIT Press, 2006); Nolan McCarty, *Polarization: What Everyone Needs to Know* (Oxford: Oxford University Press, 2019)를 보라.

16 Nolan McCarty, Keith T. Poole, and Howard Rosenthal, *Polarized America: The Dance of Ideology and Unequal Riches* (Cambridge, MA: MIT Press, 2006). 나는 최신 자료를 이용해 모델을 2018년까지 돌렸다. 이런 추세는 누그러지지 않고 계속되고 있다.

17 Alan I. Abramowitz and Kyle L. Saunders, "Is Polarization a Myth?," *Journal of Politics* 70, no. 2 (2008): 542–55.

18 이는 분열적인 투표 행위가 거의 사라졌으며, 독립적인 사람들이 일관되게 하나의 특정 정당을 지지하는 경향이 있다는 사실을 부정하지 않는다. 그럼에도 스스

로 밝힌 정당과 이념적 선호는 거의 바뀌지 않는다.

19 2018년《모어 인 커먼》단체는 흥미로운 대규모 전국 단위 조사를 수행했다. 이 조사는 미국의 양극화가 증가하고 있으며 양극화의 차원이 복잡해졌음을 확인해 줬다. 이 연구는 정당 선호와 별개로 신념과 태도에 기초한 7개의 '집단'을 발견했다. Hidden Tribes, "The Hidden Tribes of America," *More in Common*, October 2018, https://hiddentribes.us를 보라.

20 마지막 몇 년 동안 퓨 연구센터가 수행한 여론 조사는 미국의 양극화 성격과 미묘한 차이에 대한 흥미로운 통찰을 제공했다. 이 조사는 2017년 보고서에서 "정치적 가치관 측면의 당파적 분열이 훨씬 더 확대되고 있다."라고 밝혔다. 퓨 연구자들은 구체적인 정책적 분열과 정치적 적대자와 관련된 부정적인 감정에 관한 탄탄한 자료를 제공한다. Pew Research Center, "Partisan Animosity, Personal Politics, Views of Trump," October 5, 2017, https://www.people-press. org/2017/10/05/8-partisan-animosity-personal-politics-views-of-trump/를 보라.

21 1994년에는 민주당원의 16퍼센트, 공화당원의 17퍼센트만이 상대 정당에 대해 매우 부정적인 시각을 갖고 있었다. 반면 2017년 이 비율은 44퍼센트와 45퍼센트로 각각 증가했다. 2017년 8월 현재, 공화당원의 53퍼센트가 민주당원에 대해 '매우 냉담한' 감정을 갖고 있으며, 민주당원의 52퍼센트는 공화당원에 대해 '매우 냉담' 감정을 갖고 있다. 우리 연구소의 최근 연구에 따르면, 민주당원의 87퍼센트, 공화당원의 85퍼센트는 상대 당원을 '더 비도덕적'이라고 보고, 민주당원의 85퍼센트, 공화당원의 75퍼센트는 상대 당원을 '더 부정직'하다고 여기고, 민주당원의 96퍼센트, 공화당원의 64퍼센트가 상대 당원을 '더 편협'하다고 본다.

22 Alan I. Abramowitz and Steven W. Webster, "Negative Partisanship: Why Americans Dislike Parties but Behave Like Rabid Partisans," *Political Psychology* 39, no. 1 (2018): 119–35.

23 Blake M. Riek, Eric W. Mania, and Samuel L. Gaertner, "Intergroup Threat and Outgroup Attitudes: A Meta-Analytic Review," *Personality and Social Psychology Review* 10, no. 4 (2006): 336–53.

24 이른바 '이념적 일관성'에 관한 퓨 연구센터의 조사는 정당 충성도와 특정 정

책 이슈에 대한 관심, 이 두 가지의 차이에 관한 매우 중요한 통찰을 제공한다. Pew Research Center, "The Shift in the American Public's Political Values," October 20, 2017, https://www.people-press.org/interactives/political-polarization -1994-2017/을 보라.

25 Shelly Chaiken, Roger Giner-Sorolla, and Serena Chen, "Beyond Accuracy: Defense and Impression Motives in Heuristic and Systematic Information Processing," in *The Psychology of Action: Linking Cognition and Motivation to Behavior*, ed. Peter M. Goldwitzer and John A. Bargh (New York: Guilford, 1996), 553–87.

26 Matthew Gentzkow, "Polarization in 2016," Toulouse Network for Information Technology Whitepaper, March 2016, https://web.stanford. edu/~gentzkow/research/Polarization2016.pdf.

27 John R. Hibbing, Kevin B. Smith, and John R. Alford, *Predisposed: Liberals, Conservatives, and the Biology of Political Differences* (New York: Routledge, 2013)을 보라.

28 조너선 하이트Jonathan Haidt와 그의 동료들은 이른바 '다섯 가지 도덕적 토대', 즉 사람들이 어느 정도는 갖고 있지만, 우선순위는 다르게 생각하는 다섯 가지 핵심적인 도덕적 가치에 관해 선도적으로 연구해왔다. 충성, 권위, 순수, 배려, 공정이라는 다섯 가지 도덕적 가치는 진보주의자와 보수주의자 간의 정책 우선순위와 이슈의 차이를 밝히는 데 도움이 된다. MoralFoundations.org (webpage), https://moralfoundations.org/를 보라.

29 John T. Jost, Jack Glaser, Arie W. Kruglanski, and Frank J. Sulloway, "Political Conservatism as Motivated Social Cognition," *Psychological Bulletin* 129, no. 3 (2003): 339–75; KarenStenner, " 'Conservatism,' Context-Dependence, and Cognitive Incapacity," *PsychologicalInquiry* 20, no. 2–3 (2009): 189–95를 보라.

30 처음으로 이전 주장을 한 사람은 무자퍼 셰리프Muzafer Sherif다. Muzafer Sherif, *Common Predicament: Social Psychology of Intergroup Conflict and Cooperation* (Boston: Houghton Mifflin, 1966).

31 베카 바스Becca Bass가 처음 수행한 이 연구는 상당 부분 Piercarlo Valdesolo

and Jesse Graham, eds. *Social Psychology of Political Polarization* (New York: Routledge, 2016)에서 비롯됐다.

32 Karl Popper, "Of Clouds and Clocks: An Approach to the Problem of Rationality and the Freedom of Man," in *Objective Knowledge: An Evolutionary Approach* (Oxford: Oxford University Press, 1972). 강의 자료는 http://www. the-rathouse .com/2011/Clouds-and-Clocks.html에서 이용할 수 있다.

33 보도에 따르면, 아프가니스탄에서 미군과 나토군을 지휘한 스탠리 매크리스털 Stanley McChrystal 장군은 아프가니스탄 국민의 마음을 얻기 위해 현장에서 파워포 인트로 매우 복잡하게 만든 미군 전략을 보고받았다. 그 자료는 크게 쌓아 올 린 스파게티같이 보였다. 매크리스털McChrystal은 발표를 듣고 다음과 같이 말했 다. "우리가 이 슬라이드를 이해할 때쯤이면 이 전쟁에서 이길 거야." 그 후 회 의실엔 폭소가 쏟아졌다. Elisabeth Bumiller, "We Have Met the Enemy and He Is PowerPoint," *New York Times*, April 26, 2010, https://www.nytimes. com/2010/04/27/world/27powerpoint.html.

34 특정 유형의 복잡한 사고가 어떻게 서로 다른 정치적 행위를 유발하는지 그리 고 그러한 복잡한 사고가 정치적 폭력과 정치적 성공에 어떤 영향을 미치는 지에 대해 더 알고 싶으면, Lucian Gideon Conway III, Peter Suedfeld, and Philip E. Tetlock, "Integrative Complexity in Politics," in *The Oxford Handbook of Behavioral Science*, ed. Alex Mintz and Lesley Terris (Oxford: Oxford University Press, 2018)을 보라.

35 컬럼비아대학교 사범대 협력 및 갈등 해결을 위한 모튼 도이치 센터Morton Deutsch International Center for Cooperation and Conflict Resolution의 연구팀은 '갈등 불안 반응 척도'를 개발해왔다. 모튼 도이치Morton Deutsch가 부부 심리 상담사로 일할 때 관찰한 공 통적인 대처 전략에 기초한 이 척도는 사람들이 불안과 갈등에 대한 자신의 적 응적/부적응적 반응을 확인할 수 있도록 도와준다. 최근의 시험 연구에서 우리 는 갈등 불안에 대응할 때 더 극단적인 사람들이 부정적인 영향을 보고할 가능 성이 더 높고, 스스로 평가한 전반적인 행복 수준도 더 낮다는 점을 확인했다. 그 들은 더 회피적이거나 격분하거나, 거칠거나 통제적인 경향을 보인다.─ Peter T. Coleman and Anthea Chan, "How to Manage COVID and Conflict in Our

Homes and Workplaces," *Earth Institute* (blog), Columbia University, May 26, 2020, https://blogs.ei.columbia.edu/2020/05/26/covid-conflict-anxiety-survey/.

36 Sean Westwood and Erik Peterson, "The Inseparability of Race and Partisanship in the United States," Political Behavior, 2020, https://doi.org/10.1007/s11109-020-09648-9를 보라.

37 Jeff Greenberg, Sheldon Solomon, and Tom Pyszczynski, "Terror Management Theory of Self-Esteem and Cultural Worldviews: Empirical Assessments and Conceptual Refinements," in *Advances in Experimental Social Psychology*, ed. M. Zanna (San Diego, CA: Academic Press, 1997), 29:61–139을 보라; 또한 Mark J. Landau, Sheldon Solomon, Jeff Greenberg, Florette Cohen, Tom Pyszczynski, Jamie Arndt, Claude H. Miller, Daniel M. Ogilvie, and Alison Cook, "Deliver Us from Evil: The Effects of Mortality Salience and Reminders of 9/11 on Support for President George W. Bush," *Personality and Social Psychology Review* 30, no. 9 (2004): 1136–50을 보라.

38 Michele J. Gelfand, Rule Makers, *Rule Breakers: How Tight and Loose Cultures Wire Our World* (New York: Scribner, 2018), https://www.michelegelfand.com/rule-makers -rule-breakers를 보라.

39 Katharina G. Kugler and Peter T. Coleman, "Get Complicated: The Effects of Complexity on Conversations over Potentially Intractable Moral Conflicts," *Negotiation and Conflict Management Research* 13, no. 3 (July 2020): 211–30; Robin R. Vallacher, Peter T. Coleman, Andrzej Nowak, and Lan Bui-Wrzosinska, "Rethinking Intractable Conflict: The Perspective of Dynamical Systems," *American Psychologist* 65, no. 4 (2010): 262–78을 보라.

3장 갈등을 유발하는 어트랙터

1 Kurt Lewin, *Principles of Topological Psychology*, trans. Grace M. Heider and Fritz Heider (New York: McGraw-Hill, 1936).

2 복잡성 과학의 기원에 대한 더 큰 그림을 원한다면, Brian Castellani, "2018 Map of the Complexity Sciences," *Art and Science Factory*, February 9, 2018, https://www.art -sciencefactory.com/complexity-map_feb09.html을 보라.

3 키스 티 풀Keith T. Poole과 하워드 로젠탈Howard Rosenthal은 수십 년 동안 미국 의회의 역사인 투표 패턴에 관한 매우 탄탄한 자료집을 만들었다. http://legacy.voteview.com에서 그들의 자료를 확인할 수 있다.

4 이 장은 '어트랙터'에 관한 입문적인 개관을 제공하고, 이런 사고방식이 어떻게 언뜻 보기에 까다로울 것 같은 미국 사회의 양극화를 더 잘 이해하도록 도와주는지 보여 준다. 어트랙터의 개념과 동적 시스템 이론을 더 깊이 이해하면 사회관계, 태도, 사회적 인지, 개인 간의 행동과 같이 다양하고 복잡한 현상을 이해하는 데 도움이 된다. Robin Vallacher and Andrzej Nowak, eds., *Dynamical Systems in Social Psychology* (Cambridge, MA: Academic Press, 1994)를 보라.

5 어트랙터 지형이 활용되는 다양한 학문 분야를 더 알고 싶다면 다음을 참고하라.

a 후생유전학, Konrad Hochedlinger and Kathrin Plath, "Epigenetic Reprogramming and InducedPluripotency," *Development* 136, no. 4 (2009): 509–23, https://pubmed.ncbi.nlm.nih.gov/19168672/; specifically represented in Figure 1: The Developmental Potential and Epigenetic States of Cells at Different Stages of Development를 보라.

b 병리적 뇌 진동, Tomas Ros, Bernard J. Baars, Ruth Lanuis, and Patrick Vuilleumier, "TuningPathological Brain Oscillations with Neurofeedback: A Systems Neuroscience Framework," *Frontiers in Human Neuroscience* 8 (2014): 1–22, https://doi.org/10.3389/fnhum.2014.01008을 보라; 특별히 Figure 4를 보라.

c 2차 세계 대전 시기의 정치적 제휴, Robert Axelrod and D. Scott Bennett, "A LandscapeTheory of Aggregation," *British Journal of Political Science* 23, no. 2 (1993): 211–33, https://www.jstor.org/stable/194248을 보라.

d 우주의 중력 이상, John Huchra and Daniel Fabricant, "Voyage from the Great Attractor," *Center for Astrophysics at Harvard University*, 2009, https://www.cfa.harvard.edu/~dfabricant/huchra/seminar/attractor/를 보라.

6 어트랙터 역동을 다룬 심리학 문헌에 관한 더 포괄적인 학문적 검토를 원한다면, Stephen J. Guastello, Matthijs Koopmans, and David Pincus, eds., *Chaos and Complexity in Psychology: The Theory of Nonlinear Dynamical Systems* (New York: Cambridge University Press, 2009). Robin R. Vallacher and Andrzej Nowak, eds., *Dynamical Systems in Social Psychology* (Cambridge, MA: Academic Press, 1994)를 보라.

7 이 장은 많은 면에서 나와 동료 연구자들의 일생 과업인 복잡성에 관한 큰 개념을 정리한다. 어떤 독자들은 간략한 소개에 안도할지 모르지만 더 많이 알고 싶은 사람들도 있다. 당신은 행운아다! 어트랙터 지형과 동적 시스템 이론에 관한 나의 연구를 더 자세히 알고 싶다면 아래의 책을 추천한다.

  a Peter T. Coleman, Lan Bui-Wrzosinska, Andrzej Nowak, and Robin Vallacher, "A DynamicalSystems Perspective on Peacemaking: Moving from a System of War Toward a System of Peace," in *Peacemaking: From Practice to Theory*, 2 vols., ed. Susan Allen-Nan, ZachariahCherian Mampilly, and Andrea Bartoli (Santa Barbara, CA: ABC-CLIO, 2012), 637–50.

  b Peter T. Coleman, *The 5 percent: Finding Solutions to Seemingly Impossible Conflicts* (New York: Public Affairs, 2011).

  c Peter T. Coleman, Nicholas Redding, and Joshua Fisher, "Understanding Intractable Conflict," in *Negotiators Desk Reference*, ed. Andrea Schneider and Christopher Honeyman (Chicago:American Bar Association Books, 2017), 489–508.

  d Peter T. Coleman, Nicholas Redding, and Joshua Fisher, "Influencing Intractable Conflict," in *Negotiators Desk Reference*, ed. Andrea Schneider and Christopher Honeyman (Chicago: American Bar Association Books, 2017), 509–28.

  e Robin R. Vallacher, Peter T. Coleman, Andrzej Nowak, and Lan Bui-Wrzosinska, "RethinkingIntractable Conflict: The Perspective of Dynamical Systems," in *Conflict, Interdependence,and Justice: The Intellectual Legacy of Morton Deutsch*, ed. Peter T. Coleman (New York:Springer, 2011), 65–94.

f Larry S. Liebovitch, Robin R. Vallacher, and J. Michaels, "Dynamics of Cooperation—Competition Interaction Models," Peace and Conflict 16, no. 2(2010): 175–88.

g Andrzej Nowak, Morton Deutsch, Wieslaw Bartkowski, and Sorin Solomon, "From Crude Law to Civil Relations: The Dynamics and Potential Resolution of Intractable Conflict," *Peace and Conflict* 16, no. 2 (2010): 189–209.

h Robin R. Vallacher, Peter T. Coleman, Andrzej Nowak, and Lan Bui-Wroszink, "Rethinking Intractable Conflict: The Perspective of Dynamical Systems," *American Psychologist* 65, no.4 (2010): 262–78.

i Robin R. Vallacher, Peter T. Coleman, Andrzej Nowak, Lan Bui-Wrzosinska, Larry Liebovitch, Katharina Kugler, and Andrea Bartoli, *Attracted to Conflict: Dynamic Foundations of Destructive Social Relations* (New York: Springer, 2010).

8 쿠르트 레빈은 이런 심리학적 지형을 삶의 공간이라고 말했다. Kurt Lewin, "Constructs in Field Theory," in *Resolving Social Conflicts and Field Theory in Social Science* (Washington, DC: American Psychological Association, 1943).

9 힘든 갈등이 시간 경과에 따라 어떻게 확산하는지 더 알고 싶다면, Naira Musallam, Peter T. Coleman, and Andrzej Nowak, "Understanding the Spread of Malignant Conflict: A Dynamical Systems Perspective," *Peace and Conflict: Journal of Peace Psychology* 16, no. 2(2010): 127–51을 보라.

10 Joshua Fisher and Peter T. Coleman, "The Fractal Nature of Intractable Conflict: Implications for Sustainable Transformation," in *Overcoming Transforming Intractable Conflicts: New Approaches to Constructive Transformations*, ed. Miriam F. Elman, Catherine Gerard, Galia Golan, and Louis Kriesbert (London: Rowman and Littlefield International, 2019).

11 Roy F. Baumeister, Ellen Bratslavsky, Catrin Finkenauer, and Kathleen D. Vohs, "Bad Is Stronger Than Good," *Review of General Psychology* 5, no. 4 (2001): 323–70.

12 어트랙터 패턴이 다양한 상황에서 어떻게 유용한 렌즈가 되는지 알고 싶다면 다음과 같은 책을 추천한다.

a 전쟁과 갈등의 격화와 완화에 대해서는 Paul F. Diehl and Gary Goertz, *War and Peace in International Rivalry* (Ann Arbor: University of Michigan Press, 2001).를 보라.

b 복잡한 리더십 상황에서 성공을 거두거나 실패한 리더들의 습관에 대해서는 Dietrich Dörner, The Logic of Failure: Why Things Go Wrong and What We Can Do to Make Them Right (Cambridge, MA: Perseus Press, 1996).를 보라.

c 상호 작용 패턴과 감정이 결혼의 질과 기간에 어떤 영향을 미치는지에 대해서는 John M. Gottman, *Principia Amoris: The New Science of Love* (New York: Routledge, 2014), 《사랑의 과학》, 해냄출판사.; John M. Gottman, James D. Murray, Catherine C. Swanson, Rebecca Tyson, and Kristin R. Swanson, *The Mathematics of Marriage: DynamicNon-Linear Models* (Cambridge, MA: MIT Press, 2002).를 보라.

d 매우 논쟁적인 이슈에 관한 대화에 관해서는 Katharina G. Kugler, Peter T. Coleman, and Anna M. Fuchs, "Moral Conflict and Complexity: The Dynamics of Constructive VersusDestructive Discussions over Polarizing Issues" (paper presented at the InternationalAssociation of Conflict Management 24th Annual Conference, Istanbul, Turkey, July 3–6, 2011), https://ssrn.com/abstract=1872654.를 보라.

e 지역 사회를 창의적으로 교란하는 긴장 패턴에 관해서는 Ryszard Praszkier, Andrzej Nowak, and Peter T. Coleman, "Social Entrepreneurs and Constructive Change: The Wisdom ofCircumventing Conflict," *Peace and Conflict: The Journal of Peace Psychology* 16, no. 2 (2010): 153–74.를 보라.

13 네덜란드 역사가인 뤼트허르 브레흐만 Rutger Bregman이 곧 출판할 예정인 논픽션 도서를 보면 더 좋다. 이 책은 통가 출신 난민 소년들이 함께 모여 훨씬 더 긍정적이고, 동정적인 사회를 만드는 내용을 담았다. 발췌 내용을 원한다면 Rutger Bregman, "The Real Lord of the Flies: What Happened When Six Boys Were

Shipwrecked for 15 Months," *The Guardian*, May 9, 2020, https://www.theguardian.com/books/2020/may/09/the-real-lord-of-the-flies-what-happened-when-six-boys-were-shipwrecked-for-15-months를 보라.

14 Connie J. G. Gersick, "Revolutionary Change Theories: A Multilevel Exploration of the Punctuated Equilibrium Paradigm," *Academy of Management Review* 16, no. 1 (1991): 10–36; Elaine Romanelli and Michael L. Tushman, "Organizational Transformation as Punctuated quilibrium: An Empirical Test," *Academy of Management Journal* 37, no. 5 (1994): 1141–66.

15 Paul F. Diehl and Gary Goertz, *War and Peace in International Rivalry* (Ann Arbor: University of Michigan Press, 2011).

4장 다르게 생각하라—당신의 변화 이론을 바꿔라

1 마이 컨트리 토크My Country Talk에 대해 더 많은 정보를 원한다면, 웹사이트 https://www.mycoun-trytalks.org/을 방문하라.

2 이 만남에 관한 최초 보도 내용을 원한다면, Bastian Berbner and Amrai Coen, "The Hunter and the Yogi," *Die Zeit*, December 6, 2017, https://www.zeit.de/2017/51/ein-jahr-donald-trump-waehler-stadt-provinz-erfahrung.을 보라.

3 이 크로스컨트리 여행 프로그램은 중요한 도시나 장소에 처음 방문해 미국의 문화와 역사를 참가자들에게 가르치는 것에 초점을 맞추었다. 이를 통해 미국에 관한 더 많은 정보를 알고, 참여적인 시민을 만들려고 했다. 에트가 36에 대해 더 알고 싶다면 웹사이트 https://www.etgar.org/를 방문하라.

4 스탠퍼드대학교의 민주주의 센터, Helena, the People Productions, 시카고대학교의 NORC가 조직한 이 모임은 500명 이상의 2019년 미국 대표 유권자들의 회의다. 이들은 핵심적인 정치적 이슈를 체계적으로 검토하고 논의하며, 선거 후보자들과 토론하기 위해 모였다. 아메리카 인 원 룸에 관해 더 알고 싶다면 https://cdd.stanford.edu/2019/america-in-one-room/을 방문하라.

5 베터 엔젤스Better Angels는 가족 체계 심리치료법의 교훈을 이용해 미국의 정치

적 양극화 완화를 위해 직장, 기술 훈련, 토론, 지역단체를 체계화하고 정보를 제공한다. 베터 엔젤스Better Angels에 대해 더 알고 싶다면, 웹 사이트 https://www.better-angels.org/our-story/를 방문하라. 크로싱 파티 라인스Crossing Party Lines는 정치적 분열에 관한 더 건설적인 토론을 돕기 위해 고안된 적극적인 경청과 비폭력적 소통을 바탕으로 한 온라인 자료를 제공한다. 더 알고 싶다면 웹 사이트 http://www.crossingpartylines.net/을 방문하라.

6 메이크 아메리카 디너 어게인Make America Dinner Again은 정치적 견해가 다른 사람들과 만찬을 계획하는 안내 지침을 제공한다. 당신의 도시에서 활동하는 지부가 있는지 알아보려면 웹사이트 http://www.makeamericadinneragain.com/을 방문하라.

7 점점 늘어나는 미국 소재 대화 촉진 그룹 목록을 원한다면 Morton Deutsch International Center for Cooperation and Conflict Resolution 웹 사이트 https://icccr.tc.columbia.edu/resources/dialogue-facilitation-organizations/를 방문하라. The Civic Health Project 역시 전국적으로 시민 건강 기구를 조직하기 위해 노력한다. 더 많은 정보를 알고 싶다면 웹 사이트 civichealthproject.org를 방문하라.

8 Gordon W. Allport, *The Nature of Prejudice* (Cambridge, MA: Addison-Wesley, 1954); 집단 내 접촉 이론에 관한 수십 년간의 연구를 알기 원한다면 Loris Vezzali and Sofia Stathi, eds., *Intergroup Contact Theory: Recent Developments and Future Directions* (New York: Routledge, 2017)를 보라.

9 James Fishkin and Larry Diamond, "This Experiment Has Some Great News for Our Democracy," *New York Times*, October 2, 2019, https://www.nytimes.com/2019/10/02/opinion/america-one-room-experiment.html을 보라. 이 글은 2019년 개최된 《아메리카 인 원 룸America in One Room》 행사의 과정과 성과를 심층적으로 설명한다. 이 행사에서 500명 이상의 미국 유권자가 모여 현재 정치적 논쟁의 대상이 되는 5가지 핵심 이슈 분야를 체계적으로 탐색하고 토론했다.

10 James Fishkin and Larry Diamond, "This Experiment Has Some Great News for Our Democracy," *New York Times*, October 2, 2019, https://www.nytimes.com/2019/10/02/opinion/america-one-room-experiment.html.

11 변화 이론은 또한 기업, 자선 단체, 비영리 기관, 정부가 변화를 촉진하기 위해 계획을 수립하고, 참여하며 평가하는 데 사용하는 구체적인 방법론이기도 하다. 변화 이론에 관한 더 완벽한 설명을 원한다면, Ann-Murray Brown, "What Is This Thing Called 'Theory of Change'?," *USAID Learning Lab*, March 18, 2016, https://usaidlearninglab.org/lab-notes/what-thing-called-theory-change를 방문하라.

12 우리가 국가의 특징을 설명하기 위해 사용하는 비유가 어떻게 전쟁을 합리화하고 비효과적인 전략을 정당화하는지 조사하고 싶다면, George Lakoff, "Metaphor and War, Again," *Alternet*, March 18, 2003, https://escholarship.org/uc/item/32b962zb; George Lakoff and Mark Johnson, *Philosophy in the Flesh: The Embodied Mind and Its Challenge to Western Thought* (New York: Basic Books, 1999)을 보라.

13 이 프로젝트의 결과로 두 편의 논문이 발표됐다. Peter T. Coleman, Antony G. Hacking, Mark A. Stover, Beth Fisher-Yoshida, and Andrzej Nowak, "Reconstructing Ripeness I: A Study of Constructive Engagement in Protracted Social Conflicts," *Conflict Resolution Quarterly* 26, no. 1 (2008): 3–42; Peter T. Coleman, Beth Fisher-Yoshida, Mark A. Stover, Antony G. Hacking, and Andrea Bartoli, "Reconstructing Ripeness II: Models and Methods for Fostering Constructive Stakeholder Engagement Across Protracted Divides," *Conflict Resolution Quarterly* 26, no. 1 (2008): 43–69.

14 암묵적 이론에 대해 더 많은 내용을 원한다면 Carol S. Dweck, Mindset: *The New Psychology of Success* (New York: Ballantine, 2008); Peter T. Coleman, "Implicit Theories of Organizational Power and Priming Effects on Managerial Power Sharing Decisions: An Experimental Study," *Journal of Applied Social Psychology* 34, no. 2 (2004): 297–321; Peter T. Coleman, "A Tale of Two Theories: Implicit Theories of Power and Power-Sharing in Organizations," in *Power and Interdependence in Organizations*, ed. Dean Tjosvold and BarbaraWiesse (Cambridge: Cambridge University Press, 2009)를 보라.

15 지능에 관한 암묵적 이론이나 신념, 특히 지능이 고정된 것이냐, 노력을 통해 개발할 수 있는 것이냐에 관해 어느 쪽을 믿느냐가 삶의 성과에 영향을 미치는 방식에 대해 더 알고 싶다면, Dweck, Mindset을 보라. 《성공의 새로운 심리학》, 부글북스.

16 리더의 조건에 관한 다양한 암묵적 이론에 대해 읽고자 한다면 Lynn R. Offerman, John K. Kennedy Jr., and Philip W. Wirtz, "Implicit Leadership Theories: Content, Structure, and Generalizability," *Leadership Quarterly* 5, no. 1 (1994): 43–58을 보라.

17 관계가 운명적인 것인지, 시간의 경과에 따른 성장과 발전의 결과인지를 판단하는 관계에 대한 신념이 인간의 상호 교류, 도전 과제에 반응하는 방식, 인간관계의 기간에 영향을 미치는 방식에 관한 흥미로운 연구를 원한다면 C. Raymond Knee, "Implicit Theories of Relationships: Assessment and Prediction of Romantic Relationship Initiation, Coping, and Longevity," *Journal of Personality and Social Psychology* 74, no. 2 (1998): 360–70을 보라.

18 암묵적 이론과 갈등 해결에 관한 더 많은 자료를 원한다면, Carol S. Dweck and Joyce Ehrlinger, "Implicit Theories and Conflict Resolution," in *The Handbook of Conflict Resolution: Theory and Practice*, 2nd ed., ed. Morton Deutsch, Peter T. Coleman, and Eric C. Marcus (Hoboken, NJ: Wiley, 2006), 317–30을 보라.

19 우리의 감정을 고정적으로 보는지 가변적으로 보는지와 관련된 감정에 관한 암묵적 이론이 우리의 행복과 감정 경험에 영향을 주는 방식에 관해 더 알고 싶다면 Maya Tamir, Oliver John Sanjay Srivastava, and James J. Gross, "Implicit Theories of Emotion: Affective and Social Outcomes Across a Major Life Transition," *Journal of Personality and Social Psychology* 92, no. 4 (2007): 731–44를 보라.

20 Dexter Dunphy, "Organizational Change in Corporate Settings," *Human Relations* 49, no. 5 (1996): 541–52; Peter T. Coleman, "Paradigmatic Framing of Protracted, Intractable Conflict: Towards the Development of a Meta-Framework–II," *Peace and Conflict: Journal of Peace Psychology* 10, no. 3 (2004): 197–235.

21 Roger Fisher, William Ury, and Bruce Patton, *Getting to Yes: Negotiating Agreement Without Giving In* (1981; updated and repr. New York: Penguin Books, 2011)을 보라.

22 Peter T. Coleman, *The Five Percent: Finding Solutions to (Seemingly) Impossible Conflicts* (New York: Perseus Books, 2011).

23 Paul Diesing, "Economic Rationality," in *Reason in Society: Five Types of Decisions and Their Social Conditions* (Urbana: University of Illinois Press, 1962), 14–64를 보라.

24 Peter T. Coleman, Jennifer Goldman, and Katharina Kugler, "Emotional Intractability: Gender, Anger, Aggression, and Rumination in Conflict," *International Journal of Conflict Management* 20 (2009): 113–31.

25 Peter T. Coleman and J. Krister Lowe, "Conflict, Identity, and Resilience: Negotiating Collective Identities Within the Palestinian and Israeli Diasporas," *Conflict Resolution Quarterly* 24, no. 4 (2007): 377–412.

26 Peter T. Coleman, "Fostering Ripeness in Seemingly Intractable Conflict: An Experimental Study," *International Journal of Conflict Management* 11, no. 4 (2000): 300–317.

27 Coleman, The 5 percent; Robin R. Vallacher, Peter T. Coleman, Andrzej Nowak, and Lan Bui-Wroszinka, "Rethinking Intractable Conflict: The Perspective of Dynamical Systems," *American Psychologist* 65, no. 4 (2010): 262–78; Robin R. Vallacher, Peter T. Coleman, Andrzej Nowak, Lan Bui-Wrzosinska, Larry Liebovitch, Katharina Kugler, and Andrea Bartoli, *Attracted to Conflict: Dynamic Foundations of Destructive Social Relations* (New York: Springer, 2013).

28 Katharina Kugler and Peter T. Coleman, "Get Complicated: The Effects of Complexity on Conversations over Potentially Intractable Moral Conflicts," *Negotiation and Conflict Management Research* 13, no. 3 (August 2020): 211–230; Levent Kurt, Katharina Kugler, Peter T. Coleman, and Larry S. Liebovitch, "Behavioral and Emotional Dynamics of Two People Struggling

to Reach a Consensus on a Topic on Which They Disagree," *PLOS ONE* 9, no. 1 (2014).

29 Dr. Martin Luther King Jr., "Beyond Vietnam" (speech), April 4, 1967, a year to the day before he was assassinated in Memphis. You can access the audio and text of the speech through Stanford University's Martin Luther King Jr. Research and Education Institute website at https://kinginstitute.stanford. edu/king-papers/documents/beyond-vietnam

30 George Mead, *Mind, Self, and Society* (Chicago: University of Chicago Press, 1934); Peter T. Coleman, "Conflict Intelligence and Systemic Wisdom: Meta-Competencies for Engaging Conflict in a Complex, Dynamic World," *Negotiation Journal* 34, no. 1 (2018): 7–35.

31 Kaiping Peng and Richard E. Nisbett, "Culture, Dialectics, and Reasoning About Contradiction," *American Psychologist* 54, no. 9 (1999): 741–54; François Jullien, *A Treatise on Efficacy: Between Western and Chinese Thinking*, trans. J. Lloyd (Honolulu: University of Hawai'i Press, 2004), x–202; Orit Gal, "About Social Acupuncture," Social Acupuncture, 2017,http://www. socialacupuncture.co.uk/about/.

32 Florence R. Kluckhohn and Fred L. Strodtbeck, *Variations in Value Orientations* (Evanston, IL: Row, Peterson, 1961).

33 Brandt C. Gardner, Brandon K. Burr, and Sara E. Wiedower, "Reconceptualizing Strategic Family Therapy: Insights from a Dynamic Systems Perspective," *Contemporary Family Therapy* 28, no. 3 (2006): 339–52.

34 Daniel J. Svyantek and Linda L. Brown, "A Complex-Systems Approach to Organizations," *Current Directions in Psychological Science* 9, no. 2 (2000): 69–74.

35 Cedric H. De Coning, "Complexity Thinking and Adaptive Peacebuilding," *Accord: An International Review of Peace Initiatives* 28 (2019): 36–39; Ben Ramalingam, *Aid on the Edge of Chaos: Rethinking International Cooperation in a Complex World* (Oxford: Oxford University Press, 2013).

36 Peter T. Coleman, Nicholas Redding, and Joshua Fisher, "Understanding Intractable Conflict," in *Negotiators Desk Reference*, ed. Andrea Schneider and Chris Honeyman (Chicago: American Bar Association Books, 2017), 489–508; Peter T. Coleman, Nicholas Redding, and Joshua Fisher, "Influencing Intractable Conflict," in *Negotiators Desk Reference*, ed. Andrea Schneider and Chris Honeyman (Chicago: American Bar Association Books, 2017), 509–28.

37 Yuval Noah Harari, *Sapiens: A Brief History of Humankind* (New York: Harper, 2018).《사피엔스》, 김영사.

38 실제로 일부 학자들이 이런 형태의 문제를 무한 게임이라고 부르는 이유는 일관된 게임 규칙이나 게임의 시작이나 경기자의 '승리'를 의미하는 게임의 끝이 없기 때문이다.

5장 재설정하라—새로운 시작의 힘을 포착하라

1 아울러, 코스타리카는 여성 투표권을 확립하고, 선거재판소를 강화하고, 제도적인 인종 차별 사례를 찾아서 해결하고, 금융 시스템을 국영화했다. Gary S. Elbow, "Costa Rica," *Encyclopædia Britannica*, March 17, 2020, https://www.britannica.com/place/Costa-Rica/Transition-to-democracy

2 Peter T. Coleman and Jaclyn Donahue, "Costa Rica: Choosing a Path to Build and Sustain Peace," *International Peace Institute's Global Observatory*, September 7, 2018, https://theglobalobservatory.org/2018/09/costa-rica-choosing-path-to-build-sustain-peace/.

3 많은 흥미로운 자료가 불안정을 초래하는 충격이 오래된 갈등 패턴을 근본적으로 바꾸는 힘에 대해 기술한다. Paul F. Diehl and Gary Goertz, *War and Peace in International Rivalry* (Ann Arbor: University of Michigan Press, 2001); Connie J. G. Gersick, "Revolutionary Change Theories: A Multilevel Exploration of the Punctuated Equilibrium Paradigm," *Academy of Management Review* 16, no. 1 (1991): 10–36; James P. Klein, Gary Goertz, and Paul F. Diehl, "The New Rivalry Dataset: Procedures and Patterns," *Journal of Peace Research* 43, no. 3

(2006): 331–48.

4 Kurt Lewin, "Frontiers in Group Dynamics: Concept, Method and Reality in Social Science; Equilibrium and Social Change," *Human Relations* 1, no. 1 (1947): 5–41.

5 Gersick, "Revolutionary Change Theories."

6 Diehl and Goertz, *War and Peace in International Rivalry*.

7 Nolan McCarty, Keith T. Poole, and Howard Rosenthal, *Polarized America: The Dance of Ideology and Unequal Riches* (Cambridge, MA: MIT Press, 2006).

8 Stephen Jay Gould, *Under the Panda's Thumb: More Reflections in Natural History* (New York: Norton, 1980).

9 인간과 조직 개발에 관한 다양한 사례 중에서 Daniel J. Levinson, "A Conception of Adult Development," *American Psychologist* 41, no. 1 (1986): 3을 추천한다. 또한 Connie J. G. Gersick, "Time and Transition in Work Teams: Toward a New Model of Group Development," *Academy of Management Journal* 31, no. 1 (1988): 9–41; Michael L. Tushman and Elaine Romanelli, "Organizational Evolution: A Metamorphosis Model of Convergence and Reorientation," *Research in Organizational Behavior* 7 (1985): 171–222를 보라.

10 불안정을 초래하는 힘들이 과학 발전을 유발하는 역할에 대한 글을 더 많이 원한다면 Thomas S. Kuhn, *The Structure of Scientific Revolution*, 2nd ed. (Chicago: University of Chicago Press, 1970); Ilya Prigogine and Isabelle Stengers, *Order Out of Chaos: Man's New Dialogue with Nature* (New York: Bantam Books, 1984)를 추천한다.

11 Gould, *Under the Panda's Thumb*.

12 scholar.google.com에서 "단절적 평형에 관한 연구punctuated equilibrium research"를 검색하면 이 분야의 최근 연구 동향과 대단히 다양한 범위의 학제 간 연구 내용을 알 수 있다.

13 Elaine Romanelli and Michael L. Tushman, "Organizational Transformation as Punctuated Equilibrium: An Empirical Test," *Academy of Management Journal* 37, no. 5 (1994): 1141–66.

14 Jack Mezirow and Victoria Marsick, *Education for Perspective Transformation: Women's Reentry Programs in Community Colleges* (New York: Center for Adult Education, Teachers College, Columbia University, 1978); Jack Mezirow, *Transformative Dimensions of Adult Learning* (San Francisco: Jossey-Bass, 1991).

15 Diehl and Goertz, *War and Peace in International Rivalry.*

16 Connie Gersick, "Reflections on Revolutionary Change," *Journal of Change Management* 20, no. 1 (2020): 7–23을 보라.

17 Gersick, "Revolutionary Change Theories," 12.

18 거식Gersick은 계속해서 자세히 설명한다. "심층 구조가 매우 안정적인 이유는 두 가지이다. 첫째, 의사 결정 나무처럼 시스템에 의한 선택 과정은 많은 옵션을 배제하고 이와 동시에 상호 조건부 옵션을 용인한다. 이런 특징은 초기 선택의 고수에 관한 조직적 연구와 일치한다. 아울러 의사 결정 나무에서 초기 단계 결정이 가장 치명적이라는 사실과도 일치한다. Gersick, "Revolutionary Change Theories," 14–16. 아울러 Kathleen M. Eisenhardt and Claudia Bird Schoonhoven, "Organizational Growth: Linking Founding Team, Strategy, Environment, and Growth Among U.S. Semiconductor Ventures, 1978–1988," *Administrative Science Quarterly* 35, no. 3 (1990): 504–29; Robert C. Ginnett, "First Encounters of the Close Kind: The Formation Process of irline Flight Crews" (PhD diss., Yale University, 1987); Arthur L. Stinchcombe, "Social Structure and Organizations," in *Handbook of Organizations*, ed. J. P. March (Chicago: Rand McNally, 1965), 142–93을 보라. 아울러, 연구자들은 시스템의 심층 구조의 활동 패턴이 상호피드백 고리를 통해 시스템 전체를 강화한다고 밝혔다. David B. Wake, Gerhard Roth, and Marvalee H. Wake, "On the Problem of Stasis in Organismal Evolution," *Journal of Theoretical Biology* 101, no. 2 (1983): 211–24; Gersick, "Reflections on Revolutionary Change."

19 Gersick, "Revolutionary Change Theories," 23.

20 미국 서부 영화의 고전인 《셰인Shane》은 남북 전쟁 이후를 시대적 배경으로 하며 와이오밍주의 한 마을에 홀로 말을 타고 들어오는 미스터리한 청부 살인 업자가

주인공이다. 이 영화가 낯설고, 또 향수를 유발하는 다른 영화를 특별히 좋아한다면, 그 영화를 보기 바란다.

21 Thomas S. Kuhn, *The Structure of Scientific Revolutions* (Chicago: University of Chicago Press, 1996). 《과학혁명의 구조》, 까치.

22 Romanelli and Tushman, "Organizational Transformation as Punctuated Equilibrium."

23 비영리 단체 호프 인 더 시티의 활동에 대해 더 알고 싶다면 웹사이트 https://us.iofc.org/hope-in-the-cities를 방문하라.

24 양극화와 분열을 바꾸기 위해 노력하는 단체 목록을 원한다면 https://icccr.tc.columbia.edu/resources/organizations-bridging-divides/를 방문하라.

25 할렘 아동 지역의 목적은 모든 아동이 대학을 졸업하는 것이다. 그들의 최근 성과를 보려면 웹사이트 https://hcz.org/results/를 방문하라.

26 Michael G. Wessells, "Bottom-Up Approaches to Strengthening Child Protection Systems: Placing Children, Families, and Communities at the Center," *Child Abuse and Neglect* 43 (2015): 8–21.

27 Gersick, "Reflections on Revolutionary Change."

28 Ryszard Praszkier, Andrzej Nowak, and Peter T. Coleman, "Social Entrepreneurs and Constructive Change: The Wisdom of Circumventing Conflict," *Peace and Conflict: Journal of Peace Psychology* 16, no. 2 (2010): 153–74.

29 팀 쉬리버Tim Shriver의 프로젝트 〈The Call to Unite〉에 대해 더 알고 싶다면 https://unite.us/를 방문하라.

30 이 현상은 경제학자들이 말하는 경로 의존성을 설명해 준다. 이를테면, 최선의 제품과 디자인(예를 들어 VHS 비디오테이프와 QWERTY 키보드)이 초기 시장 진입 조건 때문에 명백히 더 우수한 제품(예를 들어 베타맥스 테이프와 드보락 키보드)을 이기고 시장을 장악한다. W. Brian Arthur, "Complexity and the Economy," Science, 284, no. 5411 (1999): 107–9를 보라.

31 John M. Gottman, Catherine Swanson, and Kristin R. Swanson, "A General Systems Theory of Marriage: Nonlinear Difference Equation Modeling of Marital Interaction," *Personality and Social Psychology Review* 6, no. 4 (2002):

326–40.

32 Barbara L. Fredrickson and Thomas Joiner, "Positive Emotions Trigger Upward Spirals Toward Emotional Well-Being," *Psychological Science* 13, no. 2 (2002): 172–75.

33 긍정성 효과에 대해 더 많은 자료를 읽고 싶다면 Fredrickson and Joiner, "Positive Emotions Trigger Upward Spirals"; Barbara L. Fredrickson, Stephanie L. Brown, Michael A. Cohn, Anne M. Conway, and Joseph A. Mikels, "Happiness Unpacked: Positive Emotions Increase Life Satisfaction by Building Resilience," *Emotion* 9, no. 3 (2009): 361–68을 보라. 연구에 따르면, 주제에 대한 관심과 호기심 같은 초기의 긍정적 태도는 주제에 대한 더 정확한 지식을 얻는 경향이 있다. 긍정적인 태도는 이슈를 더 많이 탐색하도록 해 초기의 예상을 확인하거나 바로잡을 학습 기회를 제공한다. 부정적인 태도는 주제를 회피하는 경향이 있으며 착각을 바로잡고 배울 기회를 종종 놓친다. Russell H. Fazio, J. Richard Eiser, and Natalie J. Shook, "Attitude Formation Through Exploration: Valence Asymmetries," *Journal of Personality and Social Psychology* 87, no. 3 (2004): 293–311.

34 Peter T. Coleman, Antony G. Hacking, Mark A. Stover, Beth Fisher-Yoshida, and Andrzej Nowak, "Reconstructing Ripeness I: A Study of Constructive Engagement inProtracted Social Conflicts," *Conflict Resolution Quarterly*, 26, no. 1 (2008): 3–42.

35 Larry S. Liebovitch, Vincent Naudot, Robin Vallacher, Andrzej Nowak, Lan Bui-Wrzosinska, and Peter T. Coleman, "Dynamics of Two-Actor Cooperation–Competition Conflict Models," *Physica A: Statistical Mechanics and Its Applications* 387, no. 25 (2008): 6360–78.

36 이에 대한 배경을 알고 싶다면 Yuval Noah Harari, *Sapiens: A Brief History of Humankind* (New York: Harper, 2018)를 추천한다.

37 이는 데릭 블랙Derek Black(백인 국수주의 운동의 전 후계자이며 데이비드 듀크David Duke의 대자)의 예를 상기시킨다. 정통 유대교인 학급 친구인 매튜 스티븐슨Matthew Stevenson이 그를 2년 동안 안식일 만찬에 초대한 후 그의 관점은 근본적으

로 바뀌었다. 왜 블랙을 안식일 만찬에 초대했는지 묻자 스티븐슨은 자신의 암묵적 변화 이론을 약간 언급했다.

내가 아주 이른 나이 때부터 어머니는 알코올중독자갱생회에 참여했던 것 같아요. 사람들이 바뀔 수 있다고 말하는 것과 심각하게 파괴적인 행동을 했던 사람이 그런 행동을 그만둘 뿐만 아니라 완전히 바뀌어 똑같은 상황에 놓인 다른 사람을 적극적으로 돕는 것은 전혀 다른 문제입니다. 적극적으로 더 나은 세상을 만들기 위해 적극적으로 노력하는 것입니다. 데릭의 예는 내가 의심을 거두고 아무리 부정적인 행동 패턴이나 부정적인 이념에 깊이 빠졌다 해도 다시 회복할 수 있다는 점을 확신시켜 줍니다. 구원의 기회는 항상 있습니다.

인터뷰 전체를 듣거나 읽어보려면 Derek Black and Matthew Stevenson, "Befriending Radical Disagreement" (podcast), hosted by Krista Tippett, https://onbeing.org /programs/derek-black-and-matthew-stevenson-befriending-radical-disagreement/를 보라.

38 인간이 일하는 방식에 대한 우리의 암묵적 신념은 우리가 세상을 헤쳐나가는 방식에 큰 영향을 미친다.

a 지능이 '고정된 것' 또는 성장하고 개발할 수 있는 것인지에 대한 신념이 우리의 곤경 대응에 어떠한 영향을 주는지 알고 싶다면, Carol S. Dweck, "Implicit Theories as Organizers of Goals and Behavior," in *The Psychology of Action: Linking Cognition and Motivation to Behavior*, ed. Peter M. Gollwitzer and John A. Bargh (New York: Guilford Press, 1996), 69–90; Daniel C. Molden and Carol S. Dweck, "Finding 'Meaning' in Psychology: A Lay TheoriesApproach to Self-Regulation, Social Perception, and Social Development," *American Psychologist* 61, no. 3 (2003): 192를 보라.

b 인간의 성격이 얼마나 고정적인지 아니면 가변적인지 알고 싶다면, E. Lowell Kelly, "Consistency of the Adult Personality," *American Psychologist* 10, no. 11 (1955): 659–81을 보라.

c 우리가 다른 사람의 동기를 인식하고 설명하는 것과 얼마나 다르게 자신의 동

기를 설명하는지를 말하는 근본적 귀인 오류에 대해 알고 싶다면 Fritz Heider, *The Psychology of InterpersonalRelations* (New York: Wiley, 1958)를 보라.

39 Lara K. Kammrath and Carol Dweck, "Voicing Conflict: Preferred Conflict Strategies Among Incremental and Entity Theorists," *Personality and Social Psychology Bulletin* 32, no.11 (2006): 1497–1508; Laura J. Kray and Michael P. Haselhuhn, "Implicit NegotiationBeliefs and Performance: Experimental and Longitudinal Evidence," *Journal of Personality andSocial Psychology* 93, no. 1 (2007): 49–64.

40 현대 경영학의 어머니로 알려진 메리 파커 폴렛Mary Parker Follett은 조직 내 권력관계를 바라보는 고정적이고 경쟁적인 제로섬(zero-sum)적 관점이 어떻게 모두에게 이익이 되는 역동적이고, 협력적인 윈-윈(win-win)적 관점으로 대체될 수 있는지에 관해 많은 글을 썼다. Mary Parker Follett, Creative Experience (New York: Longmans Green, 1924). Mary Parker Follett, "Power," in *Dynamic Administration: The Collected Papers of Mary Parker Follett*, ed. Elliot M. Fox and L. Urwick (London: Pitman, 1973): 66–84. Pauline Graham, ed., *Mary Parker Follett: Prophet of Management* (Boston, MA: Harvard Business School Press, 1995).

41 분쟁자들이 이스라엘-팔레스타인 갈등에 대한 '인지 재평가'를 하도록 응원하는 개입이 어떻게 화해 정책을 더 많이 지지하고 공격적인 정책을 덜 지지하게 하는지에 관해 더 알고 싶다면, Eran Halperin, Roni Porat, Maya Tamir, and James J. Gross, "Can Emotion Regulation Change Political Attitudes in Intractable Conflicts? From the Laboratory to the Field," *Psychological Science* 24, no. 1 (2012): 106–11을 보라.

42 개인적 변화, 행동 문제에 대한 영향, 대처 기술의 잠재적 가능성을 믿도록 청소년을 격려하는 개입에 대해 더 알고 싶다면 David Scott Yeager, Kali H. Trzesniewski, and Carol S. Dweck, "An Implicit Theories of Personality Intervention Reduces Adolescent Aggression in Response to Victimization and Exclusion," *Child Development* 84, no. 3 (2013): 970–88.을 보라.

43 Roy F. Baumeister, Ellen Bratslavsky, Mark Muraven, and Dianne M. Tice,

"Ego Depletion: Is the Active Self a Limited Resource?," *Journal of Personality and Social Psychology* 74, no. 5 (1998): 1252–65.

44 Daniel Kahneman, *Thinking Fast and Slow* (New York: Farrar, Straus and Giroux, 2011). 《생각에 관한 생각》, 김영사.

45 Paschal Sheeran and Thomas L. Webb, "The Intention–Behavior Gap," *Social and Personality Psychology Compass* 10, no. 9 (2016): 503–18.

46 The Way Out website, https://www.thewayoutofpolarization.com/, lists a few questions to ask yourself in the warm-up to the encounter

47 Jennifer S. Lerner, Ye Li, Piercarlo Valdesolo, and Karim S. Kassam, "Emotion and Decision Making," *Annual Review of Psychology* 66 (January 2015): 799–823.

48 Barbara L. Fredrickson and Marcial F. Losada, "Positive Affect and the Complex Dynamics of Human Flourishing," *America Psychologist* 60, no. 7 (2005): 678–86.

49 긍정적인 감정을 키우는 것이 중요하다. 하지만 부정적 감정에 대한 인식만으로도 그런 감정의 파괴적 가능성을 완화할 수 있다. 부정적 감정을 극복하려면 '그런 감정에 이름을 붙여주고 길들일' 필요가 있다. 아울러 분노, 좌절, 슬픔에 따라 행동하지 않고, 부정적인 감정 반응이 우리의 우려에 관해 말해주는 유용한 정보를 인정할 필요도 있다. 슈워츠Schwartz는 "우리는 모르는 것을 바꿀 수 없다. 감정을 부인하거나 회피하면 그것을 떨칠 수 없고, 또한 비록 미처 인식하지 못한다 해도 감정이 우리에게 미치는 영향력을 줄일 수도 없다. 감정을 인식하고 이름을 붙여주면, 한걸음 물러나 감정을 어떻게 할지 선택할 수 있는 기회를 제공한다."라고 말한다. Tony Schwartz, "The Importance of Naming Your Emotions," New York Times, April 3, 2015, https://www.nytimes.com/2015/04/04/business/dealbook/the-importance -of-naming-your-emotions.html을 보라. 아울러, 한 연구는 우리의 감정을 '받아들이는 것'이 어떻게 감정적 행복으로 이어지는지 조사했다. "우리는 감정 수용을 통해 부정적인 정신 경험에 반응하거나 악화시키지 않을 수 있다. Brett Q. Ford, Phoebe Lam, Oliver P. John, and Iris B. Mauss, "The Psychological Health Benefits of Accepting Negative Emotions and Thoughts: Laboratory, Diary, and

Longitudinal Evidence," *Journal of Personality and Social Psychology* 115, no. 6 (2018): 1075–92.

50 Brad J. Bushman, "Does Venting Anger Feed or Extinguish the Flame? Catharsis, Rumination, Distraction, Anger, and Aggressive Responding," *Personality and Social Psychology Bulletin* 28, no. 6 (2002): 724–31.

51 Peter T. Coleman, Anthea Chan, and Rebecca Bass, "Development of the Conflict Anxiety Response Scale" (working paper). The Morton Deutsch International Center for Cooperationand Conflict Resolution, Teachers College, Columbia University, http://conflictintelligence.org/CARS.html.

52 John M. Gottman and Nan Silver, *The Seven Principles for Making Marriage Work* (New York: Three Rivers Press, 1999). 《행복한 결혼을 위한 7원칙》, 문학사상.

53 분열된 정치 지형의 성격에 관한 최근 연구를 원한다면 Stephen Hawkins, Daniel Yudkin, Mirian Juan-Torres, and Tim Dixon, "Hidden Tribes: A Study of America's Polarized Landscape," *Hidden Tribes*, 2018, https://hiddentribes.us/pdf/hidden _tribes_report.pdf. After talking to those with differing views, a recent Pew Research poll (https://www.pewresearch.org/politics/2018/11/05/more-now-say-its-stressful-to-discuss-politics-with-people-they-disagree-with/) found that most red and blue Americans find they have *less* in common with the other side than they thought. Ugh을 보라.

54 Amos Tversky and Daniel Kahneman, "The Framing of Decisions and the Psychology of Choice," Science 211, no. 4481 (January 30, 1981): 453–458, https://science.sciencemag.org/content/211/4481/453.abstract.

55 Roi Ben-Yehuda and Tania Luna, "When Surprise Is a Good Negotiation Tactic," *Harvard Business Review*, October 3, 2019, https://hbr.org/2019/10/when-surprise-is-a-good-negotiation-tactic.

6장 강화하고 부숴라―잠재적 거품을 찾아라

1 이 이야기의 전체 내용을 다음 책에서 읽어 보라. Norman Cousins, *Anatomy of an Illness as Perceived by the Patient: Reflections on Healing and Regeneration* (Boston, MA: Norton, 1979).

2 10년 전 커즌스는 부신 기능 부전이 극심한 감정적 긴장, 좌절, 분노에 의해 유발할 수 있다는 증거를 제시하는 고전을 읽었다. 이는 오늘날 모든 미국인이 읽어야 하는 책이다. Hans Selye, *The Stress of Life* (1957; repr. New York: McGraw-Hill Education, 1979).

3 고용량의 아스피린이 커즌스가 앓았던 콜라겐 관련 질병 치료에 유해하다는 사실이 나중에 밝혀졌다.

4 Chip Heath and Dan Heath, "Switch: Don't Solve Problems—Copy Success," *Fast Company*, February 1, 2010, https://www.fastcompany.com/1514493/switch-dont-solve-problems-copy-success; Chip Heath and Dan Heath, *Switch: How to Change Things When Change Is Hard* (New York: Crown Business, 2011).

5 Richard Pascale, Jerry Sternin, and Monique Sternin, *The Power of Positive Deviance: How Unlikely Innovators Solve the World's Toughest Problems* (Cambridge, MA: Harvard Business Review Press, 2010). 《긍정적 이탈》, 알에이치코리아.

6 Bibb Latané and Andrzej Nowak, "Attitudes as Catastrophes: From Dimensions to Categories with Increasing Involvement," in *Dynamical Systems in Social Psychology*, ed. Robin R. Vallacher and Andrzej Nowak (San Diego, CA: Academic Press, 1994), 219–49.

7 호로비츠는 자신이 광고를 실은 것은 보수적인 관점을 바라보는 진보주의자들의 일반적 통설에 시달리는 대학 캠퍼스에 '정치적 올바름의 편협함'과 보수적인 관점을 유해한 폐기물인양 매장하거나 태워야 한다고 말하는 사람들을 폭로하기 위한 것이었다고 주장했다. Diana Jean Schemo, "Ad Intended to Stir Up Campuses More Than Succeeds in Its Mission," *New York Times*, March 21, 2001, https://www.nytimes.com/2001/03/21/us/ad-intended-to-stir-up-campuses-more-than-succeeds-in-its-mission.html. 대부분의 대학 신문들

은 이 광고를 실어달라는 요청을 거절했지만, 일부 신문은 받아들였다. 브라운 대학교, 위스콘신대학교, 캘리포니아대학교 버클리캠퍼스, 듀크대학교 등이 광고를 게재하자 항의시위가 벌어졌다. 수천 부의 대학신문이 파기됐고, 사과를 요구받은 신문 편집자들은 그것을 받아들였다. 광고를 실은 일부 신문은 배상금을 지급하라는 요구를 받았다.

8 호로비츠가 작성한 '위험한' 교수 목록에 관한 논쟁에 대해 추가 자료를 읽고 싶다면, Scott Jaschik, "David Horowitz Has a List," *Inside Higher Ed*, February 13, 2006, https://www.insidehighered.com/news/2006/02/13/david-horowitz-has-list를 보라.

9 다양한 형태를 띠는 극단주의의 심리학적 역동에 초점을 맞춘 다큐멘터리를 원한다면, Patricia Bush, *Facing Extremism* (video), 2013, https://www.visiontv.ca/shows/facing-extremism/을 보라. 또한 Arno Michaelis, *My Life After Hate* (Milwaukee, WI: Authentic Presence, 2012)를 보라. 이 비망록은 미카엘리스Michaelis가 스킨헤드족에서 반인종차별주의 운동가로 바뀌는 여정을 담은 것이다.

10 무장단체 아일랜드 공화국군에 복무한 프라이스Price 자매의 여정을 알고 싶다면, Patrick Radden Keefe, *Say Nothing: A True Story of Murder and Memory in Northern Ireland* (New York: Doubleday, 2019)를 보라.

11 악명 높은 웨스트보로 침례교회의 전 교인이며, 극단주의, 괴롭힘, 공감을 주제로 한 책자의 저자이자 교육가인 메간 펠프스 로퍼의 흥미로운 TED 강연을 보려면, Megan Phelps-Roper, "I Grew Up in the Westboro Baptist Church. Here's Why I Left," *TED*, February 2017, https://www.ted.com/talks/megan_phelps_roper_i_grew_up_in_the_westboro_baptist_church_here_s_why_i_left를 보라.

12 Andrzej Nowak and Robin R. Vallacher, "Nonlinear Societal Change: The Perspective of Dynamical Systems," *British Journal of Social Psychology* 58, no. 1 (2019): 105–28; Andrzej Nowak, Jacek Szamrej, and Bibb Latané, "From Private Attitude to Public Opinion: A Dynamic Theory of Social Impact," *Psychological Review* 97, no. 3 (1990): 362–76.

13 이 결과는 연령, 학력, 만성질환, 우울과 같은 인구학적 요인 그리고 음주, 운동, 다이어트, 1차 진료 방문과 같은 건강 관련 행동을 고려해도 변함이 없었

다. Lewina O. Lee, Peter James, Emily S. Zevon, Eric S. Kim, Claudia Trudel-Fitzgerald, Avron Spiro III, Francine Grodstein, and Laura D. Kubzansky, "Optimism Is Associated with Exceptional Longevity in 2 Epidemiologic Cohorts of Men and Women," *Proceedings of the National Academy of Sciences of the United States of America* 116, no. 37 (2019): 18357–62.

14 John Gottman, Julie S. Gottman, Andy Greendorfer, and Mirabai Wahbe, "An Empirically Based Approach to Couples' Conflict," in *The Handbook of Conflict Resolution: Theory and Practice*, 3rd ed., eds. Peter T. Coleman, Morton Deutsch, and Eric C. Marcus (San Francisco: Jossey-Bass, 2014), 898–920.

15 Gottman et al., "An Empirically Based Approach to Couples' Conflict," 907.

16 Gabriella Blum, *Islands of Agreement: Managing Enduring Armed Rivalries* (Cambridge, MA: Harvard University Press, 2007).

17 Michael G. Wessells, "Bottom-Up Approaches to Strengthening Child Protection Systems: Placing Children, Families, and Communities at the Center," *Child Abuse & Neglect* 43 (2015): 8–21; David Marsh, Dirk G. Schroeder, Kirk A. Dearden, Jerry Sternin, and Monique Sternin, "The Power of Positive Deviance," *BMJ* 329, no. 7475 (2004): 1177–79.

18 E. Tory Higgins, "Making a Good Decision: Value from Fit," *American Psychologist* 55, no. 11 (2000): 1217–30.

19 Ezra Klein, *Why We're Polarized* (London: Profile Books, 2020).

20 Peter T. Coleman, "Half the Peace: The Fear Challenge and the Case for Promoting Peace," *International Peace Institute's Global Observatory*, March 19, 2018, https://theglobal -observatory.org/2018/03/half-the-peace-fear-challenge-promoting-peace/.

21 건강한 결혼을 위한 유익한 정보와 실제적인 안내를 원한다면, John Gottman and Nan Silver, *The Seven Principles for Making Marriage Work* (New York: Harmony Books, 2000). This book summarizes decades of Gottman's research at his "Love Lab."을 보라.

22 Gary Goertz, Paul F. Diehl, and Alexandru Balas, *The Puzzle of Peace: The*

Evolution of Peace in the International System (New York: Oxford University Press, 2016).

23 Signithia Fordham and John U. Ogbu, "Black Students' School Success: Coping with the 'Burden' of 'Acting White'," *Urban Review* 18, no. 3 (1986): 176–206.

24 Ben Sasse, *Them: Why We Hate Each Other—And How to Heal* (New York: Macmillan,2018).

25 David Dorsey's thoughtful profile of Jerry Sternin, a former country director at Save the Children, and current director of the Positive Deviance Initiative. David Dorsey, "Positive Deviant," *Fast Company*, November 30, 2000, https://www.fastcompany.com /42075/positive-deviant을 보라.

26 더 심층적인 인터뷰 내용을 원한다면, Jerry Sternin, *The Positive Deviance Initiative Story* (interview), Carnegie Council for Ethics in International Affairs, January 5, 2007, https://www.carnegiecouncil.org/publications/archive/policy_innovations/innovations/PositiveDeviance를 보라.

27 Ashutosh Varshney, *Ethnic Conflict and Civic Life: Hindus and Muslims in India* (New Haven, CT: Yale University Press, 2002).

28 Leslie Riopel, "The Research on Appreciative Inquiry and Its Fields of Application," *PositivePsychology.com*, October 28, 2019, https://positivepsychology.com/appreciative-inquiry-research/.

29 아쇼카Ashoka의 전 세계 활동에 대해 더 알고 싶다면, ashoka.org를 방문하라.

30 Ryszard Praszkier, Andrzej Nowak, and Peter T. Coleman, "Social Entrepreneurs and Constructive Change: The Wisdom of Circumventing Conflict," *Peace and Conflict: Journal of Peace Psychology* 16, no. 2 (2010): 153–74.

31 Praszkier, Nowak, and Coleman, "Social Entrepreneurs and Constructive Change," 153.

32 Sternin, *The Positive Deviance Initiative Story*.

33 Marsh, Schroeder, Dearden, Sternin, and Sternin, "The Power of Positive Deviance," 1177–1179.

34 컬럼비아대학교 연구소의 활동에 관한 보고서 전체 내용을 원한다면, Josh Fisher, Kyong Mazzaro, Nick Redding, and Christine Straw, *The Contribution of Reconciliation and Victim Memory to Sustainable Peace in Colombia*, Advanced Consortium on Cooperation, Conflict, and Complexity, Earth Institute, Columbia University, July 2015, https://ac4.earth.columbia .edu/ sites/default/files/content/2015%20Fisher%2C%20Mazarro%2C%20 Redding%2C%20 and%20Straw%20WORLD%20BANK%20COLOMBIA. pdf를 보라.

35 연대 세력의 개념과 이것이 평화와 갈등 해결 분야에서 갖는 타당성에 대해 더 알고 싶다면, Kyong Mazzaro, Nicholas Redding, Ben Yahuda, Danny Burns, and Jay Rothman, "Resonance, Conflict and Systems Change," *DTS Innovation Lab*, November 6, 2015, https://conflictinnovationlab.wordpress. com/2015/11/06/test-digest1/을 보라.

36 Danny Burns, *Systemic Action Research: A Strategy for Whole System Change* (Bristol, UK: Policy Press, 2007); Danny Burns, "Facilitating Systemic Conflict Transformation Through Systemic Action Research," in *The Non—linearity of Peace Processes—Theory and Practice of Systemic Conflict Transformation*, ed. Daniela Korppen, Norbert Ropers, and Hans J. Giessmann (Farmington Hills, MI: Verlag Barbara Budrich, 2011), 97–109.

37 Amra Lee, "Crisis-Mapping and New Technologies: Harnessing the Potential and Mitigating Unintended Consequences," *Humanitarian Practice Network*, July 12, 2013, https://odihpn.org/blog/crisis-mapping-and-new-technologies-%C2%96-harnessing-the-potential-and-mitigating-unintended-consequences/.

38 David Newman, "How Israel's Peace Movement Fell Apart," *New York Times*, August 30, 2002, https://www.nytimes.com/2002/08/30/opinion/how-israel-s-peace-movement-fell-apart.html.

39 Elaine Romanelli and Michael L. Tushman, "Organizational Transformation as Punctuated Equilibrium: An Empirical Test," *Academy of Management*

Journal 37, no. 5 (1994): 1141–66.

40 Andrew Mercer, Claudia Deane, and Kyley McGeeney, "Why 2016 Election Polls Missed Their Mark," *Pew Research Center*, November 9, 2016, https://www.pewresearch.org/fact-tank /2016/11/09/why-2016-election-polls-missed-their-mark/.

41 Jay D. Hmielowski, Myiah J. Hutchens, and Michael A. Beam, "Asymmetry of Partisan Media Effects?: Examining the Reinforcing Process of Conservative and Liberal Media with Political Beliefs," *Political Communication*, May 23, 2020, https://doi.org/10.1080/1058 4609.2020.1763525.

42 The Flip Side, "About Us" (webpage), accessed September 9, 2020, https://www.theflipside.io/about-us.

43 다음 사이트에서 추가 정보를 얻을 수 있다.

• Solutions Journalism's "Guide to Deeper Connection" is available at https://thewholestory.solutionsjournalism.org/a-guide-to-deeper-connections-36c9f94fb035;

• The Aspen Institute's "Weave: The Social Fabric Project" is available at https://www.aspeninstitute.org/programs/weave-the-social-fabric-initiative/;

• StoryCorps "Take One Small Step" initiative is available at: https://storycorps.org/discover/onesmallstep/

• BBC News' "Crossing Divides" is available at: https://www.bbc.com/news/world-43160365

• Unite's "Join the Movement to Unite as One" is available at: https://unite.us/

44 Kurt Lewin, *Resolving Social Conflicts: Selected Papers on Group Dynamics* (New York: Harper and Row, 1948), 47.

45 I. William Zartman and Johan Aurik, "Power Strategies in De-escalation," in *Timing the De-escalation of International Conflicts*, ed. Louis Kriesberg and Stuart J. Thorson (Syracuse, NY: Syracuse University Press, 1991), 152–81.

46 Diane L Coutu, "Edgar Schein: The Anxiety of Learning," *Harvard Business Review* 80, no. 3 (March 2002); Diane L Coutu, "Edgar Schein: The Anxiety of Learning: The Darker Side of Organizational Learning" (interview), April 15, 2002, https://hbswk.hbs.edu/archive/edgar-schein-the-anxiety-of-learning-the-darker-side-of-organizational-learning; Marc Pilisuk and Paul Skolnick, "Inducing Trust: A Test of the Osgood Proposal," *Journal of Personality and Social Psychology* 8, no. 2 (1968): 121–33.

47 이 시나리오는 학교 시스템에서 발생한 실제 사건에 기초하지만, 이 연구를 위해 시뮬레이션 사례로 개발됐다. Peter T. Coleman, "Fostering Ripeness in Seemingly Intractable Conflict: An Experimental Study," *International Journal of Conflict Management* 11, no. 4 (2000): 300–317.

48 Boaz Hameiri, Daniel Bar-Tal, and Eran Halperin, "Paradoxical Thinking Interventions: A Paradigm for Societal Change," *Social Issues and Policy Review* 13, no. 1 (2019): 36–62.

49 Douglas P. Fry, *War, Peace and Human Nature: The Convergence of Evolutionary and Cultural Views* (New York: Oxford University Press, 2015).

50 Douglas P. Fry, *Beyond War: The Human Potential for Peace* (New York: Oxford University Press, 2007).

51 Bruce Drake and Jocelyn Kiley, "Americans Say the Nation's Political Debate Has Grown More Toxic and 'Heated' Rhetoric Could Lead to Violence," *Pew Research Center, FactTank* (blog), July 18, 2019, https://www.pewresearch.org/fact-tank/2019/07/18 /americans-say-the- ations-political- debate-has-grown-more-toxic- and-heated- rhetoric-could-lead-to-violence/.

7장 복잡도를 높여라―모순적인 복잡성을 받아들여라

1 Megan Phelps-Roper, "Head Full of Doubt/Road Full of Promise," *Medium* (blog), February 6, 2013, https://medium.com/@meganphelps/head-full-of-doubt-road-full-of-promise-83d2ef8ba4f5.

2 Watch Megan Phelps-Roper's captivating TED talk: Megan Phelps-Roper, "I Grew Up in the Westboro Baptist Church. Here's Why I Left," February 2017, https://www.ted.com/talks/megan_phelps_roper_i_grew_up_in_the_westboro_baptist_church_here_s_why_i_left.

3 Robert Kegan's *In Over Our Heads: The Mental Demands of Modern Life* (Cambridge, MA: Harvard University Press, 1998)를 읽어 보라.

4 Katharina G. Kugler and Peter T. Coleman, "Get Complicated: The Effects of Complexity on Conversations over Potentially Intractable Moral Conflicts," *Negotiation and Conflict Management Research* 13, no. 1 (July 2020).

5 확증 편향의 효과에 대해 더 알고 싶다면, Scott Plous, *The Psychology of Judgment and Decision Making* (New York: McGraw Hill, 1993), 233,《판단과 의사 결정》, 대경; Elizabeth Kolbert, "Why Facts Don't Change Our Minds," *New Yorker*, February 27, 2017, https://www.newyorker.com /magazine/2017/02/27/why-facts-dont-change-our-minds를 보라.

6 Lucien Gideon Conway III, Peter Suedfeld, and Philip E. Tetlock, "Integrative Complexity and Political Decisions That Lead to War or Peace," in *Peace, Conflict, and Violence: PeacePsychology for the 21st Century*, ed. Daniel J. Christie, Richard V. Wagner, and Deborah DuNann Winter (Upper Saddle River, NJ: Prentice Hall, 2001), 66–75. Philip E. Tetlock andDan Gardner, *Superforecasting: The Art and Science of Prediction* (New York: Broadway Books, 2015).《슈퍼 예측, 그들은 어떻게 미래를 보았는가》 알키.

7 Shawn W. Rosenberg, Reason, *Ideology and Politics* (Princeton, NJ: Princeton University Press, 1988); Agnieszka Golec and Christopher M. Federico, "Understanding Responses to Political Conflict: Interactive Effects of the Need for Closure and Salient Conflict Schemas," *Journal of Personality & Social Psychology* 87, no. 6 (2004): 750–62.

8 Kugler and Coleman, "Get Complicated"; John M. Gottman, James D. Murray, Catherine C. Swanson, Rebecca Tyson, and Kristin Swanson, *The Mathematics of Marriage: Dynamic Nonlinear Models* (Cambridge, MA: MIT

Press, 2005); Barbara L. Fredrickson and Marcial F. Losada, "'Positive Affect and the Complex Dynamics of Human Flourishing': Correction to Fredrickson and Losada (2005)," *American Psychologist* 68, no. 9 (2013): 822.

9   Katherine A. Lawrence, Peter Lenk, and Robert E. Quinn, "Behavioral Complexity in Leadership: The Psychometric Properties of a New Instrument to Measure Behavioral Repertoire," *Leadership Quarterly* 20, no. 2 (2009): 87–102를 보라.

10   Kugler and Coleman, "Get Complicated."

11   Sonia Roccas and Marilynn B. Brewer, "Social Identity Complexity," *Personality and Social Psychology Review* 6, no. 2 (2002): 88–106.

12   Irving L. Janis, *Groupthink: Psychological Studies of Policy Decisions and Fiascos* (Boston, MA: Houghton Mifflin, 1982); Marlene E. Turner and Anthony R. Pratkanis, "A Social Identity Maintenance Model of Groupthink," *Organizational Behavior and Human Decision Processes* 73, no. 2–3 (1998): 210–35.

13   Sarah E. Gaither, Jessica D. Remedios, Diana T. Sanchez, and Samuel R. Sommers, "Thinking Outside the Box: Multiple Identity Mind-Sets Affect Creative Problem Solving," *Social Psychological and Personality Science* 6, no. 5 (2015): 596–603.

14   Robert D. Putnam, *Bowling Alone: The Collapse and Revival of American Community* (New York: Touchstone Books, 2000); Elif Erisen and Cengiz Erisen, "The Effect of Social Networks on the Quality of Political Thinking," *Political Psychology* 33, no. 6 (2012): 839–65, https://www.jstor.org/stable/23324195. Rochelle R. Cote and Bonnie H. Erickson, "Untangling the Roots of Tolerance: How Forms of Social Capital Shape Attitudes Toward EthnicMinorities and Immigrants," *American Behavioral Scientist*, 52, no. 12 (2009): 1664–89;Penny S. Visser and Robert R. Mirabile, "Attitudes in the Social Context: The Impact of Social Network Composition on Individual-Level Attitude Strength," *Journal of Personality and Social Psychology* 87, no. 6

(2004): 779–95.

15 Robert A. LeVine and Donald T. Campbell, *Ethnocentrism: Theories of Conflict, Ethnic Attitudes, and Group Behavior* (New York: Wiley, 1972). Ashutosh Varshney, *Ethnic Conflict and Civic Life: Hindus and Muslims in India* (New Haven, CT: Yale University Press, 2002).

16 나는 이것을 복잡성, 통일성, 갈등(C3)의 대략적인 법칙이라고 부른다. 즉 인간은 인지, 사고, 감정, 행동, 사회적 관계에서 일관성과 통일성을 지향한다. 이는 자연스럽고 기능적이다. 하지만 갈등은 이런 성향을 강화하며, 갈등이 오래되면 역기능으로 바뀔 수 있다. 사고, 감정, 행동, 사회적 조직의 더 복잡한 패턴을 발전시키면 이것을 완화할 수 있고, 그 결과 더 건설적으로 갈등에 대응할 수 있다. Peter T. Coleman, *The Five Percent: Finding Solutions to (Seemingly) Impossible Conflicts* (New York: Perseus Books, 2011)를 보라.

17 "Cognitive Dissonance," *Psychology Today*, July 10, 2020, https://www.psychologytoday.com/us/basics/cognitive-dissonance. See also foundational research by Leon Festinger, *A Theory of Cognitive Dissonance* (Stanford, CA: Stanford University Press, 1957).

18 이는 특별히 서구적 가치로 알려졌다. Kaiping Peng and Richard E. Nisbett, "Culture, Dialectics, and Reasoning About Contradiction," *American Psychologist* 54, no. 9 (1999): 741–54.

19 Dan W. Grupe and Jack B. Nitschke, "Uncertainty and Anticipation in Anxiety: An Integrated Neurobiological and Psychological Perspective," *Nature Reviews. Neuroscience* 14, no. 7 (2013): 488–501.

20 Peng and Nisbett, "Culture, Dialectics, and Reasoning About Contradiction."

21 William Blake, *The Marriage of Heaven and Hell* (London, 1790).

22 Sonia Roccas and Marilynn B. Brewer, "Social Identity Complexity," *Personality and Social Psychology Review* 6, no. 2 (2002): 88–106.

23 Natalie R. Hall and Richard J. Crisp, "Considering Multiple Criteria for Social Categorization Can Reduce Intergroup Bias," *Personality and Social Psychology Bulletin* 31, no. 10 (2005): 1435–44.

24 Megan L. Endres, Sanjib Chowdhury, and Morgan Milner, "Ambiguity Tolerance and Accurate Assessment of Self-Efficacy in a Complex Decision Task," *Journal of Management & Organization* 15, no. 1 (2009): 31–46.

25 Anne Maydan Nicotera, Michael Smilowitz, and Judy C. Pearson, "Ambiguity Tolerance, Conflict Management Style and Argumentativeness as Predictors of Innovativeness," *Communication Research Reports* 7, no. 2 (1990): 125–31.

26 Daniel J. Siegel, *Mindsight: The New Science of Personal Transformation* (New York: Random House, 2010).

27 Alan Jacobs, *How to Think: A Survival Guide for a World at Odds* (New York: Currency Press, 2017). 《당신이 생각만큼 생각을 잘하지 못하는 이유》, 코리아 닷컴.

28 Peter Berger and Thomas Luckmann, *The Social Construction of Reality: A Treatise in the Sociology of Knowledge* (Garden City, NY: Doubleday, 1966).

29 William Hart, Dolores Albarracín, Alice H. Eagly, Inge Brechan, Matthew J. Lindberg, and Lisa Merrill, "Feeling Validated Versus Being Correct: A Meta-analysis of Selective Exposure to Information," *Psychological Bulletin* 135, no. 4 (2009): 555–88.

30 나는 2012년 TED 강연에서 이런 유형의 편협한 사고를 완화하기 위해 논쟁 상대를 대변하는 텔레비전 채널(MSNBC와 FOX)에 일부러 맞추는 일반적이고 무분별한 활동을 제안하는 실수를 저질렀다. 내가 틀렸다. 교육자 알란 제이콥스 Alan Jacobs가 이것을 바로잡았다. 상대 진영의 최고의 사상 지도자를 찾아야 한다. 대중적인 정치적 꼭두각시나 정치인을 넘어서야 한다.

31 Tetlock and Gardner, *Superforecasting*.

32 Magoroh Maruyama, "The Second Cybernetics: Deviation-Amplifying Mutual Causal Processes," *American Scientist* 51, no. 2 (1963): 164–79, https://www.jstor.org/stable/27838689. Magoroh Maruyama, ed., *Context and Complexity: Cultivating Contextual Understanding* (New York: Springer-Verlag, 1991).

33 Philippe Vandenbroeck, Jo Goossens, and Marshall Clemens, "Tackling Obesities: Future Choices—Obesity System Atlas," *UK Government 's*

Foresight Programme, October 2007, https://www.gov.uk/government/
uploads/system/uploads/attachment_data/file/295153 /07-1177-obesity-
system-atlas.pdf.

34 Danny Burns. *Systemic Action Research: A Strategy for Whole System Change*
(Bristol, UK: Policy Press, 2007).

35 Eric Berlow, "Simplifying Complexity," *TEDGlobal* (video), July 2010, https://
www.ted .com/talks/eric_berlow_simplifying_complexity?language=en.

36 Alex Mintz and Carly Wayne, *The Polythink Syndrome: U.S. Foreign Policy
Decisions on 9/11, Afghanistan, Iraq, Iran, Syria, and ISIS* (Stanford, CA: Stanford
University Press, 2016).

37 Andrzej Nowak, "Dynamical Minimalism: Why Less Is More in Psychology,"
Personality and Social Psychology Review 8, no. 2 (2004): 183–93.

38 Emile G. Bruneau and Rebecca Saxe, "The Power of Being Heard: The
Benefits of 'Perspective-Giving' in the Context of Intergroup Conflict,"
Journal of Experimental Social Psychology 48, no. 4 (2012): 855–66.

39 Susan Fiske, "Controlling Other People: The Impact of Power on
Stereotyping," *American Psychologist* 48, no. 6 (1993): 621–28.

40 Amanda Ripley, "Complicating the Narratives: What If Journalists Covered
Controversial Issues Differently—Based on How Humans Actually Behave
When They Are Polarized and Suspicious?," *Solutions Journalism Network*,
June 27, 2018, https://thewholestory .solutionsjournalism.org/complicating-
the-narratives-b91ea06ddf63.

41 Hélène Biandudi Hofer, "Complicating the Narratives: How We're
Moving This Work Forward," *Solutions Journalism Network*, August 23,
2019, https://thewholestory.solutions -journalism.org/narratives-in-the-
media-frustrate-journalists-too-so-lets-loop-and-figure-it-out-together-
7ae6978f115d.

42 1949~1987년 사이 미국 연방통신위원회(FCC)는 미디어 기업들이 FCC가 제시
한 공정의 원칙을 따르도록 요구했다. 공정의 원칙은 방송기업들이 FCC의 관점

에서 볼 때 정직하고, 공평하며, 균형 잡힌 방식을 통해 공적으로 중요한 논쟁적 이슈를 보도해야 한다는 원칙이다. 레이건 행정부는 이 정책을 폐지했다.

43 The Flipside (website), https://www.theflipside.io/; AllSides (website), https://www.allsides.com/.

44 Peter T. Coleman, "Lawmakers, to Repair Our Polarized Congress, Make DC Your Home," *The Hill*, May 16, 2018, http://thehill.com/opinion/ campaign/388007-lawmakers-to-help-repair -our-polarized-congress-make-dc-your-home.

45 Erin Duffin, "U.S. Congress—Public Approval Rating 2019–2020," *Statista*, October 5, 2020,https://www.statista.com/statistics/207579/public-approval-rating-of-the-us-congress/.

46 LeVine and Campbell, *Ethnocentrism*; Michael Taylor and Douglas Rae, "An Analysis of Crosscutting Between Political Cleavages," *Comparative Politics* 1, no. 4 (1969): 534–47; Varshney, *Ethnic Conflict and Civic Life*; Joel Sawat Selway, "The Measurement of Cross-Cutting Cleavages and Other Multidimensional Cleavage Structures," *Political Analysis* 19, no. 1 (2011): 48–65; Thad Dunning and Lauren Harrison, "Cross-Cutting Cleavages and Ethnic Voting: An Experimental Study of Cuisinage in Mali," *American Political Science Review* 104, no. 1 (2010): 21–39.

47 Amnda Ripley, Rekha Tenjarla, and Angela Y. He, "The Geography of Partisan Prejudice: A Guide to the Most—and Least—Politically Open-Minded Counties in America," *The Atlantic*, March 4, 2019, https://www.theatlantic.com/politics/archive/2019/03/us-counties-vary-their-degree-partisan-prejudice/583072/.

8장 움직여라—새로운 경로와 리듬을 활성화하라

1 14세기 카지미에서 3세 시대, 이 도시에 작은 유대인 마을이 있었다. 왕은 이 유대인들에게 권리 영장을 승인했고, 그 결과 이 마을은 유대인 이민의 중심지가

됐다.

2　이 프레젠테이션은 결국 모잠비크의 평화에 대한 사례 분석이 됐다. Andrea Bartoli, Lan Bui-Wrzosinska, and Andrzej Nowak, "Peace Is in Movement: A Dynamical Systems Perspective on the Emergence of Peace in Mozambique," *Peace and Conflict: Journal of Peace Psychology* 16, no. 2 (2010): 211–30을 보라.

3　Andrzej Nowak, Morton Deutsch, Wieslaw Bartkowski, and Sorin Solomon, "From Crude Law to Civil Relations: The Dynamics and Potential Resolution of Intractable Conflict," *Peace and Conflict: Journal of Peace Psychology* 16, no. 2 (2010): 189–209를 보라.

4　Vamik Volkan describes these as local "hot spots," areas in communities that come to symbolically represent the deepest resentments and loyalties associated with a conflict. Vamik Volkan, *Killing in the Name of Identity: A Study of Bloody Conflicts* (Durham, NC: Pitchstone, 2006).

5　이는 Morton Deutsch의 대략적인 사회관계 법칙의 예다. Morton Deutsch, *The Resolution of Conflict: Constructive and Destructive Processes* (New Haven, CT: Yale University Press, 1973)를 보라.

6　훌륭한 요약을 원한다면 Christine Webb, Maya Rossignac-Milon, and E. Tory Higgins, "Stepping Forward Together: Could Walking Facilitate Interpersonal Conflict Resolution?," *American Psychologist* 72, no. 4 (2017): 374–85를 보라.

7　Michelle LeBaron, "The Alchemy of Change: Cultural Fluency in Conflict Resolution," in *The Handbook of Conflict Resolution: Theory and Practice*, 3rd ed., ed. Peter T. Coleman, Morton Deutsch, and Eric Marcus (San Francisco: Jossey-Bass, 2014), 581–603.

8　LeBaron, "The Alchemy of Change," 594.

9　Norman Doidge, *The Brain That Changes Itself: Stories of Personal Triumph from the Frontiers of Brain Science* (New York: Penguin, 2007).

10　LeBaron, "The Alchemy of Change."

11　Arie W. Kruglanski, Eric P. Thompson, E. Tory Higgins, M. Nadir Atash,

Antonio Pierro, James Y. Shah, and Scott Spiegel, "To 'Do the Right Thing' or to 'Just Do It': Locomotion and Assessment as Distinct Self-Regulatory Imperatives," *Journal of Personality and Social Psychology* 79, no. 5 (2000): 793–815.

12 Filippo Aureli and Frans B. M. De Waal, eds., *Natural Conflict Resolution* (Berkeley: University of California Press, 2000).

13 장 이론에 정말 관심이 있다면, Morton Deutch, "Field Theory in Social Psychology," in *Handbook of Social Psychology*, ed. Gardner Lindzey (Cambridge, MA: Addison Wesley, 1954), 181–222. Chapter 6 can be retrieved at https://docs.google.com/viewer?a=v&pid=sites&srcid=ZGVm YXVsdGRvbWFpbnxpbnZlc3RpZ2Fic9uZW-50ZmV8Z3g6MjI1ODdm OTVmOTRmOTFhZA를 읽어 보라.

14 어트랙터 지형 개념은 삶의 공간에 관한 최신 개념이다. 우리는 이런 지형을 심리적으로 경험하며 인지적·물리적으로 지형의 등고선을 넘나들 수 있다. 이 지형들은 우리 자신이나 외부 행위자 또는 사건에 의해 근본적으로 바뀔 수 있다.

15 Victor Daniels, "Kurt Lewin Notes," Sonoma State University, December 3, 2003, http:// web.sonoma.edu/users/d/daniels/lewinnotes.html.

16 Kruglanski et al., "To 'Do the Right Thing' or to 'Just Do It'."

17 Christine E. Webb, Peter T. Coleman, Maya Rossignac-Milon, Stephen J. Tomasulo, and E. Tory Higgins, "Moving On or Digging Deeper: Regulatory Mode and Interpersonal Conflict Resolution," *Journal of Personality and Social Psychology* 112, no. 4 (2017): 621–41; Webb, Rossignac-Milon, and Higgins, "Stepping Forward Together."

18 영장류를 연구한 결과는 별도로 출간됐다. Christine E. Webb, "Moving Past Conflict: How Locomotion Facilitates Reconciliation in Humans and Chimpanzees (*Pan troglodytes*)" (PhD diss., New York, Columbia University, 2015)를 보라.

19 Katharina Kugler and Peter T. Coleman, "Get Complicated: The Effects of Complexity on Conversations over Potentially Intractable Moral Conflicts,"

Negotiation and Conflict Management Research 13, no. 3 (July 2020).

20 이 방법으로 컴퓨터 소프트웨어를 이용해 컴퓨터 화면의 커서를 추적해 시간에 따른 감정 변화의 역동을 평가한다. Robin R. Vallacher, Paul Van Geert, and Andrzej Nowak, "The Intrinsic Dynamics of Psychological Process," *Current Directions in Psychological Science* 24, no. 1 (2015): 58–64를 보라.

21 이것을 최적 비율이라고 부르는 이유는 긍정성과 부정성이 서로 분쟁하는 상황에서 배움과 성장에 모두 필요하기 때문이다. John Gottman, Julie S. Gottman, Andy Greendorfer, and Mirabai Wahbe, "An Empirically Based Approach to Couples' Conflict," in *The Handbook of Conflict Resolution: Theory and Practice*, 3rd ed., ed. Peter T. Coleman, Morton Deutsch, and Eric M. Marcus (San Francisco: Jossey-Bass, 2014), 898–920을 보라.

22 예를 들어, Peter T. Coleman and Robert Ferguson, *Making Conflict Work: Harnessing the Power of Disagreement* (New York: Houghton-Mifflin-Harcourt, 2014); Peter T. Coleman and Katharina G. Kugler, "Tracking Adaptivity: Introducing a Dynamic Measure of Adaptive Conflict Orientations in Organizations," *Journal of Organizational Behavior* 35, no. 7 (2014): 945–68; Peter T. Coleman, Katharina G. Kugler, and Ljubica Chatman, "Adaptive Mediation: An Evidence-Based Contingency Approach to Mediating Conflict," *International Journal of Conflict Management* 28, no. 3 (2017): 383–406을 보라.

23 Daniel Bar-Tal, Arie W. Kruglanski, and Yechiel Klar, "Conflict Termination: An Epistemological Analysis of International Cases," *Political Psychology* 10, no. 2 (1989): 233–55.

24 Marily Oppezzo and Daniel L. Schwartz, "Give Your Ideas Some Legs: The Positive Effect of Walking on Creative Thinking," *Journal of Experimental Psychology* 40, no. 4 (2014): 1142–52.

25 Stuart J. H. Biddle, Ken Fox, and Steve Boutcher, *Physical Activity and Psychological Well-Being* (London: Routledge, 2001).

26 Phillip D. Tomporowski, "Effects of Acute Bouts of Exercise on Cognition,"

Acta Psychologica 112, no. 3 (2003): 297–324.

27 Marc G. Berman, John Jonides, and Stephen Kaplan, "The Cognitive Benefits of Interacting with Nature," *Psychological Science* 19, no. 12 (2009): 1207–12.

28 J. Russell Boulding, "The Dynamics of Imaging Futures (1978)," in *Elise Boulding: Writings on Peace Research, Peacemaking, and the Future*, ed. J. Russell Boulding (Cham, Switzerland: Springer, 2017), 159–71을 보라.

29 Tamar Avnet and E. Tory Higgins, "Locomotion, Assessment, and Regulatory Fit: Value Transfer from 'How' to 'What'," *Journal of Experimental Social Psychology* 39, no. 5 (2003): 525–30을 보라.

30 과학자들도 오랫동안 이 문제와 씨름해왔다. 위대한 경영이론가인 메리 파커 폴렛^{Mary Parker Follett}은 대부분의 과학자들이 인간의 상호 작용을 연구할 때 이상하게 접근한다고 최초로 지적했다. 이를테면, 그들은 인간의 상호 작용을 정적인 것으로 본다. 그들은 일반적으로 특정 태도, 성격 특성, 보상 또는 기회 구조가 사람들이 서로를 대우하는 방식을 어떻게 예측하는지를 조사한다. 그런 원인이 때로 타당할지 모르지만, 그럼에도 이런 유형의 사고는 삶의 변함없는 한 가지 사실, 즉 변화를 무시한다. 폴렛은 다음과 같이 말했다. "그들은 고정된 것을 유동적인 것과 비교합니다." Mary P. Follett. *Dynamic Administration: The Collected Papers of Mary Parker Follett*, ed. E. M. Fox and L. Urwick (London: Pitman Publishing, 1940).

31 Joshua Conrad Jackson, Jonathan Jong, David Bilkey, Harvey Whitehouse, Stefanie Zollmann, Craig McNaughton, and Jamin Halberstadt, "Synchrony and Physiological Arousal Increase Cohesion and Cooperation in Large Naturalistic Groups," *Scientific Reports* 8, no. 127 (2018): 18023–24; Jean-Jacques E. Slotine and Wei Wang, "A Study of Synchronization and Group Cooperation Using Partial Contraction Theory," in *Cooperative Control*, ed. Vijay Kumar, Naomi Leonard, and A. Stephen Morse (Berlin: Springer, 2004), 207–28; Daniel M. T. Fessler and Colin Holbrook, "Marching Into Battle: Synchronized Walking Diminishes the Conceptualized Formidability of an Antagonist in Men," *Biology Letters* 10, no. 8 (August 2014)을 보라.

32 복잡성 지도 작성을 알고 싶다면, Danny Burns, *Systemic Action Research: A Strategy for Whole System Change* (Bristol, UK: Policy Press, 2007); Robert Ricigliano, *Making Peace Last: A Toolbox for Sustainable Peacebuilding* (Boulder, CO: Paradigm Press, 2012); Glenda H. Eoyang and Royce J. Holladay, *Adaptive Action: Leveraging Uncertainty in Your Organization* (Stanford, CA: Stanford University Press, 2013); Peter T. Coleman, *The Five Percent: Finding Solutions to Seemingly Impossible Conflicts* (New York: Public Affairs, 2011)를 보라.

33 Julia Zimmermann and Franz J. Neyer, "Do We Become a Different Person When Hitting the Road? Personality Development of Sojourners," *Journal of Personality and Social Psychology* 105, no. 3 (2013): 515–30.

34 Jiyin Cao, Adam D. Galinsky, and William W. Maddux, "Does Travel Broaden the Mind? Breadth of Foreign Experiences Increases Generalized Trust," *Social Psychological and Personality Science* 5, no. 5 (2014): 517–25.

35 Audra D. S. Burch, "A Youth Camp Where No Issue Is Off Limits," *New York Times*, August 29, 2019, https://www.nytimes.com/2019/08/29/us/summer-camp-etgar.html.

36 이 이야기는 대부분 나의 동료 바스티안 버브너[Bastian Berbner]가 2019년 9월 20일 "Beer Summit", *This American Life* (video), episode 683에서 발표한 내용에 의해 알려졌다. https://www.thisamericanlife.org/683/beer-summit.

37 오늘날 전 세계에는 약 1만 5천 개의 '부족'이 있는 것으로 추정된다.

38 예를 들면, Andrzej Nowak, Robin R. Vallacher, Michal Zochowski, and Agnieszka Rychwalska, "Functional Synchronization: The Emergence of Coordinated Activity in Human Systems," *Frontiers in Psychology* 8, no. 945 (June 2017)를 보라; 또한 Andrzej Nowak and Robin R. Vallacher, "Synchronization Dynamics in Close Relationships: Coupled Logistic Maps as a Model of Interpersonal Phenomena," in *From Quanta to Societies*, ed. Wlodzimierz Klonowski (Lengerich, Germany: Pabst Science Editors, 2003), 165–80을 보라.

39 Frank J. Bernieri and Robert Rosenthal, "Interpersonal Coordination:

Behavior Matching and Interactional Synchrony," in *Fundamentals of Nonverbal Behavior*, ed. Robert S. Feldman and Bernard Rimé (Cambridge: Cambridge University Press, 1991), 401–32.

40 Webb, Rossignac-Milon, and Higgins, "Stepping Forward Together."

41 Svenja Koehne, Alexander Hatri, John T. Cacioppo, and Isabel Dziobek, "Perceived Interpersonal Synchrony Increases Empathy: Insights from Autism Spectrum Disorder," *Cognition* 146 (January 2016): 8–15.

42 Stephanie Cacioppo, Haotian Zhou, George Monteleone, Elizabeth A. Majka, Kimberly A. Quinn, Aaron B. Ball, Gregory J. Norman, Gun R. Semin, and John T. Cacioppo, "You Are In Sync with Me: Neural Correlates of Interpersonal Synchrony with a Partner," *Neuroscience* 277 (September 2014): 842–58.

43 리샤드 프라스키어Ryszard Praskier는 이렇게 쓴다. "1990년대 초, 파르마 대학의 지아코모 리졸라티Giacomo Rizzolatti 교수 연구팀의 일원인 이탈리아인 연구자 비토리오 갈레세Vittorio Gallese는 놀랍고도 전혀 예상치 못한 사실을 발견했다. 어느 날 그는 뇌에 전극을 심은 짧은꼬리원숭이를 대상으로 연구를 진행하고 있었다. 그가 음식을 향해 손을 뻗었을 때 원숭이의 전운동 피질의 신경 세포가 활성화되는 것을 봤다. 원숭이가 비슷한 동작을 할 때도 같은 뇌 영역이 활성화됐다(Iacoboni 2009; Society for Neuroscience 2008). 어떻게 이런 일이 가능할까? 원숭이는 가만히 앉아서 그를 보기만 했을 뿐이다. 이는 거울 신경 세포의 발견으로 이어지는 문을 열었다. 거울 신경 세포는 심리학을 혁신시켜 통일된 틀을 제공하고 이전에 미지의 영역으로 남아 있던 많은 정신 능력을 설명하는 데 도움을 줬다(Ramachandran 2000). 어떤 사람들은 '공감 신경 세포', 또는 '달라이 라마 신경 세포'와 같은 생생한 이름으로 거울 세포를 표현하면서 자아와 타자 사이의 장벽을 없앴다고 주장한다." Ryszard Praszkier, "Empathy, Mirror Neurons and SYNC," *Mind and Society* 15 (2016): 1–25를 보라.

44 Katharina G. Kugler, Peter T. Coleman, and Anna M. Fuchs, "Moral Conflict and Complexity: The Dynamics of Constructive Versus Destructive Discussions over Polarizing Issues" (paper presented at the 24th Annual Conference of the International Association of Conflict Management,

Istanbul, Turkey, 2011), https://ssrn.com/abstract=1872654

45 John Gottman, Catherine Swanson, and James Murray, "The Mathematics of Marital Conflict: Dynamic Mathematical Nonlinear Modeling of Newlywed Marital Interaction," *Journal of Family Psychology* 13, no. 1 (1999): 3–19; Julian Cook, Rebecca Tyson, Jane White, Regina Rushe, John Gottman, and James Murray, "Mathematics of Marital Conflict: Qualitative Dynamic Mathematical Modeling of Marital Interaction," *Journal of Family Psychology* 9, no. 2 (1995): 110–30; John M. Gottman, James D. Murray, CatherineC. Swanson, Rebecca Tyson, and Kristin Swanson, *The Mathematics of Marriage: Dynamic Nonlinear Models* (Cambridge, MA: MIT Press, 2002).

46 Marcial Losada and Emily Heaphy, "The Role of Positivity and Connectivity in the Performance of Business Teams: A Nonlinear Dynamics Model," *American Behavioral Scientist* 47, no. 6 (2004): 740–65를 보라.

47 Webb, Rossignac-Milon, and Higgins, "Stepping Forward Together."

48 Scott S. Wiltermuth and Chris Heath, "Synchrony and Cooperation," *Psychological Science* 20, no. 1 (2009): 1–5.

49 Sebastian Kirschner and Michael Tomasello, "Joint Music Making Promotes Prosocial Behavior in 4-Year-Old Children," *Evolution and Human Behavior* 31, no. 5 (2010): 354–64; Laura K. Cirelli, Kathleen M. Einarson, and Laurel J. Trainor, "Interpersonal Synchrony Increases Prosocial Behavior in Infants," *Developmental Science* 17, no. 6 (2014): 1003–11.

50 Frank J. Bernieri, Janet M. Davis, Robert Rosenthal, and C. Raymond Knee, "Interactional Synchrony and Rapport: Measuring Synchrony in Displays Devoid of Sound and Facial Affect," *Personality and Social Psychology Bulletin* 20, no. 3 (1994): 303–11.

51 Peter J. Carnevale, Dean G. Pruitt, and Steven D. Seilheimer, "Looking and Competing: Accountability and Visual Access in Integrative Bargaining," *Journal of Personality and Social Psychology*, 40, no. 1 (1981): 111–20.

52 Tim Smith and John Henderson, "Attentional Synchrony in Static and

Dynamic Scenes," *Journal of Vision* 8, no. 6 (2008): 773.

53 Emma E. Cohen, Robin Ejsmond-Frey, Nicola Knight, and R. I. M. Dunbar, "Rowers' High: Behavioural Synchrony Is Correlated with Elevated Pain Thresholds," *Biology Letters* 6, no. 1 (2010): 106–8.

54 Nowak, Vallacher, Zochowski, and Rychwalska, "Functional Synchronization."

55 이 만남은 나중에 리 블레싱^{Lee Blessing}에 의해 1988년에 'A Walk in the Woods'라는 무대 연극으로 만들어졌다.

56 그러나 이는 나중에 정부 관리들에 의해 거부당했다.

57 예를 들어, Ali Al-Ghamby, "Walking Diplomacy," *Saudi Gazette*, May 30, 2012, https://saudigazette.com.sa/article/4643을 보라.

58 Anthony G. Delli Paoli, Alan L. Smith, and Matthew B. Pontifex, "Does Walking Mitigate Affective and Cognitive Responses to Social Exclusion?," *Journal of Sport & Exercise Psychology* 39, no. 2 (2017): 97–108.

59 '갈등 카페' 또는 '음식을 통해 평화를 이루는 임시 상점'에 관해서는 https://www.international-alert.org/conflict-cafe를 읽어보라. 미국과 갈등 관계에 있는 국가들의 음식만 제공하는 피츠버그 소재 '갈등 키친'에 대해서는 https://www.conflictkitchen.org/를 보라. Siobhan Norton, "Conflict Kitchen: How Food Can Unite Us All," *Independent*, September 22, 2014, https://www.independent.co.uk/life-style/food-and-drink/features/conflict-kitchen-how-food-can-unite-us-all-9748599.html.

60 정치 현안에 다른 관점을 가진 사람들이 집에서 만든 친숙한 과자를 먹으면서 대화를 나누게 하는 메이크 아메리카 디너 어게인^{Make America Dinner Again} 프로젝트에 대해서는 http://www.makeamericadinneragain.com/index.html을 보라.

61 Abraham's Path 프로젝트에 관하여 더 많은 것을 읽고 싶다면, https://www.abrahampath.org/를 방문하라. William Ury'의 개인 웹사이트 https://www.williamury.com/story/에서도 더 많은 자료를 읽을 수 있다. Watch William Ury, "The Walk from No to Yes" (video), TEDxMidwest, October 2010, https://www.ted.com/talks/william_ury_the_walk_from_no_to_yes.

62 Gray Atherton, Natalie Sebanz, and Liam Cross, "Imagine All the Synchrony: The Effects of Actual and Imagined Synchronous Walking on Attitudes Towards Marginalised Groups," *PLoS ONE* 14, no. 7 (2019): e0220–64, https://doi.org/10.1371/journal.pone.0216585

9장 유연하게 적응하라―근본적 변화를 위해 점진적 변화를 추구하라

이 장의 제목은 독특한 비디오 게임의 개발자인 니키 케이스Nicky Case가 제시한 복잡성과 변화를 이해하는 특별하고 조직적인 접근법을 약간 수정한 것이다. 혁신의 역사와 내부 역동에 관한 그의 흥미로운 블로그 포스트/실증적인 교훈을 읽어보라. Nicky Case, "Evolution, Not Revolution," *Nicky Case's Blog*, August 12, 2016, https://blog.ncase.me /evolution-not-revolution/.

1 Impact Game이 개발한 이 '미시 세계' 게임에 대해 더 읽고 싶다면 그리고 직접 게임을 하고 싶다면, http://www.peacemakergame.com/을 방문하라.

2 Philip E. Tetlock, *Expert Political Judgment: How Good Is It? How Can We Know?* (Oxford: Princeton University Press, 2005).

3 내가 살펴보았듯이, 인간의 의사 결정 능력의 한계와 그에 따른 심리학적, 생물학적 이유에 관한 연구는 엄청나게 많다. 아울러 그런 한계의 부정적 결과에 관한 연구도 아주 많다. 내가 참고한 연구와 관련해 더 많은 자료를 보고 싶다면, Jerome S. Bruner and Cecile C. Goodman, "Value and Need as Organizing Factors in Perception," *Journal of Abnormal and Social Psychology* 42, no. 1 (1947): 33–44, https://doi.org/10.1037/h0058484. Jerome S. Bruner and Leo Postman, "On the Perception of Incongruity: A Paradigm," *Journal of Personality* 18, no. 2 (1949): 206–23 https://doi.org/10.1111/j.1467-6494.1949. tb01241.x. James G. March and Herbert A. Simon, *Organizations* (New York: Wiley, 1958); Daniel Kahneman, *Thinking Fast and Slow* (NewYork: Farrar, Straus and Giroux, 2011); Dietrich Dörner, *The Logic of Failure: Recognizing and Avoiding Error in Complex Situations* (New York: Metropolitan Books, 1996); Tetlock, *Expert Political Judgment; Philip E. Tetlock and Dan Gardner,*

Superforecasting: The Art and Science of Prediction (New York: Crown, 2015)을 보라.

4 현실 효과에 대해 더 깊이 알고 싶다면, Kurt Eichenwald, "The Deafness Before the Storm," *New York Times*, September 11, 2012, https://www. nytimes.com/2012/09/11/opinion/the-bush -white-house-was-deaf-to-9-11- warnings.html을 추천한다. 현실 효과는 아직 발생하지 않은, 구체적으로 9/11 사건 이전에 발생하지 않은 비상사태를 이해하고 관련 계획을 세우는 것이 매우 어렵다는 개념이다.

5 Shelly Chaiken, Roger Giner-Sorolla, and Serena Chen, "Beyond Accuracy: Defense and Impression Motives in Heuristic and Systematic Information Processing," in *The Psychology of Action: Linking Cognition and Motivation to Behavior*, ed. Peter M. Goldwitzer and John A. Bargh (New York: Guilford Press, 1996), 553–87을 보라.

6 되르너가 발견한 연구 결과에 대해 그의 직접적인 설명을 원한다면, *The Logic of Failure*를 추천한다.

7 선의의 '해결책'이 실패한 실제 사례를 원한다면 데이비드 밤베르거[David Bamberger], "What Happens When an NGO Admits Failure" (video), TEDxYYC, April 2011, https://www.ted.com/talks/david_damberger_what_happens_when_ an_ngo_admits_failure을 보라. 밤베르거는 '국경 없는 공학자[Engineers Without Borders]' 단체에서 일했으며, 이 단체의 영향력을 약화시키는 맹점에 대해 그리고 앞으로 더 잘 적응하기 위해 해야할 일에 대해 언급했다.

8 Dietrich Dörner, *The Logic of Failure, Recognizing and Avoiding Error in Complex Situations* (New York: Metropolitan Books, 1996), 8.

9 Dörner, *Logic of Failure*, 33

10 일부 학자들은 이런 유형의 문제를 무한 게임이라고 한다. 하지만 내가 사회·경제·정치적 관계 역동의 특징을 묘사하려고 '게임'이라는 비유를 사용하길 망설이는 이유는 게임이 대체로 더 전략적이고 합리적인 형태의 상호 작용과 관련이 있기 때문이다. James P. Carse, *Finite and Infinite Games: A Vision of Life and Play and Possibility* (New York: Simon and Schuster, 1986)를 보라.

11 라틴어에서 혁명 또는 revolutio는 '180도 방향 전환'을 뜻한다.

12 '부정성 효과' 또는 부정적인 것에 더 집중하는 우리의 경향 그리고 부정적인 사건이 긍정적인 사건보다 더 큰 힘과 영향력을 갖는 것에 관해 더 알고 싶다면, Roy F. Baumeister, Ellen Bratslavsky, Catrin Finkenauer, and Kathleen D. Vohs, "Bad Is Stronger Than Good," *Review of General Psychology* 5, no. 4 (2001): 323–70을 보라.

13 안정적이고 건강한 관계에 기여하는 요인들에 대한 오랜 연구와, 폭넓은 연구를 기반으로 한 손상된 관계 회복 전략에 대해 알고 싶다면, John Gottman, Julie S. Gottman, Andy Greendorfer, and Mirabai Wahbe, "An Empirically Based Approach to Couples' Conflict," in *The Handbook of Conflict Resolution: Theory and Practice*, 3rd ed., ed. Peter T. Coleman, Morton Deutsch, and Eric M. Marcus (San Francisco: Jossey-Bass, 2014), 898–920을 추천한다.

14 Nicholas Redding and Peter T. Coleman, "Leadership Competencies for Addressing Complex, Dynamic Conflicts" (paper presented at a conference of the International Association of Conflict Management, Berlin, Germany, June 2016).

15 이 책의 웹사이트 thewayoutofpolarization.com은 여기에서 논의한 각 역량에 대한 평가 세트는 물론 삶에서 역량을 향상하기 위한 활동과 성찰 질문 세트를 제공한다.

16 Karl Popper, "Of Clouds and Clocks," in *Objective Knowledge: An Evolutionary Approach* (Boston: Allyn and Bacon, 1972), 4.

17 Carol S. Dweck and Ellen L. Leggett, "A Social-Cognitive Approach to Motivation and Personality," *Psychological Review* 95, no 2 (1988): 256–73.

18 캐럴 드웩Carol Dweck은 지능에 대한 신념과 그 영향에 관한 자신의 오랜 연구를 유용하고 접근하기 쉬운 책으로 출판했다. Carol Dweck, *Mindset: The New Psychology of Success* (New York: Ballantine, 2008). 《마인드셋》, 스몰빅라이프.

19 David B. Miele, Bridgid Finn, and Daniel C. Molden, "Does Easily Learned Mean Easily Remembered? It Depends on Your Beliefs About Intelligence," *Psychological Science* 22, no. 3 (2011): 320–24.

20 지능에 대한 신념이 학생의 성과에 미치는 영향에 관해 교사의 더 나은 이해를 돕는 자료를 원한다면, Implicit Beliefs About Intelligence and Implications for Educators (website), https://implicitbeliefsof intelligencetu-torial. weebly.com/home.html을 보라. 설명, 사례 연구, 자기 평가에 관한 이 온라인 자료 사이트는 '성장형' 사고방식의 개발을 지원하기 위해 만들어진 것이다. Mindset Works, "Decades of Scientific Research That Started a Growth Mindset Revolution" (website), https://www.mindsetworks.com/science/.

21 John Gottman, Kimberly Ryan, Catherine Swanson, and Kristin Swanson, "Proximal Change Experiments with Couples: A Methodology for Empirically Building a Science of Effective Interventions for Changing Couples' Interaction," *Journal of Family Communication* 5, no. 3 (2009): 163–90.

22 컴퓨터 과학자 허브 모레알Herb Morreale은 개인이 어떻게 공익을 위해 영향을 미칠 수 있는지에 관한 자신의 사상과 아이디어를 이른바 '도미노 이론'으로 요약했다. Herb Morreale, "Domino Theory: Small Steps Can Lead to Big Results," *Psys.org* (blog), April 30, 2012, https://phys.org/news/2012-04-domino-theory-small-big-results.html

23 Teresa Amabile and Steven J. Kramer, "The Power of Small Changes," *Harvard Business Review*, May 2011, https://hbr.org/2011/05/the-power-of-small-wins을 보라.

24 굿 저지먼트 프로젝트Good Judgment Project는 군중의 지혜를 이용해 세계의 사건을 예측하는 계획이다. 이 프로젝트는 필립 테트록Phillip Tetlock, 의사 결정 과학자 배트바라 맬러즈Batbara Mellers와 돈 무어Don Moore가 미국 정부의 Intelligence Advanced Research Projects Activity (IARPA)와 협력해 공동으로 만들었다.

10장 결론: 새로운 출구 규칙

1 "2020 Election Report," *Jefferson County, NY*, https://co.jefferson.ny.us/media/Elections /Summary%20report.html.

2 Amanda Ripley, Rekha Tenjarla, and Angela Y. He, "The Geography of Partisan Prejudice," *The Atlantic*, March 4, 2019, https://www.theatlantic. com/politics/archive/2019/03 /us-counties-vary-their-degree-partisan-prejudice/583072/.

3 내가 태어난 일리노이주 쿡 카운티Cook County는 매우 편협하며(백분위수 95), 지금 내가 사는 뉴욕 카운티도 그다지 더 좋진 않다(백분위수 81). 흥미롭게도, 보스턴과 브루클린 도시를 각각 포함하고 있는 매사추세츠주 서퍽 카운티와 노퍽 카운티가 가장 편협한 것 같다. 두 지역 모두 백분위수가 100이다!

4 Ripley, Tenharla, and He, "The Geography of Partisan Prejudice"; Amanda Ripley, "The Least Politically Prejudiced Place in America," *The Atlantic*, March 4, 2019, https://www.theatlantic.com/politics/archive/2019/03/watertown-new-york-tops-scale -political-tolerance/582106/을 보라.

5 http://sustainingpeaceproject.com/를 방문하면 평화로운 사회와 평화 시스템 (전쟁을 하지 않는 사회 집단)을 보여 주는 세계 지도를 볼 수 있다.

6 1948년 코스타리카 대통령 호세 피게레스 페레르Jose Figueres Ferrer는 이전에 무장 혁명의 리더였지만, 평화를 선택했다. 그는 단 18개월 동안 집권했지만, 여성과 흑인에게 투표권을 부여했고, 국가의 사회복지 시스템을 보호하고 확대했으며, 군대를 완전히 해산했다. Peter T. Coleman and Jaclyn Donahue, "Costa Rica: Choosing a Path to Peace," *Stanley Center for Peace and Security Courier*, August 26, 2018을 보라.

7 같은 법에는 가능한 한 평화로운 갈등 해결 노력과 중재 지지 내용이 포함돼 있으며, 코스타리카는 외교 분야에서도 이런 관례를 확립했다.

8 World Happiness Report에서 코스타리카는 세계 평화 지수Global Peace Index가 높고, 적극적 평화지수Positive Peace Index도 매우 높다. 그리고 2018년 세계행복보고서에서 (156개국 중) 13위를 차지했다. 코스타리카는 '평화 문화 발전의 모델'로 회자된다. Benjamin A. Peters, "Costa Rica," in *The SAGE Encyclopedia of War: Social Science Perspectives*, ed. Paul Joseph (Thousand Oaks, CA: Sage, 2017), 401–2를 보라.

9 인구 구성 측면에서 보면 뉴질랜드인은 유럽인의 후손 74퍼센트, 마오리족 14.9

퍼센트, 아시아인 11.8퍼센트, 태평양 연안 출신 7.4퍼센트, 중동/남미/아프리카인 1.2퍼센트로 구성돼 있다. 이 통계는 국가통계청 Stats NZ (www.stats.govt.nz)의 2019년 자료에 기초한다. 뉴질랜드의 공식 언어는 마오리어, 영어, 뉴질랜드 수화다.

10 뉴질랜드는 경제평화연구소가 발표한 2018년 세계 평화 지수에서 '매우 높은' 순위에 올랐다. 또한 2018년 적극적 평화 지수에서 적극적 평화 부문 8위, 공평 분배 부문 2위를 차지했다. 뉴질랜드는 국제투명성기구의 2018년 부패지수에서 2위('매우 투명'), 2018년 행복지수에서 8위를 차지했다. 이 국가는 또한 다문화정책지수에서 6점(8점 만점)을 받았다(대부분의 국가보다 더 높은 점수로, 미국은 3점을 받았다). 정부규제지수[GRI]에 따르면, 뉴질랜드는 세계에서 종교 관련 규제가 가장 낮은 국가이며, 아울러 종교 관련 사회적 적대감 지수도 '낮았다'. 마지막으로 정치적 권리와 시민의 자유를 평가하는 프리덤하우스지수[Freedom House Index]에서 뉴질랜드는 7위에 올랐다.

11 Anine Hagemann and Isabel Bramsen, "New Nordic Peace: Nordic Peace and Conflict Resolution Efforts," *Nordic Council of Ministers*, 2019, https://norden.diva-portal.org/smash/get/diva2:1302296/FULLTEXT01.pdf

12 Ripley, Tenjarla, and He, "The Geography of Partisan Prejudice."

13 Mina Cikara, Emile G. Bruneau, Jay Van Bavel, and Rebecca Saxe, "Their Pain Gives Us Pleasure: Understanding Empathic Failures and Counter-Empathic Responses in Intergroup Competition," *Journal of Experimental Social Psychology* 55 (November 2014): 110–25.

14 다음은 규칙 파괴의 증거를 보여 주는 몇 가지 사례다.

a 뇌 영상을 이용한 신경 과학 연구에 따르면, 외부 집단 구성원의 이미지에 노출만 돼도 편도체(뇌의 두려움 영역)는 자극을 받고, 외부 집단에 대한 부정성이 증가한다. 이는 '자신의 견해가 타인으로부터 멀어지는' 경향의 주요 원인이다. 하지만 이 연구는 또한 이런 효과가 외부 집단 구성원이 내부 집단 구성원으로 보일 때, 또는 인지 대상과 공동의 목적을 공유할 때 완화될 수 있다는 점도 밝혔다. Emile Bruneau, "Putting Neuroscience to Work for Peace," in *Social Psychology of Intractable Conflicts*, ed. Eran Halperin and Keren Sharvit

(Switzerland: Springer International, 2015), 143–55.

b 어려운 대화 연구소^{DCL}의 연구는 양극화된 도덕적 이슈에 대한 대화가, 논의 주제에 관한 정보가 단순히 찬반 관점이 아니라 복잡하고 상호 관련된 이슈들과 함께 제시될 때, 훨씬 더 건설적이고 나은 결과로 이어진다는 사실을 일관되게 보여 줬다. 이슈를 더 복잡하게 표현하면 단순화라는 규칙을 막는 데 도움이 된다. Katharina G. Kugler and Peter T. Coleman, "Get Complicated: The Effects of Complexity on Conversations over Potentially Intractable Moral Conflicts," *Negotiation and Conflict Management Research* 13, no. 3 (July 2020)을 보라.

c 갈등 상황에서 감정의 자기 조절에 관한 연구는 '격렬한' 감정 표출이 어떻게 공격과 회피와 같은 반사적인 반응을 쉽게 유발하는지 보여 준다. 또한 중간 휴식, 숙고, 건설적인 모델링, 계획 수립, 역할 놀이와 같은 '감정 식히기' 기술을 의도적으로 이용하면 이런 반응을 막고 더 효과적인 문제 해결을 촉진한다는 점을 밝혔다. Evelin Linder, "Emotion and Conflict: Why It Is Important to Understand How Emotions Affect Conflict and How Conflict AffectsEmotions," in *Handbook of Conflict Resolution: Theory and Practice*, 2nd ed., ed. MortonDeutsch, Peter T. Coleman, and Eric C. Marcus (Hoboken, NJ; Wiley, 2006): 268–93.

d 고정관념에 관한 실험적 연구에 따르면, 편견에 대한 인식을 높이고 편견에 기초한 행동을 하지 않기로 의도적으로 선택하면 무의식적이고 암묵적 형태의 편견을 통제하고 막을 수 있다. Margo J. Monteith and Aimee Y. Mark, "Changing One's Prejudiced Ways: Awareness, Affect, and elf-Regulation," *European Review of Social Psychology* 16, no. 1 (2005): 113–54.

e 죽음의 고비(필연적 죽음에 대한 인식 제고)가 외부 집단에 대한 편견과 차별의 증가에 미치는 영향을 조사한 실험적 연구에 따르면, 실험 대상자가 실험이 조작됐다는 것을 인식하게 되면 그 효과가 사라진다. Tom Pyszczynski, Jeff Greenberg, and Sheldon Solomon, "A Dual-ProcessModel of Defense Against Conscious and Unconscious Death-Related Thoughts: An Extension of Terror Management Theory," *Psychological Review* 106, no. 4

(1999): 835–45.

f　폭력적인 사회에 관한 민족지학 연구에 따르면, 집단 간 적대감과 폭력 증가의 가능성은 공동체 구성원들이 집단 간 유대감 또는 의미 있는 관계를 발전시킬 때 현저히 감소할 수 있다. 이는 다른 민족 집단의 구성원들을 연결하기 위한 교차 구조(다민족 업무팀, 스포츠 팀, 노동조합, 사회 집단 등)를 만들면 크게 향상된다. John F. Dovidi, Samuel L. Gaertner, Melissa-Sue John, Samer Halabi, Tamar Saguy, Adam R. Pearson, and Blake M. Riek, "Majority and MinorityPerspectives in Intergroup Relations: The Role of Contact, Group Representation, Threat,and Trust in Intergroup Conflict and Reconciliation," in *Social Psychology of IntergroupReconciliation*, ed. Arie Nadler, Thomas Malloy, and Jeffrey D. Fisher (New York: Oxford University Press, 2008), 227–53.

후기

1　Nelson Mandela, *Long Walk to Freedom: The Autobiography of Nelson Mandela* (New York: Little Brown, 1994), 544.

2　John Lewis, "Together, You Can Redeem the Soul of Our Nation," *New York Times*, July 30, 2020, https://www.nytimes.com/2020/07/30/opinion/john-lewis-civil-rights-america.html.